江苏省高校"青蓝工程"中青年学术带头人资助项目研究成果

融合教育学

李 拉◎著

RONGHE
JIAOYUXUE

南京大学出版社

序

自联合国教科文组织1994年发表《萨拉曼卡宣言》以来，融合教育作为一种教育思潮和改革运动，在世界范围内方兴未艾。在我看来，这场世界性的教育改革运动，是人类教育对以信息化为代表的新一轮科技革命，促进、加快全球化、一体化发展趋势的跟进和响应，是人类社会建立命运共同体、走向大同的必然要求。我国是从20世纪80年代中期开始随班就读的试点和推广工作。在很长一段历史时期，中国的随班就读一直注意学习和借鉴国外融合教育理念和经验，但中国随班就读的发展具有自己的独特国情、内生动机和发展路径：那就是始终将随班就读作为保障适龄残疾儿童少年平等教育权、普及九年义务教育的重大措施，由政府主导，自上而下地积极加以试验和推广，充分体现了中国共产党人坚持人民至上的发展理念和公平价值追求。随着融合教育实践的逐步深入展开，融合教育理论研究也呈现蓬勃发展的局面。就以我国为例，自随班就读开展以来，我国老中青三代学者进行了积极的研究，其中具有代表性的早期著作是老一代学者汤盛钦的《特殊教育概论——普通班级中有特殊教育需要的学生》、陈云英、华国栋的《特殊儿童的随班就读试验：农村的成功经验》《差异教学论》和朴永馨"融合与随班就读"的论文；中年学者比较有代表性的是邓猛的《融合教育理论探索与本土建构》、刘全礼的《随班就读教育学》、申仁洪的《从隔离到融合——随班就读效能化的理论与实践》、雷江华的《学前融合教育》、昝飞的《融合教育：理想与实践》；另外，一批青年学者也写出一批很有见地的论文及著作。这些研究从总体及不同方面对融合教育进行了探索。但从学科建设的角度，系统探讨融合教育"学"，李拉教授的这本《融合教育学》著作，在我国大陆地区，应还是第一本。在这里，我首先要对本书的出版，表示热烈祝贺！

既然是一部研究融合教育"学"的专著，那就要对融合教育学科建设和生长的基本理论问题作出系统回答。这是一件极具挑战又具有开拓创新价值的工作。李拉教授以很大的理论创新勇气和理论自觉，在充分学习和整理前人研究的基础上，结合我国融合教育发展所面临的一些突出问题和实践经验，对融合教育"学"做了较为系统的思考和理论概括，做了一件很有意义的学科理论建设的奠基工作。我阅读全书之后，对此书形成以下几点认识：

一、自觉的学科意识，系统的理论建构

在书之序言部分，作者认为，融合教育"作为一系列研究问题所构成的领域"已经

成为学科成立的基础和前提,但目前还缺少从学科视角对融合教育"学"进行整体建构的专著。所以,作者试图从学科建设角度,对"融合教育学是什么以及如何建构"这一问题,展开自己的追问和学科知识大厦及理论体系的建设:在对融合教育"学"的研究对象和学科性质做出分析和论证之后,作者从教育基本理论、教育制度和管理、教育实践要素三个方面,对涉及融合教育基本理论、融合教育制度和政策制定、融合教育实践要素中的资源中心建设、课程教学调整和教师队伍建设等诸多问题,进行了全面的思考和建构,初步形成较为系统的融合教育"学"的知识体系及理论体系。尽管对于这部专著,这个领域的今人和后人,肯定会有不同的看法,但是作为第一部融合教育"学",它无疑具有开创性,而作者在其中所付出的艰辛努力,表现出的学科建设意识及理论自觉,令人钦佩!

二、立足学科整体建设,较为全面地对融合教育基本概念和理论问题进行了梳理和澄清

本书的第二个特点是,针对融合教育理论研究混沌杂乱之现状,根据我国融合教育实践发展需要,立足学科整体建设,从历史、理论、实践三个维度,对融合教育的基本概念和基本理论问题,做了较为全面的梳理和澄清。首先是从融合教育发展历史的角度,对融合教育产生、发展的脉络及其内在逻辑做了较为详尽的梳理和介绍,这有利于人们在全面了解融合教育发生发展及流变机制之基础上,知古通今,以史为鉴。其次是从理论思维和理论生成的角度,对融合教育是什么、为什么,从概念及理念实质的分析到目的价值论证等方面,对融合教育基本概念和基础理论做了较为全面的梳理和辨析,这不仅有利于融合教育学的知识及理论体系的整体建构,而且有利于人们在正本清源、全面把握精神实质的基础上,更好地推进融合教育沿着正确方向高质量发展。再次是从实践的角度,注重实践经验的总结和理论概括,注重根据一线管理者和教师的实际工作需要,着力研究融合教育工作推进路径和策略等问题(详见下节),注重提升学科理论的实践品质和应用性,体现出强烈的实践取向和目标追求。作为一个中青年学者,这种注重理论联系实践的学风,在浮夸空疏学风盛行之当下,显得尤为可贵!

三、坚持问题导向,着力于现实问题的分析和解决

本书的第三个特点是,关注实践,尤其是关注我国融合教育发展实践迫切需要解决的重大问题,坚持理论联系实际,坚持问题导向,注重三个结合,着力于分析和解决现实问题,推动实践优质发展。首先是结合我国推进融合教育宏观管理体制改革之需要,着力分析了建立融合教育制度、政策制定、管理体制的基本框架、职责划分和相关原则,专章论述了特殊教育学校转型和融合教育指导中心功能定位及建设的问题,这对于各地明确特校作为指导中心的职责和作用、加强政府及教育主管部门的宏观统筹协调、加快区域融合教育发展,将起到积极的推动作用。其次是结合普通学校作为融合教育主体的实践需要,着力对教育评估、个别化教育方案、课程与教学策略等融合教育发展微观领域核心问题展开研究,力求为一线教师提供最为有效、最有针对性的策略和方法指导。再次是结合融合教育教师队伍建设这个根本,着力研究和破解资源教师匮乏、各科教师和班主任专业提升等问题。在分析我国融合教育发展各方面现实问题时,李拉教授还注意采用比较教育方法,介绍国外的经验和做法,这对于拓宽一线教师和管理者的视野,学习先进的理念和方法,提升专业能力,一定能起到积极作用。

当然,作为第一本专著,肯定也有值得商榷和需要完善的地方:第一是关于融合教育研究对象的确立,这是关乎一个学科建立的基石。融合教育学究竟"是一门以普通班级里特殊教育需要儿童为研究对象"的学科,还是研究普通班级里特殊教育需要儿童教育的一门学科?融合教育与普通教育、特殊教育的区别是什么?其特殊性及其内在本质规律是什么?我以为,这都是构建融合教育学,需要进一步搞明白的基础理论问题。第二是融合教育学的理论基础和方法论。融合教育学是建立在什么样的理论基础之上,运用什么样的世界观和方法论去建构理论体系?这也是学科建设的重大理论基础问题。我以为,只有坚持运用马克思主义、辩证唯物主义和历史唯物主义的方法论,分析和解决中国融合教育发展所面临的重大实践问题,才能建构起具有中国特色的融合教育学。第三是要重视总结中国随班就读几十年的实践经验。我认为中国随班就读是基于中国国情实际而进行的一种独具特色的融合教育实践,中国老中青三代学者也对随班就读做了很多理论研究。这些关于随班就读实践经验的理论概括是中国特色融合教育学生长的坚实基础。我希望李拉教授能在现有研究基础上,进一步沉下心去,博采众长,凝练积淀,系统概括,争取在建构具有中国特色融合教育学的理论大厦上做出新的更大成绩。

进入十四五,中国走上全面建设社会主义现代化国家的新征程。从此,中华民族踏入实现伟大复兴中国梦的新时代。这个新时代是中华民族发展历史上的伟大时代。伟大的时代呼唤伟大的理论。恩格斯有句名言:"一个民族要想站在科学的高峰,就一刻也离不开理论思维。"同样,中华民族要实现伟大复兴,一刻也离不开理论思维。我相信,在以习近平为核心的党中央领导下,经过几代人的共同努力,中国学者一定能建立起无愧于时代、具有中国特色、中国风格和中国话语体系的融合教育学。

是为序。

丁 勇
2021年12月5日

目 录

引言：融合教育学的建构 ·· 1

第一章 融合教育的概念 ·· 7
第一节 关于融合教育的不同定义 ·· 7
第二节 什么是融合教育 ·· 14
第三节 融合教育与随班就读的关系 ·· 18

第二章 融合教育的发展脉络 ·· 24
第一节 国际融合教育的发展历程 ··· 24
第二节 融合教育产生的原因 ·· 35
第三节 我国融合教育的产生与发展 ·· 45

第三章 融合教育的基本理念 ·· 63
第一节 融合教育的目的 ·· 63
第二节 融合教育的基本价值观 ··· 68
第三节 融合教育改革的性质 ·· 74
第四节 融合教育发展的主要矛盾 ··· 79

第四章 融合教育管理 ·· 84
第一节 融合教育管理的基本问题 ··· 84
第二节 融合教育制度 ·· 90
第三节 融合教育学生管理 ·· 96

第五章 融合学校 ·· 105
第一节 融合学校概述 ·· 105
第二节 融合学校建设的国际经验——以加拿大为例 ························ 114
第三节 资源教室 ·· 122

第六章　资源中心 ……………………………………………………… 138
第一节　融合教育背景下的特殊教育学校转型 ………………… 138
第二节　资源中心的概念与性质 ………………………………… 147
第三节　资源中心建设 …………………………………………… 156

第七章　融合教育课程 …………………………………………… 159
第一节　融合教育课程的基本理念 ……………………………… 159
第二节　融合教育的课程调整 …………………………………… 165
第三节　融合教育课程调整的国际经验——以澳大利亚为例 … 172

第八章　融合教育教学 …………………………………………… 185
第一节　融合教育教学概述 ……………………………………… 185
第二节　融合教育教学的实施 …………………………………… 193
第三节　个别化教育计划 ………………………………………… 201

第九章　融合教育教师 …………………………………………… 208
第一节　融合教育教师概述 ……………………………………… 208
第二节　融合教育教师专业化 …………………………………… 213
第三节　澳大利亚新南威尔士州的融合教育教师队伍建设 …… 222
第四节　加拿大阿尔伯塔省的融合教育指导教练模式 ………… 231

参考文献 …………………………………………………………… 241

后　记 ……………………………………………………………… 249

引言：融合教育学的建构

存在一门融合教育学吗？如果存在，它是什么样子？

近年来，在以推进教育公平、提升教育质量为目标的整体教育改革趋势下，融合教育已经成为我国教育政策领域、理论研究以及实践探索中的一个热点问题。无论是特殊教育领域，还是普通教育领域，对这个问题的关注与研究已越来越多。然而迄今，作为一个研究问题，或者更准确地说，作为由一系列研究问题所构成的研究领域，融合教育还缺乏从学科视角来思考和构建它。这是笔者提出"是否存在一门融合教育学"这个问题的原因所在。

对是否存在一门融合教育学的追问构成了本书开展研究的逻辑起点，而对它是什么以及如何构建的思考则构成了本书研究的核心目的。当然，这个核心目的是以融合教育学是否存在为基本前提的。事实上，当本书提出这一问题的时候，就已经预示了研究者自身对这一问题的回答，即存在着一门融合教育学，我们也需要一门真正意义上的融合教育学，而且，这门学科的重要性在当前教育改革与发展中不容忽视。沿着这样的一个起点和预设，本书将继续深入回答作为一门学科的融合教育学，它的知识结构与理论体系是什么的问题。

一、融合教育学存在的必要性

融合教育学的存在，在笔者看来，既是一种应然，更是一种需要。当代融合教育的发展亟须得到系统的理论引导和实践指南。无论是已经开始或即将面对越来越多特殊教育需要学生的普通学校，还是传统的以残疾学生教育为主要任务的特殊教育学校，融合教育事实上都是一项新的教育改革举措，从理念、政策到实践，都是极富新意和挑战性的话题。而从国内关于融合教育研究的整体来看，虽然近年来理论研究成果层出不穷，但在政策与实践快速推进的背景下，融合教育理论早已浮现出其面对实践指导的苍白和无力感。既缺乏对实践问题系统的分析梳理、对实践经验有力的总结提炼，又没有构建起自身的理论体系来回答这门理论的性质及框架结构问题，以至于无奈地陷入滞后于实践发展的窠臼之中。除了刚才谈及的理论性质及结构体系的模糊，融合教育研究自身还经常会落入概念矛盾、理念纷争、逻辑不清的困境，这从国内目前融合教育领域内存在的诸多交替使用且缺乏明确内涵的名词、术语中就可见一斑。当然,这种现象的存在,与融合教育本身就是一个持续发展的事物这一性质密切相关。融合教育的核心概念与理论大多来自教育发达国家,且不断处于发展更新中,引介到中国后,与我国本土的随班就读实践虽有对接,但更多带来的是新的理念冲击。国内一些学者在自发地致力于融合教育理论的本土化,但目前来看仍远未达预期,以至于融合教育研究中充斥着太多引入的内涵与外延并非完全清晰的概念与术语,以及大量的并非完全能够适应我国本土实践的思想与理论,这进一步造成了实践领域,尤其是作为实践主体的普通教育在面对融合教育时的困惑乃至质疑。如果融合教育理论不能系统回答这些问题,并有效应对实践,非但融合教育理论研究的价值会受到怀疑,甚至会危及融合教育改革的方向与合理性存在。

从实践方式来看,融合教育沟通起了普通教育与特殊教育,但现有的普通教育学与特殊教育学又都缺少对融合教育的深刻关注。在特殊教育学中,融合教育更多地体现为一种安置方式的变革与转型;在普通教育学中,融合教育仅是一种可能会对教育改革产生影响的当代教育思潮之一。事实上,融合教育在发展中,已逐渐孕育和形成越发复杂的研究问题,它已广泛地涉及顶层设计层面的教育政策与制度、教育理念层面的教育目的与价值,更表现为一系列影响普通教育与特殊教育的微观变革实践,譬如资源教室、资源中心、个别化教育计划、课程调整、教育康复等。但无论是现有的特殊教育学还是普通教育学,囿于研究领域限制,都无法将融合教育的这一系列实践主题作为研究主体,融合教育研究实质处于一种夹缝生存的困境。

毫无疑问,融合教育发展到今天,已经成为一个宽泛的、涉及诸多研究问题的问题领域。它亟须作为一门学科,从普通教育学与特殊教育学固有的框架中独立出来,通过学科建构来思考融合教育自身的研究对象、概念体系,从而更有针对性地面对实践需求与研究发展。学科是随着近代科学发展所产生的概念,它是特定研究领域走向成熟的产物。称一个研究范围为一门"学科",即是说它并非只是依赖教条而立,其权威性并非源于一人或一派,而是基于普遍接受的方法或真理。[①] 从学科的角度来看,融合教育目前还远未达到学科标准,但关于学科及其性质的理论为融合教育学的构建提供了方向性指引。融合教育研究,只有提升到学科层面,才有可能更好地聚合知识,辨清概念,理清框架,建立系统的理论,并增强理论对现实的解释力。

融合教育学的建构,除了理论体系的完善以及面向实践的指导价值之外,对于融合教育专业发展、培养融合教育必需的教师人才同样极具重要意义。2021年3月,教育部公布了普通高等学校本科专业备案和审批结果的通知,融合教育首次作为一个本科专业被列入普通高等学校新增本科专业目录之中。这对于融合教育的专门性人才培养与融合教育的推进都意义深远。融合教育专业的设置,意味着融合教育获

---

① 华勒斯坦等.学科·知识·权力[M].刘健芝等,编译.北京:生活·读书·新知三联书店,1999:13.

得了在大学里专业建设与发展的合法地位,也极大地增加了融合教育成为一门专门性学问的可能性。在高等教育领域,学科与专业应是良性互动。学科建设为专业建设提供理论支撑,专业建设又可为学科建设找到实践场所。另外,在知识发展的层面,专业的形成又可以促进知识的进一步分化和专业化。[①] 对于目前新兴的融合教育专业来说,作为专门学问的融合教育学其存在意义尤为必要,显然,这门学科的构建与存在对于推进作为专业的融合教育发展和人才培养也是不可或缺的。

二、融合教育学的学科性质

融合教育学究竟是一门怎样的学科呢?结合融合教育的实践特征以及教育学的经典定义,笔者认为,所谓融合教育学,就是一门以普通班级里的特殊教育需要学生为研究对象,分析融合教育问题,探寻融合教育规律的应用性学科。任何一门学科都需要有明确的研究对象,这是学科得以存在的基本前提之一。融合教育学的研究对象是普通学校普通班级里的特殊教育需要学生,这使得它的研究对象与传统意义上的普通教育学和特殊教育学区分开来。教育对象的差异性是普通教育与特殊教育有别的根本原因,普通教育所关注的学生通常指的是正常学生,特殊教育则着重关注在身体、心理、智力等层面处于"异常"的学生,主要指的是残疾学生,且对这类学生的教育又主要发生在专门的特殊教育学校。故此,两门学科对象不同,旨趣各异。而融合教育学也关注残疾学生,却并非特殊教育学校里的残疾学生,融合教育学使用"特殊教育需要学生"或"特殊教育需要对象"的字眼来指代那些进入普通学校普通班里的教育对象,这些教育对象既包含残疾,又包含在传统意义上被普通教育剥离体系之外或在普通教育体系内边缘化的学生。融合教育关注这些独特的教育对象在普通教育环境中如何与普通学生一起学习和生活,从而顺利融入普通教育并获得公平、有质量发展的问题。从教育对象的角度,融合教育已摆脱了普通教育与特殊教育的传统视域,它同时也在以独特的实践赋予普通教育及特殊教育在教育对象、价值、目的及方法等层面新的含义。无论如何,融合教育在教育对象上的特殊性,使这门学科的独特性凸现了出来,也进一步彰显了融合教育学存在的意义。当然,从学科性质来看,除了教育对象的独特性,融合教育学还具有如下两个层面突出的性质特征。

其一,融合教育学是教育学学科下的一门交叉学科。融合教育是教育范畴内的概念,它思考的重心是与教育相关的问题,因而融合教育学是教育学学科体系下的一门新兴学科。这明确了融合教育学的学科归属,即它属于教育学学科体系。但作为研究教育特定问题的一门新兴学科,融合教育学还具有明确的学科交叉的特点。这种"交叉"主要指的是教育学的两门子学科——普通教育学与特殊教育学的交叉。融

[①] 王建华.论学科、课程与专业建设的相关性[J].学位与研究生教育,2004(1):21-24.

合教育发生于普通教育领域，它需要以普通教育为主阵地。普通教育学的一些核心要素——教师、课程、教学、评价、管理等，都构成了思考融合教育发展和推进融合教育实践的重要背景，融合教育学无法脱离这个背景环境而单独存在。换句话说，这些要素与问题同样是融合教育学研究的核心问题。融合教育又关注包括残疾在内的特殊教育需要对象，它对教育对象的了解和把握，同时需要借助于特殊教育学的研究，甚至直接使用特殊教育学的一些概念或术语，如残疾、个别化、诊断评估、教育康复等。可见，融合教育学需要同时从这两门学科中汲取营养，来思考自身的概念体系和理论框架的建构。这种学科交叉事实上也是"融合"这一概念的本义所在，它希望通过普通教育与特殊教育的互融来解决特殊教育需要问题，而学科的交叉必然地成为融合的应有之义。

其二，融合教育学是关注本土问题的实践教育学。"实践教育学"是融合教育学学科性质的另一个重要特征。德国著名的分析教育哲学家布列钦卡认为存在三类教育学知识，这三类知识是在对有关教育的陈述进行分析的基础上区别出来的。这些类型的教育学知识是科学的教育学知识、哲学的教育学知识和实践的教育学知识。这三种知识具有不同的基础并服务于不同的目的。相应地，教育学就可以分为教育科学、教育哲学与实践教育学。① 布列钦卡对实践教育学进行了充分的论证，他认为实践教育学或教育的实践理论，是用来为教育者提供合理的教育行动所需要的实践知识。它是一种规范性教育理论，适合于实践或为行为提供指导，它是"规范的""实用的""实践的""实际的"。② 我国学者唐莹、瞿葆奎也将教育学学科体系区分为以教育理论为对象的学科和以教育活动为对象的学科。③ 融合教育学从性质上来看，应属于关注教育活动的一门实践教育学。它固然也需要从教育科学及教育哲学的视角来深化融合教育研究，但归根结底融合教育理论应是实践性和规范性的，它是直面实践问题、立足实践并回答实践的一系列理论或知识系统。需要强调的是，这门实践教育学中的"实践"还应更加注重实践问题的本土性。之所以强调这一点，是因为很大程度上，融合教育的理论源自西方教育发达国家，有着鲜明的教育发达国家的实践背景与痕迹。虽然理论本身具有基于教育规律的普适性，但它需要经历一个与我国本土实践相结合的认识过程，才能有效回答我国融合教育发展的实际问题。这是当代融合教育学的使命与任务之一。

---

① 沃尔夫冈·布列钦卡.教育知识的哲学[M].杨明全，宋时春，译.上海：华东师范大学出版社，2006：20.
② 沃尔夫冈·布列钦卡.教育知识的哲学[M].杨明全，宋时春，译.上海：华东师范大学出版社，2006：211-214.
③ 唐莹，瞿葆奎.教育科学分类：问题与框架[J].华东师范大学学报(教育科学版)，1993(2)：1-14.

三、融合教育学的理论体系

以学科标准衡量一门学科的独立地位，其关键更在于它是否形成独特的概念系统和运用这些概念进行逻辑推理的命题，构成严密的理论体系。[①] 这对于融合教育学的建构具有重要的启示意义。融合教育学作为教育学的分支学科，要具备学科上的独立性，有两个紧密相关的学科建设问题要清晰地回答，即概念体系与结构框架。概念体系集中反映该学科对其研究对象的认识水平。它既是我们在经验基础上进行教育科学研究的成果，也是我们在更高水平上进一步形成新概念，并以一系列概念为基础建立新理论的重要基础。[②] 而一门学科的结构框架则主要是指这门学科研究哪些核心问题，以及这些核心问题之间的逻辑关系。概念与问题以紧密的方式结合在一起，构成了我们关于一门学科理论体系的基本理解和认识，也呈现出这门学科知识的独特性。项贤明认为，每一门学科都从其独特的角度为我们提供属于该学科的知识，这是一门学科独立存在而不会被其他学科取代的重要学理基础之一。作为一门科学的教育学及其分支学科，其所提供的知识能否为自身独立的学科地位提供坚实的基础，不仅取决于它能否通过科学的研究方法等建立学术可靠性——这种可靠性已被一再证明是有限度的——还取决于它所提供的知识在内容上的独特性以及逻辑上的恰当。[③] 融合教育既需要重视概念体系与结构框架的研究，它们又要将内容上的独特性以及逻辑上的恰当性糅合在一起，共同去构建融合教育学的理论体系。

基于对学科标准及其核心要素的认识，笔者将融合教育学的研究问题划分为三个基本的层面：融合教育的基本理论、融合教育制度与管理、融合教育实践要素。融合教育的基本理论回答融合教育是什么这一基础性问题，属于融合教育研究的本体论范畴。它包括融合教育的概念、融合教育的发展历程与趋势，以及与基本理念相关的融合教育目的、价值观、性质、主要矛盾分析等。在融合教育学中，这些问题构成了融合教育理论体系的基础，没有对这些问题的深入分析与澄清，无从谈起系统的融合教育理论，融合教育实践也会因为缺乏基础知识的指引而陷入无所适从的困境。融合教育制度与管理回答融合教育需要以怎样的制度形态和管理模式运行的问题，在问题领域上属于政策学、管理学范畴。融合教育是理念和实践，但融合教育在我国首当其冲地更表现为教育政策，反映国家教育发展的意愿和为此所建构的制度与管理形态。对这一问题的分析，有助于把握融合教育发展的宏观趋势，从政策层面指引实践方向。在融合教育管理中，除了行政管理与制度设计之外，特殊教育需要学生管理

[①] 陈桂生.关于教育学"独立"的学科地位问题[J].江西教育科研,1996(1):21-25.
[②] 项贤明.论教育学的术语和概念体系[J].教育研究,2018(2):43-51.
[③] 项贤明.教育学知识及其辨恰[J].教育研究,2021(2):45-55.

也构成了其关键内容,它是融合教育制度与管理的落脚点。融合教育实践要素回答的是融合教育的实际运行问题,它是融合教育学作为一门实践教育学的核心体现。融合教育并非一种简单的教育安置,而是一系列复杂的教育实践,呈现出庞杂繁芜的教育现象。金生鈜认为,现象问题还不是可研究的问题,一个研究者感受到了现象问题,他只有把现象问题转化或者还原为可研究的问题,才能使它成为研究者的研究问题。① 也就是说,理论研究需要把现象问题转换为理论问题,即理论可探究的问题。而现象问题直接来源于实践,实践是现象问题生成的根源。从当前我国融合教育的实践样态来看,笔者认为,融合教育的核心实践问题可分为五大领域:普通学校转型与融合学校建设问题、特殊教育学校转型与资源中心建设问题、融合教育课程问题、融合教育教学问题、融合教育教师问题。融合教育的现象问题,大多与此五大领域紧密相关。对这五大领域中的各类现象问题进行分析梳理与澄清,形成理论问题,是融合教育学构建的重要任务之一。而对这些问题的清晰回答,则又会对融合教育实践产生直接的推动和指引作用。

融合教育的基本理论、融合教育制度与管理、融合教育实践要素这三个层面的问题构成了融合教育学的理论体系,也构成了本书九个章节的核心内容。在每一层问题的回答之中,同时会伴随着对核心概念与常用术语的分析和梳理。因为几乎每一个融合教育的基础性理论问题,都会涉及对基本概念的辨析和澄清。这些基本概念包括融合教育、随班就读、全纳教育、特殊教育需要、融合教育管理、融合学校、资源中心、资源教室、融合教育课程、融合教育教学、融合教育教师、个别化教育计划等。概念分析既是学科研究的旨趣,又是厘清问题的前提。当然,这并不意味着融合教育学的晦涩高深,所有的认识事实上都来源于对实践的理解和把握。从实践出发剥茧抽丝,形成问题,建立理论体系,最终还是为了回到实践、回应实践。这是构建融合教育学的核心目的所在。

---

① 金生鈜.教育研究的逻辑[M].北京:教育科学出版社,2015:65.

第一章 融合教育的概念

在教育理论中,概念是构成命题及整个理论体系的重要元素。我们在什么内涵上使用概念,在哪些范围界限内使用概念,对于研究是十分重要的。特别是抽象概念,由于其意义的模糊性以及人们使用它们的多义性,一定要在研究中清晰地定义他们。概念的定义,是基于概念的独特性质及与其他相近概念的关系,准确地赋予概念意义,或者说,定义是揭示或解释概念的内涵。[①] 那么,究竟什么是融合教育?如何去定义它?对这个问题的辨析与回答,是深入了解融合教育的基本前提。

第一节 关于融合教育的不同定义

融合教育虽然已经越发成为全球教育改革与发展的重要议题,然而从教育漫长的历史长河来看,融合教育还是一个新兴的事物,它的理念与实践方式还处于不断发展与演变过程之中。在不同的发展时期,不同的国家、不同的学者,都可能会对融合教育有着不尽相同的理解与界定。这也决定了融合教育很难有一个统一的定义。尽管融合教育这个概念在国际范围内在广泛使用,但如同融合教育自身的改革运动一样,融合教育的概念也处于不断发展与演变过程中。在这些纷繁多样的定义背后,实则反映出国际范围内对融合教育基本理念、政策架构与实践模式等不同程度的认识和理解。

一、联合国教科文组织关于融合教育的定义

在融合教育的国际发展过程中,联合国教科文组织(United Nations Educational, Scientific and Cultural Organization, UNESCO)发挥着至关重要的作用。融合教育理念在全球范围内的传播,实则与联合国教科文组织的持续宣传和大力推动密不可分。近年来,它通过一系列宣言、论坛、国际会议、指导手册等持续表达和强调融合教育,提倡在全球范围内推进融合教育改革。可以说,联合国教科文组织

---

① 金生鈜. 教育研究的逻辑[M]. 北京:教育科学出版社,2015:250-251.

关于融合教育的界定,代表着国际共识,也深刻影响着世界各国对融合教育的理解。在这一系列宣言、论坛、国际会议、指导手册等中所强调的融合教育是我们深入理解融合教育概念不可缺少的重要素材。

1994年,在西班牙召开的"世界特殊需要教育大会"上,联合国教科文组织提倡世界各国推进教育改革,建立融合学校。这次会议通过了《萨拉曼卡宣言》和《特殊需要教育行动纲领》两个引领融合教育发展的重要文件,在文件中首次正式明确了融合教育(Inclusive Education)[①]的概念,倡议各国推进和发展融合教育。文件中指出,所谓融合教育,是指教育应满足所有儿童的需要,每一所学校必须接收服务区域内的所有儿童入学,为这些儿童都能受到自身所需要的教育提供各种条件,并通过合适的课程、学校管理、资源利用及与所在社区的合作,来确保教育质量。[②] 这也是联合国教科文组织在国际范围内首次对融合教育的概念及其实施方式进行明确、公开的界定。

2001年,联合国教科文组织在专门编写的《全纳教育共享手册》(*Open File on Inclusive Education*:*Support Materials for Managers and Administrators*)中,对概念进一步进行了解释。它旗帜鲜明地指出,融合教育就是"让学校为全体儿童服务",让学校接受全体学习者,不会因为学生有某项特点、缺陷或者困难而拒绝接收。[③]

2005年,联合国教科文组织又专门发布了另一本书《融合教育指南:确保全民教育的实施》(*Guidelines for Inclusion*:*Ensuring Access to Education for All*),以期为全球融合教育推进提供纲领性指南。在文本中,融合教育被定义为一个解决和回应所有学习者多样化需求的过程。它涉及教育在内容、方法、结构和战略方面的改变和修改,通过增加对学习、文化和社区的参与,减少教育内部和外部的排斥。融合教育的共同愿景是教育应包含所有适龄儿童,并坚信教育所有儿童是正规制度(Regular System)的责任。

为澄清融合教育概念理解中的一些误区,文件又指出,融合是指在正规和非正规教育环境中为广泛的学习需求而提供的适当回应。融合教育并不是一个关于如何将一些学习者融入主流教育的边缘问题,而是一种研究如何改变教育系统和其他学习环境以应对学习者多样性的方法。它的目的是使教师和学习者都感到舒适。融合的环境应被视为一个挑战和丰富的学习环境,而不是一个负担或问题。融合教育强调

---

① Inclusive Education 这个概念进入我国的时候,最早被翻译为"全纳教育"。关于全纳教育与融合教育这两个概念之间的关系,在下文中会讨论。
② 赵中建. 教育的使命——面向二十一世纪的教育宣言和行动纲领[M]. 北京:教育科学出版社,1996:129.
③ 联合国教科文组织. 全纳教育共享手册[M]. 陈云英,杨希洁,赫尔实,译. 北京:华夏出版社,2004:7.

在任何可能的情况下,为残疾人(身体、社会、情感等)平等参与普通教育提供机会,但又保留个人选择的可能性,并为有特殊需要的人提供特殊支持和设施。①

2008 年,联合国教科文组织召开第 48 届国际教育大会,这次大会的主题即"全纳教育:未来之路"(Inclusive Education: The Way of the Future)。在主题报告中,联合国教科文组织对融合教育的概念又进行了描述:融合教育是一种转变学校及其他学习中心,让所有儿童,包括男童和女童、少数民族学生、受艾滋病毒和艾滋病感染的儿童以及残疾儿童和有学习障碍的儿童,都有机会接受教育的过程。②

2019 年,联合国教科文组织在"融合教育与教育公平国际论坛"(The International Forum on Inclusion and Equity in Education)上,再次重申了融合教育的定义。即:融合(Inclusion)是一个变革过程,确保所有儿童、青年和成年人充分参与并获得高质量的学习机会,尊重和重视多样性,消除教育中的和通过教育产生的一切形式歧视。"融合"一词代表了一种承诺,即让学前教育、学校和其他教育机构成为每个人都有价值和归属的地方,多样性被视为一种资源。③

从联合国教科文组织自 1994 年以来的一系列关于融合教育的界定来看,它关于融合教育基本有着一以贯之的理解。它从一个较为宽泛的全球教育改革的视角来审视当今世界各国的教育,将融合教育视为推进世界范围内普通教育改革的重要方式,倡议通过学校的改变,满足所有儿童的教育需求。联合国教科文组织关于融合教育的定义为世界各国的教育实践提供了一个倡议性和纲领性框架。

二、教育发达国家关于融合教育的定义

融合教育起源于欧美教育发达国家的特殊教育改革实践,它在以美国、英国为代表的欧美教育发达国家经历了一个从隔离教育到融合教育的渐进式发展过程。同时由于各国国情有别,特殊教育改革演进的历程也不尽相同,这决定了教育发达国家关于融合教育的定义也不完全统一。他们多依托本国教育发展现状与实践基础,在联合国教科文组织所倡导的融合教育概念框架内,进行着各自的解读,这其中既有相通之处,又有差异。本书选取了美国、英国、加拿大等教育发达国家的一些有代表性的教育组织机构及有影响力的学者关于融合教育的诸多界定,从中能够基本反映出教育发达国家关于融合教育理念认识的异同,而概念背后所蕴含的理念也能在很大程

---

① UNESCO. Guidelines for inclusion: Ensuring access to Education for All[EB/OL]. https://files.eric.ed.gov/fulltext/ED496105.pdf, 2020 - 12 - 25.

② International Bureau of Education, UNESCO. Inclusive Education: The Way of the Future[EB/OL]. https://www.orientation94.org/uploaded/MakalatPdf/Manchurat/ICE_FINAL_REPORT_eng.pdf, 2020 - 12 - 25.

③ UNESCO. Cali Commitment to Equity and Inclusion in Education[EB/OL]. https://unesdoc.unesco.org/ark:/48223/pf0000370910, 2020 - 12 - 23.

度上反映出教育发达国家的融合教育政策与实践改革模式。

美国著名的教育研究机构全国融合教育重建中心(National Centre on Inclusive Education and Restructuring)认为,融合教育就是对所有学生,包括有重大残疾的学生提供有效服务的机会,包括得到需要补充的工具和辅助性服务并安置到附近学校与其年龄相适应的班级,以使学生在社会中像所有成员一样拥有富裕生活。①

加拿大融合教育协会(Inclusive Education Canada)认为,融合教育指的是所有学生都能在他们所在的社区学校就读,并能在适合他们年龄的常规班级中受到欢迎,同时能在学校生活的各个方面学习、贡献和参与。②

英国的融合教育研究中心(Centre for Studies on Inclusive Education)认为,融合教育指的是在适当的帮助下残疾和非残疾儿童与青少年在各级普通学校的共同学习。融合意味着充分发挥学生的能力,使所有学生能参与到学校的学习和生活中去。③

教育发达国家的学者们关于融合教育的理解则更为丰富多样。在不同学者看来,融合教育或为一种哲学观念,或为一种教育形式,或为一类学校系统,或为一种教育过程。

譬如,英国的融合教育专家托尼·布思(Tony Booth)认为,融合是让每一个人包括儿童、青少年和成人不断参与的永无止境的过程。融合教育反对并消除所有形式的排斥。所有人的不断参与意味着不仅每一个人有权参与本地的教育,而且教育系统和环境必须适应多样性,平等地对待所有儿童、青少年以及与他们共同生活的家长和成人。④

澳大利亚融合教育专家菲尔·福尔曼(Phil Foreman)认为,融合教育是一种哲学观,它建立在这样一种观念之上,即学校应该满足所属社区内所有孩子的教育需求,而不考虑他们的能力水平、残疾以及其他的多样性。⑤

芬兰学者汉努·萨沃莱宁(Hannu Savolainen)认为,融合教育指的是努力构建起一个学校系统,接纳所有被教育排斥的儿童。其努力的一个主要目标是尽量减少学习中面临的组织机构、态度和教学方面的障碍。⑥

---

① 朴永馨.融合与随班就读[J].教育研究与实验,2004(4):38-41.
② Inclusive Education Canada. What Is Inclusive Education? [EB/OL]. https://inclusive education.ca/about/what-is-ie/,2020-12-26.
③ 黄志成.试论全纳教育的价值取向[J].外国教育研究,2001(6):17-22.
④ Tony Booth.玫瑰之名:全纳价值观融入教师教育的行动中[C]//联合国教科文组织国际教育局.全纳教育与教师教育的国际发展动态:问题与挑战(中文版).2011:4.
⑤ Phil Foreman, Michael Arthur-Kelly. Inclusion in action[M]. Sydney: Cengage Learning Australia Pty Limited,2017:19.
⑥ Hannu Savolainen.回应多样性、追求卓越——来自芬兰的案例[A]//联合国教科文组织国际教育局.全纳教育:争议和辩论(中文版)[C].上海:华东师范大学出版社,2012:79.

俄罗斯学者娜·米·纳扎洛娃认为,融合教育是一种教育形式,在这种形式中有特殊需要的学生进入他们兄弟、姐妹、邻居所进入的学校,与同年龄的儿童一起在同年级学习,有适合其需要与可能性的教学目的,有必要的支持体系保证。①

从这些林林总总的定义中,我们能够看出,如果说联合国教科文组织关于融合教育的理解是较为宽泛和宏观的话,作为融合教育重要实践变革力量的教育发达国家关于融合教育的界定则更为明确具体,注重实践操作。总体来看,他们在联合国教科文组织的融合教育概念框架之内,对于融合教育对象、融合教育目标以及融合教育实施方式等都做出了进一步的解释或规定。虽有差异,但相对来说,他们关于融合教育对象的界定更为明确,关于融合教育目标的理解更为清晰,关于融合教育实施方式的解读更具操作性。而正是由于融合教育概念理解上的异同,当代全球范围内的融合教育实践才呈现出异彩纷呈的多样化发展态势。

三、国内关于融合教育的定义

就融合教育概念本身来说,它是一个翻译过来的概念,是一个舶来词。国内对这个概念的理解与界定,相较于国外会更为复杂一些。这一方面是因为融合教育是个新生的事物,概念与理念的引入需要一个理解、接受、内化并与本土概念与实践比较与结合的过程;另一方面则因为这个概念自引入我国,学者们就对翻译方式有着不同的见解,也就有了概念之争。

1993年初在中国哈尔滨召开亚太地区的特殊教育研讨会时,大洋洲的一位学者把"Inclusion"介绍到中国,当时把它翻译为"全纳"。② 1994年《萨拉曼卡宣言》中的Inclusive Education,也被翻译为"全纳教育"或"全纳性教育"。在这随后的一段时间内,国内学者较为普遍地使用全纳教育来指称Inclusive Education。也有学者持不同意见。邓猛和朱志勇认为:"融合"更能反映其真正含义,能够为准确翻译、表达Partial Inclusion(部分融合)和Full Inclusion(完全融合)提供空间;并有利于更加便利地进行国际交流。③ 朴永馨则提出了"包容"的翻译方式。④ 事实上,对这个问题的翻译之争并没有随着对Inclusive Education研究的深入而达成一致,反而各持己见,莫衷一是。由于对这个词语的翻译存在异议,便出现了诸多种对Inclusive Education的不同使用现象。最常见的就是学者们在参加学术会议或发表学术观点

---

① [俄]娜·米·纳扎洛娃.特殊教育学[M].朴永馨,银春铭等,译.北京:北京师范大学出版社,2011:266.
② 朴永馨.融合与随班就读[J].教育研究与实验,2004(4):38-41.
③ 邓猛,朱志勇.随班就读与融合教育——中西方特殊教育模式的比较[J].华中师范大学学报(人文社会科学版),2007(4):125-129.
④ 朴永馨.融合与随班就读[J].教育研究与实验,2004(4):38-41.

时,或直接选择使用"全纳"一词,或坚持使用"融合"一词;还有学者会采用一些避免争议的权宜之计,即在谈到 Inclusive Education 时,会特别注明,它还通常被翻译为"融合教育/全纳教育"。抛开何种翻译方式更为恰当这个问题不谈,单就这两个词语的使用来看,学者们是把融合教育的含义默认为等同于 20 世纪 90 年代兴起的全纳教育。在这种语境下,全纳教育就是融合教育,二者是同义词,区别仅是翻译的不同。

事实上,从这两个概念的起源以及研究领域和范围来看,这两个概念有区别也有紧密联系。2011 年,笔者曾专门撰文对这两个概念的异同进行辨析。[①] 概念上的混淆必然会影响我们对全纳或融合的更深层次的理解与探讨,更容易导致实践领域的混乱与不清。很明显,近些年来由于理论研究者对于这两个概念的争论或随意使用,在实践领域已经产生了消极的影响。处于教育实践领域的一线工作者,对于教育的未来发展趋势,以及他们目前参与的各种全纳或融合实践究竟是何种教育,全纳教育还是融合教育,抑或二者皆可,存在着很大的困惑与疑问。不过,教育发展到今天,随着最近几年在政策层面,"融合教育"被明确写入 2017 年的《残疾人教育条例》以及其他相关国家教育政策,"全纳教育"的使用越发减少。这对于当代融合教育的理论研究与实践发展来说未尝不是一个利好,因为在理论层面上概念体系越庞杂,对实践的消极影响反而越多。抛开翻译之争,将一段时间内普遍使用的"全纳教育"词语与融合教育等同起来,有助于研究者在同一话语范式内对话,更有助于实践的明确方向。当然,对于读者来说,全面了解我国关于融合教育的理解与定义,也脱离不开特定时期对"全纳教育"的讨论。

作为一个舶来词,国内关于融合教育/全纳教育的研究,早期阶段更注重于对融合教育理念的介绍以及对国外融合教育的比较研究。一些较早关注融合教育思潮的国内学者,在对融合教育进行引介的同时,也开始注重与中国本土的实践相结合,来解释和定义融合教育。

1994 年,中央教科所的彭霞光在考察美国特殊教育发展的基础上,对美国的全纳教育进行了介绍。彭霞光认为,全纳性教育是指在普通学校的普通班内教育所有学生。也就是说,无论残疾儿童有何种残疾,也无论他们的残疾程度如何,他们都必须在正常学校的正常班级内接受所有的教育。彭霞光将全纳性教育理解为两个基本层面:第一,所有儿童都需要进入本学区邻近的普通学校上学,进入与残疾学生年龄相当的普通班接受教育;第二,应对具有特殊需要的所有儿童——无论是已经被确定的残疾儿童,还是那些学业不良或有其他问题的正常儿童——提供适宜的教育服务。所提供的任何教育服务应建立在普通教育体系内且应在班内实施。[②] 这应是国内关

---

① 李拉."全纳教育"与"融合教育"关系辨析[J].上海教育科研,2011(5):14-17.
② 彭霞光.美国全纳性教育[J].特殊儿童与师资研究,1994(3):33-38.

于全纳教育最早的介绍,在概念上还保留着很浓重的国际色彩。

1997年,陈云英对联合国教科文组织1990年的《世界全民教育宣言》、1994年的《萨拉曼卡宣言》以及1993年的《哈尔滨宣言》等进行了介绍,提出了在我国推行"全纳性教育"的观点。她将全纳性教育分为全纳性教育体系、全纳性学校、全纳性课堂三个层次的发展模式,[①]并将全纳性教育理解为"以乡村文教办或区教委为单位,在本区管辖之内办学,开展多种办学形式,形成双向互动网络。区内儿童无论其残疾与否,不论学习能力高低,都可以全额收入教育系统受教育,并对课程加以研究,对教材、教法进行改进;区内教师相互合作、校与校之间协作;采取医疗、教育、福利与服务设施对全民开放等措施以实现全纳性教育。"[②]应该说,对全纳教育概念的这种描述,很大程度上已经开始具有了鲜明的本土风格。

2003年,邓猛、潘剑芳对国外全纳教育的发展进行了介绍,并着重考察了全纳教育的定义。发现全纳的定义很模糊,内涵与外延很不明确,很难为特殊教育实践与教学提供准确的、具有操作性的指导。因此,邓猛、潘剑芳认为,与其说全纳教育是一个准确的教育学术语,倒不如说它是人们的一种美好的教育理想、价值追求,抑或是一种教育哲学思潮。[③] 这个判断事实上反映出在全纳教育引入我国的初期,国内学者关于全纳教育这个尚很难完全明确其内涵与外延的新生事物的持续困惑。

2004年,华东师范大学国际与比较教育研究所的黄志成在其编著的《全纳教育——关注所有学生的学习和参与》一书中,对国际全纳教育的基本理念以及美国、英国、澳大利亚三个教育发达国家的全纳教育政策与实践进行了详细的比较研究。黄志成认为,全纳教育是这样的一种持续的教育过程,即接纳所有学生,反对歧视排斥,促进积极参与,注重集体合作,满足不同需求。[④] 相较于之前学者们关于全纳教育所进行的描述性解读,这个定义已更趋向于从把握关键特征的视角来解释全纳教育的概念,将全纳教育视为一个教育过程。这与英国融合教育专家托尼·布思的理解较为接近。

2006年,方俊明在一篇文章中对融合教育概念的发展脉络进行了简要总结。方俊明认为,融合教育原是一种用来描述障碍学生融入正常学生的班级、学校、社区环境,参加学习和社会活动的专业术语,其基本含义是不要把障碍儿童孤立于隔离的、封闭的教室、学校、交通设施和居住环境之内,主张那些有特殊需要的儿童能真正地和正常发展的同伴一起参加学前教育、基础教育和高等教育,最大限度地发挥有特殊需要儿童的潜能。最初,融合教育只是一种对特殊儿童进行教育安置和教学策略的

[①] 陈云英.在中国发展全纳性教育[J].中国特殊教育,1997(2):2-5.
[②] 陈云英.全纳教育的元型[J].中国特殊教育,2003(2):1-9.
[③] 邓猛,潘剑芳.关于全纳教育思想的几点理论回顾及其对我们的启示[J].中国特殊教育,2003(4):1-7.
[④] 黄志成等.全纳教育——关注所有学生的学习和参与[M].上海:上海教育出版社,2004:37-38.

建议,但是,近十几年来,融合教育不只是单纯地指某种特教安置形式和策略,而是一种渗透着人文主义精神,促进正常儿童和有特殊需要儿童共同发展的教育思想。[①]在这个解读中,方俊明不再将融合教育视为一个静止的概念,而是尝试从动态、发展演变的视角来理解它。

2014年,邓猛在其主编的《融合教育:理论反思与本土化探索》一书中对融合教育的概念再次进行了诠释。邓猛认为,融合是基于满足所有学生的多样的(diverse)需要的信念,在具有接纳、归属和社区感文化氛围的邻近学校内的高质量、年龄适合的班级里为特殊儿童提供平等接受高效的教育与相关服务的机会。[②]

2016年,昝飞对国内外融合教育的概念进行了简要的梳理和总结,并为融合教育下了一个简洁的定义,在她看来,所谓融合教育,就是所有学生都在正常班级内接受所有适当的教育。[③]

回顾自20世纪90年代以来我国关于融合教育的一些有代表性的定义,能够看出,国内学者对融合教育的理解也莫衷一是。当然,这与融合教育自身的不确定与发展性紧密相关,它仍是一个在内涵与外延层面不断发展和持续演进的概念。学者们尝试着从国际范围框架来引介和定义融合教育,并结合自身的理解来诠释这个概念,但往往又陷入了过于片面和简单化的定义陷阱,且描述性语言过多,而缺乏较为严谨的定义方式,使得形成的融合教育概念很难完全揭示融合教育的本质特征与内涵。这也造成了融合教育发展到今天,在实践层面看起来已轰轰烈烈,但理论研究,尤其是基本概念的探讨仍存在争议与不确定的状态。

第二节　什么是融合教育

从对概念进行定义的角度来审视融合教育,能够发现国际国内关于这个问题认识的多样性与复杂性。然而,我们对融合教育的研究与讨论又离不开对其核心概念的界定,这决定着以怎样的方式与维度来理解、诠释与解读融合教育。笔者看来,所谓融合教育,就是指国际范围内兴起的,以普通教育变革为核心,促进普通教育与特殊教育的融合,以满足所有特殊教育需要儿童的教育需求为目标的教育改革运动。有四个短语是理解和把握这个定义的关键词:国际教育改革运动、普通教育核心、普特融合、满足特殊教育需要。

[①] 方俊明.融合教育与教师教育[J].华东师范大学学报(教育科学版),2006(3):37-42+49.
[②] 邓猛.融合教育:理论反思与本土化探索[M].北京:北京大学出版社,2014:67.
[③] 昝飞.融合教育:理想与实践[M].上海:华东师范大学出版社,2016:6.

一、融合教育是国际教育改革运动

这是从融合教育发展的宏观背景来定位融合教育的。从20世纪90年代联合国教科文组织通过《萨拉曼卡宣言》开始在全球范围内倡议推行融合教育,它就以一种国际教育改革运动的角色出现在教育的舞台之上。融合教育被定位为一种推进全球教育变革的重要方式,它事实上是1990年全民教育运动的延伸,是实现教育全民化的核心路径。关于融合教育与全民教育的关系,本书将在融合教育的发展历史中具体阐述。我们知道,20世纪下半叶以来,在联合国教科文组织的推动下,有两大教育改革运动对全球教育产生着深远的影响,即20世纪60年代中期开始兴起的终身教育(Lifelong Education)思潮与20世纪90年代初兴起的全民教育(Education For All)思潮。终身教育思潮从个体角度论述教育时间的延伸,全民教育思潮从全体的角度论述教育机会的拓展。[①] 融合教育,在很大程度上被视为继终身教育与全民教育之后,将对全球教育持续产生深远影响的教育思潮与改革运动。不仅仅美国、英国这些传统的教育发达国家在推动融合教育,融合教育事实上已经波及全球,成为世界上很多国家教育改革与社会发展的核心目标与方向,深刻改变着很多国家的普通教育与特殊教育,影响着这些国家的教育政策及实践模式,也在影响和改变着人们对全球教育改革更深层次的认识。正如2008年第48届国际教育大会的主题"全纳教育:未来之路"所彰显的,融合教育是国际教育改革运动,也是全球教育变革的方向与趋势。这意味着融合教育绝非稍纵即逝的教育理念,而是将会对世界教育产生长期和深刻影响的改革运动。从这个角度来审视融合教育,会更有利于理解融合教育在全球范围内的蓬勃发展态势,有利于把握和坚定融合教育的发展方向。

二、融合教育是以普通教育为核心的教育变革

融合教育不仅是一种关乎教育发展方向的理念,更是涉及具体教育改革举措的实践。融合教育关注包括残疾儿童在内的特殊教育需要对象,而它又是以普通学校普通班为主要安置场所,在形式上,融合教育已然串联起了特殊教育与普通教育。那么,对于普通教育与特殊教育来说,谁是融合教育改革的核心力量?谁在融合教育推动中居于主体地位?国际领域对这一问题的回答是坚定而明确的,是普通教育。融合教育虽然也关注残疾,但融合教育对残疾的关注不是从特殊教育的角度切入的,而是把包括残疾在内的这些教育对象视为普通教育应面对的整体来看待的。因而,融合教育已远远超出了特殊教育的范畴,从本质上来说,融合教育是一场以变革普通教育为核心的教育改革思潮。从教育发达国家融合教育多年的实践来看,以普通教育

---

① 张乐天.教育学[M].北京:高等教育出版社,2007:75-76.

为核心进行教育整体变革的方向是非常清晰的。1994 年的《萨拉曼卡宣言》和《特殊需要教育行动纲领》提出了推进融合教育的基本举措应是建设融合学校（全纳学校）。而这类学校是以普通学校为基础的,要求普通学校要能够考虑到不同类型儿童的特点与需要的广泛差异,使他们必须有机会进入普通学校,这些学校应该将他们吸收在能满足其需要的、以儿童为中心的教育活动中。也就是说,融合教育是以普通教育为基础、以普通学校为核心的教育改革运动。① 它呼吁并需要普通教育的整体改革,使普通学校的普通班级更能够接纳差异,并满足儿童的多样性需要。在融合教育发展中,普通教育不仅仅是参与,更是这种变革的主体,要充分发挥主体精神和主动意识,以积极主动的姿态面对普通学校普通班级里的差异与多样化。这恰是国际融合教育改革着力追求的目标与方向,推动融合教育必须首先从理念上解决这一问题。如果不能从主体地位和变革核心的角度来理解普通教育的角色,融合教育就会走向偏离的轨道。因而这一点是理解融合教育概念的最关键因素。

三、融合教育是普特融合的教育

在融合教育概念中,"融合"是一个动态的词语,它描述着这种教育的形态。英语中的 Inclusive 与 Inclusion 的动词形式都是 include,它的基本含义就是包含、包容,使……成为一部分,它表达着不同事物之间的相互存在关系。因而,准确理解融合教育中的融合一词,是理解这个概念的要点所在。

融合教育概念中的融合,主要是指普特融合,即普通教育与特殊教育的融合。一方面,从教育对象上来看,普特融合是包括残疾学生在内的特殊教育需要学生有机会进入普通学校的普通班级,与普通学生一起平等地接受教育。尤其是对于残疾学生来说,通常被视为传统的特殊教育学校的教育对象,而融合教育使他们有机会和普通学生一样进入普通班级接受有质量的、公平的教育。另一方面,从教育体制上来看,普特融合更主要的是指普通教育与特殊教育这两大教育体系,从长期以来的彼此隔离、平行发展走向相互交融、共生互通。融合教育不仅仅是残疾学生进入普通教育体系的问题,更重要的是,需要打破固有二元分立的教育形态,普通教育与特殊教育以一种新的转型、合作的形式共同推动融合教育发展。这实则意味着包括普通教育与特殊教育在内的整个教育体制的重构。无论普通学校,还是特殊教育学校,在融合教育中都不是孤立的存在。普通学校面临着向融合学校的转型,特殊教育学校则需要从构建特殊教育资源中心,为融合教育提供专业支持服务的视角来思考学校功能的重新定位问题。它们又统一于为普通学校里的特殊教育需要学生提供有质量的教育这一核心目标。

---

① 李拉. 融合教育的推进路径[J]. 现代特殊教育,2017(11):22 - 24.

需要指出的是,融合教育中的"融合",其核心形式是普特融合,但普特融合的实现,还有赖于更宽泛意义上的融合,它包含教育系统内部的普特融合,也包含教育与外部系统之间的沟通与合作。换言之,融合教育是一种开放式的实践形态,它既要求普通教育与特殊教育打破分立的壁垒,走向互通,实现教育系统内部的融合,也要求教育系统自身的突破,打破传统教育自给自足的封闭形态,面向社会体系寻求合作与支持。[1] 只有充分把握了融合教育概念中的"融合"一词,才能更好地理解普通学校与特殊教育学校的转型与变革,才能更好地理解当前丰富多彩的融合教育实践。

四、融合教育是满足特殊教育需要的教育

特殊教育需要是一个从融合教育对象视角理解融合教育概念的关键词语。融合教育的对象是谁?残疾学生,还是所有学生?从国际国内融合教育的界定来看,正如融合教育已经超越了特殊教育的范畴一样,融合教育的对象也已经超出了"残疾学生"这一狭隘的对象界定。因为在普通教育系统,既有传统的视力障碍、听力障碍、智力障碍、肢体残疾等残疾类型的学生进入,也有精神障碍、情绪行为障碍、发展迟缓等学生长期在普通学校内存在。另外,学习障碍这类非传统残疾类型学生在普通班级里越发增多。这些学生在融合教育看来,都有一个共同的特征,就是有特殊教育需要,他们在普通教育系统内或因残疾,或因文化、社会、语言等非残疾方面的因素,较之于普通学生产生差异。长期以来,他们要么被排斥于普通教育体系之外,要么在普通学校内受到忽视或被边缘化。这些群体或个体,就是融合教育关注的对象。当他们进入普通教育系统,就会产生特殊教育需要。因而,所谓融合教育,从教育对象的角度来看,就是关注所有被普通教育体系边缘化的学生,给他们同样平等、有质量的教育机会,满足他们的特殊教育需要。融合教育不是对特定类型的教育的反应机制,而是对特殊教育需要的反应。决不能把融合教育对象窄化为残疾学生这一特殊教育对象,正如不能把融合教育狭隘地理解为特殊教育一样。

同时,也不能把特殊教育需要这一概念无限泛化。虽然联合国教科文组织和一些教育发达国家在阐述融合教育时,也会出现"面向所有学生"这种表达方式,但我们需要认识到,这个"所有学生"是指充分观照特殊教育需要学生在内的所有学生,它的前提是满足特殊教育需要。教育只有实现了满足特殊教育需要,才能真正回到面向所有学生这一目标愿景。如果将融合教育对象理解为所有学生,那么融合教育就等同于了教育,融合教育自身的独特性也就消失了。有特殊教育需要的学生,其特殊教育需要也就无法得到关照和满足。所以,如果从过程论的视角来解读融合教育,那么

---

[1] 李拉. 论当代融合教育制度的构建[J]. 现代特殊教育,2019(16):3-7.

融合教育的改革，就是一个使各种类型特殊教育需要学生的教育需求不断得到满足的过程，是包括普通教育与特殊教育在内的整个教育体系对其做出有效应对的过程。

第三节 融合教育与随班就读的关系

把握融合教育的概念，需要分析融合教育的核心特征及基本内涵，并把它视为一个持续发展与深入演进的教育事物来理解它。还需要将融合教育放在与其紧密相关的一些概念、术语及范畴中进行比较、分析与澄清。目前来看，尤其是需要厘清融合教育这个国际范畴内的概念与随班就读这个本土概念之间的关系。随班就读是我国本土惯用的概念，我国由政府推行残疾儿童随班就读的探索，起步于20世纪80年代中后期，而融合教育这个概念则于20世纪90年代以引介的形式进入我国。那么，随班就读与融合教育之间有什么关系？既然融合教育是世界教育改革运动，是21世纪全球教育改革与发展的方向与趋势，那么，在融合教育理念下，我们本土的随班就读应如何定位？换句话说，随班就读怎样向融合教育转向或并轨？这些问题，是我们进行理论研究，尤其是在概念辨析层面需要面对和回答的。如果不对这个问题进一步澄清和梳理，那么我们的随班就读理论研究与实践探索的价值会受到质疑，我们的融合教育发展也会陷入困惑和迷惘。事实上，这两个概念目前在我国实践与政策层面经常交替或同时使用，从而引发一些关于概念及其相互关系的疑惑，也影响着教育实践者和教育决策者对融合教育的准确理解。因而，在当前的理论研究与实践层面，随班就读与融合教育的关系是一个在中国语境下思考我国融合教育发展必须要回答和澄清的重要前提问题。

一、随班就读的概念及其理论来源

自20世纪80年代中后期政府开始推进随班就读，迄今已有30余年的历史。在不同的发展阶段，国内学者关于随班就读的定义也不尽相同。华国栋认为，随班就读是指特殊儿童在普通教育机构中和普通儿童一起接受教育的一种特育形式。[①] 刘全礼认为，随班就读是我国自20世纪80年代以来实施的一种特殊教育的、特殊儿童的安置方式。[②] 在朴永馨主编的《特殊教育辞典》中，随班就读被理解为在普通教育机构对特殊学生实施教育的一种形式。它与西方一体化、回归主流在形式上有某些共

---

① 华国栋.残疾儿童随班就读现状及发展趋势[J].教育研究，2003(2)：65-69.
② 刘全礼.随班就读教育学——资源教师的理念与实践[M].天津：天津教育出版社，2007：1.

同之处,但在出发点、指导思想、实施办法等方面有中国特色。① 邓猛认为,随班就读是我国一种实用主义的融合教育模式,旨在为我国大量还没有机会接受任何形式教育的特殊教育需要儿童提供上学读书的机会。② 肖非认为,随班就读是中国政府在解决残疾儿童入学问题方面采取的一种教育政策。③ 无论是将随班就读视为一种教育政策,还是一种安置模式,随班就读所表现出来的都是特殊儿童进入普通教育机构和普通学生一起学习的教育形式。这种教育形式,与英美等国家20世纪60至70年代就开始兴起的一体化与回归主流有很大的相似之处,与国际融合教育理念也同样有契合。那么,随班就读的概念及其理论是本土的,还是舶来的?

这个问题,即随班就读的理论来源问题,自我国开始推行随班就读以来,就一直备受争议。学者们对于随班就读究竟是我们本土的原创理论,还是源自国外的特殊教育思潮这一问题各抒己见,众说纷纭。虽见仁见智,但至今尚未达成共识。表面看来,单纯地审视随班就读的理论来源问题或许意义不大,因为无论随班就读来源于国外的教育理论还是我们的本土理论,都不会对随班就读的推行和实践产生很大的影响。其原因在于随班就读作为一种有效的教育安置方式,已经在实践中取得了很大的成功,它对于普及九年义务教育、保障特殊儿童的合理安置和促进社会公平方面都起到了重要作用,它已经成为我们国家实施特殊儿童教育安置的一种主流形式。从这个角度上看,对起源问题的争论似乎意义不大。但从更深层的角度来思考随班就读的理论起源,我们会发现对于这个问题的界定将会对随班就读的未来发展模式产生深远的影响。如果随班就读的理论来源是本土的,那么我们在探索其未来发展的时候,将会更多地遵循一种"实践"的模式。换句话说,我们对随班就读未来发展模式的思考,对随班就读中遇到问题的应对会更多地考虑从实践出发,会更多地通过进一步的实践去寻求理论依据和解决途径。而如果随班就读来源于国外的教育思潮,那么相应地,在我们探索其未来发展模式的过程中,我们会更多地趋于一种"引用"的模式。即对于随班就读的未来发展和随班就读实施中的问题,我们的应对方式将会更多地引用和借鉴国外的做法。④ 可见,对这个问题的考究,不仅是一个理论的问题,更是一个实践的问题。

总的来看,当前关于随班就读的理论起源问题,可以基本归纳为三种观点。一种观点是认为随班就读是完全中国化的产物,它的理论根基与实践基础都是本土化的。有学者指出,随班就读考虑了我国的社会文化、经济、教育等实际的条件,具有我们自

---

① 朴永馨. 特殊教育辞典[M]. 北京:华夏出版社,2006:55.
② 邓猛. 融合教育与随班就读[M]. 武汉:华中师范大学出版社,2009:245.
③ 肖非. 中国的随班就读:历史·现状·展望[J]. 中国特殊教育,2005(3):3-7.
④ 李拉. 当前随班就读研究需要澄清的几个问题[J]. 中国特殊教育,2009(11):3-7.

己的民族性,是中国人自己总结和探索出来的。① 第二种观点则与其相反,他们认为随班就读是西方20世纪下半叶特殊教育思想转向所形成的诸如正常化、一体化与回归主流等思潮引入中国后的实践,故此是来源于国外的特殊教育理论。这些学者在国际学术交流中直接使用"Mainstreaming"(回归主流)或"Inclusive Education 或 Inclusion"(融合教育)等术语来描述我国随班就读的情况;并认为我国随班就读模式受国际特殊教育理论如回归主流或一体化思想的影响因而具有国际性。② 第三种观点则趋向于前两者的中和,他们认为随班就读是国外特殊教育思潮与我国实践相结合的产物。正如有学者所分析的,随班就读是西方融合教育的形式与我国特殊教育实际的结合,是一种实用主义的融合教育模式。③ 事实上,后两种观点都在表明一种共同的倾向,即随班就读并非中国本土化的产物。

之所以会出现对随班就读理论起源问题的争议,笔者看来,也许是基于如下两个方面的原因。其一,我国在政府倡导下全面推行随班就读是在20世纪80年代末期,而在西方,40年代出现正常化的概念,50年代出现回归主流的概念,70年代出现一体化的概念,90年代则已出现了全纳的概念。④ 我国的随班就读在理念上与其有相通之处,而时间上又相对滞后,则容易使人产生中国的随班就读是对西方教育思潮的亦步亦趋,从而怀疑我国随班就读理论的原创性。其二,中华人民共和国成立以来,我国的教育思想受到国外影响,从20世纪50年代全面学习苏联,到改革开放后对美国及其他教育发达国家教育思想的引进和学习,形成了一种固定的思维模式,即往往先进的理论首先是来自国外的,这种看待教育问题的思维定式一定程度上影响了人们对随班就读的客观认识。

从随班就读这种特殊儿童安置方式的起源和我国的国情出发来审视其理论来源,我们会发现随班就读其实就是中国本土性的理论,具有鲜明的民族性、实践性和时代性等特征。首先,从时间角度来分析,虽然随班就读作为一个新名词最早出现于20世纪80年代末期,但这并不代表在此之前我国没有这种教育安置方式。有研究者通过调查发现,早在20世纪50年代,在四川大巴山的农村小学,就存在接收残疾儿童随班就读的教育安置形式。⑤ 显然,这种安置方式是自发的,是不可能受到后来才在西方出现的一体化和回归主流思想影响的。其次,随班就读的出现是由我国教育发展的国情特点决定的,有其出现的必然性。20世纪80年代末期,随着义务教育

---

① 朴永馨.努力发展有中国特色的特殊教育学科[J].特殊教育研究,1998(1):1-3.
② 邓猛,潘剑芳.关于全纳教育思想的几点理论回顾及其对我们的启示[J].中国特殊教育,2003(4):2-8.
③ 邓猛,朱志勇.随班就读与融合教育——中西方特殊教育模式的比较[J].华中师范大学学报(人文社会科学版),2007(4):125-129.
④ 刘全礼.随班就读教育学——资源教师的理念与实践[M].天津:天津教育出版社,2007:1.
⑤ 华国栋.残疾儿童随班就读现状及发展趋势[J].教育研究,2003(2):65-69.

法的实施,数百万适龄残疾儿童亟须得到教育安置,而特殊学校稀少,不能满足大多数残疾儿童入学,随班就读是在此背景下做出的应然选择。因为这种方式投资少、见效快,方便残疾儿童就近入学,也有利于特殊儿童与普通儿童的融合。于是我国采取了政府主导、自上而下的推行模式,先在部分地区进行随班就读的试点,而后通过各种全国性的现场会和研讨会总结和推广经验,并逐步制定相应的政策文件,来促进随班就读的全面推行。因而,我们可以把它看作是我国作为发展中国家,在经济文化还不够发达的情况下发展特殊教育的一种实用的,也是无可奈何的选择。[1] 再次,特殊教育从隔离教育走向融合教育是特殊教育理论和实践运动的内在逻辑和必然规律。[2] 随班就读在我国的出现,其本身也是特殊教育发展规律的反映。从世界特殊教育发展的历程来看,随着人类文明的进步和经济水平的提高,特殊教育的发展必然由隔离走向融合,这是特殊教育自身不可逆转的规律。而随班就读则正是在这样的一个大背景下我们"无奈"而又必然的选择。文化学的观点告诉我们,在没有任何传播的迹象下,不同地域的人们会产生同样的文明。[3] 中国开始尝试的随班就读与西方几乎同时进行的融合教育在时间上的吻合恰恰佐证了全人类特殊教育发展的共性所在。

可见,从理论来源和实践基础来看,随班就读的确是我国本土性的概念。但我们同时也应意识到,随班就读的发展不可避免会受到西方一体化及回归主流思潮的影响,对西方相关研究的借鉴会进一步地推进和完善我们的随班就读。承认随班就读的本土性,对于我们坚定探索随班就读的实践道路具有极其重要的价值导向作用。

二、融合教育:随班就读的发展方向

毋庸置疑,融合教育对我国教育的影响将是深远的。特别是我国的随班就读在价值观念与实施模式上与融合教育有诸多相通之处。那么二者之间又有哪些区别与联系呢?

关于对二者关系的认识,我国学者们的观点基本可以分为两类。第一种观点认为我国的随班就读就是融合教育,即将随班就读与融合教育在概念上等同起来。如前文中所提及的,有些学者在国际交流中直接使用"Inclusive education"这个用来表示融合教育的术语来描述我国的随班就读。在实践中也存在着将随班就读与融合教育等同使用的情况,表现为一些学校所开展的随班就读实验常常会以融合教育实验的名称或报告来呈现。另一种观点则更趋向于强调随班就读还不是真正的融合教

---

[1] 邓猛. 融合教育与随班就读[M]. 武汉:华中师范大学出版社,2009:245.
[2] 丁勇. 全纳教育——当代教育发展的方向、内涵和启示[J]. 外国教育研究,2007(8):22-26.
[3] 郑金洲. 教育文化学[M]. 北京:人民教育出版社,2000:98.

育。二者之间虽有必然的联系和相似之处,但差异却是显而易见的。有研究者指出,"我国从1989年就开始了随班就读的实验,然而,至今仍然没有提升到全纳教育的高度。""虽然随班就读的教育形式还不是全纳教育思想的全部,但是,随班就读却为全纳教育打下了良好的发展基础,其主要意义在于一是改变了人们的传统教育观念;二是在教育体制上产生了巨大变化。这些都有利于全纳教育的进一步发展。"① 从当前研究来看,后一种观点更能客观地反映我国随班就读的实际,在对二者关系的认识上更为教育者们所认同。

明确随班就读与融合教育之间存在差异仅是我们深入探究二者关系的第一步,更为核心的要素是,我们要在明确二者差异的基础上去思考随班就读与融合教育的定位问题,思考从随班就读到融合教育的实现策略问题,如此才能更好地厘定随班就读的发展目标和方向,使理论研究与实践探索在融合的理念下紧密结合。对于融合教育与随班就读,也许将二者定位为理想与现实、理论与实践的关系更为适当一些。具体说来,融合教育是未来我国教育发展的目标和愿景,它以其更加民主、公正的价值观念和全新的理论体系指引着随班就读的实践。而随班就读是通往融合教育的桥梁和过程,它要在融合理念的指导下以更显性化的、更具操作性的模式逐渐践行和最终实现全纳的理想。这是一种从过程和发展的视角来看待二者的关系定位。概言之,如果说融合教育是教育发展的"未来之路"的话,那么随班就读就是我国教育在向融合迈进的"现实之路"。② 这是因为,第一,融合教育本身就是一种过程,是一种不断发展的过程。第二,我国的随班就读在探索融合的过程中已经积累了丰富的经验,虽然它现在还不成熟,在发展中还存在很多问题。譬如,随班就读的质量不高,随班就读还只是吸纳部分有特殊需要的儿童,随班就读的支持保障体系建设不完善等。但随班就读的确是中国教育走向融合的第一步,随着未来随班就读教育对象的扩大、支持体系建设的增强,随班就读的发展过程必然会成为融合教育的实现过程。

我们需要意识到,从随班就读到融合教育迈进的这种转换,已正在发生于我国教育改革进程之中。典型的表现为融合教育概念已越来越多地出现于国家政策之中,特别是国务院2017年新修改的《残疾人教育条例》,明确提出"积极推进融合教育",这实则确立了融合教育的政策地位,将理论层面上的概念表达转换成了教育政策表达。在区域实践层面,融合教育更是成为一个普遍使用的热点语汇。随班就读这一表述我国融合教育发展特定时期的概念,也逐渐像英美等教育发达国家之前所使用的一体化与回归主流概念一样,慢慢地被融合教育替换和取代。

导致这一"转向"主要有两个方面的原因。其一,融合教育从教育公平和人权出

---

① 黄志成. 全纳教育展望——对全纳教育发展近10年的若干思考[J]. 全球教育展望,2003(5):29-33.
② 李拉. 当前随班就读研究需要澄清的几个问题[J]. 中国特殊教育,2009(11):3-7.

发来审视当代的教育改革,要求教育要满足所有特殊需要儿童的教育需要,它的理念和理论彰显出对当代世界教育改革新的理解、认识和目标的回应,代表着国际教育发展的方向和趋势。在教育国际化的大背景下,使用这一概念更容易与国际社会的研究保持一致,更有利于国际教育间的学术交流与对话。其二,更为重要的是,当前对融合教育概念使用的这种倾向性,实则表达了对我国随班就读实践现状的反思与批评,反映出对目前随班就读质量问题的担忧和不满。和国际范围内的融合教育理念相比,我们的随班就读教育对象范围过于狭窄,主要限定于视障、听障及智力障碍等类型的残疾儿童;我们的随班就读质量问题堪忧,随班混读现象依然严重。用融合教育来替代随班就读,意味着更高的目标与要求,意味着我们需要以融合教育的理念来审视和指导当前的教育改革实践。

然而,需要指出的是,当我们越来越多地使用"融合教育"来取代似乎"过时"的"随班就读"时,不能将融合教育单纯地理解为一种完全超越随班就读的独立存在,尤其是在区域政策制定层面,不能采用过于激进的方式推行融合教育。譬如,对于融合教育所提倡的面向所有"有特殊需要的儿童",我们当前是否可能做到?仅就残疾儿童教育而言,我国开展随班就读 30 余年来,在实施残疾儿童义务教育方面取得了很大的成绩和进步,但不能否认的是,目前我国仍有大量残疾儿童无法入学,而已经进入普通学校随班就读的残疾儿童面临着越发突出的教育质量问题。当前残疾儿童随班就读发展中面临的这些实践问题如不能有效解决,向面向"所有有特殊需要儿童"的融合教育迈进只能成为空谈。推进融合教育,需要理性认清现状,进行合理规划,它应是一个渐进过程。目前,我们更需要将融合教育视作一种指导随班就读深入发展的理念与目标,将深入探索和解决残疾儿童随班就读的规模和质量问题作为当下推进融合教育的核心举措。① 对随班就读与融合教育二者关系的这种定位,有助于我们避免融合教育研究与实践中的急功近利倾向,有助于我们更坚定地以融合理念来指导随班就读实践,踏踏实实走有中国特色的融合教育之路。

---

① 李拉.融合教育的推进路径[J].现代特殊教育(综合版),2017(6):22-24.

第二章　融合教育的发展脉络

了解融合教育的历史,是深入把握融合教育的基本前提。对融合教育的历史分析,构成了融合教育学的理论基础之一。教育是人类的一种实践探索活动,融合教育的出现,反映出人们对教育发展变化的认识,有其历史的必然性,融合教育的基本理念也蕴含于融合教育产生与发展的过程之中。因而要深入了解融合教育,需要首先回到对国际国内融合教育发展轨迹的探寻中来,它为当代融合教育存在的必要性提供了最合理的解释。

第一节　国际融合教育的发展历程

融合教育发端于西方教育发达国家20世纪后半叶以来的教育改革和社会运动,发展到今天,事实上已经历了半个多世纪的演变历程。回溯这一历程,我们可将融合教育划分为三个主要的发展阶段:融合教育的思想萌芽阶段、融合教育的兴起阶段与融合教育的国际化阶段。这三个阶段紧密衔接,共同勾勒出了国际融合教育的发展轨迹,而每一个阶段又都有着特定的发展特征。

一、融合教育的思想萌芽阶段

在融合教育作为一项教育改革运动正式兴起之前,它经历了一段思想孕育阶段。这一阶段并非正规意义上的教育改革,却为随后的融合教育改革运动奠定了思想基础,我们可将其称为融合教育的思想萌芽阶段。这个时期是从20世纪40年代到20世纪50至60年代,它的主要标志是正常化思潮的出现与去机构化运动。

第二次世界大战结束之后,欧美国家经济快速复苏,对民主和平等人权的追求促进了人们对各个领域的反思,并掀起了一系列为处于社会弱势地位的民众争取平等社会地位的运动。其中,残疾人作为长久以来备受忽视的群体开始更多地受到民众、社会及国家层面的关注,"正常化"思潮开始涌现,并继而引发了欧美国家的"去机构化"运动。

"正常化"(Normalization)最初是北欧国家针对残疾人群的生存与发展提出的。

它主要是一种关注残疾人生存与境遇的哲学理念,是指采用尽可能符合正常文化的方式,建立或维持尽可能符合正常文化的个人行为和特征。这意味着,应该消除阻碍残疾人参与正常生活的各种障碍;应该用与对待其他人一样的方式对待残疾人;致力于促使残疾人融入社会大环境中。① 20世纪40年代,丹麦的班克·米尔克森正式提出了"正常化"的概念。在1959年,丹麦议会颁布了《智力落后法》,这一法律后来被称为"正常化法律"。该法确立了残疾人政策及行动的基本准则。在该法案中,正常化是指智力落后人士的生活应该能够尽可能地接近正常人的生活方式。② 正常化原则的基本起点是保障残疾人和其他公民平等的权利和义务。它从保障残疾人正常的生存环境视角审视社会对待残疾人的方式,契合了社会民主运动对平等人权的追求,成为北欧国家社会改革运动中的重要思潮之一,并传播到欧美其他教育发达国家。1968年,瑞典学者本格特·尼尔耶(Bengt Nirje)出席美国召开的智力落后问题研讨会,对正常化思潮做了介绍,提出"保证智力落后者应尽可能使他们日常生活的类型和状态与成为社会主要潮流的生活模式相接近。"③正常化思潮的传播对以美国为代表的欧美教育发达国家的社会改革运动也开始产生重要影响,并直接导致了去机构化(Deinstitutionalization)运动的出现。

去机构化是20世纪50年代提出的一个术语,旨在减少那些为残疾儿童和成年人提供住宿、教育、治疗或其他服务的"机构"的使用。去机构化直接受到了正常化思潮的影响,它反对数十年来将残疾人收容在环境不良的机构中的做法。这些环境不良的机构各种各样,但它们有共同的典型特征,就是相对高程度的隔离和监护、集体的治疗、统一的管理以及严格的控制。其他特征还有日常活动的水平和形式异于正常文化,以及相对庞大的规模。去机构化在广义上包含了三个主要的程序目标:减少进入机构的人数;将机构中的人转移到非机构的环境中;改革或减少机构化环境中的机构化特征。去机构化可以被定义为一种具体的社会政策,同时它也是赋予残疾人士公民权这一更广泛的社会运动的组成部分。在把曾经居住在公共机构中的儿童和青少年转移到社区生活安置的过程中,去机构化的速度非常之快。据统计,1955年,美国有56万人被收容在精神病院,10年后这个数字变成了47.5万,而20年后,只有19.3万人。④ 这种剧烈的变化不仅使得专门为残疾人设立的机构中的人数减少,而且使收容、教育、训练及满足这些人口其他需要的责任转移到了社区中的其他

---

① [美]丹尼尔·P·哈拉汉,詹姆士·M·考夫曼,佩吉·C·普伦.特殊教育导论(第十一版)[M].肖非等,译.北京:中国人民大学出版社,2010:40.
② 邓猛.融合教育与随班就读:理想与现实之间[M].武汉:华中师范大学出版社,2009:29-30.
③ Hallahan, D. P, Kauffman, J. M. Exceptional Children: Introduction to Special Education[M]. Boston: Allyn&Bacon, 1994:46.
④ [美]M·C·王.教育大百科全书:特殊需要儿童教育[M].肖非,译.重庆:西南师范大学出版社,2011:1-2.

组织。

在正常化思潮和去机构化运动的影响下,美国、英国、澳大利亚等国家,残疾人已尽可能回到社区,努力去提高残疾人的自我决定能力和生活质量。这一时期,虽然还非专门的教育改革运动,因为正常化思潮和去机构化均是从关注残疾人生存状况和社会环境的改变而进行的社会改革,但这种变革也同时包含了教育,它已经深刻地影响到人们对教育环境中的残疾人的认识,并最终为融合教育运动的出现奠定了思想基础。

二、融合教育运动的兴起

正常化思潮和去机构化运动为人们进一步反思教育领域内的残疾人处境和公平教育的问题提供了新的视角。如果说将残疾人隔离于非正常化的环境不利于残疾人融入社会,是不公平的,那么,将残疾儿童安置于专门的特殊教育学校,从而使得残疾人也无法平等融入主流教育环境,是不是也是不公平的?是不是也不利于残疾人的发展?带着对这个问题的拷问,欧美国家开始反思既有的普通教育与特殊教育体系,开始尝试教育变革,打破固有的特殊教育实践方式,不约而同地将残疾儿童放入普通学校与普通儿童一起接受教育,从而开启了融合教育改革运动的序曲。这种运动在以美国为代表的北美国家,主要被称为"回归主流",在以英国为代表的欧洲国家,主要被称为"一体化"(Integration)。从现在来看,我们可将回归主流与一体化视为融合教育改革运动兴起的标志,也是融合教育运动的初始阶段,这一阶段从20世纪60年代持续到20世纪90年代初期。

1. 回归主流

回归主流的概念来自美国。20世纪70年代后,回归主流在以美国为代表的教育发达国家成为一种新的特殊教育体制的同义语。其核心内容是:让残疾儿童在最少受限制的环境中接受教育,依据残疾程度的不同,设置各种类型的特殊教育形式,制订个别化教育计划;主张使大多数残疾儿童尽可能在普通学校或普通班中与健全儿童一起学习和生活,改变以往主要将残疾儿童集中到特殊教育学校,将他们与健全儿童隔离开的传统教育方式,达到让特殊教育的"支流"回归到普通教育的"主流"中,特殊教育与普通教育融入一体的目的。[1] 美国回归主流的思想与实践主要体现为"最少受限制环境"的理念与瀑布式特殊教育服务体系的形成。"最少受限制环境"是一项关于残疾儿童教育安置的原则,它针对特殊教育学校这种单一安置模式的弊端,强调要将限制残疾儿童接触健全学生与社会生活的环境因素减少到最低程度,从而打破特殊教育学校这种专门的安置方式,形成多样的能为残疾儿童提供受限制最少

---

[1] 朴永馨. 特殊教育辞典(第二版)[M]. 北京:华夏出版社,2006:47-48.

的教育环境。1970年,美国人迪诺(Deno)提出了一个等级森严的特殊教育安置体系,这一体系根据残疾程度的不同与教育需要提供从最少限制的环境(即普通班)到最多限制的环境(即不具备教育性的医院或其他养护性机构)的七个层次,整个结构形同瀑布,上下贯通,被称为"瀑布式特殊教育服务体系"。1973年,杜恩(Dunn)将迪诺的安置体系加以修改,提供了8~11种不同的安置选择,整个体系形状如同倒置的金字塔,这就是人们非常熟悉的"倒三角体系"或"倒金字塔体系"。尽管表述各有不同,一般认为这一体系主要包括:普通班、巡回教师辅导制(农村较多使用)、资源教室、特殊班、特殊教育学校、家庭或医院等教养机构。"倒金字塔体系"及最少受限制环境的原则体现了当时回归主流的哲学思想,认为存在着普通教育与特殊教育两种不同的、平行的教育体系,应尽可能地使特殊教育需要儿童从塔的底端向顶端移动,即从隔离的环境向主流环境过渡,以实现教育平等、社会公正的理想;特殊儿童通过一系列安置环境的变换,走向主流环境,从而使特殊教育与普通教育实现交融。[①]
"最少受限制环境"的理念与瀑布式特殊教育服务体系随之在美国又以法律的形式得以强化。1975年,美国国会颁布了《所有障碍儿童教育法》(Education for All Handicapped Children Act,94-142公法),这是一部在美国特殊教育发展历程中具有举足轻重地位的法律。在这部法律里,最少受限制环境的原则以及其他几项为残疾儿童提供教育服务的原则被明确写入其中,这里面包括:(1)零拒绝原则——任何学校不得拒绝残疾儿童入学,要为其提供免费、适当的公立教育。(2)非歧视性评估原则——对残疾儿童的鉴定评估过程及程序要公正,不能因儿童的文化背景、种族和经济状况等而具有歧视性。(3)最少受限制环境原则——公立学校、私立学校和其他教育机构里每一个残疾学生,都要保障最大程度地和普通学生一起接受教育。只有在普通班级里各种支持服务措施无法满足需要的情况下,才考虑安置到特殊教育学校、特教班及其他隔离的教育环境中。(4)个别化教育原则——为每个经过评估鉴定为残疾的学生,由教育工作者、心理学家、家长及社会工作者共同为其制定书面的个别化教育计划,通过个别化教育计划反映出该学生的现有发展水平、短期目标与长期目标以及所要提供的所有支持服务。(5)正当程序原则——家长有权参与、了解学校的决定,在和学校决定产生分歧的时候,能通过程序去申诉或仲裁,从而维护残疾儿童接受主流教育的权益。《所有障碍儿童教育法》鲜明地体现了美国回归主流的思想内核与实践做法,也以立法的方式保障和推动着回归主流的实施。

2. 一体化

"一体化"概念则主要来自英国,以英国为代表的很多欧洲国家在20世纪60—

---

① 邓猛.双流向多层次教育安置模式、全纳教育以及我国特殊教育发展格局的探讨[J].中国特殊教育,2004(6):1-6.

70年代惯常用一体化来表达把残疾学生安置于普通学校的教育政策与实践方式。1976年,英国工党通过了《1976年教育法》,该法明确支持把残疾儿童放在普通学校接受教育的做法。这是英国教育立法中第一次明确对残疾儿童进入普通学校接受教育的权利予以立法保障。1974年,英国政府成立了一个以沃诺克(Helen Warnock)为主席的调查委员会,对残疾儿童教育问题进行系统调查。1978年,委员会向政府提交了题为《特殊教育的需要》的报告,即《沃诺克报告》(Warnock Report)。这部报告对英国一体化发展起到了重要的促进作用。报告主张用"特殊教育需要"的概念来取代传统的残疾分类。报告指出,儿童的特殊教育需要既包括那些因身体的、感觉的、心理的缺陷或情感上、行为上的失调所导致的对教育的地点、内容、时间或方法的特殊需要,也包括其他所有有某种困难的学生对教育的某种特殊需要,以上这些需要既可以是贯穿整个受教育时期的,也可以是短时期的。[①] 沃诺克委员会在报告中建议英国政府大力推行一体化,报告认为绝大多数残疾儿童都可以而且应该到普通学校就读。报告同时确认了三种水平的一体化:地点性的一体化——所有孩子在同一地点;社会性的一体化——残疾学生和健全学生在非学习时间中相互影响;功能性的一体化——包括教室里全面的一体化。[②]《沃诺克报告》对英国政府制定一体化政策起到了直接的推动作用,它所提出的"特殊教育需要"也极大地丰富和拓展了融合教育运动对教育对象的理解。

3. 早期融合教育的发展特征

回归主流与一体化开启了教育发达国家融合教育的探索历程。事实上,二者之间虽然称谓上存在差异,但其核心理念与实施模式是趋同的,都是在正常化思潮影响下将特殊儿童融入普通教育机构和主流社会中的实施活动。[③] 在回归主流与一体化运动影响下,普通教育与特殊教育之间泾渭分明的壁垒得以打破,残疾儿童这一传统的特殊教育学校教育对象终于有机会进入普通学校,和普通儿童一起接受教育。尤其是瀑布式特殊教育服务体系的出现,使得普通教育与特殊教育之间的界限变得模糊,残疾儿童接受教育的方式呈现多元化。回归主流和一体化运动形成的一些理念和思想,如"最少受限制环境""个别化教育计划""资源教室""特殊教育需要"等,也极大地推动了欧美国家融合教育的政策变革,英国、美国、加拿大、澳大利亚等教育发达国家开始通过立法或制定政策,来改变固有的教育体制。即便到今天,这些概念及思想对世界范围内的融合教育运动所产生的影响都是极为深远的。总体来看,在这一时期,融合教育改革运动有如下三个方面的共同特征:

---

① 朱宗顺. 特殊教育史[M]. 北京:北京大学出版社,2011:132.
② [美]M·C·王. 教育大百科全书:特殊需要儿童教育[M]. 肖非,译. 重庆:西南师范大学出版社,2011:162.
③ 李拉. "全纳教育"与"融合教育"关系辨析[J]. 上海教育科研,2011(5):14-17.

其一，融合教育的对象主要是残疾学生。虽然"特殊教育需要"的概念开始出现，但从引发回归主流和一体化的实践土壤以及法律和政策所关注的对象类型来看，依然是传统的各类残疾学生。欧美各国关于残疾的分类或许不尽相同，但回归主流和一体化的对象，无疑强调的是普通教育要面向各类残疾，为其提供普通教育的环境。这是回归主流和一体化时期在教育对象上的主要特征，这也是很长的时期内，人们很容易将融合教育运动归之于特殊教育改革的重要原因之一。的确，从融合教育的早期发轫来看，它关注的对象就是各类残疾。

其二，欧美教育发达国家是回归主流和一体化变革的中心。在这一时期，它主要发生发展于以美国为代表的北美、以英国为代表的西欧和澳大利亚等教育发达国家，当然也有一些地区受其影响，如中国台湾和中国香港地区，在20世纪70年代受回归主流和一体化运动的影响，也亦步亦趋地开始了融合教育的探索实践。换句话说，融合教育早期的改革运动主要限于欧美一些教育发达国家及受其影响的部分国家和地区，还没有成为全球性的教育变革思潮。需要指出的是，20世纪80至90年代，我国的一些特殊教育研究者开始陆续将一体化与回归主流等概念及理念介绍进来，并有意识地推广应用，这两个概念在特定时期对我国融合教育发展也产生过一定的影响。

其三，普通学校缺乏根本性变革，使得回归主流和一体化在发展中越来越多地面临着很多无法完全解决的问题。欧美国家虽然大多通过立法推进回归主流和一体化，但在实践发展中的困境与矛盾也逐渐浮现。其中，最关键的因素是普通教育缺乏变革。普通教育大多是被动地回应融合教育，在教育管理方式、师资力量、课程与教学、学校文化氛围等层面都缺乏对残疾儿童教育的充分准备，缺乏主动的变革与回应，残疾儿童融入普通教育的质量普遍不高。1986年，美国教育部前助理行政长官威尔（M. Will）提出，现在的回归主流教育体系存在四个方面的问题：不全面的鉴定与障碍类别的划分导致特殊教育计划和效率低下；双轨制导致特殊教育与普通教育各自平行发展，两者不能很好地合作、协调以满足学生的特殊教育需要；等级制服务体系中儿童仍然容易被隔离并受到歧视；家长和学校教师对儿童的教育安置，即儿童应该在哪一等级中受教育，有着不同的见解，因而容易造成冲突。① 这其实深刻反映出早期融合教育改革运动到了20世纪80年代中后期，回归主流与一体化运动普遍面临的困境。融合教育改革应何去何从，又走到了一个亟待反思与重构的十字路口。

三、融合教育的国际化

20世纪90年代之后，融合教育发展迎来了一个新的转折点和里程碑，这个发展阶段的核心特征就是融合教育的国际化。联合国教科文组织在融合教育国际化的过

---

① 邓猛.融合教育与随班就读：理想与现实之间[M].武汉：华中师范大学出版社，2009：47-48.

程中扮演了至关重要的角色。自20世纪90年代迄今,联合国教科文组织连续通过国际性或区域性的会议、论坛以及发布融合教育相关文件、报告等方式,持续推动融合教育在全球的发展。譬如,1994年,联合国教科文组织召开世界特殊需要教育大会,发布了在融合教育发展历程中具有里程碑意义的《萨拉曼卡宣言》,正式提出了融合教育的概念;2001年,联合国教科文组织专门编写了《全纳教育共享手册》,来推广融合教育的理念;2005年,联合国教科文组织发布《融合教育指南:确保全民教育的实施》,作为推进融合教育的纲领性文件;2008年,联合国教科文组织召开第48届国际教育大会,研讨融合教育的政府职责与政策推进;2017年,联合国教科文组织又发布了新版《融合教育指南》,强调融合体系的构建与融合学校的变革;2019年,联合国教科文组织在哥伦比亚卡利市召开"融合教育与教育公平国际论坛",以纪念《萨拉曼卡宣言》发布二十五周年,并在会上发布《卡利承诺:为了教育的公平与融合》(Cali Commitment to Equity and Inclusion in Education),呼吁各国政府采取行动加速推进融合教育。这一系列举措,结合世界各国的融合教育政策和实践变革,使融合教育呈现出了在全球蓬勃发展的态势。在这些事件之中,最具标志性的是1994年的世界特殊需要教育大会,以及2008年的第48届国际教育大会,正是这两次大会的推动以及相关宣言、文本的出台,融合教育才得以快速席卷全球,成为21世纪最有影响力的教育改革思潮。

1. 世界特殊需要教育大会与《萨拉曼卡宣言》

1994年6月7日至10日,联合国教科文组织和西班牙政府在西班牙萨拉曼卡市联合召开了世界特殊需要教育大会(World Conference on Special Needs Education:Access and Quality),共有92个国家、25个国际组织和机构近400人出席了会议。这次会议是在1992年和1993年分别召开的5次区域性特殊需要教育会议的基础上举行的,会议正式提出了融合教育(全纳教育)的概念,呼吁世界各国推进融合教育,兴建融合学校,发展特殊需要教育。大会通过了两份重要的文件:《萨拉曼卡宣言——关于特殊需要教育的原则、方针和实践》和《特殊需要教育行动纲领》。这也是融合教育的术语首次正式通过联合国教科文组织以国际会议的方式面向世界发布。

世界特殊需要教育大会及其通过的两份文本,对融合教育发展起到了巨大的推动作用。尤其是《萨拉曼卡宣言》,它提出的全纳教育新理念及行动纲领在特殊教育发展史上具有里程碑的意义,它不仅标志着世界特殊教育,同时也标志着世界教育进入全纳教育新阶段。[①]笔者看来,这个阶段最大的特征,就是开启了融合教育国际化

---

① 丁勇.走向全纳:21世纪世界教育及特殊教育发展的主题和趋势——重读《萨拉曼卡宣言》[J].南京特教学院学报,2006(1):1-5.

的历程。联合国教科文组织以国际会议和宣言的方式,正式向全球范围推广融合教育。《萨拉曼卡宣言》的意义不仅仅在于向世界各国提出了新的概念,更为重要的是,宣言直面世界范围内普通教育存在的弊端与问题,指出了全球普通教育和特殊教育改革的趋势与目标。这是这份宣言有着如此影响力的关键所在。《萨拉曼卡宣言》提出了五项声明,可谓理解融合教育理念的核心所在:每个儿童都有受教育的基本权利,必须获得可达到的并保持可接受的学习水平之机会;每个儿童都有其独特的特性、兴趣、能力和学习需要;教育制度的设计和教育计划的实施应该充分考虑到这些特性和需要的广泛差异;有特殊教育需要的儿童必须有机会进入普通学校,而这些学校应以一种能满足其特殊需要的儿童中心教育学思想接纳他们;以全纳为导向的普通学校是反对歧视态度,创造受人欢迎的社区,建立全纳性社会以及实现全民教育的最有效途径,此外,普通学校应向绝大多数儿童提供一种有效的教育,提高整个教育系统的效率并最终提高其成本效益。[①] 为有效实施这些理念与原则,《萨拉曼卡宣言》呼吁各国政府改变教育制度,接纳融合教育理念,推动融合教育实践,在普通学校里招收所有儿童,还呼吁国际社会赞同融合教育的方法并支持特殊需要教育的发展。

《萨拉曼卡宣言》拉开了融合教育国际化的帷幕,它为欧美国家自20世纪60至70年代开启的回归主流和一体化运动指明了新的方向,意味着融合教育发展路径的质的变革与根本转型。《萨拉曼卡宣言》虽然也关注残疾,但它的教育对象观已远远超出了对残疾的理解,它从被普通教育体制边缘化的所有教育对象入手,来审视普通教育的弊端与问题,将视角从特殊教育转向普通教育,从对残疾的关注转向对特殊教育需要对象的关注,对现有普通教育体制和实践提出了尖锐的批评,呼吁世界各国改革普通学校,走向融合学校,使学校能够公平接纳所有有特殊教育需要的学生。因而融合教育发展到这一时期,已远远超出了特殊教育的范畴,标志着融合教育进入了新的发展阶段。与此同时,一体化与回归主流这两个术语的使用在国际范围内也逐渐式微,慢慢被融合教育概念所取代。很多国家都把融合教育视为21世纪教育与社会改革的重要方向与趋势,并开始尝试通过教育体系的变革来推进融合教育的有效实施,从而使融合教育从欧美漫延到全球。从这个角度来看,无论怎样评价《萨拉曼卡宣言》对于融合教育的重要性,都是不为过的。

2. 第48届国际教育大会与《全纳教育:未来之路》

如果说1994年"世界特殊需要教育大会"与《萨拉曼卡宣言》主要将融合教育理念推向了全球,从而引发世界上很多国家关于融合教育改革的思考与探索的话,那么,2008年的第48届国际教育大会,又将融合教育向前推进了一大步,它将融合教

---

① 赵中建.教育的使命——面向二十一世纪的教育宣言和行动纲领[M].北京:教育科学出版社,1996:131.

育从理念层面的呼吁与推广转向了教育政策的重构与更为具体的实践策略研讨。

2008年11月25日至28日,第48届国际教育大会在联合国教科文组织国际教育局组织下于日内瓦召开,旨在探讨如何促进以教育公平为基础的融合教育。会议主题就是"全纳教育:未来之路"。国际教育局自1934年起组织国际教育会议,其宗旨是向各国教育部长提供可以进行对话的论坛。除各国教育部长外,其他合作伙伴,包括研究人员、实践者、政府间组织及非政府组织代表都积极参与到对话中。国际教育大会所通过的每一次决议都影响着全球范围内教育发展的轨迹,对世界各国教育发展产生了重大的影响。国际教育局理事会、教科文组织大会和执行局将"全纳教育:未来之路"作为此次国际教育大会主题,就是希望国际教育系统能够认识到现存社会和教育体制仍存在多种形式的排斥现象,最为重要的是应从长远角度观察与反思,进行切实变革,制定与实施新政策,从而推进全纳教育,构建全纳社会。[①] 为了筹备这次国际教育大会,联合国教科文组织在2007年分别在在罗马尼亚、肯尼亚、阿联酋、阿根廷和中国召开了5次地区性的全纳教育研讨会,这5次地区性的全纳教育研讨会的主要目的:一是了解这些地区各个国家对全纳教育的看法以及各自实施全纳教育的状况;二是讨论全纳教育存在的问题,如全纳教育的概念、政策、立法、资金、课程、评价等;三是通过这些会议,进一步宣传全纳教育的理念,扩大全纳教育在各地区的影响,以期在世界各国营造全纳教育的国际氛围。[②]

在《全纳教育:未来之路》这一会议主题文本中,全纳教育被看作一项为所有教育政策和实践提供指导的总原则。就教育政策而言,第48届国际教育大会认为,发展全纳教育,要对整个教育系统进行广泛的改革,要避免全纳教育被视为与更广泛的教育系统之间不相干这一危险。其中,立法对于建立更具全纳性的教育系统十分重要。对那些分别以不同立法处理特殊教育和普通教育的国家而言,一个必要的步骤是,必须以一个共同的行政和立法框架将这两种教育系统统一起来。会议认为,在许多国家,教育制度及其管理本身即成为全纳实践的障碍。特殊教育和普通教育经常是由不同的部门或团队,按照不同的决策程序、立法、资金安排等进行管理的。因而,对现有的服务部门和利益群体进行协调,是向全纳教育发展必经的第一步,而政府在全纳教育推动中应发挥关键作用。就全纳教育实践而言,大会则强调各国转向更具全纳性的工作方式,在学校文化、资源利用、课程与教学、特殊教育发展以及教师培训等方面提出了大量的策略建议。(1)建设全纳文化。对整个教育系统,尤其是普通学校,进行文化改革,重点在于创造全纳的环境。所有的儿童和青年,尽管他们的文化、社

---

① 张婷. 全纳教育:未来之路——联合国教科文组织第48届国际教育大会综述[J]. 世界教育信息,2009(5):44-47.
② 黄志成,胡毅超. 全纳教育:未来之路——对UNESCO第48届(2008年)国际教育大会主题的思考[J]. 全球教育展望,2008(7):46-49.

会和学习背景不同,但在各类学校中都应该享有同等的学习机会。(2)注重资源利用。要将现有资金转用于推动各项政策和实践朝更具全纳性的方向发展;在学校、当地主管部门及其他机构纳入奖励措施,以便这些机构参与全纳教育的发展;必须做出努力,确保在教学中通过很好地利用可动用的资源,尤其是人力资源,鼓励学习者参与。(3)改革课程与教学。教育系统可以通过多种不同的方式提倡全纳的做法,以便让所有学习者在不同的教育阶段和不同类型的学校都有公平的受教育机会,并在建立支持制度帮助学生克服学习困难的基础上,鼓励提高学生入学率和成功率。其中,课程设置是让全纳原则在教育系统中发挥作用的中心手段。因此,必须有足够的灵活性,以满足学习者的多样化特点;必须组织好课程设置的层次,以兼顾大量不同的学习风格;做到既丰富又灵活,并能满足具体学习者和社区的需求;应围绕每个学生起步时所具备的技能的不同水平来形成层次,让所有学生都能取得成功。(4)发挥特殊教育支持作用。在普通学校变得更具全纳性的过程中,特殊教育学校可以发挥重要的支持作用。各国需要探讨如何将特殊教育学校中的专门知识和资源转用于加大支持普通学校正在进行的改革的力度,特殊教育学校需要成为帮助大批普通学校走向全纳的资源中心。(5)全纳教师的培训。在全纳教育系统中,所有教师都必须对学习者的多样性持积极态度,并通过职前培训和在职培训了解全纳实践。此外,少部分教师还将需要掌握程度更高一些的专业化知识。教师在全纳实践方面所需的培训,大部分都可以在其通常的职前培训中实现,也可以通过短期在职培训活动完成。

第48届国际教育大会与《全纳教育:未来之路》文本对国际融合教育发展的目标、路径及核心要素等进行了系统的分析。在融合教育发展历程中,它是继1994年《萨拉曼卡宣言》之后将国际融合教育运动推向纵深发展的又一重要事件,它明确了21世纪以融合教育为目标的国际教育改革方向,对推动世界融合教育的整体发展产生了更加深远的影响。尤其是在《全纳教育:未来之路》中,它重点强调了政府在融合教育改革中的重要作用,对于世界各国开展以融合教育为导向的教育制度改革和建立融合教育的政策体系起到了直接的引领作用。值得一提的是,在第48届国际教育大会上,我国国务委员刘延东代表中国政府做了《推进全纳教育,促进和谐世界建设》的发言,刘延东强调,全纳教育的提出,体现了对所有人的尊重和对人权的保护,顺应了时代要求和未来趋势。中国在推进本国全纳教育的同时,愿努力为全球范围内发展全纳教育作出贡献。[①] 这在很大程度上可代表世界各国关于融合教育发展目标的共识与态度,也彰显了第48届国际教育大会与《全纳教育:未来之路》对于全球融合

---

① 刘延东.推进全纳教育,促进和谐世界建设——在第48届国际教育大会上的发言[J].世界教育信息,2008(12):12-13.

教育发展的影响力。

3. 融合教育国际化阶段的发展特征

迄今,融合教育的国际化已经历了30余年的发展历程。目前,我们仍处于融合教育的国际化发展时期,与融合教育的兴起阶段相比,国际化时期的融合教育总体来看有如下四个方面的显著特征:

第一,在实施范围上,融合教育由欧美国家走向全球,成为世界上很多国家教育改革的主要方向。如果说在融合教育兴起阶段,回归主流与一体化运动还主要发生于欧美教育发达国家的话,那么,自1994年《萨拉曼卡宣言》之后,融合教育开始逐渐成为全球性教育变革。将残疾在内的越来越多有特殊教育需要的儿童安置于普通学校的普通班,并努力为其提供公平的、有质量的教育,不再仅是美、英等教育发达国家的探索与实践,已成为世界各国较为普遍的实践方向。

第二,在推进方式上,明确了以普通教育为核心的融合教育推进路径。国际化时期的融合教育,在推进方式上与融合教育兴起阶段相比已有着本质的区别。一体化与回归主流的核心理念与实施模式,决定了这两个词语本质上还从属于特殊教育领域内的概念范畴,还没有摆脱特殊教育的框架束缚,没有真正从教育整体改革的视野来推进融合的发展。而自1994年之后,国际范围内对融合教育的认识首先是从普通教育改革的视角切入,从对普通教育进行反思与批判入手,强调普通教育要重视被现有教育体制边缘化的儿童,要满足所有特殊教育需要对象的教育需求,从而确立了以普通教育变革为核心的融合教育发展路径。以普通学校为中心的融合教育改革,同时又呼吁和要求教育体制的重构与教育政策的改变,以适应融合教育发展需要,继而引发了在推进路径上对政府职能的强调,以及对更多相关机构与部门参与融合教育的诉求。

第三,在融合教育对象上,由"残疾"扩展到所有"特殊教育需要"。从普通教育视角来审视教育对象,意味着融合教育不仅要包含残疾这类传统的教育弱势群体,还要包含更多被普通教育排斥于教育体系之外的儿童。因而,这一时期,"特殊教育需要对象"的概念早已替代了回归主流和一体化时期的"残疾"概念,在对象上更为宽泛与多样化。正如联合国主编的《全纳教育共享手册》中所认为的,融合教育针对的不只是残疾儿童,其他的群体,如贫困儿童、少数民族儿童、女童(在某些重男轻女的社会)和边远地区的儿童,在普通学校就学时也会遇到很多困难。全纳教育的宗旨就是要理解这些困难,并且帮助普通学校发展,让普通学校能满足所有这些学生的需求。[①]在《全纳教育:未来之路》文本中,融合教育则是一个在对象上包含所有儿童,包括男童和女童、少数民族学生、受艾滋病毒和艾滋病感染的儿童以及残疾儿童和有学习障

[①] 联合国教科文组织. 全纳教育共享手册[M]. 陈云英,杨希洁,赫尔实,译. 北京:华夏出版社,2004:16.

碍的儿童,都有机会接受教育的过程。然而,需要指出的是,从残疾到特殊教育需要对象,这种概念范围的拓展,既意味着从公平、无歧视的视角来审视教育对象,也可能会引发关于融合教育对象究竟是哪些类别的疑惑与困扰。因而,在不同的国家,关于特殊教育需要对象的界定也是不尽相同的。

第四,在理论研究与实践模式上,呈现出争议与多样化的特点。尽管融合教育走到今天,作为全球教育变革的方向已成为共识,但围绕融合教育的理论纷争一直没有停止。应该说,这种讨论与纷争从融合教育的提出就已经存在,不同国家、不同学者围绕融合教育的概念、基础理论、价值目标、实施方式等多个层面展开了热烈的争论。这从第一章中所讨论到的融合教育概念的多种界定,就可窥其一斑。这里面,尤为突出的是关于融合教育要部分融合(Selective Inclusion),还是全部融合(Full Inclusion)的辩论。正如邓猛在著作中所指出的,人们关于融合教育争议的焦点不在于"特殊儿童能否被融合",而是儿童应该如何融合:应该以比较激进的方式完全容纳进普通教室,还是以比较缓和、渐进的方式进行有选择的融合? 特殊教育专业人士和相关社会团体也因此被划分成为相互对立的两大派别。[①] 迄今,这也不是一个完全能够达成共识的问题,这也恰恰进一步映射出融合教育作为新兴教育思潮的不确定性。由于不同国家与学者在理念理解上的差异,很多国家的融合教育实践既有趋同之处,也有差异。概括来说,当代融合教育发展,融合教育理论异彩纷呈,融合教育实践各具特色。从这个意义上来说,将当代融合教育理解为一个不断发展而非已有定议的事物是更为合理的。

第二节　融合教育产生的原因

任何新生教育事物或教育思潮的出现,都会有其特定的背景与原因,融合教育亦然。在半个多世纪的发展历程中,融合教育经历了几个阶段,最终走向国际化,展现出蓬勃的生命力,成为对世界教育改革有着深远影响的教育思潮和运动。融合教育何以如此,它因何产生,又为何会有如此影响力? 透过融合教育的发展脉络,探索融合教育产生与发展的原因,有助于我们更进一步了解世界教育变革的方向,理解和把握融合教育的发展趋势。

一、融合教育源于对残疾人公平与人权的追求,与社会改革运动紧密相关

对融合教育运动产生原因的理解,脱离不了以争取人权与平等的价值观念在世

---

① 邓猛.融合教育:理论反思与本土化探索[M].北京:北京大学出版社,2014:69.

界的传播,以及由此兴起的社会改革运动这个大背景。以回归主流和一体化为标志,融合教育正式兴起,这一理念与实践首当其冲地与残疾人的权益紧密联系在一起。可以说,融合教育的产生,从根本的价值层面来看,事实上是一个对残疾人这一传统弱势群体的公平与人权不断反思与重新认识的过程,它深刻折射出时代发展背景下,人们从平等的价值观念对人的多样性的尊重与理解,并将这种理解映射到残疾人群体,同时与社会改革运动紧密联结,嵌入到社会改革运动之中,成为社会改革运动的一部分。

第二次世界大战之后,世界各国在发展过程中涌现出一股巨大潮流,就是争取民主平等和维护人权尊严。1948年12月,联合国大会通过并颁布了《世界人权宣言》,它继承、吸取了人类文化遗产中有关自由、平等、人权的一般观念,特别是近现代西方国家有关人权的立法和实施经验,基本上反映了第二次世界大战结束后世界人民争取、维护人权的强烈愿望和当时多数人的认识水平。[①]《世界人权宣言》是国际社会关于人权的共同承诺,作为第一个人权问题的国际文件,它为国际人权领域的实践奠定了基础,对后来世界人民争取、维护、改善和发展自己的人权产生了深远影响。"人人生而自由,在尊严和权利上一律平等"的观念,也为残疾人群体融入随后西方国家的民权运动中奠定了思想基础。

西方国家自文艺复兴与思想启蒙运动之后,对民主、自由、平等的追求渗透于其社会各个领域,成为西方国家普遍追求的价值观。《世界人权宣言》对平等人权的呼吁,更将其价值观进一步强化,并直接催生了20世纪50年代之后以美国为代表的西方国家的两大民权运动:种族运动和妇女解放运动。其表现形式,一是反对种族隔离,争取民族平等运动;二是反对性别歧视,争取妇女权益运动。民权运动影响深远,激发并坚定了各群体维权的决心和信心。20世纪60年代,残疾人也发起了一场争取权利的运动。运动者声称他们和非洲裔美国人等少数民族群体一样,也是一个"受歧视、受迫害的群体"。残疾人权利运动与20世纪那些被否定平等权、被剥夺了独立和自治权以及完全参与社会权的民权奋争有许多相似之处。为了像其他人一样受到平等对待,残疾人认为他们必须争取被纳入的权利。在民主和人权的框架和平台下,种族问题、性别问题和残疾人问题是内在一体的,都是弱势群体对完全公民权益的争取和维护。[②]

几乎同时,在北欧,促进残疾人正常化与去机构化运动的思潮和理念也传播到了北美与西欧,引起了社会层面和教育界对残疾人教育的巨大关注与反思。残疾人群体也以"分开就不是平等"的口号发起争取在教育领域和其他社会层面平等权利的诸

---

① 黄楠森.《世界人权宣言》的重大贡献和历史局限[N]. 光明日报,1998-12-06.
② 黄志成.国际教育新思想新理念[M].上海:上海教育出版社,2009:34-35.

多活动，包括通过法律诉讼的方式争取到与普通儿童一样的受教育权。典型的如美国1954年的布朗状告教育局案、1972年的米尔状告华盛顿哥伦比亚特区教育局案。1954年，美国联邦最高法院根据美国宪法第十四条补充条款——"人为地歧视不同族裔是非法的"，以此为依据，法庭裁决将非裔美国学生布朗（黑人学生）与其他族裔学生分开来教育，即"隔离但平等"的原则是违反宪法的，因而将布朗案定为教育歧视案。布朗案的裁决结果推动了对残障学童教育权利的伸张。当时，美国许多残障学童因受到歧视而被剥夺了受教育的机会。1972年，美国哥伦比亚特区法院裁决了一起残障学生状告哥伦比亚特区教育局案。此案涉及华盛顿特区的公立学校擅自停学、驱逐或拒绝接受残障学生。法院认为，所有残障学生都有享有免费的公共教育的权利，他们有上诉权。对学区来说，不论学区的财政情况如何，都必须提供残障学生应有的特殊教育服务。[①] 这些运动或事件极大地改变着西方国家及人们的传统教育观念，直接催生了欧美国家通过政策与立法来推进残疾儿童回到普通学校，从而促使了融合教育运动的兴起。

融合教育的早期，是从残疾人这个群体视角来审视平等人权问题，从而引发了以残疾儿童为观照对象的回归主流和一体化运动。到了20世纪90年代，《萨拉曼卡宣言》则进一步将对人权与平等的宣扬扩充到了被普通教育体系拒绝、排斥或边缘化的所有教育对象，即特殊教育需要对象，它实质上已经远远超出了残疾群体。故此，《萨拉曼卡宣言》在开篇即重申了1948年《世界人权宣言》提出的"人人享有受教育的权利"这一声明，强调每个儿童都有受教育的基本权利，包括残疾学生和处境不利学生在内的所有儿童，都能够有机会进入到以儿童为中心的全纳学校。

可以说，融合教育运动从欧美国家的兴起到漫延至全球，其背后始终伴随着公平及人权的价值观，是一个从国际社会、不同国家政府到社会民众对平等与人权等价值观念不断深化理解、重申和践行的过程。融合教育发展到今天，虽然在实施方式、发展目标等方面存在争议，譬如，融合教育是不是过于理想化？融合教育有哪些最适合的发展模式？但很少有国家或学者质疑融合教育的正当性。这是因为融合教育与促进社会公正和保障人权紧密相连，它深刻反映出人类社会对公正的追求和对人权的尊重，是社会文明进步的重要标志与反映。

二、融合教育源于对隔离教育的反思与批判，与特殊教育发展路径紧密相关

如果说公平与人权是融合教育产生的思想基础的话，那么，特殊教育自身的改革与发展，则构成了融合教育产生的实践基础。正如之前一直强调的，早期融合教育主要关注残疾儿童，它是一种关乎残疾儿童教育安置形式的选择，是一种有别于传统的

---

① 任颂羔. 特殊教育发展模式[M]. 北京：北京大学出版社，2012：8-9.

特殊教育学校安置形式的教育选择。融合教育的产生,在实践层面首先表现为对特殊教育学校这种残疾儿童安置形式的反思与批判,是对特殊教育学校这种隔离式特殊教育的质疑与否定,是特殊教育对自身发展路径的一种辩证认识过程,也是特殊教育的自我革新与突破过程。从这个意义上来说,早期融合教育发展阶段,也是特殊教育改革的组成部分。因而,要理解融合教育产生的实践原因,还需要回溯残疾儿童教育安置形式的变迁过程以及特殊教育从隔离走向融合的历程。

1. 隔离教育及其发展阶段

隔离教育,是隔离式特殊教育的简称,它是特殊教育中的一个与融合教育相对的概念,指代将残疾儿童安置于专门的特殊教育学校的做法。当把隔离教育与融合教育放在一起讨论时,它们都主要指针对残疾儿童的教育安置方式。

残疾儿童的教育安置,是指通过何种形式为残疾儿童提供适当的教育,以保障教育质量,促进残疾儿童的身心发展。它不同于残疾儿童医学、康复意义上的安置或家庭式的养护,它强调的是残疾儿童安置的"教育"性,即通过安置来实现残疾儿童教育之目的。残疾儿童的教育安置事实上是实施特殊教育的一个前置性问题,采取何种有效的教育安置形式在很大程度上决定着残疾儿童的受教育水平。事实上,对于这个问题的思考与探索贯穿了整个特殊教育的发展历程。回溯世界范围内特殊教育的发展历史,我们会发现,残疾儿童的教育安置形式并不是一成不变的,而是一个不断发展的话题与不断变迁的实践。残疾儿童教育安置形式的发展事实上与特殊教育整体的发展历程是基本对应的。从整个世界范围内来看,特殊教育经历了一个从无到有、从隔离走向融合的发展过程,残疾儿童的教育安置也经历了一个漫长的由无到有、由单一到多元、由封闭到开放的发展历程,迄今已形成了相对成熟的残疾儿童教育安置模式。① 单就隔离教育而言,它又基本分为两个时期:制度化特殊教育之前的个别教育时期与独立形态的特殊教育学校时期。

(1) 制度化特殊教育之前的残疾儿童安置——个别教育

在人类文明产生之后的漫长时期内,还没有真正的特殊教育,残疾人的地位低下,甚至面临着被遗弃的命运。这与人们对残疾人的认识与态度息息相关。美国著名的特殊教育学者柯克和加拉赫认为,历史上人们对残疾人的态度可分为四个阶段,即公元前的歧视或虐待、基督教布道时的保护和同情、18世纪和19世纪开始的收容和训练、20世纪后开始的融合改革运动。② 就残疾儿童而言,从人类社会形成到1760年世界第一所特殊教育学校诞生,人们对于残疾儿童的观念与态度也大致可归纳为"遗弃""歧视"到"救济"以至"教育"四个阶段。具体来说,在人类社会的漫长历

---

① 李拉.世界范围内残疾儿童教育安置形式的变迁与趋向[J].现代教育管理,2013(9):121-124.
② 柯克,加拉赫.特殊儿童心理与教育[M].汤盛钦,银春铭等,编译.天津:天津教育出版社,1989:3-4.

史时期中,残疾儿童基本没有受教育的机会,被遗弃、被歧视是他们普遍的遭遇和命运。到了中世纪,西方基督教在社会中占据了统治地位,一些慈善性、养护性机构在基督教支持下开始陆续建立,残疾儿童进入了"救济阶段",开始被隔离养护,但还很难得到受教育的机会。

文艺复兴和启蒙运动促进了人类文明意识的觉醒,同时医学、精神病学以及教育学的发展使残疾儿童开始有机会接受教育。但必须要认识到,这种教育机会还不是普遍意义上的,在特殊教育理念和实践上还处于探索时期,尤其是在教育组织形式上,主要是采用个别教育的形式。例如,16—17世纪在西班牙,修道士庞塞(Ponce)和牧师伯内特(Bonet)分别对聋童进行个案研究和实践。荷兰的一名医生阿曼(Amman)受托教一个聋女童学习口语说话,获得了成功,继而开始了聋童的言语语言训练。总之在这一时期,在个别教育的组织形式之下,少数残疾儿童开始有机会接受教育,然而这种零星的、自发式的个别教育远远不能满足残疾儿童接受教育的普遍需求,这种教育安置离规范化、制度化的特殊教育还有很长的距离。但不可否认的是,这些自发式的探索和尝试为后来制度化特殊教育的出现和残疾儿童教育安置形式的规范奠定了实践根基,因而我们可将此阶段视为残疾儿童教育安置的雏形与初始时期。

(2) 独立形态的残疾儿童教育安置——隔离式特殊教育学校

18世纪下半叶,专门为残疾儿童教育所设置的特殊教育学校开始在西方陆续出现,这促进了特殊教育的进一步发展,也使得以个别教育为主的残疾儿童教育安置形式开始在走向规范化和体制化的特殊教育发展背景下,形成了较有规模的、独立的教育安置模式——特殊教育学校。1760年,法国神父莱佩(Charles Michel de l'Epée)在巴黎建立了世界上第一所聋校,这也是世界上第一所真正的特殊教育机构。法国慈善家阿羽依(B. Hauy)1784年在巴黎建立了世界上第一所盲人学校。另一法国人,精神病医生谢根(Edouard Seguin)于1837年在巴黎创办了世界上第一所弱智者训练教育学校,使用感觉运动训练的方法教育训练弱智儿童。随后在欧美国家如雨后春笋般出现了越来越多的各类特殊教育学校。正如学校的出现促进了教育的普及和规范化一样,专门的特殊教育学校的设置为残疾儿童接受系统、正规的教育提供了机会,这种安置形式逐渐取代了传统的个别教育,慢慢成为西方残疾儿童教育的主要形式。当然,除了特殊教育学校,在20世纪上半叶的美国,特教班也开始出现,特教班附属于普通学校,是将残疾儿童专门安置于一个独立班级,由专门的特殊教育教师实施教育教学的方式。相较于特殊教育学校,特教班更是一个新兴的事物,规模比较小,特殊教育学校依然是主导的安置方式。

应该说,特殊教育学校的出现是有其特定背景的。一方面,它主要受益于科学的发展和文明意识的不断进步。医学、心理学等的发展以及越来越多的特殊教育实践转变了人们长久以来固有的残疾儿童无法接受教育的观念,为残疾儿童提供受教育机会越来越成为国家和公众的诉求。独立设置的特殊教育学校能够为大量残疾儿童接受专门化、集中系统的教育提供可能。另一方面,则是与现实情况下普通学校没有能力和准备接纳残疾儿童有关。普通学校最初的设置主要考虑到了普通儿童的共性和需要的满足,残疾儿童由于身心发展的差异使得普通学校不愿意,也没有能力接纳这类儿童,残疾儿童因而被排斥在了普通学校之外,独立设置的特殊教育学校则自然地成为残疾儿童主要的安置形式。从这个意义上来说,特殊教育学校的出现是特殊教育发展的必然选择和趋势,顺应了残疾儿童接受教育机会的诉求。体制化的特殊教育学校的出现,使得教育史上开始出现特殊教育与普通教育并行的双轨体制。这种双轨体制由于缺乏互通,残疾儿童基本没机会进入普通教育系统接受教育,也缺乏与主流社会的沟通,社会学家和教育学者们通常会把这种将残疾儿童放置在独立设置的特殊教育学校的安置形式称为隔离式的特殊教育。[①] 这种隔离式的残疾儿童安置在特殊教育学校出现之后的相当长时期内占据了主流位置,成为残疾儿童教育安置的主要形式。

2. 对隔离教育的反思与批判

特殊教育学校的建立与不断成熟,推动了特殊教育的快速发展。到了 20 世纪中叶,经过约两百年的实践发展,在教育发达国家,特殊教育与普通教育的这种双轨制看上去已较为稳定,特殊教育学校也已经建设到了一个较高的水平。然而,独立设置特殊教育学校来接纳残疾儿童进行教育是唯一合理的教育安置方式吗?我们是否找到了针对残疾儿童实施教育的最好的方式?伴随着体制化特殊教育学校规模的扩大和特殊教育学校这种安置方式的固定化,人们不禁开始追问这个问题。这一方面固然是受到上文中所提及的公平与人权价值观的影响,另一方面也与特殊教育学校自身发展中的弊端和问题有关。人们越来越意识到,随着经济与社会的发展,特殊教育学校自身的缺陷与不足也越发凸显,引起了教育和社会学者的反思,也激发了家长对这种隔离教育的反感与质疑。

这种反感与质疑,反映出特殊教育学校自身发展中的一些突出问题。首先,特殊教育学校是一种以"医学-心理学模式"来构架其发展逻辑的安置方式。所谓"医学-心理学模式",简单地说,就是指将残疾儿童视为有缺陷的个体,因而需要在医学或心理学诊断的基础上,进行单独安置,实施特殊教育。这种模式将残疾引发的参与教育的障碍归因于残疾儿童自身,因而专门设置的特殊教育学校就顺理成章地成了对存在障碍而无法适应普通教育的个体实施教育的最合理方式。然而,社会学家却认为,残疾儿童的障碍未必完全是残疾自身造成的,个体与环境互动的不畅,也是造成障碍

---

① 李拉. 世界范围内残疾儿童教育安置形式的变迁与趋向[J]. 现代教育管理,2013(9):121-124.

的原因。换句话说,通过改变环境,也可以减少障碍的发生,使残疾儿童能够进入教育环境之中。这种从社会学视角来审视特殊教育的思想,很大程度上颠覆了对特殊教育学校发展逻辑的固有认识,使人们开始对特殊教育学校自身的合理性产生怀疑。

其次,特殊教育学校的存在,容易强化整个社会对残疾人的刻板印象,给残疾群体贴上一些有消极描述色彩的标签。除了听力残疾、视力残疾、智力残疾、精神残疾这些对残疾群体的传统分类术语之外,类似于"低能""无能""缺陷"等贬义色彩的概念,很容易由于这类儿童被分类纳入专门的特殊教育学校,而成为关于这些儿童统一的认识,这就形成了在特殊教育领域内颇有争议的"标签效应"。有研究者认为,标签可以反映出对残疾人群体的部分程度的保护,因为反映这些弱势地位的标签,很容易引起同情。但更多研究者对标签持有反对之声,这种标签强化了残疾人的不利处境,造成普通人对残疾人的排斥,不利于残疾人融入社会。而且,由于标签的存在,残疾儿童的发展被限制在了一个较低的期望值。很多有某种才能或潜能的残疾儿童,由于普遍的低期望值,个体发展受到了极大的限制。在反思这些问题时,研究者会看到,由于特殊教育学校这种隔离体制的存在,这种标签产生的消极效应被进一步强化了。残疾儿童很少有机会与普通人群融入,二者缺乏互通,缺少相互了解的机会与环境,对"缺陷"的强调,又很容易使特殊教育学校在教育层面关注缺陷的补偿,而非个人能力的开发与全面发展的引领。

再次,隔离的教育方式,造就了相对封闭的文化,极大地限制了残疾儿童的社会化。教育是一个促进个体社会化的活动,通过教育,个体成为符合社会期望的人。而这恰恰是以特殊教育学校为特征的隔离教育面临的最大弊端和问题。隔离体系创造和强化了被称为有特殊教育需求的学生成为一个与其他人界限分明的群体。在特殊教育学校,学生只在同质群体里组成关系网络,在一个封闭的环境下进行社会化,从而创造了一种残缺、封闭、狭隘的文化。特殊教育学校中的学生在这种文化和群体中寻找归属感和安全感,对外面的世界缺乏了解,害怕这个世界会给自己带来伤害。一句话,隔离体系让孩子们害怕、无知,产生偏见。① 一个身处特殊教育学校和特教班的学生,在这个范围内获得了朋友、自尊和信心,在这个群体内确立了目标和追求目标的手段,确立了对社会和生活的辨别标准,但是这一切在很大程度上是脆弱的,一旦走出这个圈子,就不能肯定其行为会造成什么后果,不知道自己该做什么。他们在一个受限制的生活环境中接受社会化,完成自我塑造。

以特殊教育学校为核心特征的隔离体系在欧美国家被奉为圭臬很多年,从历史上看,完全否定其人道主义的动机和其在保障教育权中起过的作用是不正确的,但其造成的积重难返的危机也是多方面的,这种危机在隔离体系之下是无法解决的。正

---

① 黄志成等. 全纳教育——关注所有学生的学习和参与[M]. 上海:上海教育出版社,2004:46.

如黄志成所分析的,历史上,特殊教育体系扮演着双重角色:解放的角色与限制解放的角色。① 特殊教育学校逐渐成为一种悖论式的存在。甚至可以说,特殊教育学校越发达,越难通过自身去破解这一问题,因为它本身就是一种隔离式的环境。唯有跳出隔离教育的框架,从新的视角反思和审视残疾儿童教育问题,才是有效解决问题的策略。那么,打破隔离,走向融合,就成为特殊教育发展的必然趋势与选择。

三、融合教育源于对普通教育改革的根本诉求,与全民教育紧密相关

融合教育在改变特殊教育的同时,也在改变着普通教育。早在回归主流和一体化时期,由于残疾儿童进入普通学校的普通班级就读,实践与政策层面已开始引发普通教育体系的一系列变革,包括普通学校内建设资源教室,为残疾儿童提供个别化教育计划以及其他的支持服务等。而真正对普通教育改革有根本触动的,则是到了20世纪90年代,以《萨拉曼卡宣言》和 Inclusive Education 概念的出现为标志,融合教育的发展出现了根本性的转向,即转向以普通教育为核心,要求树立普通教育的主体地位。国际范围内关于融合教育发展路径的理解,已将其与普通教育改革紧密联结在了一起,融合教育成为普通教育改革的内在诉求和发展方向。促使融合教育发展路径出现转向的深层原因,则是20世纪末期最有影响力的全球教育改革思潮——全民教育。对融合教育产生原因及其发展趋向的理解,离不开对全民教育这一世界教育改革运动的认识,它是融合教育走向国际化并向以普通教育为核心转向的根本背景。

1. 全民教育

全民教育(Education for All)的正式提出,始于1990年3月由联合国教科文组织、儿童基金会、开发计划署和世界银行联合发起,于泰国宗迪恩召开的"世界全民教育大会"。来自全球150多个国家和地区以及联合国系统各机构、政府间国际组织、非政府组织等共1500多名代表出席会议。大会通过了《世界全民教育宣言》(也称"宗迪恩宣言"),面向全球倡议推行全民教育。全民教育的最终目标是满足每一个人——儿童、青年和成人的基本学习需要,使他们都能获得旨在满足其基本学习需要的受教育机会。

全民教育的提出有着极其深刻的时代背景。第二次世界大战以后,世界教育水平有了大幅提高。就初等教育而言,发展中国家6~11岁儿童的入学率从1960年的48%增长到1990年的77.8%。与此同时,发展中国家的成人文盲率从1970年的54.7%下降到1990年的34.9%。然而,尽管全球各国为确保每个人的受教育权利做出了令人瞩目的努力,但以下事实依然存在:时至1990年,在世界范围内,有1亿

---

① 黄志成等. 全纳教育——关注所有学生的学习和参与[M]. 上海:上海教育出版社,2004:46.

多儿童,其中包括至少 6 000 万女童,未能接受初等学校教育;有 9.6 亿多成人文盲,其中 2/3 是妇女;世界 1/3 以上的成人未能学习能改进其生活质量并帮助他们适应社会和文化变化的文字知识及新技能和新技术;1 亿多儿童和不计其数的成人未能完成基础教育计划;更多的人虽能满足上学的要求,但并未掌握基本的知识和技能。① 因而,《世界全民教育宣言》指出,这个世界正面临着令人生畏的问题:明显加重的债务负担、经济停滞和衰退的威胁、人口的迅速增长、国家之间及各国内部日益扩大的经济差距、战争、侵占、内乱、暴力犯罪、本可预防的无数儿童的夭亡以及普遍的环境退化。这一系列问题限制了为满足基本学习需要所做的努力,而相当一部分人基础教育的缺乏又阻碍了各国乃至全世界有目的地解决这些问题。这些问题导致 20 世纪 80 年代基础教育在许多最不发达国家的明显倒退。《世界全民教育宣言》呼吁要普及入学机会并促进平等,应该向所有儿童、青年和成人提供基础教育,扩大高质量的基础教育服务;为实现基础教育机会均等,所有儿童、青年和成人都必须获得达到和维持必要的学习水平的机会;要积极消除教育差异,不应该使一些社会地位低下的群体在获得学习机会上受到歧视,其中,残疾人的学习需要应受到特别的关注,必须采取步骤为各类残疾人提供平等的受教育机会,以作为教育制度的一个组成部分。与此同时,它还面向世界各国提出了一个到 2000 年的全民教育目标,包括:扩大幼儿的看护和发展活动,尤其是针对贫困儿童、处理不利儿童和残疾儿童的看护和活动发展;普及并完成初等教育;提高学习成绩;降低成人文盲率;扩大提供基础教育和青年及成人所需要的其他必需技能的培训;使个人或家庭更多地获得更好地生活和合理的可持续发展所需要的知识、技能和价值观念等。这就是在全民教育发展史上有名的联合国全民教育发展"千年目标"。

全民教育对于个人和社会的发展具有极其重要的意义。对个人而言,接受能够满足生活所需要的教育是一项基本人权,是个人在现代社会得以有尊严地生存和发展的必要条件。对社会而言,全民教育的发展有助于确保一个更安全、更健康、更繁荣的世界,同时有助于社会、经济和文化的进步以及国际合作的加强。全民教育通过提高各国人民的素质,从而对和平、环境、人口和可持续发展等国际社会面临的严峻挑战作出贡献。② 对于世界各国来说,全民教育使他们普遍意识到普及教育、实现教育民主对于国家和社会发展的重要意义,也成为大多数国家发展教育的重要指导原则之一。

2. 从全民教育到融合教育

全民教育确立了教育要满足每一个人基本学习需要的目标,不应使穷人、街头流

---

① 赵中建.教育的使命——面向二十一世纪的教育宣言和行动纲领[M].北京:教育科学出版社,1996:13.
② 张乐天.教育学[M].北京:高等教育出版社,2007:88.

浪儿和童工、农村和边远地区人口、游牧民和移民工人、土著居民，种族、民族和语言方面属于少数的群体，难民、因战争而流离失所者以及被占领区居民等受到任何形式的歧视。全民教育反映了全人类对教育公平的诉求，是全球教育发展所要追求的共同目标和愿景。而事实上，由于世界各国经济、政治体制等诸多方面的影响因素，全民教育要在短期内实现"满足每一个人基本学习需要"的目标是非常困难的。尤其是对于《世界全民教育宣言》中所提出的"千年目标"，短期之内要惠及所有儿童、青年和成人，对于很多国家来说，都是非常艰难或几乎无法完成的任务。因而，主要包括残疾儿童在内的"有特殊教育需要的儿童"，便率先受到了关注。全民教育希望首先通过对残疾人在内的有特殊教育需要儿童的教育，来推进教育公平和全民教育的发展。故此以 1994 年世界特殊需要教育大会的召开为标志，融合教育应运而生。它关注包括残疾儿童在内的每一个儿童，要求创设能够满足所有儿童教育发展需要的全纳学校，容纳多样和差异，反对歧视与排斥。正如《特殊需要教育行动纲领》所指出的，融合教育应作为旨在实现全民教育战略目标的重要组成部分，残疾儿童"转入普通班级"的实践应该是实现全民教育目标的全国计划的组成部分。[①] 从这个角度来说，融合教育实质上是全民教育理念的延伸，是在全民教育总体发展目标的框架之下，推进全民教育的重要方式之一。联合国教科文组织和世界各国希望把全民教育的推进首先在面对所有儿童这个领域内实现，并进而将全民教育扩展到所有青年和成人，最终实现"满足每一个人基本学习需要"的全民教育目标。这也再次说明了自 1994 年《萨拉曼卡宣言》之后，融合教育对特殊教育的超越性。融合教育是从推进全球教育变革、实现全民教育的视角来审视教育对象的，它不是从特殊教育的视角来面对残疾儿童，而是将包括残疾儿童在内的所有特殊教育需要对象都纳入全民教育所观照的"所有儿童"这个范畴之内，来思考教育改革问题的。这是融合教育与全民教育之间的逻辑关系，不理解这一关系，便很难理解融合教育以普通教育为核心的推进路径和变革性质。

全民教育从世界教育改革发展的宏观背景定位了融合教育，使融合教育摆脱了早期发展阶段即回归主流与一体化时期浓厚的特殊教育色彩。人们开始将对融合教育的思考与普通教育的改革紧密联系在了一起，并将融合教育逐渐视为推进普通教育变革、追求优质而公平的教育的重要路径之一。换句话说，是全民教育促使了融合教育发展轨迹的转向，正是全民教育的提倡，融合教育得以在国际化的过程中根本性地转变发展模式，向呼吁和推进普通教育改革转型。这应是全民教育对融合教育发展最大的贡献。当然，这并不意味着融合教育仅仅是实现全民教育的一种方式，在发

---

① 赵中建.教育的使命——面向二十一世纪的教育宣言和行动纲领[M].北京:教育科学出版社,1996:139.

展过程中,融合教育的理念与理论体系逐渐成形,它已经不再仅仅满足于对全民教育所提到的教育机会公平的追求,而是对普通教育改革有了更高层次的要求。《萨拉曼卡宣言》在表达对融合教育倡议的同时,事实上还通篇伴随着对现有普通教育强烈的质疑与尖锐的批判。融合教育对教育要面向所有特殊教育需要对象的强调,恰恰是质疑现有普通教育体系对残疾儿童及其他处境不利儿童的拒绝与排斥。大量的普通学校,正是由于考虑到了儿童身体的、智力的、社会的、情感的、语言的或其他不利条件,而将其排斥于普通教育体系之外。因而,融合教育强调要构建全纳学校,这类学校的基本原则是:只要可能,所有儿童就应在一起学习,不论他们有何种困难或差异。而且,既要满足面向所有教育对象,为其提供公平的受教育机会,也要为其提供高质量的教育,确保每个人的特殊教育需求都能得以满足,得到适当的发展。这就需要普通教育变革教育制度、调整教育政策、改革课堂教学、转变教育管理、提供支持保障等。融合教育需要普通教育的变革,它的出现也契合了当代教育改革对公平而优质教育的目标追求,契合了普通教育对"好"教育的根本诉求。因为好的教育,只会越来越接纳差异,而非排斥差异。当代教育,普通学校里的差异与多样性越发增多,面对这些特殊需要实施有效教育,事实上同样是普通教育自身发展需要思考和解决的问题。融合教育正是在这样的层面深化和拓展了全民教育,并与普通教育的内在变革融合到了一起。

第三节　我国融合教育的产生与发展

我国融合教育的发展历程,很大程度上是中国本土的随班就读产生、发展与演进的过程。因为融合教育从其概念起源来看,兴起于西方教育发达国家,并经由联合国教科文组织的推动,在 20 世纪 90 年代之后席卷全球。在国际融合教育改革运动的同时,我国政府也自 20 世纪 80 年代中后期开始推进残疾儿童随班就读,将残疾儿童安置于普通学校的普通班级里和普通学生一起接受教育。从世界范围内融合教育的整体发展来看,我国的随班就读是国际融合教育运动的组成部分,是具有鲜明中国特色的融合教育发展模式。它从中华人民共和国成立之后零星的探索实践,转化为由政府推动的随班就读制度,并历经发轫期、规范期和支持体系构建期,最终与国际领域所倡导的融合教育紧密契合,走向新的发展阶段。

一、随班就读的零星探索阶段(1949—1985 年)

随班就读作为一个固定词语的出现,是在 20 世纪 80 年代中后期。但这并不意味着在此之前,我国没有残疾人以随班就读的方式接受教育。从 1949 年中华人民共和国成立,一直到1985年,我国已在少数地区出现残疾人接受普通教育的个案。有研究者在四川大巴山地区调查发现,有的农村小学在20世纪50年代就接收了当地的残疾儿童随班就读。① 还有研究者指出,20世纪70年代后在中国东北、长沙、北京、南京等地有聋人黄夷欧、杨军辉、周婷婷,盲人邵佐夫、王韧等在国内外高校读书并毕业的事例。改革开放初始,为了普及儿童的初等教育,东北的一些学校出现了不追求升学率而让弱智儿童就近跟班学习的事例,海伦县也出现了聋童、多重残疾儿童在农村小学就读的实践。②

当然,四川大巴山地区以及其他地区的残疾人进入普通小学或高校的实践也仅是零星个案,没有形成规模,仅是区域层面政府或学校自发的探索,它并未以教育政策的方式固定下来,也远未成为当时残疾儿童接受教育安置的常规方式。可以说,在这一时期,真正意义上的制度化的随班就读并未出现。这主要是因为,从新中国成立后一直到改革开放初期,我国虽有一些关于特殊教育的政策规定,但并没有明确地将特殊教育发展纳入整个国民发展规划之中。整体来看,特殊教育受重视程度不高,对特殊教育重要性的认识程度不足,这是新中国成立后特殊教育发展较为缓慢的一个重要原因。③ 而且,新中国成立后主要实施通过单独设置特殊教育学校招收残疾学生就学的制度,从而形成了特殊教育与普通教育、特殊教育学校与普通教育学校并行的双轨。到了改革开放初期,除了继续兴建盲、聋哑学校之外,还将弱智儿童教育纳入其中,通过在普通学校附设弱智教育班或直接设立弱智儿童学校的方式实施教育。总体来说,依托特殊教育学校实施残疾儿童教育是我国特殊教育发展在这一时期最为传统和常规的办学形式。在这样的制度安排下,虽偶有残疾儿童被纳入普通学校中,但多数残疾儿童并没有机会进入普通学校。同时,普通学校普遍缺乏相应特殊教育条件,也没有相关理念和准备接纳残疾儿童入学。

值得注意的是,早在改革开放之前的建设与发展的过程中,就有国家领导人关注到残疾人的教育方式问题。1971年4月,周恩来总理曾陪同柬埔寨西哈努克亲王视察北京市第三聋人学校。周恩来总理走进手语、针灸、语训等教室,拿起教鞭指着黑板上的"毛主席语录"教聋童朗诵。周恩来总理与学校老师交谈时说,学生要有一技之长,要把有残余听力的学生送到普小学习。④ 不过,限于当时的形势,这种随班就读的想法直到20世纪80年代中后期才开始由政府真正推行。

---

① 华国栋.残疾儿童随班就读现状及发展趋势[J].教育研究,2003(2):65-69.
② 朴永馨.融合与随班就读[J].教育研究与实验,2004(4):37-40.
③ 张乐天,等.基础教育政策的中国经验[M].上海:华东师范大学出版社,2018:157.
④ 《中国残疾人教育事业大事编年》编写组.中国残疾人事业大事编年(1949—2008)[M].北京:华夏出版社,2008:12.

二、随班就读的正式兴起阶段(1986—1993年)

随班就读在我国的正式兴起与1986年《中华人民共和国义务教育法》的颁布实施有着直接的紧密联系。1986年4月,第六届全国人民代表大会第四次会议通过了《中华人民共和国义务教育法》,这是中华人民共和国成立后的第一部教育专门法,标志着我国义务教育制度的正式确立。义务教育法没有专门提及残疾儿童随班就读,但义务教育法所要求的"国家、社会、学校和家庭依法保障适龄儿童、少年接受义务教育的权利",也包括残疾儿童、少年接受义务教育的权利。换句话说,将残疾儿童少年纳入义务教育是国家层面以法律形式强制要求实施的。然而,当时我国特殊教育发展缓慢,残疾儿童入学率极低。如何扩大特殊教育招生规模,让更多的残疾儿童有学可上,以响应义务教育法关于普及教育的目标要求,是国家亟待考虑的重要问题。

同年9月,在总结我国农村自发探索将残疾儿童安置于普通学校就读的实践基础上,国务院转发了《关于实施义务教育法若干问题的意见》,其中最早提出了特殊教育的三种办学形式,即特殊教育的"办学形式要灵活多样,除特设特殊教育学校外,还可在普通小学或初中附设特殊教学班。应该把那些虽有残疾,但不妨碍正常学习的儿童吸收到普通中小学上学。"虽然此时尚未在政策文件中正式使用"随班就读"一词,但政府已明确表达出对将残疾儿童放入普通学校就读这种安置形式的认可与提倡。

1987年12月,原国家教委在《关于印发〈全日制弱智学校(班)教学计划〉(征求意见稿)的通知》中写道:"在普及初等教育的过程中,大多数轻度弱智儿童已经进入当地普通小学随班就读。这种形式有利于弱智儿童与正常儿童的交往,是在那些尚未建立弱智学校(班)的地区特别是农村地区解决轻度弱智儿童入学问题的可行办法。"这是首次在国家文件中出现"随班就读"一词,也意味着随班就读这种残疾儿童安置方式正式被写入国家政策之中。

1988年11月,经国务院批准,国家教育委员会、民政部和中国残疾人联合会在北京联合召开第一次全国特殊教育工作会议。这是中华人民共和国成立后召开的第一次全国性特殊教育工作会议,也是第一次围绕特殊教育事业发展开展全面系统探讨的会议,它体现了党和国家对特殊教育事业的重视和关怀,预示着我国残疾人教育事业将会进入一个新的发展阶段,同时也标志着国家对于特殊教育发展进行宏观政策设计的开始。这次会议的重要议题之一是研究如何制订残疾少年儿童教育发展规划。基本设想是:特殊教育要在"七五"后两年和"八五"期间进一步打好基础,并争取有一个较大的发展;到2000年,力争全国多数盲、聋和弱智学龄儿童能够入学学习。① 这次会议还着重审议了由国家教委、中残联、民政部联合起草的《关于发展特殊教育若干意见的通知》文件。在这次会议上,国家教委副主任何东昌对特殊教育的办学形式提出了目标与要求。"必须改革过去只举办特殊教育学校的单一模式,实行多种形式办学。要在办好特殊教育学校的同时,有计划地在一部分普通小学附设特殊教育班或吸收能够跟班学习的残疾儿童随班就读。"何东昌同时认为,"这样做,既有利于特殊教育与普通教育的相互渗透和促进,又有利于残疾儿童与正常儿童的交往与发展,从而逐步形成一条投资少、见效快、效益大的残疾少年儿童教育发展的路子。"同时,还提出了多种办学形式之间关系的构想,即"逐步形成以一定数量的特殊教育学校为骨干、以大量特教班和随班就读为主体的残疾少年儿童教育格局"。这是国家层面较早的关于特殊教育办学形式以及多种办学形式之间关系的构想。

将这种构想变成具体的教育政策则体现在1988年的《中国残疾人事业五年工作纲要(1988—1992年)》中。其中第42条提道:"坚持多种形式办学。办好现有的盲、聋和弱智学校,新建一批特教学校。同时,采取有力措施,积极推进普通学校和幼儿园附设特教班,普通班中要吸收肢残、轻度弱智、弱视和重听等残疾儿童随班就读。"这也是改革开放之后国家首次在政策文件中正式提出了特殊教育的三种办学形式,即特殊教育学校、普通学校附设特教班以及随班就读——将残疾儿童少年放入普通学校的普通班级中与普通儿童一起学习的安置形式。

这三种办学形式继而被写入1989年国务院办公厅转发的由国家教委、国家计委、民政部、财政部、中国残疾人联合会等多部门联合发布的《关于发展特殊教育若干意见的通知》中。《通知》建议各地积极探索多种形式办学,加快特殊教育事业发展;要求各地要充分利用现有普通小学,积极招收虽有一定残疾,但可以在普通班学习的残疾儿童入学。

政策上关于多种办学形式的规定,改变了实践领域仅依靠特殊教育学校办学的单一和固有模式,激发了各地探索特殊教育办学形式的热情,对于提高残疾儿童少年入学率和实施普及教育起到了重要的作用。更为关键的是,随班就读作为一种残疾儿童教育安置方式被写入国家教育政策体系之中,明确了随班就读的政策地位,这也标志着随班就读开始以一种正式的身份进入教育实践的轨道。

1989年,国家教委委托山东、江苏、北京、辽宁、浙江等省(直辖市)开展盲童与弱智儿童随班就读的试点工作,后又委托北京、江苏、黑龙江和湖北等省市进行听力语言残疾儿童少年随班就读试验。到1991年年中,黑龙江、河北、江苏3省已在全省推广盲童随班就读的实验,共有400名盲童在普通小学学习。到1991年底,全国已有

---

① 国家教育委员会初等教育司.特殊教育文件、经验选编[M].北京:人民教育出版社,1989:36.

近20个省、自治区和直辖市开展了盲童随班就读实验,就学盲童增加到近800人。[①] 1992年,全国智力残疾儿童随班就读已达34 418人。[②] 同时,国家教委还连续召开多次全国性或区域性随班就读研讨会,讨论实践领域推进随班就读的问题。

  1992年4月,国家教委基础教育司在山东省潍坊市昌乐县召开弱智儿童随班就读现场研讨会,现场参观了当地开展弱智儿童随班就读以及发展残疾儿童少年义务教育的做法,讨论了弱智儿童随班就读的筛查与鉴定、教学、师资及管理等工作。会议还重点讨论了随班就读的意义。会议认为,开展弱智儿童随班就读是将弱智儿童安排到普通班级与正常儿童同学习、同生活,使其受到适合于自身发展所需要的教育和训练,在德、智、体诸方面都得到发展,缺陷得到一定的补偿,为使他们成为有理想、有道德、有文化、有纪律的社会主义公民,成为适应社会生活、自食其力的劳动者打下基础。开展弱智儿童随班就读是对弱智儿童实施初等义务教育的一种重要形式。它不仅有利于弱智儿童就近入学,较快地提高弱智儿童的入学率,而且可以使弱智儿童与正常儿童从小建立互相理解、互相关心、互相尊重、互相帮助的人际关系。同时还有利于大面积提高小学的教学质量。1992年的这次全国弱智儿童随班就读现场研讨会,虽然着重关注弱智儿童的随班就读问题,但它的实际意义不仅于此,它从实践层面肯定了残疾儿童随班就读的重要性,也强化了随班就读作为一种残疾儿童教育安置方式在政策上的合理性,在随班就读发展初期,这次会议对于在全国范围内引领随班就读的实践起到了重要的推动作用。

  1993年9月,国务院残疾人工作协调委员会、国家教委、中国残疾人联合会、民政部联合发文,对全国在特殊教育推进工作中取得优秀成绩的89个县进行表彰。在这些特殊教育先进县(市、区)所开展的特殊教育工作中,"普遍开展残疾儿童少年随班就读"是一条重要的成绩和经验。同年10月,国务委员、国务院残疾人工作协调委员会主任彭珮云在《关于中国残疾人事业五年工作总结与今后工作意见的报告》中指出,我国义务教育入学率已大幅度提高,其中,普通中小学普遍接收肢体残疾学生入学,盲、聋、弱智儿童随班就读的人数大幅度增长。

  从1986年到1993年,短短几年,残疾儿童随班就读快速发展,已经明确成为我国推进残疾儿童少年普及教育的安置形式之一,这意味着随班就读的正式兴起。我们可以看到,在这一时期,随班就读兴起的重要标志就是被写入国家的教育政策之中。正是由于一系列教育政策的出台,随班就读这一新生的教育事物被以政策法规的方式明确下来,它已摆脱了新中国成立后自发性的零星探索状态,成为国家教育政策的组成内容。

[①] 《中国教育年鉴》编辑部.《中国教育年鉴》(1992)[M].北京:人民教育出版社,1993:107.
[②] 《中国教育年鉴》编辑部.《中国教育年鉴》(1993)[M].北京:人民教育出版社,1994:133.

总体来看，这一时期随班就读的兴起与随班就读政策的提出，有如下几个方面的原因：其一，义务教育法的推行实施是随班就读政策得以产生的根本前提和背景。义务教育法为国家推进教育普及设定了法律框架和指引，也使得残疾儿童教育这一之前不受重视的教育边缘领域得到关注。残疾儿童少年的义务教育问题成为国家普及义务教育的组成部分，是普及义务教育要完成的目标任务之一。特殊教育安置方式从单一的特殊教育学校走向由特殊教育学校、普通学校附设特教班和随班就读等多种方式，也正是义务教育法推动下必然的政策要求。

其二，随班就读是解决残疾儿童入学问题的必然选择。由于新中国成立后特殊教育发展较为缓慢，到了20世纪80年代，我国残疾儿童整体就学机会少、入学率极低是普遍的事实。1987年，我国依据五类残疾标准（听力语言残疾、智力残疾、肢体残疾、视力残疾、精神病残疾）进行了残疾人抽样调查，根据抽样调查结果推算，我国五类残疾人总数约为5 164万人。其中，残疾学龄儿童少年共600多万人。而全国盲、聋残疾儿童的入学率还不足6%。7—15岁处于义务教育阶段的盲童入学率仅为3%，聋童入学率为5.5%，弱智儿童入学率只为0.33%。① 极低的残疾儿童入学率凸显出特殊教育发展水平的缓慢，更给义务教育的普及带来了极大的挑战。单纯依赖特殊教育学校，已很难解决大量残疾儿童少年的入学问题。据教育部统计公报显示，到1987年，全国盲、聋和弱智儿童学校仅有504所，容纳在校学生52 000人。特殊教育学校虽然也在不断发展，但仍远远不能满足残疾儿童入学的需要。与现有特殊教育学校的容纳规模相比，1987年全国适龄残疾儿童有600多万人，还有着巨大的缺口，这意味着大量残疾儿童没有机会进入特殊教育学校接受普及教育。受制于当时的经济社会发展水平，大规模扩建特殊教育学校也不可能。即使扩建特殊教育学校，也无法提供大量的特殊教育师资。20世纪80年代，我国专门培养特殊教育教师的特殊师范教育体系才刚刚起步，特殊教育学校同样面临着师资短缺、数量不足的问题。② 普及义务教育的法律要求与残疾儿童极低的入学率之间形成了尖锐的矛盾。在这样的背景下，依托普通学校，让更多的残疾儿童就近入学，成为使残疾儿童有学可上、提高残疾儿童入学率的必然选择。从这个意义上来说，我国随班就读的产生，事实上更多的是建立在教育普及的需求和背景之下，和西方早期融合教育的产生背景相比，有着明显的不同。正如有学者所言：随班就读是我国作为发展中国家，在经济文化还不够发达的情况下发展特殊教育的一种实用的，也是无可奈何的选择。③

其三，民间和区域性随班就读的单项实践探索为政府推行随班就读积累了实践

---

① 国家教育委员会初等教育司.特殊教育文件、经验选编[M].北京：人民教育出版社，1989：50.
② 李拉.我国特殊师范教育制度研究[M].南京：南京大学出版社，2016：187.
③ 邓猛.融合教育：理论反思与本土化探索[M].北京：北京大学出版社，2014：249.

经验。20世纪80年代,西方教育发达国家的回归主流和一体化思想已开始传入我国,受其影响,在政府将随班就读写入政策并大力推行之前,随班就读民间实验也已开始,最有代表性的即徐白仑的"金钥匙工程"及其所开展的视障儿童随班就读实验。1987年,徐白仑开始进行视障儿童随班就读的教育探索,与地方政府合作在山西、江苏、河北、北京等地开展"金钥匙盲童教育计划",让盲童就近进入普通小学随班就读。徐白仑提出的盲童就近入学的想法与国际一体化教育思想不谋而合,他和试点地区的相关教育工作者通过参加国际会议和实地考察,积极吸收世界一体化教育的经验;此外还积极寻求国际社会资源,为一些随班就读的盲生提供教材、文具、录音机、写字板、助学金等物资和资金的支持,为教师出国考察和部分教师培训寻找国际慈善资金的支持。① 1990年5月,国家教委在江苏无锡召开了现场会,对金钥匙视障儿童随班就读实验作出了全面肯定。除了盲童随班就读的民间实验之外,一些由区域教育行政部门主导的聋或智障儿童教育的单项随班就读推进实验也陆续增多。1987年,黑龙江省海伦市率先在全国开展了聋童随班就读实验,全市85名聋童在当地的普通学校接受初等义务教育。随后,北京、河北、江苏、辽宁等省市也开展了类似的实验工作。② 这些民间及区域性随班就读实践,在实验方式上多聚焦于盲、聋或智障儿童等单一类型,在我国政府还没有大范围推行随班就读之时,使很多盲、聋或智障儿童获得了进入普通学校就学的机会,形成了一些对特定类型残疾儿童进行随班就读工作的区域经验,为政府制定随班就读政策和大力推进随班就读提供了借鉴与启示。

三、随班就读的规范化阶段(1994—2000年)

从20世纪80年代中后期到90年代初期,经过短短几年实践探索,随班就读已成为一种尝试解决残疾儿童义务教育问题、提升义务教育入学率的重要方式。然而,随班就读毕竟只是一种新兴的教育事物,在90年代,围绕随班就读的理论研究刚刚起步,实践探索还远未形成系统有效的模式。随班就读的持续发展,依然还有赖于强力的政策推进。

1994年5月,国家教委基础教育司在江苏盐城召开全国残疾儿童少年随班就读工作会议。这次会议是在全国各地贯彻实施1993年中共中央、国务院《中国教育改革和发展纲要》,为在20世纪末"基本普及九年义务教育,基本扫除青壮年文盲"而努力奋斗的形势下召开的。会议的目的是在交流、总结近几年各地随班就读工作经验的基础上,进一步推动视力、听力语言和智力等三类残疾儿童随班就读工作在全国各

---

① 吕雯慧.特殊教育国际化的民间实践——以徐白仑先生及其金钥匙视障教育研究中心为例[J].现代特殊教育(高等教育研究),2017(7):10-15.
② 肖非.中国的随班就读:历史·现状·展望[J].中国特殊教育,2005(3):3-7.

地全面展开,以尽快提高残疾儿童的入学率,并保证随班就读的教育质量。会议指出,在我国大力开展残疾儿童随班就读对于普通残疾儿童义务教育是非常重要的。它既是符合国情的发展残疾儿童义务教育的主要形式,也符合国际上残疾儿童教育发展的大趋势。会议总结了盐城及各地的经验,认为开展随班就读工作要着重抓好三个层次:突出政府行为,坚持依法治教;普通学校要切实落实随班就读工作;各地特殊教育学校要在推进随班就读工作中发展骨干作用。① 会议还讨论了《关于开展残疾儿童少年随班就读工作的意见(讨论稿)》,并对今后全面开展随班就读,进一步抓好随班就读义务教育工作进行了部署。应该说,这次会议在我国推进随班就读的初期,起到了重要的承上启下的作用。一方面,会议回顾和总结了前些年实践探索所积累的经验与做法;另一方面,通过这次会议,我国随班就读工作全面铺开。会议对随班就读发展一系列从政策到具体实践问题的讨论,也拉开了随班就读规范化的序幕。

  1994年7月,国家教委正式印发《关于开展残疾儿童少年随班就读工作的试行办法》(以下简称《试行办法》)。《试行办法》共分七部分,36条,包括总则、对象、入学、教学要求、师资培训、家长工作和教育管理等。《试行办法》认为,开展残疾儿童少年随班就读工作,是发展和普及我国残疾儿童少年义务教育的一个主要办学形式,是为了满足建立适合我国国情的残疾儿童少年义务教育新格局的需要。它有利于残疾儿童少年就近入学,有利于提高残疾儿童少年的入学率,有利于残疾儿童与普通儿童互相理解、互相帮助,促进特殊教育和普通教育有机结合,共同提高。《试行办法》要求各级教育行政部门必须高度重视和积极开展残疾儿童少年随班就读工作,并使其逐步完善。

  《关于开展残疾儿童少年随班就读工作的试行办法》是我国关于随班就读推进工作所制定的第一个系统的、专门性政策文件,在我国随班就读发展中具有里程碑的意义。之前关于随班就读的一系列政策规定,都是置于推进义务教育或特殊教育发展的政策文本之中,随班就读并没有被专门列出。为随班就读工作出台专项试行办法,既彰显出国家对随班就读工作重要性的认识和强调,也将随班就读从区域性、单项类型为主的探索性实验,推向制度化和规范化的轨道。

  1994年8月,国务院办公厅颁布了《残疾人教育条例》,这是我国第一部有关特殊教育的专项行政法规。在"总则"中,条例规定残疾人教育应当根据残疾人的残疾类别和接受能力,采取普通教育方式或者特殊教育方式,充分发挥普通教育机构在实施残疾人教育中的作用。对于适龄残疾儿童、少年接受义务教育,条例列出了三种形式:在普通学校随班就读;在普通学校、儿童福利机构或者其他机构附设的残疾儿童、少年特殊教育班就读;在残疾儿童、少年特殊教育学校就读。值得注意的是,"在普通

---

  ① 全国残疾儿童少年随班就读工作会议纪要[J]. 现代特殊教育,1994(6):7-8.

学校随班就读"被明确地写到了残疾儿童少年接受义务教育的三种形式的首要位置。

1996年5月,国家教委、中国残疾人联合会共同颁布了《全国残疾儿童少年义务教育"九五"实施方案》,进一步从政策层面上强调了随班就读的作用与地位。方案指出,我国要"普遍开展随班就读,乡(镇)设特教班,30万以上人口,残疾儿童少年较多的县设立特殊教育中心学校,基本形成以随班就读和特教班为主体,以特殊教育学校为骨干的残疾儿童少年义务教育格局。"

概括来看,随班就读发展到这一时期,有如下三个方面的特征:其一,以政策为引导,随班就读走向规范化。全国残疾儿童少年随班就读工作会议的召开,尤其是《关于开展残疾儿童少年随班就读工作的试行办法》的颁布,建立了推动随班就读发展的整体框架。这意味着随班就读逐渐摆脱前期"摸着石头过河"的实验状态,全国随班就读推广工作都有了统一的依据和指南,对于规范和引领全国随班就读发展具有重要意义。其二,建立起以随班就读为主体的残疾儿童少年义务教育格局。这一时期,国家关于残疾儿童三种教育安置形式的理解与安排,较之于20世纪80年代后期,已有根本的转向。80年代是将特殊教育学校作为传统的、核心的残疾儿童教育安置方式,以随班就读和特教班这两种新兴的安置方式为补充。随着随班就读实践的推进以及对随班就读认识的不断深入,在教育政策层面,随班就读的主体地位越发增强。到了90年代中期,在残疾儿童的三种教育安置形式中,随班就读已提升到了三种安置形式表述的最前端,处于"主体地位",这种表述方式的变化绝非简单的文字排序变动,它更表达出国家关于特殊教育发展方式更深层次的理解,表达出国家大力推进随班就读的决心。其三,随班就读实践进入多类型全面实验阶段。就残疾儿童类型而言,随班就读已由区域层面早期的单一类型实验,推向多类型全面铺开。正如1994年全国残疾儿童少年随班就读工作会议所认为的,这次会议的召开,标志着我国残疾儿童随班就读工作由过去的视力、听力语言和智力残疾儿童随班就读分别进行的单项实验工作,已发展到三类残疾儿童随班就读工作全面推进的新阶段。[①] 就政策与实践内容而言,随班就读也从兴起初期的政策呼吁转向对随班就读管理、随班就读师资、随班就读对象的鉴定等具体问题的探讨。如果说在随班就读起步阶段,随班就读政策与实践发展的策略是呼吁"我们要推进随班就读"的话,那么,到了这一时期,随班就读在政策和实践层面已转向对"我们应该如何有效推进随班就读"的思考上来。

四、随班就读的支持保障体系建设阶段(2001—2013年)

进入21世纪之后,我国随班就读规模持续扩大,进入普通学校的残疾学生类型与数量也显著增多。据统计,1993年,我国随班就读的残疾儿童仅有6.88万,2001

---

① 全国残疾儿童少年随班就读工作会议纪要[J]. 现代特殊教育,1994(6):7-8.

年增加到了25万人，占残疾学生在校人数的2/3，残疾儿童少年义务教育的普及率因此有了较快提高。① 除了继续扩大随班就读规模之外，随班就读的发展策略开始出现调整，在发展目标上逐渐呈现由追求随班就读入学规模向提升随班就读支持、提高随班就读办学水平转向的趋势。在实践方式上主要体现为新世纪之后随班就读支持保障体系的提出与构建。② 所谓随班就读支持保障体系，是指为了保障随班就读的顺利推行和有效实施，以教育行政部门为主导建立的由政策、制度、组织机构及运行机制等一系列支持要素构成的有机系统。其主要目的是推进随班就读的制度化、规范化与有序化。进入21世纪的第一个十年，我国随班就读发展的突出表现为随班就读支持保障体系建设，这也是一个我国随班就读政策不断走向深化的阶段。

2001年11月，教育部、国家计委、中国残联等9部门联合颁布《关于"十五"期间进一步推进特殊教育改革和发展的意见》（以下简称《意见》），这是进入21世纪之后我国发布的关于特殊教育整体改革与发展的第一个重要文件。《意见》提出，要进一步加强对残疾学生随班就读工作的指导，努力提高教学质量。各级教育行政部门要把办好搞好残疾学生随班就读工作，作为一项重要任务来抓；要制定切实可行的政策，鼓励普通学校招收残疾学生；要加强对随班就读教学工作的指导、监控，尽快建立随班就读的教学管理制度，努力提高教学质量，降低辍学率。支持随班就读学生较多的学校建立资源教室，配备指导教师，为残疾学生提供教学指导，帮助他们解决学习困难。特殊教育学校要定期派出教师对残疾学生随班就读的教学工作进行巡回指导。特殊教育研究部门要努力研究提高随班就读教学质量的有效途径。教育部要编写有关随班就读方面的指导手册，指导开展随班就读工作。《意见》既有关于教育部、各级教育行政部门及随班就读制度层面的宏观要求，也有关于随班就读招生、资源教室、巡回指导、指导手册、随班就读教学等随班就读微观操作层面的规定，已初步勾勒出由管理、教学与研究等多个维度构成的随班就读支持体系雏形。

2002年12月，教育部基础教育司和中国残疾人联合会教育就业部在北京联合召开了全国随班就读工作经验交流会。这是进入新世纪之后，国家召开的第一次全国性随班就读工作会议。会议的目的就是在总结、交流近些年来各地开展随班就读工作经验的基础上，继续加大工作力度，使全国残疾儿童少年的随班就读工作再上新台阶。会议充分肯定了近十多年随班就读工作的重要意义：十多年来的实践证明，随班就读在普及残疾儿童少年义务教育中发挥了非常重要的作用，是发展我国特殊教育事业的重要策略，是我国基础教育工作者特别是特殊教育工作者参照国际上其他

---

① 萧白.全国随班就读工作经验交流会在京召开[J].人民教育，2003(2):13.
② 李拉.我国残疾儿童随班就读的发展策略反思——基于矛盾分析的方法[J].基础教育，2016(5):28-33.

国家的融合教育做法，结合我国的特殊教育实际状况所进行的一种教育创新，充分体现了"三个代表"的重要思想，从一开始就深受欢迎并不断显示出其强大的生命力，是一条符合我国国情的普及残疾儿童少年义务教育的有效途径，它对发展我国特殊教育乃至推动整个基础教育工作具有十分重要的意义和作用。会议要求各地深刻理解随班就读工作重要的现实意义，继续将残疾儿童少年义务教育的普及作为工作重点，努力提高入学率。在这次会议上，国家正式提出要建立随班就读支持保障体系，在县（市、区）的范围内，建立起稳定的、强有力的支持系统。会议从七个层面对随班就读支持保障体系进行了应然性描述，包括建立健全组织管理机构、加大随班就读工作宣传、设立专职或兼职人员负责随班就读管理、形成省市县管理与指导网络、加强社会其他有关部门的配合与支持、建设资源教室、加大资金投入等。

2001年《关于"十五"期间进一步推进特殊教育改革和发展的意见》和2002年的这次全国随班就读工作经验交流会，为我国新世纪之后随班就读的发展指明了方向，也标志着我国随班就读正式进入以支持保障体系建设为核心的发展时期。

2003年2月，教育部紧锣密鼓地发布了《关于开展建立随班就读工作支持保障体系实验县（区）工作的通知》，对2002年底全国随班就读工作经验交流会上所确定的要在全国100个县（区）开展建立随班就读工作支持保障体系的实验工作进行全面部署，并对实验目标、实验内容、实验要求、实验时间等进行了明确规定。实验时间定为一年，拟定了两个实验目标：一是随班就读支持保障体系基本形成；二是适龄三类残疾儿童入学率和保留率比实验前有明显提高。大中城市和经济发达地区的实验县（区）适龄三类残疾儿童入学率应达到95%以上；其他地区要达到85%以上。

时隔一年之后，2004年12月，教育部在江苏召开全国随班就读支持保障体系实验工作经验交流会。这次会议的主要内容非常明确，即总结一年多来的随班就读支持保障体系建设实验工作，交流成功经验，分析面临的困难与问题，部署下一阶段的工作。会议认为，在县一级开展随班就读支持保障体系建设的路子是正确的。北京、上海、江苏、浙江等经济发达地区在原有基础上进一步落实随班就读支持保障体系的建设工作。山东、四川等省还召开了全省随班就读工作会议，就随班就读实验工作进行部署和交流。上海、江苏、山东、四川、河南等省市结合本地实际扩大了试点范围，除国家级实验县以外，还确定了若干省级实验县。河南省在5个国家级实验县基础上，安排了14个县（市、区）作为省级实验县，使全省17个省辖市各有一个实验县。上海等地在综合实验的基础上，将实验县的重点工作进行分工安排，有的侧重筛查、检测的实验，有的注重特教中心作用的实验，有的侧重资源教室、巡回指导、课堂教学、评估体系的实验。同时，很多省市积极组织随班就读相关的教师培训，并结合本地情况，制定相应的政策和制度。从整体上来看，实验工作做到了有安排部署，有配套政策,有检查落实,能顺利进展并取得实效。① 这次专门召开的随班就读支持保障体系会议将进入21世纪以来的以随班就读支持保障体系建设为核心目标的发展策略又向前实质推进了一大步,从实践层面上对区域随班就读发展起到了直接的引领作用。

2009年5月,教育部、国家发改委等多部门联合发布《关于进一步加快特殊教育事业发展的意见》,再次强调要"全面推进随班就读工作,重点推进县(区)级随班就读支持保障体系的建立和完善。"

2010年3月,国务院办公厅转发了中国残联等16个部门《关于加快推进残疾人社会保障体系和服务体系建设的指导意见》,要求健全残疾人社会保障制度,加快推进残疾人社会保障体系和服务体系。其中,"建立完善残疾儿童少年随班就读支持保障体系"被明确写到完善残疾人教育服务体系、不断提高残疾人受教育水平这一目标要求之中。

2010年12月,全国随班就读支持保障体系建设与管理经验交流会在上海召开。来自全国30个省市自治区教育委厅的分管处长、特教专干、教研员出席会议。这是继2004年全国随班就读支持保障体系实验工作经验交流会之后,教育部组织的又一次专门关于随班就读支持保障体系建设的全国性会议。这也是将我国随班就读支持保障体系建设10年历程所形成的区域实践经验与优质发展模式进行系统总结的会议,预示着随班就读支持保障体系建设的进一步深化。

进入21世纪的第一个十年,既是我国随班就读在规模上的快速发展期,也是随班就读支持保障体系从无到有、从探索实践走向制度化建设的过程。这一时期的随班就读,有如下三个方面的特征:

其一,就随班就读发展目标而言,开始强调对随班就读的质量要求。在规模与数量持续扩张的背景下,随班就读发展中面临的困境与问题也开始增多。如何既扩大随班就读规模,让更多残疾学生进入普通学校就读,同时提升随班就读质量与水平,成为这一时期教育政策与实践探索的方向。随班就读支持保障体系的提出与建设,实质上与规模提升背景下的质量诉求紧密相连。要有效提升随班就读的质量与水平,势必需要加强对普通学校的支持,需要加强对随班就读残疾儿童的专业支持。正如肖非所言,残疾儿童在普通学校随班就读,由于自身的缺陷,他们可能会在交流问题、自我照顾、社会技能、学习方式、生活适应、健康与安全等方面需要一定的支持与援助。这种支持与援助可能是间歇的、有限的,也可能是广泛的、全面的。因此需要有一个支持系统来保证这些支持援助。② 围绕这些需要,构建随班就读支持保障体

---

① 李天顺.深入持久地开展残疾儿童少年随班就读工作[J].现代特殊教育,2014(12):5-7.
② 肖非.中国的随班就读:历史·现状·展望[J].中国特殊教育,2005(3):3-7.

系,就成为政策与实践必然的选择。

其二,随班就读规模不断扩大,随班就读在特殊教育安置方式中的主体地位越发巩固。由于政策的有力推进,盲、聋、智力障碍三类残疾儿童大量进入普通学校就读,普通学校残疾儿童在校生数量占残疾学生在校生的比例始终超过50%,最多的时候接近70%(见表1)。需要说明的是,在教育部每年的全国教育事业发展统计公报中,随班就读和特教班的学生是放在一起统计的。但特教班的学生实际数量很少,比例很小。有研究者对2001—2011年间普通学校附设特教班的人数进行统计分析,发现11年间,特教班人数变化不大,每年有3 000~6 000人。① 也就是说,在随班就读和特教班合计的统计数据中,绝大多数学生是在普通班随班就读,随班就读真正成为残疾儿童接受教育的稳定的主体形式,特殊教育学校所占比例已很大程度上低于普通学校随班就读。应该说,这一成就的取得与我国持续的随班就读政策推进是休戚相关的。

表1　2001—2013年我国随班就读和特教班学生人数占特殊教育在校生总数的百分比

年份	2001	2002	2003	2004	2005	2006	2007
百分比	69.86%	68.29%	66.23%	65.35%	63.13%	61.12%	64.88%
年份	2008	2009	2010	2011	2012	2013	
百分比	63.27%	62.87%	60.99%	56.49%	52.74%	51.84%	

资料来源:根据2001—2013年《全国教育事业发展统计公报》数据整理而成。

其三,随班就读进入法治化轨道,政策地位不断增强。进入新世纪之后,随班就读政策在整个特殊教育政策体系中的地位日渐提升,国家对随班就读重视力度不断加强。尤其是2006年,随班就读被明确写入新修订的《中华人民共和国义务教育法》之中,获取了正式的法律认可,明显提升了随班就读的政策地位。2006年的《义务教育法》第十九条规定:普通学校应当接收具有接受普通教育能力的残疾适龄儿童、少年随班就读,并为其学习、康复提供帮助。这是随班就读这一概念第一次被正式写入国家法律。虽然1986年的《义务教育法》是开启国家推进随班就读实践的背景,但当年的《义务教育法》并没有将随班就读正式写入其中。将随班就读写到新修订的《义务教育法》中,对于新世纪深入推进残疾儿童义务教育无疑具有深远的意义。2008年,《中华人民共和国残疾人保障法》同样对残疾儿童进入普通学校就读作出了一系列规定。第二十三条:"残疾人教育应当根据残疾人的身心特性和需要,依据残疾类别和接受能力,采取普通教育方式或者特殊教育方式。"第二十五条:"普通教育机构对具有接受普通教育能力的残疾人实施教育,并为其学习提供便利和帮助。普通小

---

① 彭霞光,等.中国特殊教育发展报告2012[M].北京:教育科学出版社,2013:53.

学、初级中等学校,必须招收能适应其学习生活的残疾儿童、少年入学;普通高级中等学校、中等职业学校和高等学校,必须招收符合国家规定的录取要求的残疾考生入学,不得因其残疾而拒绝招收;拒绝招收的,当事人或者其亲属、监护人可以要求有关部门处理,有关部门应当责令该学校招收。普通幼儿教育机构应当接收能适应其生活的残疾幼儿。"与2006年的《义务教育法》将随班就读视角聚焦于义务教育阶段有所不同的是,2008年的《残疾人保障法》将残疾人进入普通学校接受教育的权利从义务教育阶段扩展到了学前教育、高中教育、职业教育与高等教育,事实上是扩充到了整个正规学段序列,为残疾学生进入普通教育的各个学段随班就读提供了法律依据。除了法律地位的获得,随班就读也越来越多地出现于国家重大教育政策中,被视为推进特殊教育改革的重要实践方式之一。2010年,《国家中长期教育改革和发展规划纲要(2010—2020年)》发布,这是我国进入21世纪之后颁布的第一个国家教育规划纲要,是今后一个时期指导全国教育改革和发展的纲领性文件,彰显出国家对发展教育事业的极大重视。《纲要》首次将特殊教育专列一章,强调要关心和支持特殊教育,完善特殊教育体系,不断扩大随班就读和普通学校特教班规模。这些法律与重大政策对随班就读的强调,也进一步将这一时期以随班就读支持保障体系建设为核心的发展路径推向深入。

五、从随班就读向融合教育的迈进阶段(2014年—)

2014年,我国特殊教育改革发展迎来了一个新的契机。教育部、发展改革委、民政部、财政部、人力资源社会保障部、卫生计生委、中国残联等七部委联合发布《特殊教育提升计划(2014—2016年)》,这是在深入实施《国家中长期教育改革和发展规划纲要(2010—2020年)》背景下,推动教育公平、提升特殊教育水平、保障残疾人受教育权利的一项重要政策。在总体目标中,提出"全面推进全纳教育,使每一个残疾孩子都能接受合适的教育"。这是在国家教育政策里第一次正式使用"全纳教育"的字眼,对于我国随班就读发展来说,这个表述意味深长,它预示着我国的随班就读,在发展方向上要向国际范围内的全纳教育靠拢,将以自1994年开始席卷全球的全纳教育思潮来作为推进我国特殊教育改革的总体目标。这同时也预示着我国特殊教育改革的一个深刻转向,即将加快随班就读发展、推进全纳教育作为特殊教育改革的核心目标与方向。在主要措施里,继续强调扩大普通学校随班就读规模。尽可能在普通学校安排残疾学生随班就读,加强特殊教育资源教室、无障碍设施等建设,为残疾学生提供必要的学习和生活便利。《特殊教育提升计划(2014—2016年)》对于我国特殊教育总体改革具有重要的实践意义,它加快了我国特殊教育改革的步伐,也将随班就读推向了纵深发展。

在《特殊教育提升计划(2014—2016年)》的政策指引下,区域层面纷纷加大了对普通学校资源教室建设的力度,特殊教育学校也开始着重强调转型发展,为普通学校提供专业支持服务,围绕随班就读教师的各类培训也明显增多。就资源教室而言,《提升计划》实施之后,各地为普通学校提供专业支持的力度明显增强,通过在普通学校创设资源教室、配置资源教师来解决普通学校特殊教育力量薄弱的问题,已成为较为普遍的做法。虽然我国自20世纪90年代就有了资源教室的探索实践,进入21世纪的第一个十年,资源教室作为我国随班就读支持保障体系建设的组成部分,也获得了发展,但大范围的推广,得益于《提升计划》的政策引领。2016年1月,为更好地推进全纳教育,完善普通学校随班就读支持保障体系,提高残疾学生教育教学质量,教育部办公厅专门印发了《普通学校特殊教育资源教室建设指南》。这也是我国第一个专门关于随班就读资源教室建设的政策文件。这个文件的出台,是在《提升计划》实施背景下,针对当前我国特殊教育资源教室工作基础薄弱、数量严重不足、设备配备较差、资源教师缺乏和资源教室作用发挥不足等突出问题,从功能、布局、场地、环境、区域设置等方面提出了诸多建议策略,是整体推进全纳教育的政策组成部分之一。

为贯彻落实党中央、国务院关于残疾人事业发展的一系列重要部署,进一步保障和改善残疾人民生,帮助残疾人和全国人民共建共享全面小康社会,2016年8月,国务院印发了《"十三五"加快残疾人小康进程规划纲要》。在"提高残疾人受教育水平"这一目标任务中,提道:大力推行融合教育,建立随班就读支持保障体系,在残疾学生较多的学校建立特殊教育资源教室,提高普通学校接收残疾学生的能力,不断扩大融合教育规模。完善中高等融合教育政策措施,中等职业学校、普通高校在招生录取、专业学习、就业等方面加强对残疾学生的支持保障服务。值得注意的是,在此《纲要》中,国家正式启用了"融合教育"这一概念来替代自2014年开始使用的"全纳教育"。正如这两个概念经常代表着对Inclusive Education翻译理解的不同,对这两个概念不必纠结于翻译方式,它都表达着国家对随班就读推进方向的认识,即走向国际领域内所倡导的Inclusive Education。以《纲要》为标志,融合教育这一词语正式被写入政策,并随后越来越普遍地出现于关于教育事业及残疾人事业发展的政策表达中。

2017年1月,国务院印发《国家教育事业发展"十三五"规划》。"十三五"时期是我国全面建成小康社会的决胜阶段,为加快推进教育现代化,《规划》提出了我国"十三五"时期教育发展的总目标,包括形成更加适应全民学习、终身学习的现代教育体系,教育质量全面提升,教育发展成果更公平地惠及全民,教育体系制度更加成熟定型等。其中,在"保障困难群体受教育权利"目标要求中,提到要完善随班就读支持保障政策体系,重点支持贫困地区和农村地区普通中小学开展随班就读,推行融合教育。

2017年2月,国务院总理李克强签署国务院令,公布了新修订的《残疾人教育条例》。与1994年版《残疾人教育条例》有明显区别的是,新版《残疾人教育条例》明确提出要积极推进融合教育,根据残疾人的残疾类别和接受能力,采取普通教育方式或者特殊教育方式,优先采取普通教育方式。"积极推进"和"优先"等字眼表达,彰显出国家大力推进融合教育的意愿和决心。在新版《残疾人教育条例》中,融合教育渗透于整个学段体系,既包括义务教育,也在学前教育、职业教育、普通高级中等以上教育以及教师教育等环节都做出要求。从国家政策来看,这意味着融合教育进入全面推进的时期。

同年7月,教育部等7部委又联合发布了《第二期特殊教育提升计划(2017—2020年)》,以巩固一期成果,进一步提升残疾人受教育水平。在基本原则中,要求以普通学校随班就读为主体,以特殊教育学校为骨干,以送教上门和远程教育为补充,全面推进融合教育。在总体目标中,要求普通学校随班就读运行保障能力全面增强,普通学校随班就读质量整体提高。在主要措施中,要求优先采用普通学校随班就读的方式,就近安排适龄残疾儿童少年接受义务教育;以区县为单位统筹规划,重点选择部分普通学校建立资源教室,配备专门从事残疾人教育的教师;加快发展非义务教育阶段随班就读;创新随班就读教育教学与管理模式,建立全面的质量保障体系等。二期提升计划的颁布实施,引发了随班就读更深入的变革,将一期提升计划中的要求又向具体实践层面推进了一步。

2020年6月,教育部发布《关于加强残疾儿童少年义务教育阶段随班就读工作的指导意见》,这是继1994年《关于开展残疾儿童少年随班就读工作的试行办法》之后,教育部发布的另一个专门针对随班就读工作的政策文本。《意见》针对近年来随班就读工作机制不健全、支持保障条件不完善、任课及指导教师特殊教育专业水平不高等突出问题,要求在推进随班就读过程中,更加重视关爱残疾学生,坚持科学评估、应随尽随,坚持尊重差异、因材施教,坚持普特融合、提升质量,实现特殊教育公平而有质量地发展,促进残疾儿童少年更好地融入社会生活。《意见》还从6个层面对随班就读推进提出要求,包括健全科学评估认定机制、健全就近就便安置制度、完善随班就读资源支持体系、落实教育教学特殊关爱、提升教师特殊教育专业能力、切实抓好组织落实。在随班就读向融合教育迈进,而第二期特殊教育提升计划又行将结束之际,《意见》的出台为新时代随班就读工作优质发展指明了方向,提供了政策依据和行动指南,也必将对今后一段时期内的随班就读发展产生持续的、深远的实践影响。

以2014年的第一期特殊教育提升计划为标志,我国随班就读迈入了一个新的发展时期。与之前的发展阶段相比,这一时期的随班就读无论在政策还是实践层面都有新的突破。总体来看,这一时期的随班就读发展,有这样几个典型特征:

其一,就发展目标而言,进入以融合教育为指引,全面提升随班就读质量的阶段。在国家重视教育公平、提升教育质量的宏观背景下,随班就读发展进程进一步加快,向融合教育转型或迈进成为这一时期我国特殊教育改革和随班就读发展的整体方向。无论在国家政策层面,还是区域实践层面,融合教育的概念使用越发频繁,它事实上在很大程度上已替代传统的"随班就读"概念,成为我国特殊教育改革发展的重要方向。从随班就读到融合教育的迈进,不仅仅是字眼上与国际发展趋势的对接,更表达着国家对随班就读发展全方位提升的要求。从国际融合教育的理念与目标来审视我国当前的随班就读,会发现我国随班就读虽然经过多年发展,但无论从政策体系的设计、教育对象的界定,还是实践推进水平,与教育发达国家的融合教育改革进程相比,还有着明显的差距与不足。就随班就读政策而言,存在着滞后于随班就读实践、政策执行力不够、政策定位存在局限等问题。[①] 就教育对象而言,我国随班就读长期以来聚焦于残疾儿童,和国际范围内所提倡的"特殊教育需要对象"相比,还较为狭窄。实践领域内存在的问题则更为明显,突出地表现为随班就读缺乏相应专业支持、普通学校缺少主体性、残疾儿童融入程度不高等,问题的背后则凸显出随班就读整体发展质量不高的困境。因而这一时期,融合教育的概念使用以及向融合教育的转型与迈进,与其说是一种对事实的表达,不如说是一种政策上的目标期望,是一种发展愿景。我们需要将随班就读发展策略真正转向融合教育,以融合教育理念为指引,促进随班就读在政策与制度设计上的变革,促进随班就读在教育对象上的扩展,促进随班就读在实践层面质量的提升。

其二,随班就读支持保障体系建设进一步深化。随班就读发展到融合教育时期,支持保障体系建设的步伐并没有中断,而是继续强化和深入。正如上文所言,融合教育的概念使用,本身就表达着一种对随班就读发展的质量要求,而支持保障体系建设是推进质量提升不可匮缺的重要前提。与上一个发展阶段相比,这个时期的支持保障体系建设一方面是在政策层面开始走向标准化和规范化,如为资源教室建设专门出台国家指南。一些省市也基于国家的资源教室建设指南,进一步深化区域资源教室建设。譬如,江苏省教育厅2018年底专门出台《关于加强普通学校融合教育资源中心建设的指导意见》,在普通学校内升级资源教室,设立融合教育资源中心,并提出了各学段融合教育资源中心全覆盖的发展要求。[②] 和国家层面的资源教室建设指南相比,这个《指导意见》更为明确具体,强调规范化和可操作性。另一方面就是支持保障体系的各要素之间更加联系紧密,在区域层面基本架构形成了一个从宏观顶层设计到中观机构建设到微观具体实践的体系。就顶层设计来说,区域融合教育联席会议、服务清单制度、残疾人教育专家委员会等制度与组织机构开始设立,与具体融合教育政策相结合,对区域融合教育发展起到直接的支持和保障作用。就中观机构建

---

① 李拉.我国随班就读政策演进30年:历程、困境与对策[J].中国特殊教育,2015(10):16-20.
② 顾明珠,孙荣宝.江苏省普通学校融合教育资源中心建设参考手册[M].南京:南京师范大学出版社,2019:18.

设来说,特殊教育学校作为特殊教育资源中心的功能也日渐凸显,很多特殊教育学校都成为本区域的特殊教育资源中心或指导中心,为普通学校融合教育推进提供专业支持服务;普通学校也尝试向融合学校转型,在招生管理、校园文化建设、教育教学等方面面向更多特殊教育需要学生。微观实践层面的变革则更为明显,在一期二期特殊教育提升计划的直接推动下,以普通学校为核心的实践变革已经发生,涉及融合教育专业团队建设、特殊教育对象的筛查鉴定流程、融合教育的课程调整与教学设计、融合教育的家校合作等,这些都越发成为实践层面探索与发展的主题,在一些区域已开始形成较有特色的融合教育发展模式。

其三,在学段上快速延伸,初步形成了融合教育全学段推进框架。我国随班就读在很长一段时间之内,都以义务教育阶段为重点,尤其是小学阶段的随班就读受重视程度较高。关于盲、聋、智力障碍三类残疾儿童随班就读的早期实验主要侧重于小学教育,国内关于随班就读的相关研究事实上也大多将研究视域放在义务教育阶段。这与我国随班就读推进初期义务教育法的颁布实施这一宏观背景紧密相关。随班就读发展到融合教育时期,在保障公平、提升质量的目标下,将融合教育从义务教育向两端延伸已成为这一时期国家政策和区域实践探索的方向。2017年的《残疾人教育条例》事实上已明确对学前教育、职业教育、高中教育以及高等教育学段的融合教育提出要求。实践来看,融合教育向学前教育阶段延伸已是很多区域自发的实践做法,因为多年随班就读的实验可以发现,残疾儿童越早融合,对其身心发展越有利。同时,高等融合教育也是近年来政策与实践的主要试点方向。2017年7月,中国残联和教育部遴选出北京联合大学、长春大学、南京特殊教育师范学院、郑州工程技术学院、武汉理工大学、四川大学等六所高校作为试点院校,探索残疾人高等融合教育在招生录取、专业学习、生活帮扶和就业指导等方面的经验。2019年12月,又在南京特殊教育师范学院专门召开"高等融合教育试点工作总结会"。目前来看,以小学为重点的义务教育阶段、学前教育阶段以及高等教育阶段是融合教育探索发展的重点所在,其他学段的融合教育探索也开始铺开。当然,整体来看,以融合教育为导向的全学段发展仍刚刚起步,提升融合质量、加强支持保障体系建设问题依然是现阶段各学段融合教育发展的共同目标。

第三章 融合教育的基本理念

一般来说,一种教育理念蕴含于其自身的核心概念及其发展历程之中。对融合教育概念的分析,以及对融合教育国内外发展脉络的梳理,已经在很大程度上揭示出融合教育的基本理念和原则。然而,囿于融合教育是一个相对较新且仍处于不断发展演变中的事物与思潮,对其核心理念仍需深入分析,有些与核心理念相关的问题则仍需要进一步辨析和澄清。这里面主要包括融合教育的目的、融合教育的价值观、融合教育改革的性质以及融合教育发展的主要矛盾,对这些问题的研究与思考是把握融合教育理念的关键。

第一节 融合教育的目的

教育是一项有着特定目的的活动。目的决定着教育实践的方向。正如杜威所言,目的作为一个预见的结局,活动就有了方向。这种目的,不是一个单纯旁观者的毫无根据的预期,而是影响着为达到结局所争取的各个步骤。不允许预见结果,不能使人事前注意特定的结局,谈什么教育的目的,或者任何其他事业的目的,都是废话。[①] 作为一项正在对全球教育产生深远影响的教育改革运动,融合教育也有其特定的目的。明确融合教育改革的目的,才能把握融合教育实践的方向。然而,事实上融合教育的目的也不是不言自明的。国际组织关于融合教育发展的预期与世界各国经济社会发展的广泛差异仍存在不小的落差。这点对于我国的融合教育运动来说更是如此。融合教育是国际教育改革思潮的这种定位,以及国内近年来融合教育政策的持续推进,并没有使融合教育的目的自然而然地显得清晰。实践中融合教育的一些困境与问题,与缺乏对融合教育目的足够清晰的认识是紧密相关的。从国际融合教育改革的基本理念以及我国教育发展的实践来看,对融合教育目的的思考要从三个视角展开,即融合教育对人发展的目的、对教育发展的目的以及对社会发展的目的。

---

① [美]约翰·杜威.民主主义与教育[M].王承绪,译.北京:人民教育出版社,2011:113.

一、对人发展的目的：使特殊教育需要对象更好地融入社会

融合教育关注特殊教育需要对象，它对特殊教育需要对象的关注，要从对人发展的视角来理解。融合教育是从人的发展视角来审视特殊教育需要问题，将特殊教育需要对象放在促进所有教育对象的发展的框架范围内来思考和架构理念与改革模式。这是1994年《萨拉曼卡宣言》的重要意义，宣言从普通教育的视角来审视教育对象，发现在普通教育领域，有很多被普通教育体系边缘化或排斥于普通教育体系之外的儿童，这些儿童应该享有和普通儿童一样的公平的受教育机会，教育应该满足他们多样化的特殊教育需要。因而世界特殊需要教育大会呼吁这些儿童也要进入普通教育体系，教育政策的设计与教育体制的变革要考虑到这些儿童的身心发展。传统的以特殊教育学校为主要表现形式的隔离教育最大的弊端之一就是社会化程度低，限制了教育对象充分融入社会的可能。融合教育对隔离教育的反思与批判，决定了将特殊教育需要对象放入普通学校，与普通儿童一起接受教育，更有利于他们的社会性发展，更有利于他们顺利地融入普通群体，进而为他们更顺畅地融入社会和终身发展奠定基础。

从人的发展的视角来审视融合教育，就会理解为什么目前在实践领域内融合教育遇到了诸多挑战，但教育改革却并未另辟蹊径，并未否定融合教育，却始终坚持推动融合教育。这是因为，教育对个体发展的主导作用突出地表现为它能促进个体社会化，又主要反映在教育能够促进人的观念的社会化，促进人的智力与能力的社会化，促进人的职业与身份的社会化。[①] 残疾人教育的根本目的也在于引导残疾人的社会化，成为社会中的人。2017年《残疾人教育条例》就明确指出：实施残疾人教育，应当贯彻国家的教育方针，并根据残疾人的身心特性和需要，全面提高其素质，为残疾人平等地参与社会生活创造条件。融合教育的提出，归根于对人的终身发展的关注，归根于促进个体社会化、将个体培养成社会化的人这一教育终极目标。因而，使特殊教育需要对象通过教育的融合进而更好地融入社会，是融合教育最直接的目的。换句话说，融合教育本身并不是目的，而是一种手段，与特殊教育学校这种传统的安置方式相比，它是一种实现特殊教育需要对象融入社会的更合理的手段。

教育发达国家的融合教育也同样在践行这一目标，并进入他们的政策设计之中。以澳大利亚为例，在澳大利亚的融合教育政策中，能够清晰地看到澳大利亚政府关于推进融合教育目标的理解，即通过残疾人教育的融入来促进残疾人更好地融入社会。澳大利亚政府认为，所有残疾人都有权利参与社区生活，融合教育是促进残疾人融入

---

① 张乐天.教育学[M].北京：高等教育出版社，2007：33-35.

社会的重要方式,为此政府有责任保障残疾人平等的受教育权。换句话说,澳大利亚是把融合教育放在整个残疾人事业发展与社会文化发展的总体框架之内进行思考和架构的。使残疾人通过教育的融入实现社会的融合这一目标,渗透于澳大利亚融合教育政策设计的方方面面。从宏观层面来看,它的融合教育不仅包含学前教育、义务教育、高等教育等学段序列,也包括成人教育与社区教育中的融合。从微观层面来看,融合教育中的课程设计、学业参与等环节都会尽可能地与社会融合联系起来,成为其设计的思路或环节之一。①

对特殊教育需要对象的社会性发展来说,优质的、融合的教育环境无疑是最适合的。当然,前提是要为其提供优质的融合教育环境,而非浮于表面的、形式上的融合。这就决定了在实践方式中,要尽可能摒弃一些错误的观念与做法,这些错误的观念与做法突出地表现为仅仅为特殊教育需要对象在普通教育环境里提供一个空间、一个场所,但缺乏实质的融入。融合教育发展的方向应该是切实从关注人的需求入手,提升融合教育质量,形成优质的融合教育环境,去改变实践过程中遇到的一些现实问题,而不是断然地基于出现的这些问题去怀疑或否定融合教育。只有从对人的发展高度来看融合教育,才能避免融合教育中的形式化和功利化倾向,才能真正理解和贯彻教育公平,促进特殊教育需要对象的社会化和终身发展。这是融合教育的目的,也是融合教育发展应努力的方向。

二、对教育发展的目的:推动公平、有质量的教育改革

融合教育是一场教育变革,它触动的不仅仅是特殊教育。从特殊教育需要对象参与教育的表现形式来看,融合教育是将特殊教育需要对象从传统的特殊教育学校转移到普通学校普通班,是一种安置方式的变迁。但融合教育的意蕴远非限于此,它在解构传统特殊教育办学形式的同时,又在着力建构以普通学校为核心的教育体制。它从关注被普通教育体系边缘化的特殊教育需要对象为切入点,力求推动普通教育的改革,使普通教育能够接纳差异、满足多样化需求,最终能够面向所有教育对象,提供公平、有质量的教育。这是融合教育之于教育发展的目的,也是融合教育对当代普通教育改革所提出的要求。

融合教育希望通过触动普通教育的根本变革,来解决特殊教育需要问题。面对特殊教育需要对象,融合教育呼吁普通教育领域要切实体现教育公平,但融合又不仅仅局限于公平,它以教育公平为基础,引发一系列关于普通教育与特殊教育存在形态的追问,促使人们从教育整体发展的角度重新思考教育的对象,审视现有的教育观。

---

① 李拉.澳大利亚融合教育政策解析[J].中国特殊教育,2018(11):9-14.

这是融合教育对于当代教育改革最大的贡献。① 融合教育在为普通教育提出挑战和要求的同时,也为普通学校变革提供了反思的视角和改革的方向。这种目标与方向,事实上自 20 世纪 90 年代全民教育理念提出之后就越发明显了。融合教育是对全民教育的回应,也可以说是全民教育的延伸。全民教育要求建立惠及儿童、青年和成人的教育体系,融合教育则从关注特殊教育需要儿童入手来寻求教育的普及和发展,来顺应和回答全民教育所提出的教育改革问题。因而 1994 年的世界特殊需要教育大会在对普通教育体制现有问题与弊病进行尖锐批评的同时,提出了推进融合教育、构建融合学校的倡议。这既意味着特殊教育发展模式的转型,更意味着普通教育变革的转向,要以普通学校为主体承担起推进实施融合教育的任务。从这个意义上来说,融合教育是内在于普通教育的,是普通教育自身变革与发展的必然要求。这也是为什么说融合教育远远超出了特殊教育的原因之所在。

  在一些教育发达国家,以普通学校为核心的融合教育改革模式已臻于成熟。譬如,在全球教育改革越来越趋向于标准化的今天,作为教育发达国家之一的加拿大开始逐渐重视融合学校的标准建设,试图为转型中的普通学校构建融合教育指标,形成有效的标准体系,促进融合学校主体地位的发挥,进而推进融合教育的深入发展。其中,加拿大的阿尔伯塔省首先通过教育政策形成关于融合教育改革与融合学校建设的一般要求,进而专门构建融合学校指标,从宏观整体上描述融合学校发展的愿景与模型,再通过持续的专业人员标准建设及各类融合教育实践手册或指南,将融合学校指标进一步细化为可具体执行与操作的模式。目前已基本形成了由融合学校建设标准、融合学校专业人员标准、融合学校实践标准组成的相对成熟的三维融合学校标准体系,引领着融合教育的高质量发展。② 澳大利亚以普通教育为核心的融合教育发展方向也是十分明显,它的融合教育政策是其整个教育政策体系的有机组成部分,在考虑融合教育实施时,澳大利亚是将融合教育放在教育发展的整体背景之下通盘设计的,因而它和普通教育并非是分开或割裂的,而是融入整个教育之中的。同时,它的融合教育政策也与残疾人事业和社会文化发展等紧密联系在一起。③

  以融合教育为导向,推动公平、有质量的教育改革,也已渗透于我国近年来的一些重大教育政策之中。《国家中长期教育改革和发展规划纲要(2010—2020 年)》提出把促进公平作为国家基本教育政策,把提高质量作为教育改革发展的核心任务。其中,"完善特殊教育体系""不断扩大随班就读规模,全面提高残疾儿童少年义务教育普及水平"构成了实现公平与质量的不可或缺的内容。2019 年,中共中央、国务院

---

  ① 李拉. 当代融合教育改革的性质:观念、制度与实践的变革[J]. 现代特殊教育,2019(15):1.
  ② 李拉. 加拿大融合学校标准建设:结构与内容——以阿尔伯塔省为例[J]. 中国特殊教育,2020(4):13-18.
  ③ 李拉. 澳大利亚融合教育政策解析[J]. 中国特殊教育,2018(11):9-14.

印发《中国教育现代化2035》,面向未来描绘教育发展图景,系统勾画了我国教育现代化的战略愿景。"残疾儿童少年享有适合的教育"是2035年主要发展目标之一,"全面推进融合教育"则被写入面向教育现代化的十大战略任务之中。在这些重大纲领性政策指引下,预示着融合教育会更紧密地与普通教育改革相契合,从而嵌入教育整体改革之中,共同服务于公平、有质量的教育发展目标。

三、对社会发展的目的:构建融合的社会

任何教育均有一定的社会功能,唯其性质与强度因情不同而已。① 特别是具有深远影响的当代教育变革,其根源总会与社会发展对教育的期望与要求息息相关。融合教育尤其如此,它不仅关注特殊教育需要对象作为人的发展以及教育体系的改革,更与社会变革紧密关联。也就是说,它不仅具有人的发展目的及教育发展目的,同时还具有社会发展目的。融合教育希望通过教育领域内公平的实现来推进全社会的公平,希望通过教育领域内的融合来推进整个社会对弱势群体的接纳,促进特殊教育需要对象全面地融入社会,从而构建融合的社会。这是融合教育与社会发展之间的逻辑关系,也是融合教育所要追求的愿景或终极目标。

从融合教育产生与发展的历史来看,融合教育绝不只是教育范畴内的东西。事实上,它从一开始就是在人权的政治纬度中获得理据的,受到民主和平等的人权理念的不懈推动。② 正如第二章所分析的,20世纪中叶,北欧兴起了残疾人正常化思潮和去机构化运动,受其影响产生了早期融合教育运动,欧美国家开始将残疾儿童放于普通学校普通班,称之为回归主流或一体化。而融合教育产生的社会背景则可以追溯到西方国家的民权运动,它与这些国家争取民主、平等的社会改革运动是内在关联的,在宽泛意义上成了社会运动的一部分。1994年的《萨拉曼卡宣言》明确提到,以融合为导向的普通学校是反对歧视态度,创造受人欢迎的社区,建立融合社会以及实现全民教育的最有效途径。联合国教科文组织在编写的融合教育推广材料中同样指出,融合教育的目的是要消除社会排斥,社会排斥是人们对种族、社会阶层、民族、宗教、性别和能力等多样性的态度和反应。因此,融合教育的出发点是把教育视为一项基本人权,这是建立公平社会的基础。③ 也就是说,融合教育的产生与发展始终与推动公平、保障人权的社会发展紧密联系在一起。

一个社会若按自身的形象来塑造其成员,最有力的工具便是教育。④ 教育的社会发展功能决定了教育既受社会思想、理念及行为的制约,也会发挥积极的作用推进

---

① 吴康宁.教育社会学[M].北京:人民教育出版社,1998:367.
② 黄志成.国际教育新思想新理念[M].上海:上海教育出版社,2009:37-38.
③ 联合国教科文组织国际教育局.教育展望:全纳教育[M].上海:上海教育出版社,2008:13.
④ 涂尔干.教育思想的演进[M].李康,译.北京:商务印书馆,2016:3.

社会按照预期的目标前进。理解融合教育的社会发展功能，能够使我们更深刻地理解当代世界范围内融合教育运动蓬勃发展的原因。融合教育在价值观念上与公平和人权相连，在发展目标上又呈现出社会发展的理想愿景。因而很多国家都将不约而同地将推进融合教育视为推动本国教育发展与社会改革的重要方向与目标。当代社会，对残疾人等弱势群体的歧视和排斥依然存在，融合教育的意义就在于通过塑造教育领域内的无歧视和公平环境，来影响和消除社会的不公正。它肩负着构建公平社会的理想，力图通过推动教育公平，保障特殊教育需要对象平等的受教育权，来影响和促进整个社会对特殊教育需要的接纳、认可和尊重，最终为全体公民建立一个无歧视的、公平的社会。当然，这必定是一个漫长的、持续的过程。

第二节　融合教育的基本价值观

教育价值观是教育思想的核心问题。人朝什么方向发展，教育发挥什么功效，无不受教育价值观决定。① 作为一种国际教育思潮，融合教育秉持哪些基本的价值观，它以怎样的价值观念和原则引领全球融合教育改革呢？随着融合教育理念的广泛传播与实践的持续推进，人们对融合教育价值观的理解渐趋清晰。对平等的追求、对参与的强调、对支持的呼吁以及对合作的要求构成了当代融合教育发展中的基本价值观念和原则。这些价值观念和原则既是基于融合教育实践与理念所形成的概括总结，也是引领融合教育政策建构与实践模式的核心原则。

一、平等

平等是融合教育的首要价值观，也是融合教育价值观体系中最根本与最核心的部分。国际范围内早期融合教育的兴起与发展，原本就与追求民主、平等的社会改革运动紧密相连。20世纪90年代，融合教育的全球化，同样是源于对建立基于平等价值观上的全民教育的回应与延伸。融合教育的概念与理念，是在对存在歧视与排斥等不平等现象的隔离教育进行尖锐反思与批判的基础上建立起来的。对平等的价值追求，贯穿于融合教育的产生与发展过程中。从价值层面上可以说，融合教育的推进过程就是一个对教育平等不断呼吁与追寻的过程。这个价值追求也必将始终伴随着融合教育的持续发展。因而，理解平等的价值观构成了理解融合教育的前提与基础。

在教育和社会科学领域，对教育平等以及社会公平等问题都已经有了庞杂而深刻的研究，国内外已形成诸多研究成果。对于融合教育来说，平等事实上并不是一个

---

① 孙喜亭.教育价值观问题再论[J].教育研究与实验，1988(1)：2-6.

复杂的观念,它无需高深的理论或烦琐的学术来解释,它应是我们面对以残疾为主体的特殊教育需要对象时,最朴素的一种价值表达。

这种价值表达,有两个基本的层面。一是对残疾等弱势群体受教育权的理解和尊重。残疾人和其他人群一样,有公平的受教育权利。残疾儿童应该有和普通儿童一样的权利进入普通学校接受平等的教育,而不是被排斥于普通教育体系之外。近些年来,很多国家已纷纷通过立法等形式,保障残疾儿童融合教育的权利。早在1975年,美国的《所有障碍儿童教育法》就开始将零拒绝原则写入法律之中,要求学校应向社区所有儿童提供平等教育机会和高质量的教育。1992年,澳大利亚联邦政府通过了《残疾人歧视法》(Disability Discrimination Act,1992),这部法律为残疾人在各个领域内免于歧视提供了法律保障。教育被视为残疾人反歧视中的一个重点关注领域。法律明确提出,如果因为残疾而被剥夺进入教育系统以及参与课程和活动等的机会,是违反法律的。这部法律为残疾人进入普通教育系统提供了根本的保障,确立了澳大利亚融合教育的发展方向。[①] 21世纪以来,我国新修订的《中华人民共和国义务教育法》《中华人民共和国残疾人保障法》也都同样以法律的形式对残疾儿童少年的随班就读做出了规定。简单来说,融合教育应被视为一种予以保障的权利。将残疾儿童接纳进普通学校普通班,不是基于怜悯,不是基于同情,更不是给他们的福利或慈善,而是对残疾儿童受教育权利的尊重。从这个角度来看,我国推进融合教育过程中,出现的很多普通学校拒绝接受残疾儿童入学,普通儿童家长反对残疾儿童进入班级等现象,都是对残疾儿童受教育权的不认可、不尊重。

二是为残疾等特殊教育需要对象提供平等的发展机会。权利的平等,为残疾儿童进入普通学校就读提供了入学机会,但融合教育的平等不能只限于权利的平等,进入普通学校之后为其发展提供合适的教育才是对平等更为深刻的把握。甚至可以说,融合教育的平等价值观,更为核心的表现是为残疾学生提供平等的发展机会。有学者认为,教育公平包括教育权利平等与教育机会均等两个基本方面。从关于我国教育公平发展轨迹的研究来看,1949年以来我国教育公平的基本发展脉络,是由教育权利平等到教育机会均等。迄今,我国教育公平问题的基本关注,已经从不公平(教育权利)转到不均衡(教育机会),集中在教育机会均等的问题上。[②] 教育机会均等意味着为每个教育对象提供适合其身心发展的机会,从而实现一种过程的平等。对于残疾学生而言,入学机会平等是一个前提,在普通学校里能够得到适合其身心发展的教育机会,促进其学业增进、功能提高、社会适应以及优势潜能的开发,才可能是一种发展上的平等。融合教育不仅需要考虑残疾儿童进入普通学校的机会问题,更

---

① 李拉.澳大利亚融合教育政策解析[J].中国特殊教育,2018(11):9-14.
② 杨东平.从权利平等到机会均等——新中国教育公平的轨迹[J].北京大学教育评论,2006(2):2-11.

要考虑进入普通学校之后的教育质量和儿童优质发展问题。不注意融合教育的质量与儿童的发展,只注重平等的受教育权,融合教育极容易流于形式。目前来看,在保障权利的基础上追求优质公平,应是我国融合教育改革发展要秉持的重要价值观。

二、参与

融合教育中的参与,是指接纳所有特殊教育需要对象并使其与普通儿童一样有效融入普通学校课程与活动的价值观念。它是在平等的价值基础上延伸出的一种融合教育实践价值观,是在行动策略上对平等理念的核心表达。因为融合教育中的平等,绝非口号,而更具体表现为可执行的策略与路径。为特殊教育需要对象提供平等的发展机会,最基本的方式应该就是促进和保障参与来实现教育的融入。如果没有实践中切切实实的参与,就几乎无法提升融合教育质量,无法实现真正的教育平等。

让特殊教育需要对象全面参与普通学校的教育,包含两个基本的维度。其一是深入参与普通学校的课程与教学。也就是说,要将各类特殊教育需要对象纳入普通班级的课程设计与教学实施中来,促进他们课程的融入和学业的增进。融合教育中的参与,核心表现为课程与教学的参与。如果特殊教育需要对象不能被吸收到课程与教学中来,那么融合教育就只会是一种外围的、形式上的融合,而非实质上的融入。只有在课程与教学中,将差异与多样化考虑其中,进行教育教学设计,普通教育才会是面向所有儿童,而非仅面向普通儿童。这必然要求整个普通教育要在课程与教学方面重新思考和评价如何面对多样化的问题。因而,当代融合教育改革的重点之一就是融合教育的课程改革,通过课程的调整,以适应班级里的多样化需求。其二是深入参与普通学校的各类活动。从促进特殊教育需要对象全面融入普通学校,进而为融入社会奠定基础的角度来看,融合教育中的参与和融入应是全方位的,而非特定方面或部分程度的参与。课程与教学的参与固然重要,其他各类活动的融入同样不可缺少。这里面既包括普通学校为普通学生提供的各类校内活动,也包括为普通学生提供的各种校外活动,都要将特殊教育需要对象纳入其中。只有在必要的情况下,才会采取隔离的方式,让他们进入专门设置的资源教室或其他机构中。更多的时间应与普通学生在一起,全方位参与普通班级的课程与活动。这应是融合教育中的一个重要实践要求和原则,需要渗透于普通学校教育教学设计中的各个方面。

教育发达国家的融合教育政策与实践,也鲜明地体现出参与的理念。英国为推进融合教育的实施,2002年专门委托融合教育研究中心研制了《融合教育指标:促进学校中的学习与参与》(Index for Inclusion: Developing Learning and Participation in School),作为指导学校实施融合教育的指南。该指南的最大特色就是关注学校生活的方方面面,关注学校所有学生的学习与参与。指南将融合教育的基本思想归纳为一句话:促进学校所有学生的学习与参与,减少学生被排斥。这也是贯穿于指南的一个基本思想,是指南的核心和灵魂。整个指南就是围绕着融合教育的这一含义而设计、展开、实施的。① 澳大利亚则于2005年颁布《残疾人教育标准2005》(Disability Standards for Education 2005),作为推进特殊教育的重要政策指南文件。"同等的条件"和"参与"是其中两个体现融合教育的重要价值观。所谓"同等的条件"(On the same basis),《残疾人教育标准2005》有三条基本的规定:其一,残疾学生在申请或获得教育入学机会时,应与普通人一样以同等的条件保证进入。其二,教育机构在面对入学申请以及做出教育调整的决定时,对待残疾学生应该与对待普通学生一样。其三,教育机构有责任采取合理的步骤确保残疾学生能够与普通学生一样,参与各类课程与活动,使用教育机构提供的各类设备及服务,且不能有任何的歧视。"同等的条件"为残疾学生获得与普通学生一样公平的受教育权提供了保障。而要进一步体现这种公平,促进"参与"(Participation)是最重要的方式与价值观念。这种参与是指全方位的参与,既包括残疾学生在学校教育环境中对课程及活动的参与、所享受的各类设备与服务,也包括课外活动以及校外活动,都需要把残疾学生考虑进来。②《残疾人教育标准》专门为"参与"设置了系列规定和要求,这些规定和要求也深刻地影响着澳大利亚各州的融合教育政策制定与实践。

就我国融合教育而言,参与需要作为一个重要的实践理念与指导原则。在随班就读发展的很长一段时期,残疾儿童的参与和融入问题并没有引起足够的重视,一些参与的方式也主要侧重于课外活动、部分集体活动以及少量非核心课程的参与,既缺乏整体的以参与为价值观念的教育教学设计,更忽略课程与教学这些实质层面的参与。缺乏参与,是长期以来随班就读质量不高的原因之一,也应是我国融合教育改革需要着力解决的问题。

三、支持

融合教育中的支持,是从融合教育实践运行机制层面提出的一个重要理念与原则。融合教育要求普通教育与特殊教育的转型与融合,它从一种新的实践视角来审视面对特殊教育需要的问题。融合教育发生的场所在普通学校,但并不意味着将融合教育的任务完全交由普通教育。对于缺乏特殊教育相关设施设备、专业师资和专业经验的普通学校来说,若由其独立承担融合教育和面对特殊教育需要对象,将会是其无法承受之重。融合教育的发展绝非仅依靠普通学校,而是围绕普通学校的融合教育实践,基于普通学校开展融合教育所面临的困境、问题与需求,着眼于对特殊教

---

① 李小波,黄志成. 英国的全纳教育指南——促进学校中所有学生的学习和参与[J]. 外国中小学教育,2002(1):5-8.

② Commonwealth of Australia. Disability Standards for Education 2005 [EB/OL]. https://www.education.gov.au/disability-standards-education-2005,2021-02-08.

育需要对象在融合教育环境中的深切关注，提供相应的保障策略，以缓解和应对当代融合教育发展中的实践困难，并进而通过一系列手段、方法来保障融合教育在普通教育体系中顺畅、高质量地发展。这是支持这个价值观念的意义与目的。

国际融合教育的推进，支持的理念始终贯穿其中。回归主流和一体化时期，普通学校的资源教室建设、特殊教育学校的巡回指导服务，也包括宏观层面的政策法规出台，都是支持理念的体现。《萨拉曼卡宣言》在强调普通学校要向融合学校迈进，使有特殊教育需要的儿童都有机会进入普通学校的同时，也呼吁国际社会、国际组织、各国政府以及家长、社区、残疾人组织、志愿者等都要为融合教育提供支持。联合国教科文组织反复强调，提供支持性服务对融合教育政策的成功是极为重要的。① 第 48 届国际教育大会对融合教育推进中的资源利用极为重视，它呼吁各国认真利用可动用的资源，因为资源的管理方式不但影响到融合教育政策与战略、结构与系统，而且还影响到实践。最重要的支持形式莫过于每一所学校所掌握的资源都可以提供支持，即充分发挥儿童相互支持、教师相互支持、家长作为子女教育中的合作伙伴以及社区作为学校及其他学习中心的支持机构的作用。这要求各方做出努力，以确保在教学中通过很好地利用可动用的资源，尤其是人力资源，鼓励学习者参与。② 在支持的理念下，教育发达国家多通过构建各类支持策略或手段为融合教育的推进提供保障。我国自进入 21 世纪以来，也开展了随班就读支持保障体系的建设，同样反映出对支持原则的理解。

支持就其方式而言，包含从宏观政策设计、组织架构、人才培养模式变革到微观资源教室建设、资源中心构建、巡回指导服务、康复人员配备、课程与教学调整等系列环节，横向层面又可能涉及教育系统内部以及教育与家庭、社会及其他组织机构之间的关系，它是一个复杂缜密的体系。同时，它又不是诸多支持力量的简单堆砌，而是各支持要素之间有机衔接，从而构成一个完整的系统，有独立完备的运行机制。这是当代融合教育改革基于质量诉求目标下，必然要去努力思考和建设的。支持就其目标而言，事实上也包含两个层面。一方面，支持面向普通学校，以普通学校为中心构建支持系统，将诸多支持要素集中于提升普通学校面对差异的能力。当前的支持保障体系建设，大多显性地指向了对普通学校的支持。另一方面，支持面向特殊教育需要对象，这是支持理念最核心的目标，它要解决特殊教育需要对象进入普通学校之后的一系列需求问题。面向普通学校的支持与面向特殊教育需要对象的支持，二者事实上是统一的。通过为普通学校提供支持，最终是要实现为特殊教育需要对象提供

---

① 赵中建. 教育的使命——面向二十一世纪的教育宣言和行动纲领[M]. 北京：教育科学出版社，1996：145.

② UNESCO. Inclusive Education：the Way of the future[EB/OL]. https://unesdoc. unesco. org/ark:/48223/pf0000162787，2021-02-10.

支持,要解决特殊教育需要对象在普通教育环境中的特殊需求,对其做出有效应对,使其顺利融入。

需要强调的是,支持是一种融合教育发展的价值观念,在实施中不能将支持简单理解为几种固定的甚至僵化性的手段或方法,应从普通学校融合教育推进和促进特殊教育需要对象发展的视角来深入分析它们的需求和问题,从而形成相对灵活的反应机制。这一原则最大的特征就是立足于需求,立足于实际问题,在深入分析需要的前提下,思考和构建支持策略。

四、合作

合作是揭示人类社会关系的一个哲学命题,在经济、心理、管理、教育等领域皆有广泛的讨论。从哲学角度来看,合作是人与人联系的基本方式,是人存在的本质要求,是人与人之间的一种活动关系和需求关系。从社会学和组织行为学的角度来看,合作是主体为完成相互依赖性的组织任务,按约定的目标与规则,通过组织、安排资源与活动而形成的一种关系。它起源于分工,基于任务与人的资源和能力的有限性的对比。在教育学领域,合作也同样重要,它是有效展开教育教学的重要路径,是教师专业发展的重要向度。[①] 融合教育将合作视为一项重要的价值观,视为引领和推进融合教育实践的关键方式。事实上,融合教育对合作的重视与要求,很大程度上已超过了教育的其他领域。这主要是由教育对象的特殊性所决定的。融合教育中的特殊教育需要对象,与普通学生相比,有着较为明显的差异性与发展的多样性。这种差异性,既表现为不同残疾类型间的群体差异,更表现为不同个体之间的个体差异,以及个体自身身心发展诸功能的不均衡。这决定了融合教育所面对的教育对象的复杂性。在同一个特殊教育需要学生身上,可能既有认知方面的障碍,又有情绪行为问题;可能既有教育上的需求,又有康复或医学上的需要。很多情况下,某个特殊教育需要对象的教育需求,对于教育而言往往是跨学科、跨领域的。融合教育需要面对和解决这些问题,但差异的普遍存在与需求的多样化,决定了面对这些类型儿童的教育,不能只依赖普通学校,也不能只寄希望于单一类型的特殊教育教师或普通学校教师,多学科、跨专业、多机构之间的合作就必不可少。

融合教育发展至今,关于合作始终有一个基本的理念,即通过集体行为解决个体困境。也就是说,对于个体身上所表现出来的特殊教育需求,要以合作的方式来应对。因而,很多国家在融合教育推进过程中,着力于构建合作的专业团队,注重对专业人员合作素质的养成。譬如,美国著名的特殊儿童委员会(The Council for Exceptional Children,CEC)从 1995 年起专门为普通学校和特殊教育学校的特殊教

---

① 崔允漷,郑东辉. 论指向专业发展的教师合作[J]. 教育研究,2008(6):78—83.

育工作者制定专业标准,合作是专业标准中的一个核心指标。它要求特殊教育工作者定期与家庭、其他教育工作者、相关服务提供者以及来自社区机构的人员以具有文化反应性的方式进行有效合作。这种合作要确保特殊教育需要对象的需求在学校教育期间得到解决。① 澳大利亚新南威尔士州近年来基于普通学校构建形成了一支结构稳定、运行有序的融合教育学习支持团队。学习支持团队被视为贯彻州学习支持框架,在普通学校中实施融合教育,满足残疾及特殊需要学生个性化教育需求的关键角色。从结构上来看,它主要由学习支持教师、巡回支持教师、校长助理、学习支持辅导员以及学校专业顾问等组成。②

合作是融合教育的重要实践品质,是引领融合教育实践发展的核心价值观念。融合教育中的合作,就其方式而言,包含狭义的合作与广义的合作。狭义的合作主要指专业教师之间的教育教学合作。它主要涉及教育系统内部特殊教育与普通教育之间的合作与指导,普通教育的学科教师、资源教师与来自特殊教育的巡回指导教师之间的合作教学是最常规的合作模式,其中也有可能会涉及康复、医学、心理学等专业人员的介入。围绕特殊教育需要对象的教育教学,几类专业人员以交流、对话或指导的方式在普通班级或资源教室等场域进行合作。合作应是现代融合教育教师必备的专业素养。广义的合作主要是指教育与家庭、社会以及其他组织机构之间围绕特殊教育需要对象的支持而建立的合作关系。包括普通学校和特殊教育需要对象家庭之间的家校合作,形成学校教育与家庭教育之间的有效合力;更为重要的是,教育与残联、卫生、民政等非教育系统之间在残疾儿童诊断鉴定、教育康复以及融合教育管理与运行等方面的广泛合作。合作需要作为一种融合教育推进的思维模式,渗透到融合教育政策、管理与实践运行之中。

第三节 融合教育改革的性质

当代教育改革,无论是从国际范围还是从国内实践来看,融合教育都在以一种不可遏止的力量冲击和影响着教育固有的形态。回首我国融合教育推进这些年,无论我们是否充分认识、理解或接受了它,它都在悄然改变着我们的特殊教育与普通教育。并且,这种改变还将持续深入下去。当代融合教育究竟是一种什么样的改革,以至于有如此的力量与深远的影响?笔者看来,当代融合教育改革的性质主要表现为

---

① [美]丹尼尔·P·哈拉汉,詹姆士·M·考夫曼,佩吉·C·普伦.特殊教育导论(第十一版)[M].肖非等,译.北京:中国人民大学出版社,2010:518.
② 李拉,大卫·埃文斯.澳大利亚融合教育专业支持团队的建设与运行——以新南威尔士州为例[J].比较教育研究,2019(7):107-112.

它是一场理念的变革、一场制度的变革和一场实践的变革。

一、融合教育是理念的变革

融合教育首当其冲地表现为一种理念的变革。它对全球教育改革和社会发展所产生的影响，来源于其蕴含的深远的理念。1994年《萨拉曼卡宣言》之所以被视为世界范围内教育改革的重要里程碑和转折点，是因为它以一种新的视角来让我们重新审视特殊教育与普通教育之间的关系，它以公平为基础，引发出一系列关于普通教育与特殊教育存在形态的拷问，诱发人们从教育整体发展的角度重新思考教育的对象，反思现有的教育观。它在对传统教育形态提出尖锐批评的基础上，提出了教育发展新的方向。随着融合教育的深入推进，这种理念层面的影响越发深刻，它在改变着人们对传统观念固有的认识。事实上，融合教育是围绕着这样几个核心问题展开理念反思的：我们应以什么的方式对待残疾及特殊教育需要？我们是否找到了最好的特殊教育方式？在公平的价值观念下，什么才是好的教育？教育应以怎样的方式推进社会公正？概括来说，融合教育在理念层面上是关乎教育发展、人的发展以及社会发展的。这是融合教育理念的核心，也是融合教育发展的目的。

融合教育带来了教育理念的革新，它也同时需要传统教育观念的改变来支撑融合教育向更深层次的拓展。如果现有教育观念转变的步骤远远滞后于融合教育的要求，那么现有教育观念很多时候就会成为融合教育发展的阻力。目前来看，我国融合教育改革还处于对融合教育理念的理解、吸收与内化时期，融合教育理念还没有成为一种完整意义上指导当代融合教育实践的观念与原则，因而当前融合教育实践才会出现诸多问题，包括拒斥残疾儿童入学的问题、教育教学质量低下的问题等。很多问题表面上看是具体实践操作层面的问题，其背后却可能是理念的问题，是对融合教育的不理解、不认可所导致的实践层面的摇摆不定和犹豫不前，反映出固有的教育观念与融合教育理念的冲突与抵触。这种理念上的冲突既体现于教育系统的内部，如普通学校教师的观念、校长的观念以及教育行政部门的观念上，也体现于教育系统的外部，如普通学生家长的观念以及社会的传统观念。这使得融合教育理念在教育实践中的执行变得艰难，并进而影响到特殊教育需要对象的顺利融入。

当然，我们需要意识到，触动与改变传统的教育理念却并非一个简单的、一蹴而就的过程。一个新的教育思潮，其理念的接受和认可都是渐进的，甚至很多情况下，由于它与传统教育理念的差异性，新的教育理念可能还会受到质疑或批判。融合教育正是在对传统教育理念进行批判和反思的背景下提出它的教育观的，这注定了融合教育的理念与传统教育观念的抵牾，新旧理念的冲突与矛盾必然渗透于融合的发展过程中。

理念是行动的先导，融合教育在理念层面上提出了变革的要求，理念的变革才能促进实践的变革。融合教育必须要在发展上首先解决理念的问题,不触及和改变陈旧的教育观念,融合教育很难实质推进。在教育系统内部,教育观念的改变主要需要通过大量的面向普通教育和特殊教育的教师与管理者培训。融合教育无论对于普通教育,还是对于特殊教育来说,事实上都是一个新的事物,只有通过大量系统的职后培训,才能将这种理念充分融入教师与管理者的专业素质结构之中,才能最终内化到融合教育的实践层面。在教育系统外部,则依赖于舆论宣传和政策引领,来改变普通民众和整个社会对融合教育的认可、理解和接纳。"教育改革,尤其是大规模教育改革,需要有相应的舆论支持。迄今为止,我们还未发现有哪一项教育改革是在缺少舆论支持的情况下取得成功的。"[①]在整个社会范围内,融合教育的理念并未普及,甚至可以说,很大程度上社会对融合教育的认识还是模糊或空白的。社会与民众旧有的观念对教育的认识和影响依然根深蒂固,这与我们整体上缺乏对融合教育的舆论宣传有关。目前来看,这种舆论宣传亟待加强,将融合教育的理念宣传与融合教育的政策宣导相结合,从教育与社会发展趋势以及政策法规的角度来强化融合教育,才能影响和改变社会认知,从而使教育领域内的融合教育实践得到认可和支持。

二、融合教育是制度的变革

融合教育改革又表现为它是一场关于教育制度的变革。制度是一整套关于行为和事件的模式,它的关键功能是增进秩序。[②] 推进教育改革,关键举措在于制度的保障,制度是教育能够有效发展和实现根本变革的核心推动力。推进融合教育,同样需要有效的教育制度作为根本保障。从国际范围来看融合教育,它被视作推进教育民主、实现全民教育的重要手段。它从教育整体改革的视角来审视现有的教育,对普通教育与特殊教育的隔离状态提出了尖锐的批评,要求观念、国家政策与实践进行根本的转变。2008年,联合国教科文组织在其第48届国际教育大会的文本《全纳教育:未来之路》中明确指出,"发展融合教育,要求对整个教育系统进行广泛的改革。"以美国、英国为代表的西方教育发达国家,融合教育的实践推进是与其融合教育的制度变革紧密联结在一起的。在他们看来,实现融合教育,必须要从根本上改变教育系统。以立法等形式建立统一的融合教育政策、对学校进行文化制度改革、协调服务与机构、重构教育系统是融合教育制度的核心内容。

如果我们要想实现融合教育的有效推进,如果我们想要从普通教育变革入手实现融合教育实施路径的转向,那么最终一定需要回到对制度的思考与构建上来。[③]

---

① 吴康宁.教育改革的"中国问题"[M].南京:南京师范大学出版社,2015:172.
② 柯武刚,史漫飞.制度经济学:社会秩序与公共政策[M].韩朝华,译.北京:商务印书馆,2000:33.
③ 李拉.融合教育的推进路径[J].现代特殊教育,2017(6):22-24.

笔者看来,国内融合教育的发展目前所遇到的最大瓶颈应是制度对融合教育的回应不足,缺乏从融合教育视角所进行的教育制度改革与创新。这一现状的存在,与目前的教育政策之间休戚相关。分析我国30余年的随班就读政策,能够看出端倪。一直以来,我国的融合教育或随班就读政策,几乎都停留在特殊教育的框架体系之内。融合教育与特殊教育之间存在着紧密的关系,这是毫无疑问的,没有特殊教育的专业支撑,很难谈及有效的融合教育。但将融合教育始终放在特殊教育领域之内进行政策构建和推动,则很难触动现有的制度体系,很难引发普通教育的积极主动参与,这也是融合教育虽然在理念上被普通教育承认,却很难进入现有的以普通教育为中心的基础教育改革中来的一个根本原因。从另一个角度来看,融合教育不仅仅需要特殊教育的专业力量,它还需要教育部门之外的跨机构、跨部门合作。譬如,医学与康复的专业支持、残联与卫生等部门的有效参与。我们目前还没有形成一种真正的融合教育制度,来解决现有的普通教育制度与特殊教育制度二元分立、缺乏有效融通的问题,来解决融合教育发展中所需要的多部门合作、多机构支持等问题。当前融合教育实践中遇到很多的问题,譬如融合教育对象缺乏有效的鉴定评估、专业支持力量不足、普通学校与特殊教育学校合作不畅等,其根源多是制度问题,是制度的不健全、不完善在实践层面的必然反应。

"融合教育需要制度变革",这个观点在国内也逐渐引起关注,近年来一些专家学者和社会人士也多有发声,直陈制度之弊,呼吁要重视制度建设,保障融合教育的推行。这些观点多集中于对融合教育发展中一些具体实践层面制度的呼吁,如随班就读发展中的监督机制、随班就读评估机制、教师培训机制等。依笔者之见,融合教育制度的推进,需要从宏观和微观两个层面同时进行制度突破与创新。宏观层面需要制度突破,打破普通教育与特殊教育二元对立的格局,将融合教育作为推进教育整体改革而非仅仅特殊教育改革的举措进行顶层设计,从整个教育改革与发展的视角构建融合教育制度。这是融合教育推进路径中的核心举措和关键所在。同时,需要建立以教育行政部门为核心,政府统筹、多机构、跨部门合作,普通教育为主体、特殊教育为支撑的体系框架。微观层面需要制度创新,省市县(区)等区域教育行政部门需要为融合教育的推进建构一系列成熟的制度体系,譬如诊断评估制度、融合教育安置制度、融合教育质量监督制度、教师培训任用制度等,来保障融合教育在实践中的可执行性。唯有通过完备的融合教育制度构建与创新,才能切实实现融合教育理念中所提倡的将有特殊教育需要对象纳入"以儿童为中心"的教育体系中来之目标。

三、融合教育是实践的变革

任何一项教育思潮都将落脚于实践,在推动实践的同时又通过实践检验自身、获取发展。融合教育不是苍白的理念,也不是空洞的政策与口号,它归根结底是一场实践的变革。理念的转变是融合教育改革的前提,制度的构建是融合教育发展的保障,而实践的变革却是融合教育改革的核心。融合教育最终希望改变的是当代教育实践,它从理念层面为实践发展勾画出了一幅推进的蓝图和愿景,进而通过政策与制度的构建来促进实践的有效实施。

从整体上来看,融合教育的实践变革主要指的是特殊教育与普通教育的变革。融合教育在改变着现有的特殊教育存在方式,在融合教育的发展趋势下,特殊教育学校势必面临着功能转型与重新定位的问题。这是当代融合教育发展背景下,特殊教育学校面临的时代命题和实践命题。传统的、封闭式的特殊教育发展方式已经被迫走向开放,特殊教育学校必须要重新探索符合融合教育发展需求的实践方式。一方面,它要面对着重度残疾学生增多以及多重残疾学生教育的问题,改变特殊教育学校的传统课堂教学模式、方法,以适应教育对象类型与程度的转变。另一方面,它要面对融合教育发展需求,为普通学校推进随班就读提供专业支持服务,为区域融合教育发展提供巡回指导、管理、政策咨询以及教师培训等服务。融合教育发展对特殊教育所提出的实践变革要求,已经在深刻触动和改变着现有的特殊教育发展形态。

融合教育着眼于特殊教育需要,但却不仅对特殊教育提出教育变革要求,更对普通学校实践提出全新的任务和挑战。因为融合教育是以普通学校为核心的教育改革,它对普通学校的实践变革要求更高,对普通学校固有实践的影响与触动也更为剧烈。普通学校需要向接纳更多特殊教育需要对象的融合学校迈进,这是融合教育的要求,也是当前普通学校发展的必然方向。从面向大多数普通学生实施教育教学的传统普通学校,向容纳更多差异与多样化教育对象的融合学校转型,对于学校来说,所带来的不仅仅是教育对象数量上的增加、类型的增多,更重要的是,它带来了实践变革的多重要求。这种要求相较于传统的普通学校教育教学,已有显著的不同,甚至是颠覆性的变化。普通学校要开始考虑融合教育环境的营造、特殊教育需要对象的评估与安置、个别化教育计划的制定与实施、融合课程与教学的调整、资源教室的建设与运行,以及普通学校与特殊教育学校的合作等一系列问题。这些问题对于现有普通学校来说,大多都是新的挑战,也是必然要去面对与有效解决的实践问题。融合教育的推进过程,很大程度上可以说是对这些普通学校所面临的实践问题逐步探索和有效解决的过程。在诸多问题与挑战中,最为关键的应该是融合教育的课程与教学问题,这是具体层面的变革,却是融合教育实践的核心。因为以质量为导向的融合教育,一定要回到对儿童有效参与普通教育课程与教学的回应上来。正如上文所讲,参与是融合教育的一个重要价值观和实践原则,其中尤为重要的是特殊教育需要对象对普通教育课程与教学的参与。近年来教育发达国家的融合教育,也已将改革重心下沉到微观的课程调整与课堂教学上。一些新的实践概念与理念,如通用学习设计、差异教学、个别化教育等在不断地冲击着普通教育对传统课堂教育形式的理解,带来新的变革实践。课程与教学的设计已越来越多地思考如何面向差异与多样化,而不是将其排除于课程与教学之外。对于普通学校的学科教师来说,分层教学、合作教学、个别教学等多种教学组织形式也开始渗透到班级授课制之中,与集体教学相结合。

这是融合教育所带来的实践冲击,也是融合教育对实践发展所提出的目标要求。审视这些实践,我们会发现,随着融合教育的推进,普通教育与特殊教育已不是传统固有的二元分立的模样,已更多地以一种全新的形态紧密交织在一起。当然,实践问题也是融合教育发展中最难的问题,我们的融合教育改革必然还会遇到诸多困境与阻力。面对这些困境与阻力,不是去退缩或另寻路径,而是需要意识到这只是融合教育发展在实践改革中不可避免的障碍,只需要在融合的理念和制度指引下,将这种实践坚定地走下去。

第四节 融合教育发展的主要矛盾

辩证唯物主义认为,矛盾存在于一切事物的发展过程中,事物的发展是内因与外因共同作用的结果。融合教育的发展无疑也充满着矛盾性,然而对于这一问题无论是在理论研究领域还是融合教育实践领域却并没有引起足够的讨论,相关研究极为匮乏。如何认识和理解当代中国融合教育发展中的主要矛盾,将会极大影响和决定着我们融合教育的发展方向和发展策略。我们需要将对融合教育主要矛盾的分析置于融合教育的发展策略演进过程之中,通过历史演变的规律来识别融合教育发展过程中的主要矛盾与次要矛盾,辨清影响融合教育发展的内因与外因,如此才能有针对性地调整融合教育的发展方向和制定融合教育的有效发展策略。

一、融合教育的发展策略与主要矛盾

对融合教育发展中的主要矛盾以及融合教育发展策略的思考需要借助于一种更为广阔的视角或方法,辩证唯物主义的矛盾分析方法可为我们理解思考具体事物发展提供理论依据与指南。所谓矛盾分析方法,是指分析事物矛盾,并找出解决各种矛盾的方法。① 矛盾观点是唯物辩证法的核心观点,运用矛盾观点而形成的矛盾分析方法,是马克思主义者认识世界和改造世界的根本方法。② 唯物辩证法认为矛盾是

---

① 齐平.坚持和运用矛盾分析方法[J].毛泽东邓小平理论研究,1987(5):36-39.
② 李新敏.正确运用矛盾分析方法——谈谈矛盾观点和矛盾分析方法[J].党政干部学刊,1990(4):19-21.

事物发展的源泉与动力。毛泽东在《矛盾论》中指出，事物发展的根本原因，不在事物的外部而是在事物的内部，在于事物内部的矛盾性。任何事物内部都有这种矛盾性，因此是事物发展的根本原因。[①] 同时，对于具体事物的发展变化，还必须进一步分析其内因和外因以及它们各自在事物发展中的作用。任何事物的发展，都是内因与外因共同作用的结果。内因是事物的内部矛盾，外因是事物的外部矛盾。内因与外因在事物发展中的作用也是不同的。内因是事物变化的依据，是第一位的原因；外因是事物变化的条件，外因只有通过内因起作用。[②]

从唯物辩证法的角度来看，矛盾存在于一切事物的发展过程中，在一定条件下矛盾也会转化。融合教育的发展同样充满着矛盾性，关键是我们需要清楚地识别融合教育发展过程中的主要矛盾与次要矛盾，辨清影响随班就读发展的内因与外因。通过对我国融合教育发展策略及其演变历程的分析，我们可以从中看到融合教育发展中的矛盾变化。我国融合教育发展策略的演变历程，大体上经历着从最初的简单为残疾儿童提供入学机会向 20 世纪 90 年代以融合教育为指引、扩大随班就读规模转向，以及新世纪之后的提高随班就读质量、实现教育公平为导向这样三个阶段或时期。[③] 我国融合教育发展之初的主要矛盾体现为大量残疾儿童需要入学与普通学校无法充分满足这种需求之间的矛盾。因而在发展策略上主要采取扩大随班就读规模的方式来提高随班就读儿童的入学率，从而解决其接受义务教育的机会问题。20 世纪 90 年代后，随着全球范围内融合教育的推进，随班就读迎合了世界范围内的教育由隔离走向融合的理念，被视作我国探索融合教育的实践方式，其价值也逐渐与教育公平联系到了一起。在这样一种背景下，继续明确随班就读的重要地位，扩大随班就读规模成为我国随班就读发展策略的必然选择。进入新世纪之后，除了继续扩大随班就读规模之外，融合教育的发展策略又开始出现调整，在发展目标上逐渐呈现由追求随班就读入学人数和规模向提升融合教育质量、提高融合教育办学水平转向的趋势。在实践方式上主要体现为新世纪之后随班就读支持保障体系的提出与构建。然而，我们需要反思的是，构建支持保障体系是当前最为关键的发展策略吗？它是否解决了融合教育发展中的主要矛盾？事实上，在近些年来的融合教育研究中，我们经常将融合教育发展中各种问题的出现归结为随班就读支持保障体系的不完善，是否还有一些更为深层的东西需要反思呢？

从矛盾分析的方法来看，我们可能并未抓住融合教育发展的主要矛盾。融合教

---

① 李达. 实践论矛盾论解说[M]. 北京：生活·读书·新知三联书店，1979：139.
② 北京大学马克思主义学院哲学教研室. 辩证唯物主义和历史唯物主义纲要[M]. 北京：北京大学出版社，1996：199.
③ 李拉. 我国残疾儿童随班就读的发展策略反思——基于矛盾分析的方法[J]. 基础教育，2016(5)：28-33.

育发展到今天,已经由单纯的规模扩大转向教育公平与提升质量,融合教育发展的主要矛盾也相应地发生了变化。很显然,当下融合教育的主要矛盾已不是满足入学机会方面的矛盾了,而是融合教育的质量提升与普通学校现有融合教育办学水平之间的矛盾。当然,入学机会方面的矛盾依然存在,但已由主要矛盾转为次要矛盾。总体而言,从随班就读推行迄今,虽然融合教育发展中的主要矛盾在发生变化,但无论如何变化,普通学校都居于矛盾发展中的核心地位。换句话说,普通学校的融合教育办学水平是整个融合教育矛盾运动中的核心要素,它构成了融合教育发展的内因,即融合教育的内部矛盾,对融合教育发展具有决定作用。而其他要素,如外部的支持保障体系等,均是影响融合教育发展的外因,是外部矛盾,而非居于决定地位的内部矛盾。支持保障体系建设虽是促进融合教育发展的重要手段,但这并不意味着我们把握住了融合教育发展的内因,而是恰恰遗漏掉了影响融合教育发展的最关键要素,即普通学校的力量。融合教育在目前的发展中出现了大量的实践问题,一方面是由于融合教育自身的不完善,融合教育自身还处在一个正在成长的过程中;另一方面,在很大程度上是由于人们对融合教育与特殊教育的关系,特别是融合教育与普通教育之间关系的模糊认识所导致的。融合教育关照对象的主体虽是属于传统特殊教育领域内的残疾儿童少年,但融合教育事实上已经远远超出了特殊教育的范围。它的实施场所与实践阵地不是特殊教育学校,而是普通学校。普通学校是融合教育教育教学开展的主体,是决定融合教育质量的核心要素,是融合教育发展之"本"。很显然,如果没有作为"主体"地位的普通学校的积极参与,而仅靠各种外在力量的强化与介入,融合教育的质量是很难有保障的。对普通学校作为融合教育发展内因的这种定位,事实上与国际融合教育的理念是相一致的。早在1994年,《萨拉曼卡宣言》中就明确提出了建设融合学校的思想。在联合国教科文组织看来,融合学校是实现融合教育,进而迈向融合社会的重要路径和方式。而融合学校是要建基于现有的普通学校的,它意味着对整个普通学校的改革与重构。事实上,融合教育呼唤整个教育体制的变革以应对融合的要求。但它明确地指出,融合教育不仅是体制的变革,更重要的是,这是具体的学校教育实践的变革。[1] 在融合理念中,普通学校不是可以忽略的力量,相反它却是整个融合教育发展中的关键甚至决定要素。很明显,对于我国目前的融合教育发展来说,支持保障体系建设固然重要,但支持保障体系归根结底是一种外在的力量,是实现融合教育发展的条件。这种条件的作用发挥,只有通过普通学校"内在"的自觉,即通过这种内因的力量才可能对融合教育的发展真正起作用。

---

[1] 黄志成.全纳教育——关注所有学生的学习和参与[M].上海:上海教育出版社,2004:112-113.

二、基于矛盾分析的融合教育发展策略调整

正确地分析矛盾,采取恰当的方式解决矛盾,是唯物辩证法研究事物矛盾问题的最终目的和归宿。① 对融合教育发展中的主要矛盾,尤其是对影响融合教育发展的内因与外因的辩证分析,其最终目的不仅在于提供一种反思发展策略的视角,更是提供解决融合教育矛盾问题的办法与方向。

既然现今融合教育发展中的主要矛盾是融合教育教育教学质量提升与普通学校现有融合教育办学水平之间的矛盾,既然普通学校是融合教育发展的内因,那么,解决问题的途径就应该从主要矛盾入手,从决定事物发展的内因入手。这意味着我们首先需要转变融合教育的发展策略与思路,将重心转移到普通学校中来,从普通学校入手来解决融合教育质量方面的矛盾。我们还必须意识到,普通学校是融合教育发展的内因,并不是简单地意味着对普通学校现状的依从,更为关键的是要实现普通学校的变革,通过普通学校的变革来解决融合教育教育教学质量提升与现有融合教育办学水平之间的矛盾,通过普通学校的变革来切实激发普通学校的内在自觉。这种变革是以融合教育为导向的变革,是建基于教育公平,以切实保障每一个学生受教育的基本权利、以每一个学生的全面发展为价值观的变革。一方面,从宏观的教育政策上,要把融合教育这项关于特殊教育需要对象教育安置的政策提升到公共教育政策层面,从融合教育的视角出发提升我国融合教育政策的目标层次,构建我国融合教育的宏观发展策略。融合教育政策只有突破特殊教育政策这一限定,才能为未来真正向"接纳所有儿童"的融合教育迈进扫除体制障碍。换句话说,要把促进融合教育发展、提高融合教育质量作为普通学校的应有之义,作为普通学校教育改革的核心目标与内容之一,作为整个教育体制向融合教育迈进的必由之路。唯有将普通学校承担融合教育的责任与义务提升到宏观政策层面,才有可能实现融合教育在普通学校由"自在"状态向"自觉"行为的转变。与此同时,相关的制度建设也是不可或缺的。如融合教育的质量评估体系、融合教育的督导制度等一系列相关制度的构建与完善。另一方面,作为承担融合教育实践主体的普通学校,需要真正树立一种主体的姿态,以一种自觉的热情和主动的精神来推进融合教育的研究与实践。观念上的转变是树立主体意识的第一步,追求教育公平、接纳包括残疾儿童在内的"所有有特殊需要的儿童"、为每一个儿童成长提供高质量的发展机会是普通学校应然的责任。推进融合教育不仅是特殊教育的事情,更是普通学校的"分内之事"。这种观念的转变,是提高融合教育质量的前提和保障。否则,缺乏内化与自觉,任何外在形式的推动都将只会

---

① 北京大学马克思主义学院哲学教研室.辩证唯物主义和历史唯物主义纲要[M].北京:北京大学出版社,1996:206.

是事倍功半。观念上的转变才能带来实践中的转型。普通学校还需要进一步探索和建立融合教育制度，将融合教育管理纳入学校制度化管理范畴之中。同时，探索和改革融合教育课堂教学模式，加强对融合教育教育教学的研究，重视对融合教育教师的专业培训，促进融合教育教师的专业成长。当普通学校将这一系列行为作为其自觉的举动之时，其融合教育办学水平的提升以及作为内因影响融合教育发展的决定作用必会彰显无疑。

正如唯物辩证法一直强调的，事物发展是内因与外因共同作用的结果。强调普通学校的内因作用，通过普通学校的变革来推进融合教育，这种策略并不意味着对目前融合教育支持保障体系建设的否定或排斥。我们只是试图澄清融合教育发展中的主要矛盾与内外因，从而在发展策略上能够从事物发展的内因出发，来真正解决融合教育发展中的矛盾。外因虽然不是事物发展变化的决定条件，不能决定事物发展的性质与发展方向，但外因能促进或阻碍事物，加速或延缓事物的发展进程。融合教育支持保障体系是融合教育发展的外因，是重要的外部条件，我们非但不能忽略目前的支持保障体系建设，还需继续加大和完善融合教育支持保障体系建设，为融合教育的顺利推进提供必要的条件。在当前我国推进融合教育的过程中，普通学校应对融合教育还缺乏有力的支持，这是一个现实又急迫的问题，而支持保障体系建设能够有效减少普通学校融合教育发展的各种阻力，从而加速与促进融合教育的进程。当融合教育支持保障体系建设作为一种重要的外因与普通学校的变革结合在一起时，它们才能共同发挥作用，有效推进我国融合教育的发展。

第四章　融合教育管理

现代教育已构成了一个规模庞大的事业,为协调教育事业发展、合理规划和利用教育资源、领导和服务教育,教育管理意义重大。人们在教育领域所从事的管理活动,构成了教育管理活动。关于教育管理及管理活动的研究,也构成了教育学中不可缺少的重要环节。[①] 在融合教育研究与实践发展中,融合教育管理同样是融合教育学不可或缺的组成部分。本章将围绕融合教育管理基本问题、融合教育制度建设、融合教育学生管理三个层面对融合教育管理展开论述。

第一节　融合教育管理的基本问题

什么是融合教育管理?融合教育管理有什么目标?融合教育管理有哪些特征和内容?这些问题涉及融合教育管理的基本问题。在当前融合教育理论研究和区域政策实践层面,这些问题事实上还缺乏清晰系统的梳理和回答,大多表现为一种碎片化的管理方式。厘清这些理论层面上的问题是区域层面有效实施融合教育管理、推进融合教育实践的必要前提。

一、融合教育管理的概念及目标

融合教育管理是教育管理的一种形式,也是教育管理内容的组成部分。教育管理是在特定的社会环境下,遵循教育的客观规律,对各种教育资源进行合理配置,以实现教育方针和教育目标的行为。更具体地说,这种行为是在一个国家或地区的政治、经济与文化环境的制约下,在教育管理部门领导者的教育价值观的支配下,采用科学的方法,对所管辖的各级各类教育组织进行预测与规划、组织与指导、监督与协调、激励与控制,使有限的教育资源得到开发和合理配置,以实现提高教育质量、增进办学效益、稳定教学秩序、改善办学条件、促进教育事业发展的目的。[②] 从关于教育管理的概念理解出发,融合教育管理是在当代教育改革背景下,国家和地区教育行政

[①] 吴志宏,冯大鸣,魏志春. 新编教育管理学[M]. 上海:华东师范大学出版社,2008:11-12.
[②] 陈孝彬,高洪源. 教育管理学[M]. 北京:北京师范大学出版社,2008:26.

部门以融合教育为管理对象,以推进融合教育发展、提升融合教育质量、促进和保障教育公平为管理目标的管理活动。

融合教育管理就其管理目标而言,有三个方面。一是推进融合教育发展。通过顶层设计、组织架构与政策制定来规范、引领融合教育在全国范围内的推进和实施。融合教育改革是一项整体的教育变革,涉及特殊教育与普通教育,也涉及教育系统内外部之间的关系。这对于传统教育管理来说,是一个新的内容与要求。融合教育管理要关注和回答这些问题,从教育管理的视角来审视融合教育如何有序、有效推进的问题。通过为融合教育制定规范、目标或标准,促进融合教育的区域推进和全国融合教育改革的进行。二是提升融合教育质量。从20世纪80年代中后期我国政府开始推行残疾儿童少年随班就读,迄今已走过30余年的发展历程。由注重数量和规模向提升融合教育质量转型,已成为当代融合教育发展的核心目标,也是融合教育管理的目标。以质量为导向的融合教育发展,需要从管理层面消除体制障碍,理顺管理渠道,建构有效管理路径,从而提升管理效率,使融合教育向高质量发展迈进。这是当代融合教育管理最重要的目标,它预示着教育管理在管理方式、组织机构变革方面要与传统的普通教育管理、特殊教育管理有明显的区分和不同。三是促进和保障教育公平。融合教育建基于公平的价值观,它力求通过关注教育中包括残疾在内的弱势群体来推进教育公平,消除歧视、偏见和障碍。这种教育公平既是融合教育发展的目标,也是融合教育的基本要求。融合教育中的公平,很大程度上要通过融合教育管理来实现。要从管理的视角来分析教育不公平的政策与体制因素,通过管理体制的构建、办学条件的改善、教育资源的合理分配等来解决这些问题,使融合教育始终坚持向推进和保障公平的方向迈进。

二、融合教育管理的特征

融合教育在带来实践变革的同时,对教育管理提出了新的命题与要求。融合教育不等同于传统的教育管理,它是一种新的管理理念与方式变革。它既表现为普通教育与特殊教育管理的交织,又表现为以教育为中心的多部门参与。

1. 普通教育与特殊教育管理的交织

融合教育管理的特征之一就是普通教育与特殊教育在管理体系上的交织。有研究者指出,目前国内对教育管理的研究集中在普通教育领域,其所研究的对象主要是普通教育中的管理现象。虽然该领域已经有了大量的成果,但普通教育管理的经验和成果并不能直接为特殊教育所用。从教育对象、教育机构到教育政策,特殊教育管理有其自身的内涵和特点。[①] 事实上也就是说,我们的教育管理存在着普通教育管

---

① 肖非,傅王倩.特殊教育导论[M].北京:北京师范大学出版社,2021:210.

理与特殊教育管理的分野，普通教育与特殊教育的管理虽有交叉，但各自又有相对独立的教育管理体系。融合教育的出现，使这种相对固定的二元制管理体系又复杂了起来。融合教育的对象主要是以残疾为主的特殊教育需要学生，但教育发生的场所又是在普通学校。现有的特殊教育与普通教育管理体系事实上还并未为这种教育对象从特殊教育学校向普通学校的转移，在管理理念及管理方式上及时做出回应。这也预示着从教育管理的角度来看融合教育，它是新颖、独特又富有挑战性的。

融合教育在沟通着普通教育与特殊教育，教育管理上也需要使特殊教育与普通教育更紧密地衔接起来，而不是各自运营。一方面，从融合教育的发展方式来看，融合教育管理的重心应是将关于特殊教育需要的管理纳入普通教育管理体系中来，因为融合教育本质上就是以普通教育为核心的教育变革，普通教育要从融合教育改革的视角来推进普通教育管理体系的发展，使普通教育管理与融合教育发展密切结合，将关于融合教育的管理视之为普通教育管理体系改革的一部分。另一方面，以普通教育为核心的融合教育管理体系也同样呼唤和需要特殊教育管理的参与和合作。甚至在很大程度上，依托特殊教育学校建立的特殊教育资源中心还应成为区域融合教育的管理中心，受当地教育行政部门委托履行融合教育管理职责。这是特殊教育管理与普通教育管理在融合教育背景下看似相悖却又交织统一的关系，也是融合教育管理体系所应着力建构的方向。

2. 以教育为中心的多部门参与

融合教育是教育活动，这一性质决定了融合教育的管理是以教育行政部门为主。但从实践运行来看，仅依靠教育行政部门，很难完全解决融合教育发展中的各种现实问题。譬如，残疾学生的医学诊断是这类学生能否进入普通学校进行融合安置的基本前提，而教育行政部门自身却没有能力来处理医学筛查、诊断与鉴定的问题，这些问题需要依赖医学力量，需要依靠医院等卫生部门的支持与配合。融合教育实施过程，特殊教育需要学生的专业康复训练，如物理治疗、作业治疗、言语语言治疗等，又是普通学校教师或特殊教育学校教师无法完全应对的专业问题，需要依赖残疾人联合会（简称残联）、康复机构中专业人员的参与。再如，当前融合教育对专业类型师资提出了越来越高的要求，包括普通学校里的资源教师、来自特殊教育学校的巡回指导教师等类型师资已越发成为推进融合教育不可或缺的教师资源，这些专业师资的岗位设置与编制获取，又需要得到区域编办、人社等政府职能部门的许可。概言之，融合教育发展中遇到的这些问题，需要从管理体制层面来解决。事实上它已经超出了教育管理的范畴，需要教育与残联、卫生、编办等其他政府职能部门通力合作，才能有解决之策。这也是融合教育管理与其他形式教育管理有明显不同的地方，它更依赖政府多职能部门的合作和参与。

除了教育行政部门在推行融合教育之外，残联、民政、卫生等部门由于也设立各类残疾儿童康复机构、儿童福利院等养护机构,它们也在有意识地以独立或合作的方式参与融合教育中。尤其是各级残联,均设有残疾人教育就业管理与服务机构,关注残疾人教育同样成为残联内在的职能之一。因而很多区域残联自发开展了推进残疾人融合教育的探索。但需要指出的是,当前从整体上来看,教育与残联之间的融合教育合作机制并没有完全建立,教育部门的教育专业性与残联部门的康复专业性没有有效整合。融合教育的管理,需要明确以教育行政部门为中心,将残联、卫生、民政、编办、财政等多职能部门的专业力量整合起来,使其各司其职,在融合教育推进中依据自身的优势与专长发挥重要作用。很大程度上可以说,没有这些职能部门在融合教育管理中的参与和支持,仅通过普通学校及特殊教育学校在内的教育力量,融合教育很难有效运行,遑论融合教育的质量提升了。

三、融合教育管理的内容

从教育管理学的一般意义来说,教育管理的内容涉及多个不同的层面——教育组织机构建设、教育政策、教育财政、教育人事、教育督导以及学校管理、学生管理、课程及教学管理等。融合教育管理对于当代教育行政来说,是一个新的内容与新的管理领域。事实上,融合教育管理自身的内容也是纷繁复杂的,教育管理的一般内容几乎都会涉及。而且,由于融合教育管理既表现为普通教育与特殊教育管理的交织,又呈现出多部门参与的特点,辨清融合教育管理的核心内容是非常有必要的,它有助于增强融合教育管理实践的针对性和有效性。目前来看,区域融合教育管理,在管理内容上需要充分考虑到资源配置、业务管理、标准建设与督导评价,这是当前融合教育管理从关注实践角度亟待明确的。

1. 融合教育资源配置

教育资源配置,通常是指在教育资源数量一定的情况下,如何将有限的人力、物力、财力等在教育系统内部各组成部分,或在不同子系统之间进行分配,以期投入教育的资源得到充分有效的使用,求得教育持续、协调、健康发展。[①] 融合教育要实现有力的推进,与融合教育相关的资源配置密不可分。物力、财力的投入与人力资源的配置,是融合教育管理中资源配置方面最重要的两个维度。

一方面,加大融合教育财政投入,是加强融合教育资源配置必不可少的环节。融合教育实践推进,需要解决资源教室建设、生均经费配备、专业教师培训、儿童康复训练等一系列现实的经费问题。这些构成了融合教育实践运行的基础,如果缺乏必要的经费支撑,教育改革则很难实践推进。国家近年来对特殊教育重视程度日渐提升,财政经费投入也显著加大。但融合教育的财政投入,还需要进一步贯彻特殊教育提

---

① 范先佐. 论教育资源的合理配置与教育体制改革的关系[J]. 教育与经济,1997(3):7-15.

升计划中所提出的"坚持普惠加特惠,特教特办"基本原则,对融合教育经费投入予以倾斜和加大。区域层面需要建立稳定的融合教育经费投入机制,落实融合教育学生的生均经费是基础,同时通过教育系统内的专项资金补助以及教育系统外的康复经费申请、社会捐资等方式多渠道筹措资金,解决融合教育发展亟须的经费问题。

另一方面,加大人力资源配置,从管理层面解决融合教育师资问题。教师是教育的第一资源,没有强有力的融合教育专业队伍,就不可能有高质量的融合教育。因而,融合教育专业师资的配备与专业队伍建设,是融合教育管理中的核心要素之一。资源教师、巡回指导教师以及专业康复师等力量不足的问题,始终在困扰着融合教育的发展。融合教育管理需要从人力资源配置的角度,来审视融合教育专业队伍的数量增加、结构优化与专业水平提升问题;需要通过岗位调整、编制增加等方式来解决巡回指导教师与普通学校里的资源教师数量不足的问题,同时加大对这些专业师资的培训,打造一支结构合理的、优质的融合教育教师队伍。

2. 融合教育业务管理

融合教育业务管理,主要指的是从推进融合教育专业实践方面所构建的管理体系。在普通教育领域,区域层面的业务管理体系已相对成熟完善。各市县所设立的教研室、教科所、教师发展中心等部门分别承担着普通教育的教学、研究、教师专业发展等具体实践领域的管理与组织,各部门之间有明确的职能分工与定位。然而,从全国范围内来看,在很多区域这些职能部门还没有很好地参与融合教育中,也没有成为融合教育业务管理体系的有机组成部分。换句话说,融合教育管理很大程度上还没有成为这些职能部门所关注的问题领域。

融合教育是政策,更是实践,它在推进中同样面临着这些业务管理的需求。譬如,融合教育的专业支持问题——谁来组织和推进特殊教育专业支持?融合教育的课程与教学问题——谁来组织和推进融合教育的教学与研究?融合教育的教师专业化问题——谁来组织和引领融合教育教师的培训与专业发展?区域教育行政部门在构建融合教育行政管理体系的同时,还必须要考虑到融合教育的业务管理问题,让更多教育系统内的职能部门有序参与进来,共同推进融合教育业务水平的提升。

就特殊教育专业支持而言,通过依托区域所属特殊教育学校建设特殊教育资源中心,是加强特殊教育专业支持的核心方式,区域特殊教育资源中心需要协助教育行政部门发挥融合教育管理、专业支持、咨询服务等功能。关于区域特殊教育资源中心的建设与运行,将另章具体论述。除了特殊教育资源中心的建设,教育行政部门还需要将区域教研室、教科所以及教师发展中心统筹进来,与特殊教育资源中心一起承担和推进融合教育业务管理工作。对于教研机构来说,需要设立专职特殊教育教研员,负责组织和推进融合教育的课程改革、课堂教学、教学评价等具体实践,同时将各学科教研员吸纳进来,共同研讨融合教育的学科调整和具体学科的课堂教学。对于各级教科所(院)来说，既需要加强区域融合教育理论与实践研究，回应融合教育实践问题与需求，又可以以课题发布、组织学术研讨等方式引领普通教育和特殊教育教师共同形成对融合教育问题的关注与研究，提炼和总结融合教育发展经验或模式，以学术研究引领区域融合教育的发展。对于教师发展中心来说，它们同样需要成为区域层面融合教育教师培养与专业发展的重要平台，依托教师发展中心的培训资源，与特殊教育资源中心一起组织融合教育相关的主题或专项培训，提升区域融合教育教师整体的专业化水平。

3. 融合教育标准建设与督导评价

通过构建教育标准，引领教育发展走向规范化和高质量，近年来已成为全球范围内教育改革的重要趋势之一。教师专业标准、学业评价标准、教学标准、学校标准化建设等研究方向或领域已日渐成熟，在推动着各类教育改革的深化发展。融合教育作为一项涵盖普通教育与特殊教育在内的整体教育改革举措，走向标准化也是必然的趋势或要求。融合教育标准回答的是要发展怎样的融合教育以及怎样达成这一目标的问题，也就是说，要通过为融合教育构建多维度的、清晰的指标体系来引领、规范实践的发展。我国融合教育在实践中出现的诸多问题，与缺乏清晰系统的融合教育标准是紧密相关的。如果区域融合教育不能在政策与管理层面界定和厘清融合教育发展的各项指标与目标，那么融合教育实践势必会陷入盲目或无序的探索之中。因而，从融合教育管理的角度，亟须加强区域融合教育标准建设，以使融合教育实践有必要的规范引领，更可以为融合教育发展指明方向和目标，向高质量的融合教育迈进。

融合教育标准的建设应是多维度的，它核心的特征是要回应实践困境与需求。目前来看，构建区域融合学校标准、特殊教育专业支持标准、融合教学质量标准以及融合教育教师专业标准已迫在眉睫。融合学校标准面向普通学校，这个标准回答的是究竟什么样的学校才是符合融合教育价值观念与发展要求的融合学校这一关键问题。为普通学校研制和建构标准，使其向融合学校转型已势在必行。在我国融合教育向提升质量迈进、普通学校参与程度持续增强的背景下，融合学校标准的研制与建设，一方面能够明确融合教育的改革方向，强化普通学校在融合教育发展中的主体地位，提升普通学校参与融合教育的主动意识和专业能力。另一方面，更为重要的是，能够为普通学校的融合教育实践切实提供有效的规范与具体的操作指引。[1] 特殊教育专业支持标准，回答的是特殊教育学校如何转型为资源中心、转型为怎样的资源中心这两个问题，区域教育管理要从为融合教育发展提供特殊教育专业支持服务的视

---

① 李拉.加拿大融合学校标准建设:结构与内容——以阿尔伯塔省为例[J].中国特殊教育,2020(4):13-18.

角来构建资源中心,为其建立专业规范和要求。融合教学质量标准,核心关注的是普通学校里的特殊教育需要对象可以获得怎样的发展这一根本问题。涵盖关于教育评估、课程调整、个别化、康复训练等与儿童发展相关的一系列具体实践。在融合教育向质量迈进的背景下,提升融合课堂教学效果,提升特殊教育需要学生的融入水平,需要一系列的标准体系构建,以引领学科教师及其他专业人员的教育教学、专业支持、康复训练等。融合教育教师专业标准,回答的是谁可以成为融合教育教师、不同类型的融合教育教师有哪些不同的专业要求的问题。尤其是当前资源教师、巡回指导教师在实践领域里逐渐扩大规模的趋势下,为各类专业师资构建明确的职责要求及专业规范是引领其专业发展不可或缺的方式。

融合教育标准可为区域融合教育发展提供规范与引领,同时还应作为区域教育行政开展融合教育督导评价的核心依据。没有督导评价,融合教育就很容易流于形式。为减少融合教育督导评价的随意性与主观性,依托融合教育标准展开评价是进行督导评价的科学有效方式。区域融合教育管理,需要建立起以融合教育标准为依据的融合教育督导评价制度,将融合教育标准建设作为区域融合教育顶层设计与政策组成部分,再通过持续的督导评价机制将融合教育标准落到实处。

第二节 融合教育制度

教育制度,是指政府管理的国家教育制度。教育制度是一个由办学体制、教育体制、学校领导与管理体制、教育人事制度、教育财政制度、考试招生制度等一系列制度要素构成的复杂系统。教育制度的建立和完善,旨在理顺各种教育元素之间的关系,其根本目的是促进教育事业的健康发展。[①]

当代中国正在迎来一个融合教育快速发展的时期。国家对融合教育重视力度显著增强,区域融合教育实践蓬勃展开,进入普通学校的特殊教育需要儿童在数量与类型上也日渐增多。规范有序和高质量发展,已成为当代融合教育追求的核心目标。实现这一目标,制度的构建在其中就显得尤为重要。"制度并不会在有需求的时候就自动出现,而必须被创造出来。"[②]融合教育发展至今,系统的融合教育制度并未建构起来。反思现有的制度体系,构建有效的融合教育制度,是当代融合教育改革的必然方向和选择。

---

① 范国睿等.从规制到赋能——教育制度变迁创新之路[M].上海:华东师范大学出版社,2018:2-3.
② 何俊志,任军锋,朱德米.新制度主义政治学译文精选[M].天津:天津人民出版社,2007:87.

一、制度化：融合教育改革的必然方向

制度化是新制度主义理论中的一个核心词汇，用来描述一种制度的建立过程。意大利社会学家罗纳德·杰普森认为，制度意味着一种社会秩序或模式，这种秩序或模式在一定程度上已经具备存在的状态或特征。制度化指的是这些状态或特征的形成过程。我国当代融合教育发展，也亟须建构一种制度，走向制度化是其必然的改革方向。

其一，走向制度化是国际融合教育运动的应有之义。

从国际范围内来看，融合教育是一种以变革教育制度为其主要内容之一的教育改革思潮。融合教育运动兴起于20世纪后半叶以美国和英国为代表的西方国家，早期的融合教育改革运动更多地表现为"回归主流"与"一体化运动"，其运动也受到20世纪40至50年代北欧"正常化"思潮与"去机构化运动"的影响，至20世纪90年代以《萨拉曼卡宣言》为标志，融合教育开始席卷全球，从欧美走向世界。在这一过程之中，制度的变革始终是其改革运动背后的支撑力量。无论是美国1975年对世界特殊教育改革卓有影响的《所有障碍儿童教育法》（94-142公法）以及其后一系列法律的修订，抑或英国1978年的《沃诺克报告》以及1993年的《教育法》等，都能够清晰地看到教育发达国家力求通过触动教育制度来推进融合教育的意图与努力。1994年由联合国教科文组织召开的世界特殊需要教育大会，在号召全球范围内大力推进融合教育的同时，也将变革教育制度作为融合教育实施的一个核心目标。《萨拉曼卡宣言》明确指出，每个儿童都有受教育的基本权利，每个儿童都有其独特的特性、兴趣、能力和学习需要，教育制度的设计和教育计划的实施应该考虑到这些特性和需要的广泛差异。它进而呼吁各国政府，在改善教育制度方面给予政策和预算的最优先考虑，以使教育制度能容纳所有儿童而不论其个体差异或个人困难如何。2008年，第48届国际教育大会的文本《全纳教育：未来之路》，则进一步集中体现了进入新世纪之后，国际社会对于融合教育制度变革的共识。在他们看来，实现融合教育，必须要从根本上改变教育系统。需要以立法等形式建立统一的融合教育政策，对学校进行文化制度改革，协调服务与机构并重构教育系统等。可以说，融合教育自改革伊始，就清晰而准确地意识到了制度在其中的重要作用，并旗帜鲜明地将制度改革作为推进融合教育实践的关键举措与目标之一。

其二，走向制度化是国内融合教育实践的必然诉求。

从国内融合教育发展来看，融合教育走向制度化，既是受国际范围融合教育改革运动趋势的影响，更是我国融合教育实践变革的内在诉求。我国政府自20世纪80年代中后期开始着力推进随班就读，迄今已逾30年，近年来更是不断将"融合教育"写入新修订的《残疾人教育条例》《第二期特殊教育提升计划（2017—2020年）》等政

策文本中,彰显了国家对融合教育的重视程度,也预示着对传统的随班就读向当代意义上的融合教育转型更高的期望与质量要求。在实践领域,区域融合教育蓬勃展开,普通学校日渐涌现更多的"特殊教育需要对象",特殊教育学校开始向提供专业支持的资源中心转型。然而,在规模扩张与质量提升的双重要求下,当前融合教育推进中存在的现实问题与困难也是显而易见的。其中,专业支持力量的不足、来自家长及社会层面的阻力,以及特殊教育需要儿童评估、安置、课程与教学调整等具体实践操作层面的经验缺乏,构成了当下融合教育实践迫切需要面对与解决的问题。这些问题的出现,有理念层面的原因,譬如社会及教育系统自身对融合教育的理解与认可度;有政策层面的原因,譬如政策定位与政策执行的问题。[①] 而究其根源,更多的可能还是来自现有制度的制约。当代融合教育的改革并未完全触动传统的教育制度,换句话说,我国尚未建立起行之有效的以"融合"为主导的教育制度体系。在教育内部,传统的普通教育与特殊教育二元分立的制度模式依然稳固,特殊教育需要儿童进入普通学校并没有自然而然地带来普通教育与特殊教育实质上的融合,特殊教育与普通教育仍然还是保持相对独立的运行态势。在可能提供各种专业资源与力量支持的教育外部,由于缺乏有效机制,这种支持合力也未形成,来自教育外部的专业支持多是以零散性、自发性、碎片化的方式进入教育系统。我们当前的融合教育,似乎走到了一个十字路口,大力发展融合教育的目标要求和现有教育制度的抵牾交织在一起,使融合教育实践陷入了一种看似繁荣实又艰难的处境之中。从教育制度设计层面反思与重构融合教育,是当下面临的现实选择和必然要求。

二、融合教育的制度特征

融合教育是一种怎样的制度?这种制度的核心特征是什么?这些问题是建构融合教育制度的前提性问题。笔者看来,基于教育公平的价值观、以变革普通教育为核心、由封闭走向开放,应是我们要构建的融合教育制度的基本特征。

首先,融合教育制度是以保障教育公平,满足特殊需要为其基本价值观的制度。

公平是融合教育的基本价值观。融合教育从其产生,就与"教育是一项基本人权"这一表达紧密联系在一起。因而,融合教育是基于权利、指向公平的教育,是以儿童为中心的教育。残疾儿童之所以要优先在普通教育环境中接受教育,是因为残疾儿童享有和普通儿童一样的接受教育的权利,这种权利是与生俱来的,符合个体成长和发展的本质属性和要求,也是法律赋予公民的基本权利。[②] 融合教育在价值观上还与社会公正密切相连,它希望通过教育的融合进而实现社会的融合,从而减少各种

---

① 李拉. 我国随班就读政策演进30年:历程、困境与对策[J]. 中国特殊教育,2015(10):16-20.
② 丁勇. 积极探索具有中国特色的融合教育发展模式[J]. 现代特殊教育,2019(9):1.

歧视,构建和谐公正全纳性的社会。但融合教育所提出的教育公平,不能仅限于口号。融合教育公平目标的实现,一方面需要理念的宣传和社会舆论的宣导,转变教育自身和社会关于残疾人教育的固有观念,树立融合的理念;另一方面,更需要通过制度的设计来保障包括残疾在内的特殊需要人群的教育权利。当前实践中出现的一些问题,譬如家长联名驱逐"熊孩子"事件,所折射出来的更多的是目前制度层面上对特殊教育需要儿童权利保护上的苍白。与此相关,融合教育在实践中还会经常陷于"公平"与"质量"的纠结之中。联合国教科文组织所做的一些实证调查表明,质量与公平是两个相容且必要的指标,它们是可以通过融合教育制度得以实现的。① 因而需要转变的是关于融合教育的认识,是重构以保障教育公平、满足特殊需要为基本价值观的融合教育制度。

其次,融合教育制度是以普通教育改革为核心,提升融合能力与支持水平的制度。

融合教育关注包括残疾儿童在内的特殊教育需要对象,它又是以普通学校普通班为主要安置场所,在形式上,融合教育已然串联起了特殊教育与普通教育。那么,谁是融合教育改革的核心力量?谁在融合教育推动中居于主体地位?是普通教育。融合教育从本质上来说是一场以变革普通教育为核心的教育改革思潮。《萨拉曼卡宣言》中所提出的几个核心观点,实质上是率先对普通教育提出了尖锐的批评,它要求以普通学校变革为基础,构建全纳性学校。我国30余年的随班就读实践也证明了这一论点。如果没有普通学校主动的变革与积极的参与,在实践中随班就读就极为可能流于形式。基于矛盾分析的方法来看,现今随班就读发展中的主要矛盾是随班就读教育教学质量提升与普通学校现有随班就读办学水平之间的矛盾。② 当然,这并不意味着要将随班就读发展中存在问题的责任归结于普通教育,而是因为这种普通教育与特殊教育二元分立的制度形态并未根本改变,将普通教育与特殊教育进行有效融合的机制并未形成。由外部力量推动普通学校实施融合教育,变为普通学校将融合教育作为内在变革与发展要求,归根结底需要制度的重构。转变教育观与学生观,将特殊教育需要对象的教育与发展全面融入普通学校,围绕校园环境、学校管理、教育教学到诊断评价等系列环节建构制度规范,增强普通学校的融合能力。同时,注重以特殊教育学校为中心的支持力量参与,将提升普通教育融合能力与特殊教育支持能力统一到制度设计之中。

再次,融合教育制度是突破传统教育的封闭形态,走向多元开放发展的制度。

---

① 联合国教科文组织国际教育局.全纳教育:争议和辩论[M].上海:华东师范大学出版社,2012:28.
② 李拉.我国残疾儿童随班就读的发展策略反思——基于矛盾分析的方法[J].基础教育,2016(5):28-33.

以普通学校为核心的融合教育,在发展中需要多层次多类型的专业支持。来自特殊教育的专业支持无疑是重要的力量,但融合发展所需要的支持还不仅局限于教育系统内部,来自教育系统外部的支持力量同样是不可或缺的。在实践层面,融合教育发展会面临着诸如残疾儿童的医学诊断鉴定、专业康复训练、争取社会福利保障等诉求,同时融合的推进还需要解决师资力量的配备、编制的核算、经费的投入等问题,这些需求与问题的应对已非教育部门之力所能独立完成,势必会要求更多机构与部门的介入和参与。简言之,融合教育是一种开放式的实践形态,它既要求普通教育与特殊教育打破分立的壁垒,走向互通,实现教育系统内部的融合,也要求教育系统自身的突破,打破传统教育自给自足的封闭形态,面向社会体系寻求合作与支持。诸多融合教育中的实践问题,已需要扩展到通过教育与残联、卫生、民政等多机构跨部门之间的互动与合作来解决的路径上来。这是当代中国融合教育发展的一个必然趋势。甚至可以说,很少有这样一种教育,能够像融合教育一样对来自教育系统外部的支持诉求如此强烈,对教育与外部系统的合作关系如此依赖。融合教育的开放性也在很大程度上扩展着社会公众与教育本身对现代意义上的教育形态的理解,这是一个新的话题,也是一个新的挑战。为融合教育的开放形态做好准备,将是融合教育制度要面对和回答的问题,也将成为融合教育制度的特征之一。

三、融合教育的制度形态

推进有质量的融合教育,教育制度的设计必须要从融合教育整体发展的视角通盘考虑。它的制度形态主要体现为两个层面:宏观层面的融合教育管理体制与具体层面的融合教育实践制度。这两个层面分别涉及教育与外部系统的关系,以及教育系统内部的制度构建。二者之间又紧密联结,共同构成当代融合教育的制度体系。

1. 融合教育的管理体制

基于对融合教育应具有的制度特征分析,结合当前融合教育的实践发展,融合教育的制度设计首先要厘清教育与外部系统之间的关系,建构教育与外部系统有效融合的通道,向教育系统外部包括社会层面寻求合作、获取支持。这主要是一种宏观层面的融合教育管理体制构建。在区域层面,这个体制是一个以教育行政部门为主体,以政府统筹,以残联、民政、卫生等多机构跨部门合作为特征的开放性制度形态(见图1)。

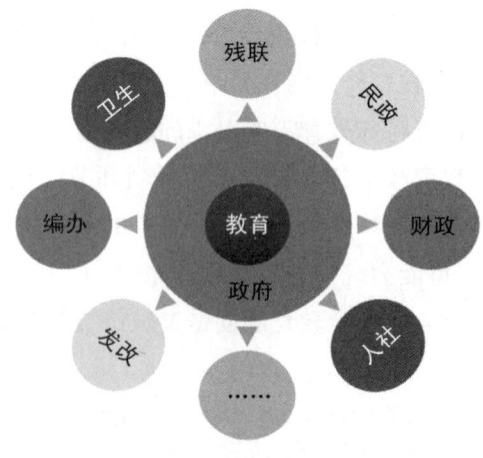

图1 区域融合教育的管理体制

从区域管理层面来看,融合教育的推动毫无疑问首当其冲是教育行政部门的职责,教育行政部门居于主体地位,发挥主导作用。而残联与民政、卫生、财政、编办、人力资源与社会保障等政府职能部门也各自参与其中,在残疾儿童的诊断鉴定、康复训练、福利保障、经费投入、教师编制以及区域融合教育发展规划等方面各自发挥职能,共同解决融合教育在区域推进层面所面临的现实困难与问题,从教育系统外部为融合教育提供支持保障。需要强调的是,要形成以教育行政部门为中心、多机构跨部门合作机制,政府需要在其中发挥统筹作用。我国行政管理体制上的特点决定了政府的介入与统筹,才能促成各职能部门的有机整合。教育部等七部门在关于印发《第二期特殊教育提升计划(2017—2020年)》的通知中,已经提到"建立健全多部门协调联动的特殊教育推进机制,明确教育、发展改革、民政、财政、人力资源社会保障、卫生计生、残联等部门的任务,形成工作合力"。很多地区目前也通过建立特殊教育联席会议制度为融合教育发展提供机制保障。而要真正落实提升计划要求并切实发挥特殊教育联席会议职能,政府的参与和统筹是不可缺少的,这是各职能部门能否真正发挥功能与实现实质参与的关键要素,也是融合教育制度构建在区域顶层设计层面必须要努力突破的方向。

2. 融合教育的实践制度

在教育系统内部,融合教育需要以普通学校为中心,在制度设计上将普通教育、特殊教育、教师教育以及家庭教育有机统一,建立融合教育的实践制度,保障融合教育的运行(见图2)。

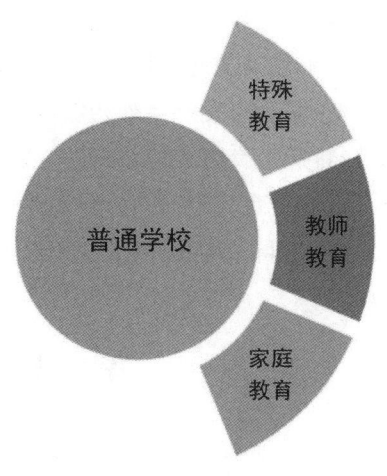

正如前文所述,以普通学校为中心构建融合教育运行机制,是融合教育发展的内在要求。一方面,融合教育制度的整体设计要为普通学校这个实践主体提供各类支持服务。换言之,作为尚缺乏融合教育经验、师资与专业设备的普通学校,它本身也是被支持的对象。区域宏观层面的融合教育管理体制,为融合教育实践制度的构建提供了前提,其根本目的也是为普通学校的融合

图2 融合教育的实践制度形态

实施扫除体制障碍,提供来自教育外部系统的支持与保障。而在教育系统内部,又需要将特殊教育、教师教育、家庭教育这三个要素作为支持力量考虑进来。其中,特殊教育是提供专业支持的关键。融合教育并非意味着特殊教育的置身事外,相反,特殊教育在融合教育发展中的角色与地位愈加重要,实践中特殊教育学校的转型与资源中心等的建设已充分显示了特殊教育主动参与的意识和行为。当前制度设计要面对的一个重要问题是,如何将专业的特殊教育力量有机融入普通教育中,有效发挥其专

业支持、服务、咨询与指导的功能。这又需要区域教育行政部门建构一系列包括资源中心制度、巡回指导制度等在内的普特融合相关制度。教师教育是另一个维度的支持力量,它既包括以培养融合教育发展所需师资为方向的师范教育制度改革,也包括一系列区域实践层面的融合教育教师管理、资格认定、培训与考核等系列规范,从而回答包括资源教师、巡回指导教师在内的融合教育专业团队如何配置、如何专业发展的问题。还不可缺少的是教育与家庭的联结,如何与特殊教育需要儿童家长建立诊断、安置、康复训练及沟通机制,形成家校合力同样是制度设计过程中不能疏漏之处。

另一方面,融合教育的制度构建最终需要回到基于普通学校自身的制度变革上来。就内外因关系来说,普通学校的变革是随班就读发展的内因,支持保障体系建设是随班就读发展的外因。解决问题的途径应该从决定事物发展的内因入手,通过普通学校的变革来切实激发普通学校的内在自觉。这应是融合教育制度设计的原点,以制度的形式确立普通学校的主体地位,转变普通学校的固有观念,形成以融合为发展方向的制度指引。其中,最为关键的可能是普通教育的评价机制改革。使评价机制从基于普通教育对象和学业成就为主导的方式,转向面对所有儿童、多维度发展性评价机制。所谓多维度发展性评价,是指将评价内容从学业成就评价转向由学业成就、功能发展与社会适应能力等多维度构成的评价模式上来,注重反映儿童发展进步情况。不触动普通学校的评价机制,很难将融合教育落实到质量层面。而评价机制的改变,又会引发一系列相关的实践制度构建。譬如,特殊教育需要儿童的评估安置制度、特殊教育服务清单制度、课程调整制度、个别化教育计划制定与实施规范等。只有区域教育行政部门以普通学校为重心逐渐完成系列制度的构建,融合教育才有可能在得到有效保障的前提下跃入快速又高质量发展的轨道。①

第三节　融合教育学生管理

融合教育学生是融合教育管理的核心对象,融合教育管理的终极目的也是指向融合教育学生的发展。因而,融合教育学生管理是融合教育管理的中心内容。融合教育学生管理,包括对融合教育对象的认识以及融合教育对象的认定流程这两项关键内容,它们分别回答谁是融合教育学生、怎样来认定融合教育学生等问题。

---

① 李拉.论当代融合教育制度的构建[J].现代特殊教育,2019(16):3-7.

一、融合教育对象

融合教育对象即融合教育所关注的教育对象群体或类型。事实上，融合教育所关注的对象并非是固定或一成不变的，在国际融合教育发展历程中，人们对融合教育对象的认识同样经历了一个演变过程。总体来看，从"残疾"到"特殊教育需要"是其基本的变迁脉络。

融合教育的孕育始于对残疾人群体的关注，北欧即是从关注残疾人生存状态和环境出发，率先兴起了正常化思潮和去机构化运动。这些理念及社会运动直接影响到了特殊教育改革，英美等国的回归主流和一体化运动，也是主要将残疾学生作为关注对象，呼吁特殊教育与普通教育的融合，促进残疾学生有机会进入普通学校中。因而，在融合教育改革运动的早期，融合教育的对象很明确地指向了残疾学生，在政策的制定及具体的实践措施上，也围绕残疾群体来构建相应的融合教育改革策略。1994年的《萨拉曼卡宣言》将融合教育推向了国际化，带来了融合教育发展方式的转变，强调以普通教育为核心的融合教育改革。同时《萨拉曼卡宣言》也摒弃了对残疾这个概念的使用，而代之以"特殊教育需要"（Special Education Needs，SEN）的概念，呼吁和要求普通教育关注更多的"有特殊教育需要的学生"（Students with Special Education Needs）。由此，融合教育的对象也正式由关注残疾向关注特殊教育需要转型，对融合教育对象的理解和把握进入了一个新的发展阶段。

事实上，"特殊教育需要"这个概念最早来自英国1978年的《沃诺克报告》。《沃诺克报告》主张用"特殊教育需要"来取代传统英国残疾儿童分类。报告认为许多儿童一旦患有某种残疾，就会被分类贴标签，缺陷就可能会固定化、永久化，所以报告建议以一种从医学、心理学、社会学和教育学角度综合考虑的评估方法来审视教育对象。报告同时指出，在英国有接近20%的教育对象会有特殊教育需要，实际上这已远远超出了"残疾"的比例。"特殊教育需要"概念的提出，被视为《沃诺克报告》最核心的"遗产"。[①] 它直接引领了英国1981年的《特殊教育法》的制定以及英国的融合教育改革，并对世界范围内的融合教育发展起到了深远的影响。

"特殊教育需要"概念经由《萨拉曼卡宣言》在世界范围内的传播，改变着人们对融合教育对象以及特殊教育对象的传统认识。其一，从关注对象的范围来看，特殊教育需要对象远比残疾学生这一词语的外延更宽广。特殊教育需要与残疾并不矛盾，而是一种包含关系。残疾会引发特殊需要，因而残疾学生依然是特殊教育需要对象，

---

① Brahm Norwich. From the Warnock Report (1978) to an Education Framework Commission: A Novel Contemporary Approach to Educational Policy Making for Pupils With Special Educational Needs/Disabilities [J]. Frontiers in Education, 2019(7): 1-10.

残疾学生仍会是特殊教育需要对象中数量最多、规模最大、受关注程度最高的群体。但特殊教育需要对象不仅限于残疾,除了残疾会引发特殊教育需要之外,因语言、文化、社会背景等方面的差异同样也会在普通学校中引发特殊教育需要。联合国教科文组织指出,融合教育针对的不只是残疾儿童,其他的群体,如贫困儿童、少数民族儿童、女童(在某些重男轻女的社会)和边远地区的儿童,在普通学校就学时也会遇到很多困难,也会引发特殊教育需要。① 融合教育对教育对象的关注,是从教育对象整体的视角来审视之前被普通教育排斥于体系之外,或者是在普通教育体系中被边缘化的学生。与残疾这个表达特定群体类型的词汇相比,特殊教育需要在对象范围、外延和概念内涵方面都大大拓展了。其二,从概念所蕴含的理念来看,使用特殊教育需要这个概念也在极大地消解原有的"残疾"所隐含的歧视色彩。特殊教育需要是从教育整体的视角来关注那些无法进入普通教育体系中来的学生,这里面无论是残疾还是其他教育对象,都被平等地纳入"特殊教育需要"这一概念范畴之中,不再明确地将残疾特指或孤立出来,本身也在传递着一种平等理念,这与融合教育改革对人权、平等的关注是密切一致的。其三,从影响教育改革的方式来看,特殊教育需要这个概念除了在对象范围上实现了对残疾的超越,更使得人们对特殊教育发展方式有了新的认识。这个概念所蕴含的重点在于将对学生残疾类型的关注,转移到对学生特殊需要的关注上来。换句话说,融合教育不是只对残疾等特定类型的反应,而是对普通教育体系中的各种"需要"的反映。正如沃诺克(Mary Warnock)本人所言,凡是有特殊教育需要的地方,就应该提供特殊教育,普通教育和特殊教育的区别不在于教育在哪里进行,而在于提供什么。② 在普通教育体系之内,关注特殊教育需要,是普通教育体系自身发展应然的要求。这能够极大地改变人们将融合教育等同于特殊教育的狭隘认识,并进而明确以普通教育为主体的融合教育改革策略。

在"特殊教育需要"的融合教育对象观引领下,世界上很多国家纷纷通过出台政策甚至立法对融合教育的对象做出明确规定。譬如,澳大利亚的融合教育对象,在20世纪70年代开始的"一体化"时期,主要关注残疾儿童。进入90年代之后,特别是21世纪以来,澳大利亚融合教育政策的关注对象逐渐走向宽泛,残疾人依然是核心,但对"特殊教育需要"的关注也越发明显,他们共同构成了多元文化背景下澳大利亚的融合教育对象。在澳大利亚新南威尔士州看来,学校有责任确保残疾学生和特殊学习需要的学生(Special Learning Needs)能够和普通儿童一样参与各个阶段的教育和学校生活。特殊学习需要的学生指的是有学习困难和行为失调的学生,这些学

---

① 联合国教科文组织. 全纳教育共享手册[M]. 陈云英,杨希洁,赫尔实,译. 北京:华夏出版社,2004:16.
② Mary Warnock. Children with special needs: the Warnock Report[J]. British Medical Journal, 1979(3): 667-668.

生在学校生活的不同时期可能会遇到不同的学习困难,因而会有不同的学习能力和学习需求。南澳大利亚州(South Australia)教育部则把土著居民学生与残疾学生共同列入融合教育对象,要求在课程设计、活动场所、社区参与等方面都要考虑到这类学生的需求。2013 年一项关于全澳特殊教育需要学生的调查发现,澳大利亚学校里有特殊教育需要的学生约为 12.3%。总体来看,虽然一些州对"特殊教育需要对象"的认定不尽相同,但澳大利亚各州在设计融合教育政策时均已开始注重特殊教育需要对象的教育问题。① 在加拿大,融合学校建设背景下,普通班级里出现了越来越多包括残疾学生在内的有不同特殊教育需要的学生。早在 2004 年,加拿大阿尔伯塔省教育部就正式颁布了《特殊教育标准》(Standards for Special Education)修订版,明确提出了"融合优先"的发展原则。所谓融合优先,是指在阿尔伯塔省,在融合的环境(Inclusive Setting)中对特殊教育需要学生(Students with Special Education Needs)实施教育安置,是学校与家长协商并在适当时间与学生协商之后的第一选择。特殊教育需要学生主要包括残疾学生、天才学生以及英语作为第二外语的学生(English as A Second Language Learners)。②

　　我国对融合教育对象的认识,目前正处于由残疾向特殊教育需要对象的一个渐进的过渡时期。政府自 20 世纪 80 年代中期开始的随班就读实验,很长一段时期以来主要关注视障、听障及轻度智力障碍这三种传统残疾类型。随着近年来,随班就读规模的扩大以及国家对融合教育重视程度的不断提升,在实践领域,除了三类残疾,事实上普通学校里出现了越来越多的特殊教育需要类型。这里面既包括视障、听障、智力障碍、肢体残疾以及精神残疾(含自闭症)等残疾学生,也包括学习障碍、情绪行为问题等非残疾类型。融合教育对象势必不能再囿于传统的三种残疾类型。然而,从国家政策来看,无论是 2017 年新修订的《残疾人教育条例》还是两期特殊教育提升计划,对特殊教育需要对象还没有明确的界定,融合教育对象仍主要以关注残疾学生为主。当然,这也与我国融合教育整体发展水平在区域层面不均衡有着很大的关系。以上海、北京、江苏、浙江为代表的教育发达区域,融合教育快速推进,对融合教育对象范围的关注在向特殊教育需要的视角扩展。譬如,在江苏省 2018 年底发布的《关于加强普通学校融合教育资源中心建设的指导意见》中,已明确指出融合教育的对象是特殊教育需要学生,包括视觉障碍、听觉障碍、言语障碍、智力障碍、肢体障碍、精神障碍(含孤独症)以及学习障碍、情绪行为障碍、发育迟缓等九类有特殊教育需要的儿童少年。这在很大程度上已经接近于国际范围内关于特殊教育需要对象的认识。而

---

① 李拉. 澳大利亚融合教育政策解析[J]. 中国特殊教育,2018(11):9-14.
② 李拉. 加拿大融合学校标准建设:结构与内容———以阿尔伯塔省为例[J]. 中国特殊教育,2020(4):13-18.

在另一些教育或经济欠发达地区，融合教育可能才刚刚起步，很多残疾学生甚至还没有机会进入普通学校随班就读。从这个意义上来说，我国融合教育在对象范围上，整体上还会在很长一段时期重点关注和解决残疾学生的融合问题，随后才能整体上逐渐向更宽泛层面上特殊教育需要对象迈进。

二、融合教育对象的认定流程

融合教育对象的界定，是普通学校认定融合教育对象的基本前提，它回答了融合教育对象在应然状态下是谁的问题。然而，从了解融合教育对象到认定为普通学校融合教育对象，还需要一个系统的流程。在很多区域，由于还没有建立融合教育对象的认定流程或规范，融合教育对象的认定成为普通教育推进融合教育中的一个棘手难题。融合教育对象的认定，既是一个关于谁是融合教育对象的理解问题，也是融合教育中一个重要的管理问题。如果没有一个规范的流程，融合教育在普通学校的推进就会陷入困境。这是普通学校实施融合教育的重要前提，只有明确了融合教育对象，解决了融合教育对象的认定问题，才有可能进一步谈及融合教育对象的教育、康复、个别化等一系列具体实践。目前来看，确定融合教育对象需要经过三个基本的阶段：筛查与发现、转介与鉴定、评估与安置。这三个基本阶段也应是区域融合教育管理层面要构建形成的融合教育对象认定流程。

1. 筛查与发现

融合教育对象认定的第一个环节是筛查和发现普通学校里的疑似特殊教育需要对象。在新生入学前进行特殊教育需要的筛查应成为融合教育管理的基本部分。可以通过给所有学生家长发放筛查表格的方式，让家长通过对照所提供的信息进行初步的特殊教育需要对象筛查。这种初步的入学筛查一方面可以让家长了解儿童在具体某一年龄阶段应具备的身心发展特征，更有助于帮助家长发现儿童行为可能的异常，或使家长通过这一程序完成对特殊教育需要对象的申报。譬如，有残疾证的儿童家长通常可以通过这个环节提供儿童相关信息，申请成为融合教育对象。

对于没有在入学时期筛查出来的特殊教育需要对象，普通班班主任或学科教师更多地需要借助于日常观察发现班级里某些行为、情绪或学习表现异于普通儿童的学生。这时，教师不宜过早将发现的这类儿童视为疑似特殊教育需要对象，应再结合具体的日常观察，与家长沟通交流，了解儿童入学前在家庭及社会环境中的行为表现，进行初步的判断。同时，将疑似特殊教育需要对象转介给学校的资源教师或巡回指导教师等特殊教育专业人员，借助于特殊教育专业人员的帮助，围绕这类儿童进行班级环境的改造、管理方式的调整、课程与教学的调整等，并观察这些调整或干预实施后儿童行为的改变情况。如果这些基于普通学校内的调整或干预方式有效，则可以排除怀疑。如果这些调整或干预方式没有效果，则需要将这些儿童由普通学校统一转介给区县特殊教育专家委员会,实施进一步的诊断鉴定。

对特殊教育需要对象的筛查与发现,还可以通过区县特殊教育资源中心在相对固定的时间统一组织。这是一种在区域管理层面更为规范合理的方式。这项工作最好在秋季入学之前甚至更早一段时间完成,譬如每年学生暑期开始之前的5月份。由特殊教育资源中心深入到普通学校,对各学校的特殊教育需要情况进行摸底筛查,从而在区域层面建立融合教育学生数据库,准确把握区域融合教育学生的数量。这一方式有助于帮助普通学校对可能的特殊教育需要对象进行初步的、统一的筛查,并尽可能发现疑似特殊教育需要对象,从而统一进入下一步的认定流程。

2. 转介与鉴定

融合教育对象认定的第二个环节是转介与鉴定。这里的转介是指区域特殊教育资源中心在搜集到来自普通教育学校的融合教育对象鉴定申请之后,对不能确定类型的疑似特殊教育需要对象,通过特殊教育专家委员会安排转介到区域合作医院,由专业医生进行医学诊断与鉴定。无论是普通学校还是特殊教育学校,都不具备资质和能力对疑似特殊教育对象进行医学判定。在这一流程,需要依托医学力量的参与,由专业医生依照科学的手段和方法对儿童的身体发育、心理发展及健康状况进行诊断,出具关于儿童身心发展的医学证明。

譬如,对于学校里的疑似自闭症儿童,可根据教师、家长或其他有关人员的观察和学业考核的结果,将其送往专门的诊断机构(通常是专科医院门诊),由专科医生或专门的诊断人员进行筛选。筛选工作有三个方面:检查被转介儿童的出生史、成长发育史、病史、教育资料和有关文字记录;和有关教师、家长、保姆等进行谈话,了解儿童各方面的实际表现;有目的、有计划地观察儿童的日常行为表现,察看他的适应性行为水平。再进一步转介到自闭症门诊(或联合门诊),由专业人员对儿童进行诊断性测验。这种测验包括神经检查、言语语言评估、听力检查、智力测验等,以排除具有某些自闭症特征的非自闭症现象,这是临床诊断的一个重要方面。通过综合评定,以确定该个案是否是自闭症,若是,应确定自闭症的性质和程度如何。[①]

医学诊断是对特殊教育需要对象进行判定的根本前提和基础,依托医学诊断,教育部门才能准确把握这类儿童残障的类型和程度,普通学校教师才不至于出现对残障类型与程度的误判,并进而为教育评估的实施奠定基础。因而,在这一环节,教育行政部门与卫生机构的长效合作机制建立是非常有必要的。在国内的实践改革中,上海市近年来推行的"医教结合"实验经验值得借鉴。2010年,上海就开始根据残疾儿童的类别和各相关医疗机构的专业技术特色,指定七家技术力量雄厚的医院为残疾儿童确诊、报告定点医疗机构。定点医疗机构按照残疾儿童诊断技术规范(检测工

---

① 王辉.特殊儿童教育诊断与评估(第三版)[M].南京:南京大学出版社,2018:63-64.

具)及工作流程开展残疾儿童确诊工作,出具上海市卫生局统一制订的残疾儿童诊断报告。在此基础上,由卫生部门和教育部门共同对残疾儿童进行健康评估,提出个别化的教育、康复、保健等意见与建议,共同制订特殊儿童入学评估实施方案。① 这种模式在很大程度上保证了特殊儿童鉴定的科学性和针对性。

3. 评估与安置

基于医学诊断鉴定,教育部门可以获取特殊教育需要学生准确的残障类型与程度,就可以进入融合教育对象认定的最终环节,即评估与安置。此处的评估,指的是教育评估,即以医学诊断为基础准确了解儿童残障类型与程度后,从教育视角对儿童功能发展及学业水平等进行的综合评估,其目的是全面了解教育对象的身心发展情况,进而提供有针对性的教育安置选择与教育调整措施。可以看出,教育评估与医学诊断已有较大区别。医学诊断仅是借助医学手段与方法,对儿童的身心发展做出判断,它形成的结论是客观描述式的,简洁而准确地告知儿童的类型与程度,但医学诊断并不能告诉教育者如何为这类儿童提供有效的教育措施。这就需要教育评估,从教育的视角审视这类儿童的教育需求,选择安置方式,建构教育策略。因而,在这一过程中,教育评估的目的有两个主要方面,一是为特殊教育需要儿童选择合理的教育安置方式,二是评估这类儿童的教育需求,为其制定有针对性的教育方案。

教育评估与安置的组织,一般情况下,需要依托区域特殊教育专家委员会,由特殊教育专家委员会组织由特殊教育、康复、医学、普通教育、心理学等专业人员组成的教育评估小组,同时吸纳家长参与,分析儿童的身心发展情况和特殊教育需要,确定合理的安置方式。我国目前针对特殊儿童的教育安置方式主要包括融合教育、特殊教育学校、特教班及送教上门等。多种安置方式并存的情况下,优先选择普通教育方式,是2017年《残疾人教育条例》中明确提出的。因而,对于符合融合教育要求的特殊儿童,首先要考虑将其安置于普通学校,以融合的方式实施教育。对于中重度障碍类型儿童,可为其选择特殊教育学校或特教班。对于极重度障碍儿童,不能到普通学校或特殊教育学校就读,应为其提供送教上门服务。这几种安置方式的选择,既需要根据医学诊断所提供的关于残障类型与程度的鉴定,更主要依托教育评估,为其选择最适合的方式。而教育评估除了为特殊教育需要学生是否采取融合的方式进行安置建议之外,还要为融合教育对象进入普通学校之后的教育策略调整、教育环境营造、学业水平评估、个别化教育计划的制定等提出有效的策略与建议。

---

① 国家教育体制改革试点"推进医教结合,提高特殊教育水平"项目组. 医教结合为生命添彩——上海特殊教育的新追求[M]. 上海:上海教育出版社,2014:51-53.

三、融合教育学生管理中需要注意的问题

融合教育对象的认定，是一件非常严肃的事情，它事关儿童的身心发展。严格准确的认定，既能为儿童选择最合适的安置方式，也能够为其提供有针对性的教育策略。建立规范有序的认定流程非常重要。除此之外，融合教育对象认定中还有一些实践层面的问题需要注意。

其一，避免融合教育对象认定的简单化。实践中我国融合教育对象的认定经常陷入误区，我们需要厘清认定过程中存在的一些惯常问题，才能有针对性地解决融合教育对象的认定问题。这里面最突出的问题之一是融合教育对象认定的简单化，只依靠残疾证来确定融合教育对象。残疾的学生是融合教育的对象，但特殊教育需要的概念不仅仅包含残疾，还包括各类被普通教育剥离于体系之外或者是在普通教育系统内被边缘化的儿童。这在之前的关于融合教育对象的界定部分已明确陈述。但事实上，在实践过程中，很多区域由于没有建立起融合教育对象认定的流程，没有建立教育与医疗部门之间的合作机制，甚至没有对融合教育对象的类型做出明确具体的规定，普通学校同时也不具备认定的能力，这种情况下，很多区域就采取简单的通过是否有残疾证或医学诊断证明的方式来认定融合教育对象。当然，通过残联办理的残疾证明或医院出具的医学诊断鉴定书认定为融合教育对象，的确能够很大程度上缓解普通学校面对融合教育对象认定方面的压力与困境。然而很多残疾学生的家长，对于是否办理残疾证明，态度上经常是矛盾的。他们对办理残疾证所带来的"标签效应"以及可能的歧视心存疑虑，因而经常会出现家长拒绝为儿童申请残疾证明的现象，也包括拒绝让儿童通过医院做医学诊断鉴定。这就使得普通学校事实上的特殊教育需要对象数量远远超过有残疾证的学生数量，很多没有残疾证明的学生，有特殊教育需要，但无法得到特殊教育专业支持。这种现象的存在，一方面与区域对融合教育对象的理解简单化有关，将特殊教育需要学生窄化为有残疾证明或医学诊断证明的学生。另一方面，则是缺乏规范有效的融合教育认定机制，使得融合教育对象的认定只能通过这种相对简单的方式来处理。

其二，准确理解融合教育对象认定的目的。融合教育对象的认定，其本身并不是目的。认定中所涉及的医学诊断与鉴定等流程，不是为了区分出普通教育群体里的特殊儿童，更不是为其贴上特定的标签，而是为了更好地认识融合教育对象并为其提供有针对性的教育策略，而采取的科学的、必要的手段。简言之，融合教育对象认定的目的在于提供教育。这是推行认定规程的一个基本原则。对这一问题的强调，事实上反映出实践层面家长的疑虑、困惑甚至抵触。由于社会文化层面对残疾人仍有偏见和歧视，正如前文所言，经常会出现家长对医学诊断与鉴定等要求的拒绝，以至于融合教育对象的认定流程很难继续推进，甚至会出现家长与学校或教育行政部门

之间关于融合教育对象认定的争执或纠纷。解决这一实践问题的策略之一是推行特殊教育服务清单。所谓特殊教育服务清单，是由教育行政部门或普通学校统一提供给家长的、通常是格式化的文本，在文本中详细罗列了在经过认定流程之后，学生可以享受的各项特殊教育服务。这些服务涉及合理的教育安置、专业师资的配备、普通学校里环境的调整、各类特殊教育与康复的支持、专项经费、课程与教学的调整、个别化教育计划等。它有助于让家长全面了解普通学校及教育系统对融合教育对象所提供的专业支持措施，有助于家长消除对认定的疑惑，积极配合融合教育的认定流程。

其三，重视特殊教育专家委员会的职能与作用。在以上关于融合教育对象认定流程的分析中能够看出，认定过程中，特殊教育专家委员会发挥着重要的管理作用。特殊教育专家委员会，也称残疾人教育专家委员会，是为推进区域特殊教育与融合教育发展，由区域教育行政部门组织的由来自多部门多类型专业人员构成的专业机构或组织。2017年，新修订的《残疾人教育条例》首次正式提出县级人民政府教育行政部门应当会同卫生行政部门、民政部门、残疾人联合会，建立由教育、心理、康复、社会工作等方面专家组成的残疾人教育专家委员会，并同时规定了残疾人教育专家委员会的职责是：接受教育行政部门的委托，对适龄残疾儿童、少年的身体状况、接受教育的能力和适应学校学习生活的能力进行评估，提出入学、转学建议；对残疾人义务教育问题提供咨询，提出建议。如果残疾儿童、少年的父母或者其他监护人与学校就入学、转学安排发生争议的，可以申请县级人民政府教育行政部门处理。县级人民政府教育行政部门应当委托残疾人教育专家委员会对残疾儿童、少年的身体状况、接受教育的能力和适应学校学习生活的能力进行评估并提出入学、转学建议，并根据残疾人教育专家委员会的评估结果和提出的入学、转学建议，综合考虑学校的办学条件和残疾儿童、少年及其父母或者其他监护人的意愿，对残疾儿童、少年的入学、转学安排作出决定。同年7月，残疾人教育专家委员会被写入《第二期特殊教育提升计划（2017—2020年）》，要求区县建立由教育、心理、康复、社会工作等方面专家组成的残疾人教育专家委员会，健全残疾儿童入学评估机制，完善教育安置办法。从《残疾人教育条例》及《第二期特殊教育提升计划（2017—2020年）》的规定来看，残疾人教育专家委员会的核心职能是围绕残疾儿童的教育安置所展开的诊断鉴定、安置评估、咨询建议与争议仲裁。这个机构在专业人员组成上包含了普通教育、特殊教育以及教育系统之外的医学、康复、社会工作等专业人员，有效沟通了教育系统内外部，教育行政部门需要尽可能依托这个机构从专业层面来解决儿童的融合教育安置问题，这个机构也应成为当前区域推进融合教育的一个重要的管理组织，并切实发挥专业职能。

第五章　融合学校

融合教育归根结底是一场以普通教育变革为核心的教育改革运动,普通学校的转型与发展问题事实上是融合教育改革的关键问题。普通学校应如何顺应融合教育的理念与要求进行新的转型与发展？这一问题已成为国内外融合教育改革共同关注的热点。无论从国际领域还是从中国本土的融合教育实践来看,普通学校转型发展的方向都是向融合学校迈进。对融合学校基本理念的辨析、对教育发达国家融合学校建设经验的吸收与借鉴,以及基于此所进行的融合学校建设策略研究,构成了当前中国融合教育发展亟待思考和面对的重要问题之一。

第一节　融合学校概述

近年来,在我国实践领域,融合学校建设日趋成为区域融合教育实践推进的一个重要方向。然而,究竟什么是融合学校,融合学校有哪些基本特征,为什么要进行融合学校建设,以及怎样进行融合学校建设等问题,都还缺乏清晰的理论层面的回答。以至于在实践中我国融合学校虽然快速推进,但却经常陷入发展方向与方法上的困顿。对这些问题进行梳理和澄清,有助于明确当代中国普通学校转型与发展的目标与策略,将融合学校建设和融合教育实践变革推向深入。

一、融合学校的概念

1994年的世界特殊需要教育大会在面向全球提出融合教育的同时,也明确提出了融合学校(Inclusive School,也译为全纳学校)这一概念。在《萨拉曼卡宣言》看来,学校不能只为一部分正常儿童服务,而将一部分儿童拒之门外。有特殊教育需要的儿童必须有机会进入普通学校,而这些学校应以一种满足其特殊需要的儿童中心教育学思想接纳他们。普通学校应向绝大多数儿童提供一种有效的教育,提高整个教育系统的效率并最终提高其成本效益。这种学校就是融合学校。《特殊需要教育行动纲领》则对融合学校的形态进行了更细致的描述:"学校应该接纳所有的儿童,而不考虑其身体的、智力的、社会的、情感的、语言的或其他任何条件……学校必须寻找到成功地教育包括处境非常不利儿童或残疾儿童在内的所有儿童的方法。""融合学校所面临的挑战就是要发展一种能成功地教育所有儿童,包括处境非常不利和严重残疾儿童的儿童中心教育学。""融合学校的基本原则是:只要可能,所有儿童就应该一起学习,而不论他们可能有的困难或差异如何。学校必须认识到学生不同需要并对此做出反应,并通过适当的课程、组织安排、教学策略、资源利用以及与社区的合作,来满足学生不同的学习风格和学习速度,并确保每个人都受到高质量的教育。"事实上,无论是《萨拉曼卡宣言》还是《特殊需要教育行动纲领》,都没有对融合学校这一概念进行具体的定义,一些关于融合学校的构想更多的是带有愿景色彩的描述式表达。但这并不影响融合学校这一概念的深入人心,它构成了融合教育思想的一部分,甚至在很大程度上,它代表了国际范围内对于推进融合教育实践最直接的认识,即通过融合学校的建设来推进融合教育的实质发展。

融合教育概念提出之后,国内外围绕融合学校的讨论也多了起来。美国学者苏珊·坦贝克(Susan Stainback)和威廉·斯坦贝克(William Stainback)认为,"融合学校是一个每个学生都有归属感、每个学生都被接受认可、每个学生的教育需要都被了解而且都能尽可能得到满足的地方。在教育过程中,学校集体中的每个人都在为别人提供支持并且也能得到别人的支持。"他们给出的融合学校的这个定义首先强调了"情感氛围",即学校这个集体以及集体中的成员用什么态度对待有学习和参与障碍的儿童。它反映出"融合教育"就其本质而言是一种态度,是学校及其成员在一种价值观念的驱使下做出的一系列充满关爱的决策和行动。[①] 我国学者黄志成认为,全纳学校是一种新型的教育模式。凡是赞同全纳教育理念、愿意实施全纳教育思想的学校都可以成为全纳学校。全纳学校的目的就是"让学校为所有的学生服务"。也就是说,全纳即意味着创建欢迎所有学生的学校,而不在意学生的各种特点、不利条件或困难。全纳学校承认并赞同个体的差异,并且不把这种差异看作是存在的问题。[②] 黄志成关于全纳学校的理解与其关于全纳教育的定义一脉相通,在一个宽泛的、促进所有学生学习与参与的视角来审视这种学校。

那么究竟什么是融合学校?结合国际国内关于这个概念的不同解读,我们认为,所谓融合学校,是指面向所有特殊教育需要学生,为其提供公平、有质量发展,全面实施融合教育的普通学校。

在这个定义中,融合学校是基于普通学校的,这是理解融合学校性质的关键要点。融合学校虽然是一个新的概念,但却并非一个完全崭新的事物,它依托普通学校,是普通学校基于融合教育为背景与方向进行转型后的产物。显然,融合学校不是

[①] 杜晓萍.解读全纳教育,建构全纳学校[J].中国特殊教育,2008(10):16-21.
[②] 黄志成.全纳教育、全纳学校、全纳社会[J].全球教育展望,2004(12):67-70.

特殊教育学校这种相对隔离式的机构，它也不是传统意义上的普通学校。《萨拉曼卡宣言》恰恰是对当前普通学校提出质疑与尖锐批判的前提下提倡融合学校建设的。在它看来，传统的普通学校正是由于考虑到了儿童身体的、智力的、社会的、情感的、语言的或其他任何不利处境或条件，而将其排斥于普通教育体系之外的。这是传统意义上的普通学校存在的最大弊病与问题，是融合教育要去努力破解的。故此，《萨拉曼卡宣言》引入了"特殊教育需要"这个表达，要求变革普通学校，使其面向所有特殊教育需要对象。另外，融合学校也与 20 世纪 60 至 70 年代融合教育早期改革运动时的回归主流、一体化学校有着明显的不同。在回归主流和一体化时期，普通学校存在的最大问题是缺乏变革，普通学校更多的是一种形式上的接纳，而非实质的融入。融合学校强调普通学校的转型与功能革新，强调以平等和人权的价值观念为指导，强调一种以儿童为中心的教育学，使学校教育真正面对所有特殊教育需要对象，为其提供公平、优质的教育。从这个意义上来说，普通学校是否有特殊教育需要学生，不是衡量与判断其是否是融合学校的基准，能在平等接纳的基础上，始终以融合教育的理念为指导，通过持续的教育改革来满足差异与多样性，才有可能成为融合学校。融合学校并非一个自然而然就可以过渡形成的事物，融合学校意味着现今普通学校的升级与转型，意味着要用融合教育的理念来重塑现有的普通学校，使其成为全面实施融合教育、有效推进教育公平、建构融合社会的核心依托。

二、融合学校的基本特征

在融合教育理念影响下，普通学校吸纳接收更多特殊学生，使学校逐渐成为能接纳所有特殊教育需要学生的"融合学校"，已成为全球近年来教育改革的主要方向与目标之一。融合学校相较于之前的普通学校，更加强调教育对象的平等接纳，重视包括残疾在内的特殊教育需要学生的有质量发展。然而，究竟什么样的学校才是符合融合教育价值观念与发展要求的融合学校？以美国、英国、加拿大等为代表的教育发达国家近年来的实践探索也多集中于此，并形成了关于融合学校特征的一些基本理解。

美国特殊儿童委员会(The Council for Exceptional Children, CEC)1994 年列出了成功的融合学校的一些基本原则。它们包括：公开表达的平等和融合的愿景；公开支持融合和平等机会的领导；一系列在教育和机构人员之间协调的服务；灵活的角色和责任；融合学校内部的合作系统；与家长建立伙伴关系。

1996 年，英国融合教育研究中心(Centre for Studies on Inclusive Education, CSIE)将融合学校的基本特征概括为四个方面。其一，以社区为基础。融合学校面向整个社区，它积极迎接多样化，而不是有所选择、排他或排斥的。其二，无障碍的环境。融合学校对所有成员开放，它的无障碍性既包括建筑场地，也包括课程、支持体系和沟通方法。其三,促进合作。融合学校与其他学校之间是合作,而不是竞争。其四,推进公平。融合学校是一种民主制度,所有受教育者都有权利和同样的机会参与学校提供的教育并从中受益。①

进入 21 世纪之后,国际领域内融合学校的研究与实践越发深入。2015 年,加拿大阿尔伯塔省围绕融合学校建设归结形成了融合学校的 12 个可以衡量的指标(见表2),深刻反映出他们关于融合学校特征的理解与认识。

表 2 加拿大阿尔伯塔省的融合学校指标②

特征	解释
价值观	融合是一种哲学价值观,即所有学生都可以在一起学习。要尊重多样性。自我价值、对自我成就的自豪感以及相互尊重,应得到发展。
领导力	学校管理者与所有教职工在计划和实施教育策略方面,责任共享,共同促进融合学校的成功。
高标准	高质量的教育结果和成就标准要建立在学生需要的基础上。成就水平、教育内容与教育方式要因学生的差异性而有所区分。
合作	教师与学生可通过多种合作或协作策略相互支持,包括合作教学、学生助手团队、合作学习、同伴指导及其他合作方式等。
角色与职责的改变	传统的教师与学生的角色需要改变。教师要指导学生积极参与学习过程。同时,跨部门(Interagency)的专家,如心理学家、语言治疗师等也会进入学校工作。
多样化服务	以合作的方式提供包括卫生、心理健康、社会服务与教学服务在内的各类服务措施。
家庭参与	家庭作为平等与必要的伙伴,积极参与特殊需要儿童的教育。
灵活的学习安置	鼓励学生个性化的学习,提供灵活的分组、个别化教学指导和适合的教学内容。
基于研究的策略	在实践中进行研究,通过研究指导实践,帮助教师获得最佳教学思想和策略。
评价方式的改革	减少对考试分数的依赖,基于个性化目标,展示学生真正的成长与进步。
无障碍	为学生及其家长提供无障碍的校园环境,使用现代教育技术来确保每个学生的学习和参与。
持续的专业发展	重视教师专业发展,使教师和其他专业人员通过持续的专业成长来迎合所有学生的教育需求。

---

① Gary Thomas, David Walker, Julie Webb. The Making of the Inclusive School[M]. London: Routledge, 1998: 15 - 16.
② 李拉. 加拿大融合学校标准建设:结构与内容——以阿尔伯塔省为例[J]. 中国特殊教育, 2020(4): 13 - 18.

基于教育发达国家关于融合学校的实践探索与经验总结，能够发现他们对融合学校及其基本特征的理解，有差异但更多地呈现相通相似之处。融合学校是普通学校变革的一种新的形态，这个形态应有其基本的特征或标准。这些特征或标准反映出对融合教育理念的理解，反映出对融合教育实践的把握和认识。

总体来看，结合对我国融合教育发展的认识，一所学校是否可能成为融合学校，有这样几个核心的判定标准或特征：其一，理念与价值。融合学校首先应是以融合教育理念以指导，以公平和人权为基础价值观，充分尊重差异与多样化的。这是一个基本前提。没有这样的理念与价值，即使其特殊教育需要学生很多，也无法显现这是一所融合学校。其二，环境与文化。融合学校的核心特征应是其营造的融合文化，这是一种在全校范围内将融合教育理念渗透于管理者、教师与学生的普遍认识，它的关键之处在于将融合视为一种学校内在的文化，且非外在强加的价值观念和实践方式。这种文化又会外显地表现为对特殊教育需要对象充分接纳并包容的无障碍校园环境。其三，师资与管理。在理念、知识与技能等层面做好专业准备的师资，是融合教育有效推行的重要保障。不同类型的专业师资既有明确的分工，又有紧密的合作。同时，强有力的校长也是至关重要的，校长在融合学校建设与融合教育的组织管理中发挥着不可或缺的作用。构建融合团队、营造融合氛围、推进融合的实践改革，都需要以校长为核心的管理团队的支持与参与。其四，教学与运行。融合学校需要面对和解决一系列教育教学现实问题，包括特殊教育需要对象的入学、教育评估、课程调整、教学实施、康复训练等诸多层面。一所真正意义上的融合学校，应是以融合教育实践为核心引领的。不触及课程与教学这些与特殊教育需要对象的发展紧密相关的实践问题，融合学校的建设就只是外围或形式上的，而非实质意义的。

三、融合学校建设的意义

普通学校向融合学校转型已经成为当代普通学校所面临的普遍任务与方向。将转型视为一种普遍的任务与方向，意味着融合学校的建设与普通学校的转型不是仅仅发生于一些普通学校，也不是只对目前有特殊教育需要对象的普通学校所提出的要求，而是指所有普通学校都要以融合教育为指引，使其自身向融合学校迈进。这是融合教育的性质与发展方向所决定的。融合教育是一场普遍的教育变革，它希望通过直面当代普通教育所面临的现状与问题，从推进教育公平的角度来重构现有的普通学校，使普通学校面向所有教育对象提供公平、有质量的教育，而不是只面对大多数却忽略了少数的差异性。在当下的普通学校，差异与多样性会越来越普遍。除了传统的特殊教育对象——各类残疾儿童开始进入普通学校以外，普通学校里原本就有很多有特殊教育需要的学生，包括情绪行动问题、学习障碍、发展迟缓等。从关于特殊教育需要的理解来看，很难想象目前还有普通学校内不存在特殊教育需要。学校与学校之间的差别很大程度上只是体现于目前特殊教育需要对象的数量与规模上,体现在对特殊教育需要的理解与接纳上。也就是说,面对特殊教育需要对象实施教育,已成为普通学校发展的共性问题。无论普通学校是否能够清晰地意识到这一点,普通学校转型与融合学校建设都将成为其或早或晚必然要面临的改革。

融合学校的建设对于融合教育推进和普通学校发展来说,既是必然的方向与趋势,又同时具有积极的意义和价值。1994年的世界特殊教育需要大会在会议总结中就旗帜鲜明地指出了融合学校建设的宏观意义:建设面向融合的正规学校,是摒弃歧视态度,创建持欢迎态度的社区,建立一个融合社会,实现全民教育目标的一个最有效的手段;此外,还能为绝大多数儿童提供有效的教育机会,提高效率,并最终提高整个教育系统的成本效益。2008年的第48届国际教育大会,在其文本《全纳教育:未来之路》中更进一步指出:朝建设融合学校方向发展,可以有多方面的理由加以证明。首先是教育方面的理由:要求融合学校必须全面地为所有儿童提供受教育的机会,这意味着,学校必须按所有儿童的个体差异制定教学办法,从而让所有儿童受益;其次是社会方面的理由:融合学校通过全面地为所有儿童提供受教育的机会,可以改变人们对差异的态度,从而为建立一个公正、不歧视的社会提供依据;再次是经济方面的理由:建立和维护全面地为所有儿童提供受教育的机会的学校,成本可能要比根据不同类型的儿童而专门建立不同类型的学校这种复杂系统的成本更低一些。联合国《残疾人权利公约》则进一步为建设融合学校提供了国际支持。当然,如果这些融合学校能为在校的所有学生提供有效的教育,那么融合学校的确可以成为实现优质全民教育的最具成本效益的手段。① 联合国教科文组织对融合学校发展的基于教育、经济、社会三个层面的论证,从较为宏观整体的角度勾勒出了融合学校建设的意义与价值,彰显出国际融合教育改革中大力推进融合学校建设的决心与方向。

对于普通学校自身而言,以融合教育为背景的转型与发展同时蕴含着更为明确具体的价值观层面与实践层面的意义。首先,它为普通学校通向"更好的教育"提供了反思的视角与发展的方向。教育是一个不断追求卓越的过程,"好"的教育始终会作为普通教育改革与发展的终极价值目标,它贯穿于普通学校改革的过程之中。就价值追求来说,融合教育的推进与融合学校的建设,能够帮助普通学校更深层次地理解和推进教育公平的实现。因为对于以优质公平为发展目标的当代普通学校来说,对差异的排斥、对特殊教育需要的忽视,是与教育公平的价值观念背道而驰的。普通学校归根结底对教育公平的追求,决定了学校发展一定是越来越能够容纳差异、应对差异的,那么向融合学校迈进就成为价值指引下必然的趋势了。其次,就实践意义来

---

① UNESCO. Inclusive Education: the Way of the future[EB/OL]. https://unesdoc.unesco.org/ark:/48223/pf0000162787,2021-02-10.

说,差异与多样化的存在为普通学校反思和改进现有的教育教学提供了契机。多种类型的特殊教育需要在普通学校越来越多地存在,对于现有普通教育的学校管理、教育教学等都是一种新的挑战。从学校的组织管理、文化建设到班级的课程调整、教学实施等,都要充分考虑到多样化需求问题。这势必需要在很大程度上调整甚至重构目前的普通学校发展模式,尤其是将深切触动到现有的课程与课堂教学。从这个意义上来说,差异的存在,对于普通学校来说,事实上并非负担,而是一种资源,一种可以进一步反思与探讨更好发展模式的资源。当普通学校能够在课程、教学、管理、评价等诸多方面日趋顺应差异、满足特殊教育需要,那么,普通学校就很自然地向更好的教育迈进了。

四、融合学校建设的策略

普通学校向融合学校的转型是融合教育发展的应然要求,也是普通学校自身变革的必然趋势与方向。但正如融合教育对于普通教育来说是一种较新的教育变革思潮一样,向融合学校的转型,对于普通学校来说,同样是一种新的挑战。融合学校显然不同于传统的普通学校,更多意味着对现有普通学校的改革与重塑。这决定了构建融合学校绝非朝夕之功,而是需要在充分理解把握融合学校性质与特征的基础上,结合本区域、本校发展实际情况,形成循序渐进的有效转型策略。目前来看,我国融合学校建设普遍面临着理念的更新、管理的变革以及运行机制的构建这样几个方面的任务,需要将这些要素同时考虑其中,才能使学校真正向融合学校迈进。

1. 树立融合理念,营造融合文化

对于我国当前的普通学校来说,转换传统的教育观念,树立融合的理念,是实现向融合学校转型的前提与基础。融合教育的改革首先是教育观念的变革,如果没有以融合为导向的正确的理念支撑,那么传统的教育观念非但不能推进融合学校发展,反而有可能成为融合学校建设的制约因素。当前我国普通学校的融合教育推进,在实践中经常会遇到一些棘手的问题,甚至尖锐的冲突。譬如,近年来颇多出现的普通学生家长联名拒斥自闭症儿童事件,普通学校教师要求学习落后的学生进行智商测验并据此作为不参与学业评价的行为等,其背后都与对融合理念的不理解、不认同相关。这里面既包含教育系统本身,涉及普通学校教师、学校管理者、普通学生等,又包括教育系统外部,涉及普通学生家长、残疾儿童家长以及社会层面,这些因素交织在一起,构成了融合学校建设中的阻力来源。

理念是行动的先导,以怎样的角度去理解融合,很大程度上影响着融合教育的实践方式和实施效果。融合学校的建设需要先从破解与融合教育相排斥相对立的旧有观念开始。普通学校需要将融合教育视为一种资源,而非负担或外在的要求。融合教育关于平等、参与、支持、合作等的基本理念与价值观,不是空泛的口号,而应渗透于普通学校转型过程中,普通学校要始终以融合的理念与价值作为学校建设的核心指引。将融合的理念真正融入普通学校,则更集中地体现为融合的学校文化建构上。正如顾明远所言,学校文化是学校的灵魂。它影响着办学思想、教育理念、人才培养;学校文化也包含精神文化、制度文化、校园物质文化,而核心是价值观念。[①] 在普通学校向融合学校的转型期,融合的学校文化建设至关重要。只有从学校文化建设的高度来认识和接纳融合教育,融合的价值观念才能真正在普通学校扎根,才能成为影响学校环境、管理、决策及实践的指引。因而,对于融合学校建设而言,融合理念的转变是表象,融合文化的建设才是内里。

2. 组建融合团队,加强融合管理

教师是学校发展的第一资源。[②] 融合学校的建设离不开大量的具备融合教育基本理念、知识、技能与合理专业类型结构的师资队伍。融合教育既是对学校变革的要求,更是对专业教师的要求。当代中国融合教育推进中,面临的一个普遍的棘手问题就是符合融合发展需求的专业师资缺乏。由于长期以来我国普通师范教育与特殊师范教育的分立,造成目前普通学校大量缺乏具备融合教育专业素养的教师。既表现为数量上的不足,又呈现出结构类型上的缺乏。学科教师与班主任、学校管理者等普遍缺少融合教育的知识与技能,而针对特殊教育需要对象提供专业服务的资源教师、巡回指导教师等,则明显存在着结构性不足。从区域教育行政管理与学校管理的角度组建融合的专业团队,是融合学校建设亟须思考和解决的。

目前来看,融合专业团队建设又可以分为两个层面。一个层面是专业的教师队伍建设。融合教育教师队伍包括具备基本融合素养的学科教师以及具备专业融合素养的资源教师、巡回指导教师,必要的情况下还应包括相应类型的专业康复师与医生等。这是从满足特殊教育需要的视角来对融合团队提出的专业结构配置要求。这些专业人员既可来自普通学校自身,也可通过购买服务、专业聘任等方式来自特殊教育学校或康复医疗机构等。教育发达国家近年来融合教育推进的一个主要方向也同样是围绕普通学校构建融合教育专业支持团队,譬如澳大利亚新南威尔士州要求每所普通学校都要建立融合教育专业支持团队,主要由学习支持教师、巡回支持教师、校长助理、学习支持辅导员以及学校专业顾问等组成。同时明确专业职责与分工,建立规范的运行模式。[③] 第二个层面是专业的管理团队建设。在普通学校内部,需要设有专门的融合教育管理者,统筹负责融合教育的专业教师团队构建、特殊教育需要对

---

① 顾明远. 论学校文化建设[J]. 西南师范大学学报(人文社会科学版),2006(5):67-70.
② 张志勇. 教师是教育的第一资源——准确把握新时代教师队伍建设的战略布局和重点任务[J]. 中国教育学刊,2018(4):5-8.
③ 李拉,大卫·埃文斯. 澳大利亚融合教育专业支持团队的建设与运行——以新南威尔士州为例[J]. 比较教育研究,2019(7):107-112.

象的管理以及融合教育课程、教学与评价等一系列问题。这里面,尤为重要的是普通学校的校长,校长要在融合学校管理与建设中发挥核心的主导功能。事实上,在国际领域关于融合学校特征的理解上,强有力的校长始终被认为是融合学校发展的核心力量。我们的融合学校建设,需要以校长为中心,将学生管理、教师管理、教学管理等统筹起来,适当吸收校外的特殊教育、残联、民政等职能部门的力量,以合作的方式组建融合教育管理团队,使融合学校建设得以在一个规范有序的管理框架下发展。

3. 注重融合实践,建立运行机制

融合学校建设的要义在于融合学校的实践运行。无论是融合理念的转变、融合文化的构建,还是融合专业教师团队与管理团队的建设,最终目标都是促进融合教育的实践运行,提升融合教育的质量水平,满足特殊教育需要对象的教育需求。融合学校建设是一个以融合教育实践为中心目标的发展过程。这一过程要不断面对融合教育发展中遇到的诸多现实问题,提出有效的解决或应对策略,建构规范合理的运行机制,这个过程本身就是普通学校转型与融合学校建设的过程。

当前情况下,普通学校的融合教育实践运行所面临的核心议题包括特殊教育需要对象的鉴定、评估与安置,融合教育的课程调整与课堂教学实施,资源教室的建设与运行等问题。它事实上是需要清晰地回答特殊教育需要对象如何进入普通学校、如何在普通学校中接受适合的教育这两大核心问题。其中,特殊教育需要对象的安置是一个前提性问题,它要解决对特殊教育需要对象的科学合理鉴定与评估,从而确定为融合教育对象。在这一个环节,普通学校需要借助于教育行政力量,吸纳特殊教育学校、康复机构甚至医学力量的介入,对特殊教育需要对象进行诊断鉴定与评估。区域教育行政部门以特殊教育专家委员会为中心,建立融合教育的安置流程是解决这一问题的关键。当确立为融合教育对象并安置于普通学校之后,普通学校要系统回答特殊教育需要对象的教育评估、课程调整、个别化教育计划的制定与实施、融合课堂教学与评价方式变革、康复支持、转衔服务等内容。要以教育评估为开展融合教育教学的前提,为每个特殊教育需要学生制定完备的个别化教育计划(IEP),形成学期发展的目标,基于目标进行相应的课程调整,并在课堂教学中实施差异教学,满足特殊教育需要对象在学业、功能与社会适应等多维度的发展需求。当然,对于目前的普通学校来说,这意味着从学校文化到教育管理到教学实践等层面一系列的变革,但这一系列变革是普通学校向融合学校迈进无法回避、必然要经历的发展过程与阶段。

第二节 融合学校建设的国际经验——以加拿大为例

在全球教育越来越趋向于标准化的今天,以英国、美国、加拿大为代表的一些教育发达国家逐渐重视融合学校的标准建设,试图为转型中的普通学校构建融合教育指标、形成有效标准体系,促进融合学校主体地位的发挥,进而推进融合教育的深入发展。其中,加拿大阿尔伯塔省的融合教育发展与融合学校建设颇有特色。阿尔伯塔省是加拿大的十个省之一。加拿大的融合教育整体起步较早,20 世纪 60—70 年代,受美国和英国为代表的回归主流与一体化运动影响,加拿大也亦步亦趋地开展了特殊教育改革运动,特殊教育与普通教育逐渐由隔离走向一体化。1982 年,由加拿大联邦总理与 10 个省总理共同签署的《权利与自由宪章》(Canadian Charter of Rights and Freedoms)被纳入加拿大《宪法法案》(Constitution Act)的第一部分。它明确提出:每个加拿大人都有不受歧视的平等权利,尤其是不受种族、民族、肤色、性别、年龄与残疾等所引起的歧视。[①] 加拿大是一个多元文化国家,教育权归各省独立管理。但通过宪法法案所确立的平等与无歧视原则为各省融合教育推进奠定了一个基本的、共享的价值基础,也同样成为阿尔伯塔省融合学校标准构建的一个根本原则。进入 21 世纪之后,阿尔伯塔省通过持续的政策推进,围绕普通学校转型与融合学校建设,形成了一系列标准,规范和引领着融合学校的发展。有鉴于此,本书聚焦加拿大阿尔伯塔省的融合学校标准建设,尝试提炼教育发达国家融合学校发展与融合学校标准化建设的经验与做法,从而为我国普通学校转型与融合学校走向规范化、标准化提供一些有益的借鉴与启示。

一、加拿大阿尔伯塔省融合学校标准的构建

2004 年,阿尔伯塔省教育部正式颁布了《特殊教育标准》(Standards for Special Education)(修订版),这是阿尔伯塔省 21 世纪以来第一部关于特殊教育的专门标准,也是迄今对阿尔伯塔省融合教育发展最具深远影响力的政策。它适用于阿尔伯塔省包括法语教学区在内的所有 1—12 年级的公办和私立学校。标准指出,特殊教育对象包括各类轻、中、重度残疾及天才学生。只要给予他们机会、有效的教学和适合的资源,那么所有学生都能学习并发挥出他们的潜能。更为重要的是,在这部《特

---

① S. Anthony Thompson, Wanda Lyons, Vianne Timmons. Inclusive education policy: what the leadership of Canadian teacher associations has to say about it[J]. International Journal of Inclusive Education, 2015(2): 121 - 140.

殊教育标准》中,它明确提出了"融合优先"的发展原则,所谓融合优先,是指在阿尔伯塔省,在融合的环境(Inclusive Setting)中对特殊教育需要学生实施教育安置,是学校与家长协商并在适当时间与学生协商之后的第一选择。[①] 贯穿于整部标准的融合优先原则,实际上是对自20世纪开启的融合教育改革政策的延伸和强化,它进一步确立了普通学校在推进融合教育过程中的核心地位。2006年,阿尔伯塔省教育部随之又出台了《学前特殊教育标准》(Standards for the Provision of Early Childhood Special Education),为6岁之前未进入小学阶段的特殊幼儿实施早期特殊教育服务建立标准。在《学前特殊教育标准》中,它同样重申了融合优先的安置原则,强调融合的社区与教育环境对残疾幼儿的重要性。由此,融合教育在政策上正式由1—12年级延伸到了学前阶段,也对学前阶段的融合学校建设提出了新的标准和要求。

这两部标准为普通学校管理者、教师、学生家长及社会公众理解和推进融合教育改革、树立普通学校主体地位以及推动普通学校的融合教育实践运行提供了一个基础性规范和指引,也从政策上开启了阿尔伯塔省融合学校标准建设的序曲。由此,以建设融合学校标准为重心推进融合教育,成为阿尔伯塔省新世纪之后教育改革的重要方向。

为深入促进融合学校的标准化建设,2013年,阿尔伯塔省教育部又专门出台了《融合学校指标:继续对话》(Indicators of Inclusive Schools: Continuing the Conversation)。这是一部专门针对融合学校建设的指标体系,它参照了近年来在国际范围内颇有影响力的英国融合教育研究中心所发布的《融合教育指标:促进学校中的学习与参与》(Index for Inclusion: Developing Learning and Participation in Schools, Third Edition 2011),又基于阿尔伯塔省的实际情况,与英国指标的研究者托尼·布斯教授(Tony Booth)合作,对原有指标体系进行了系统调整与修改,形成了具有阿尔伯塔省特色的融合学校标准。阿尔伯塔省教育部把这部标准视作促进普通学校管理者与指标内容进行对话的重要平台,它从五个维度对融合学校的模型进行了架构,同时为学校管理者提供了系统的操作使用工具,使学校管理者可以通过这些维度与工具,全面分析了解本校融合教育发展的优势,帮助学校确立有效融合的战略与实施计划,从而使学校建立起融合的文化和环境,促进所有学习者的发展。[②] 作为一套指标,它同时又为教师、学生家长及学生等利益相关者(Stakeholder)全面了解和参与融合,提供了一系列操作模板,包括适用于以上各类人员的抽样调查模板、

---

① Alberta Learning. Standards for Special Education, Amended June 2004[EB/OL]. https://education.alberta.ca/media/3115424/information-bulletin-on-standards-for-special-education-amended-june-2004.pdf, 2021-02-10.

② Alberta Government. Inclusive education[EB/OL]. https://www.alberta.ca/inclusive-education.aspx? utm_source=redirector#toc-1, 2021-01-15.

行动计划模板、优势工具分析模板等,使这部融合学校指标既是一个宏观上指引融合学校规划与发展的标准,又是一个可以具体操作实施的指南,极大地增加了标准的可执行性。应该说,《融合学校指标:继续对话》的出台,标志着阿尔伯塔省融合学校建设走向了标准化和系统化。

除了这部专门的融合学校指标,最近几年来,阿尔伯塔省更是不断通过政策推进,持续为融合学校构建各类专业人员标准以及实践运行标准,来促进融合学校指标的有效落实。譬如,2015 年,阿尔伯塔省教师协会研制了《融合支持中的指导教练:校长指南》(Coaching to Support Inclusion: A Principal's Guide),对融合学校中的校长、指导教练(Learning Coach)等融合学校管理者及专业人员的融合素养进行了描述。2018 年,阿尔伯塔省教育部又专门出台了三部专业实践标准(Professional Practice Standards),对教师和教育管理者提出了一系列专业期望与要求。其中,《教学质量标准》(Teaching Quality Standard)是关于阿尔伯塔省普通学校教师的专业标准,它描述了现代教师的专业能力。融合素养也被教师协会列为普通学校教师应具备的基本素养之一。

综上,进入新世纪之后的近二十年,阿尔伯塔省着力于通过政策推动融合学校标准的建设。其中,既包括建立统整性标准——融合学校指标,也包括构建各类分类标准,如专业人员标准、融合学校运行指南等。总体来看,迄今,阿尔伯塔省已基本形成了由融合学校建设标准、融合学校专业人员标准、融合学校实践标准组成的相对成熟的三维融合学校标准体系(见图 3),推动着阿尔伯塔省融合教育的有序发展。

图 3　阿尔伯塔省融合学校三维标准体系

二、加拿大阿尔伯塔省融合学校标准的核心内容

阿尔伯塔省融合学校三维标准体系是一系列标准或指标构成的集合体。每一维度，事实上又包含诸多核心指标。了解这些核心指标与内容，是深刻把握阿尔伯塔省融合学校标准的关键。

1. 融合学校建设标准

在阿尔伯塔省的融合学校指标体系中，融合学校建设标准是关于融合学校基本特征与构建方式的描述，它回答的是这样几个基本问题：什么样的学校是融合学校？它的核心职能是什么？融合学校如何建设？对这几个问题的规定或描述既体现于专门的《融合学校指标：继续对话》中，又在诸多阿尔伯塔省的政策文本中有所表达。

早在2004年的《特殊教育标准》中，阿尔伯塔省教育部就已经对融合学校的职能进行了初步的界定，涉及融合学校管理的四个层面，分别是保障特殊需要学生的入学、为特殊需要学生提供适当的教育服务、建立特殊需要学生教育服务的规程、加强特殊需要学生的权利保护。阿尔伯塔省教育部要求学校董事会（School Boards）要在融合学校职能中发挥核心组织管理作用，使每一位特殊需要学生都能够获得适当而有效的教育服务。

对于融合学校的基本特征，在阿尔伯塔省看来，尽管每所学校都需要有自己的特色，但融合学校应具备一些共同的特征及要素，这些要素包括：合作的文化、强有力的校长、明确的职责定位、有专业能力的教师、平等的学习机会、充分的资源。这几个要素又进而被细化为12项可以衡量的指标（见表2），这反映出阿尔伯塔省对什么是融合学校这一基本问题的理解。

融合学校应该如何进行建设，以满足这些基本要求呢？阿尔伯塔省在《融合学校指标：继续对话》中具体描绘了融合学校有效建设的五个维度。它们分别是：构建融合的价值与文化；营造融合的校园环境；为特殊需要学生的成功提供专业支持；组织有效的教育与教学；与家长及社区沟通合作。[①] 这五个维度是校长思考与构建融合学校的核心指标。使用这样的一个指标体系，校长可以在分析本校优势的基础上，建立起本校融合学校发展的规划。为合理运行这些指标，这部文本又为校长、教师及家长和学生提供了多种工具及模板，并以案例的方式详细介绍了这些工具与模板的使用过程及方法。

2. 融合学校专业人员标准

融合学校专业人员标准，是阿尔伯塔省教育部为融合学校中的几类核心专业人

---

① Alberta Education. Index for Inclusion：developing learning and participation in schools[EB/OL]. https://education.alberta.ca/media/482253/indicators_of_inclusive_schools.pdf，2021-01-08.

员所制定的专业准则或专业素质要求。在阿尔伯塔省近年来的融合学校建构过程中,组建融合团队始终是标准建设的主要内容之一。它回答的是融合学校需要哪些专业人员,这些专业人员的专业素质要求是什么这些基本问题。从目前的标准体系来看,阿尔伯塔省已经为作为管理者的融合学校校长、作为专业支持力量的校本指导教练(School-based Learning Coach)以及所有的普通教育教师分别制定了相应的融合教育专业素质要求。

校长是融合学校的管理者,阿尔伯塔省教育部极为重视校长在融合教育发展中的作用。在他们看来,如果校长能够在融合改革中率先做出改变,那么他将会有效影响、带领和组织学校教职工朝同一个目标迈进,融合学校的建设就会更容易一些。要实现这样的目标,校长在融合学校发展中至少要具备如下专业素养:要有对本地区、本省、本国乃至全球融合教育发展趋势的知识与理解;营造融合的、安全的、尊重多样性的校园环境;促进公开、合作的对话和交流;具备有效的沟通、支持和问题解决能力;确保提供合适的教育项目满足学生多样化需求;引领教师的专业发展;组建合作的专业支持团队。[1]

校本指导教练是阿尔伯塔省融合学校专业支持团队的重要成员。近年来,阿尔伯塔省越来越趋向于使用这一词语用来替代之前较为通用的资源教师、学习支持教师等概念。在阿尔伯塔省,校本指导教练是融合学校里具有特殊教育专业理念、知识与能力的人员,他们专注于融合教育,擅长通过分享专业经验来与普通班级教师合作,促进他们的融合能力提升,从而改善特殊需要学生的学习状况。[2] 它定位于融合学校教育实践中的观察者、合作者、咨询者与指导者。阿尔伯塔省对校本指导教练应承担的常规任务概括如下:帮助班级教师面对多样化学习需求;为个别化教育计划提供支持;展示融合的教学实践策略;组织评估;依托评估结果做好教育安排;观察课堂教学并提供反馈;以合作的方式参与课程编排和教学;使用差异教学策略;支持通用学习设计的使用;分析学生的进步情况;拓展和发现融合教育资源;分享研究成果及信息;组织和参与学习支持团队的会议;为班级教师提供指导。[3] 概言之,作为有特殊教育背景的专业人员,校本指导教练在融合学校中的专业支持作用越来越明显。而校长可以根据本校融合发展需求,有所侧重地选择具有某方面特长的校本学习教

---

[1] Alberta Teachers' Association. Coaching to Support Inclusion: A Principal's Guide[EB/OL]. https://www.teachers.ab.ca/_layouts/15/WopiFrame.aspx?sourcedoc={cb634a7a-dbff-44d4-9157-6cd98c29b0c7}&action=default, 2021-01-12.

[2] Alberta Government. The learning coaches in Alberta schools[EB/OL]. https://education.alberta.ca/media/385006/learning-coaches-english_final-2011.pdf, 2021-01-10.

[3] Alberta Teachers' Association. Coaching to Support Inclusion: A Principal's Guide[EB/OL]. https://www.teachers.ab.ca/_layouts/15/WopiFrame.aspx?sourcedoc={cb634a7a-dbff-44d4-9157-6cd98c29b0c7}&action=default, 2021-01-12.

练。关于加拿大阿尔伯塔省融合教育指导教练模式的使用与实施,本书还将在第九章融合教育教师中专门阐述。

所有教师都要具备面向融合教育的基本素养,这是阿尔伯塔省融合学校标准建设中的另一个突出特点。2018年的《教学质量标准》罗列了6条教师必备的专业能力,其中,创设融合的学习环境是所有教师都不可缺少的专业能力之一。阿尔伯塔省要求所有教师都要有能力创设融合的学习环境,在这个环境中,多样性得到尊重,所有成员都能被欢迎、关心和获得安全的体验。这种创设融合环境的能力,又被更具体化地细分为了8条可以衡量的标准。(1)尊重《阿尔伯塔人权法案》和《加拿大公民权利和自由宪章》中所规定的学生权利;(2)采用适当的通用策略和有针对性的支持方式,应对学生的优势、学习挑战和成长领域;(3)传播一种教育哲学,肯定每个学生都可以学习和成功,了解学生的情绪及精神健康需要,并协助他们作出反应;(4)认识到个别或少数学生的具体学习需要,并作出相应的反应;(5)在有需要时,与服务提供者和其他专家合作,设计和提供有针对性的专业支持,以实现学习成果;(6)运用课堂管理策略,促进积极、参与的学习环境;(7)将学生的个人及文化优势融入教与学;(8)创造机会发展学生的领导才能。[①] 自2019年9月后,申请阿尔伯塔省教师资格证书的人员必须要符合这个专业标准的要求。

3. 融合学校实践标准

融合学校实践标准,是关于融合学校在实践中有效开展融合教育、保障融合教育规范有序运行的一系列指标体系或要求。它回答的是融合学校的目标如何实现,融合学校应该怎么运行这些具体的操作层面问题。阿尔伯塔省尤其注重实践标准的构建,它通过政策的不断更新,帮助普通学校将操作性的问题进一步细化,从而建立起一系列有序的规范或流程,使校长、教师以及学生家长等融合教育利益相关者都可以获得可资遵循的运行标准或要求。阿尔伯塔省的融合学校实践标准整体上庞杂而细密,其中,建立专业评估规范、编制家长指导手册以及推行差异教学策略成为近年来实践标准构建的核心内容。

专业评估标准。专业评估(Specialized Assessment)是2004《特殊教育标准》里所规定的一项重要内容,它是一项个别化的评估,由专业人员通过对特殊教育需要学生的智力水平、学业成就以及与学生学业紧密相关的情绪、行为等领域进行评估,从而为其制定个别化项目方案(Individualized Program Plannings, IPPs)。阿尔伯塔省详细规定了融合学校专业评估的流程,它主要包括"家长知情同意(Informed Consent)—学校推荐评估—专业人员施测—形成个别化项目方案"这样一个基本过

[①] Alberta Government. Teaching Quality Standard [EB/OL]. https://education.alberta.ca/media/3739620/standardsdoc-tqs-_fa-web-2018-01-17.pdf, 2021-01-10.

程。在这一过程中,学校董事会的组织、专业评估人员的引荐、家长参与的流程等都有着相应具体的描述与规范。在阿尔伯塔省看来,为专业评估建立规范,是保障特殊教育需要学生有效安置并提供有针对性个别化项目方案的重要依据,也是融合学校运行中的关键环节之一。

家长指导手册。在融合学校标准建设过程中,特殊需要学生的家长被视为重要的合作伙伴,是融合学校专业团队的成员之一。早在 2000 年,阿尔伯塔省在《学校法案》(Schools Act)中就明确要求保障家长能够实质参与学校为特殊需要儿童制定的教育决策和教育项目中。在《特殊教育标准》中,又规定了家长具有知情同意、申请决策撤回、申诉等一系列权利。为推进家长对融合教育的参与和支持,阿尔伯塔省教育部还专门编制了《学习团队:特殊需要儿童家长手册》(The Learning Team: A Handbook for Parents of Children with Special Needs)。它具体从 7 个维度引领家长了解和参与融合教育:了解特殊教育需要儿童;了解融合学校的支持团队;满足儿童多样化的学习需要策略;支持儿童社会性和情感发展;了解特殊教育转衔计划;与学校纠纷的解决策略;家庭环境中研究儿童特定问题的策略。[①] 这本手册虽然并非法律或政策意义上的文本,却为特殊需要儿童家长有效参与到融合学校中来提供了详细的建议与指南,它也构成了融合学校实践中不可或缺的组成部分。

差异教学策略。在融合学校建设背景下,普通班级里出现了越来越多包括残疾学生内的有不同学习需求的学生,采用同一的教学方法已经无法满足多样化需求。近年来,阿尔伯塔省开始注重在融合学校中实施差异教学(Differentiated instruction)策略。2010 年,阿尔伯塔省教育部专门发布了《创造不同:迎合多样化需要的差异教学》(Making A Difference: Meeting Diverse Learning Needs with Differentiated Instruction)指导手册。这个手册的主要目的是为包括残疾学生、天才学生以及英语作为第二外语的学生(English as a second language learners)在内的三类特殊需要群体的教育提供详细的差异教学实施指南。指南主要围绕五个维度具体展开,包括如何进行深思熟虑的计划、如何为学习者建立档案、如何评估学习者的需要与进步状况、如何创设个性化的学习经验以及如何建立校本支持体系。[②] 总体来看,这份文本为实践中复杂的差异教学提供了相对简洁清晰的思考与实施框架,极具针对性和操作性。对于残疾学生而言,差异教学又与为其提供的 IPPs 是紧密结合在一起的,它们共同构成了残疾学生在融合学校接受的教育支持服务内容。

[①] Alberta Education. The learning team: a handbook for parents of children with special needs[EB/OL]. https://education.alberta.ca/media/3531893/learning-team-handbook-for-parents.pdf, 2021 - 01 - 14.

[②] Alberta Education. Making a difference: meeting diverse learning needs with differentiated instruction [EB/OL]. https://education.alberta.ca/media/384968/makingadifference_2010.pdf, 2021 - 01 - 17.

三、对我国融合学校建设的启示与借鉴

通过对阿尔伯塔省融合学校标准建设的分析,我们可以一窥以加拿大为代表的教育发达国家近年来以普通学校变革为核心来推动融合教育发展的总体思路与方向。阿尔伯塔省通过不断地加强标准建设,逐渐确立了融合学校在融合教育发展中的主体地位与核心角色,融合学校标准体系的建设又使融合学校的发展有了明确可执行的指标和依据,这进而在阿尔伯塔省形成了一个以融合学校为中心的推进融合教育的良性发展模式。这一模式的形成,从根本上说源于阿尔伯塔省 21 世纪以来对融合教育理念越发深刻的理解。正如阿尔伯塔省教育部在其官方网站上所说,融合教育更多的是一种面对差异和多样性,为所有学习者提供公平学习机会的态度与方法。要承认每个学生都有独一无二的学习需要。教育制度的设计要以这样的一种价值观为基础,承担所有学生的教育责任。[①] 要实现这一目标,普通学校必须要能够承担起为包括残疾学生、天才学生等特殊教育需要学生在内的所有学生提供公平、高质量教育的责任。那么,通过标准建设,形成学校运行规范和指引,为普通学校转型为融合学校提供支持就成为教育改革必然的选择。阿尔伯塔省对融合学校标准的建设,就是这样一个遵循以上理念与逻辑进行逐步探索深化的过程。它首先通过《特殊教育标准》形成关于特殊教育改革与融合学校建设的一般要求,进而专门构建融合学校指标,从宏观整体上描述融合学校发展的愿景与模型,再通过持续的专业人员标准建设及各类融合教育实践手册或指南,将融合学校指标进一步细化为可具体执行与操作的模式。目前,融合学校建设标准、融合学校专业人员标准与融合学校实践标准已形成了相互支撑,共同组成了系统的融合学校三维标准体系,使阿尔伯塔省融合教育实践进入了一个快速有序的发展轨道。

加拿大的融合学校标准建设历程与经验,对于目前我国正在蓬勃发展的融合教育改革具有极为重要的启示与借鉴价值。我国自 20 世纪 80 年代中后期开始由政府推行随班就读,迄今已逾 30 年的时间,普通教育与特殊教育在逐渐打破二元分立的隔离形态,越来越多地趋向于融合。近年来在国家融合教育政策持续推动下,一些区域已开始尝试变革普通教育,使普通学校向融合学校迈进,提升普通学校接纳差异的能力。然而,迄今我们还没有建立起系统有效的融合学校标准,普通学校对融合教育还多处于被动回应或自发摸索的实践状态,没有一个明确的转型目标及规范要求。事实上,这也是当前融合教育整体质量水平不高的一个重要原因。融合教育归根结底是一场以推进普通学校变革为核心的教育改革运动。提升融合教育质量,我们需

---

① Alberta Education. overview [EB/OL]. https://www.alberta.ca/inclusive-education.aspx?utm_source=redirector#toc-1,2021-01-12.

要回到对普通学校转型和融合学校标准建设这一基本问题的思考上来。目前来看，我国还少有关于融合学校标准建设的研究。借鉴吸收以加拿大阿尔伯塔省为代表的国际改革经验，并与我国融合教育本土实践结合，为普通学校研制和建构标准，使其向融合学校转型已势在必行。在我国融合教育向提升质量迈进、普通学校参与程度持续增强的背景下，融合学校标准的研制与建设，一方面能够明确融合教育的改革方向，强化普通学校在融合教育发展中的主体地位，提升普通学校参与融合教育的主动意识和专业能力。另一方面，更为重要的是，能够为普通学校的融合教育实践切实提供有效的规范与具体的操作指引。

从阿尔伯塔省融合学校标准体系建设的经验来看，融合学校的建设标准、融合学校专业人员标准以及融合学校实践标准也同样需要成为我国研究和构建融合学校标准体系的重要环节。就融合学校建设标准而言，我们需要对我国融合学校的基本特征及发展目标做出描述或规定，为普通学校转型指引方向。就融合学校专业人员标准而言，我们需要为当前普通学校里从事随班就读教育教学相关的资源教师、学科教师、班主任、学校校长以及来自特殊教育资源中心的巡回指导教师等专业人员构建专业要求，明确各类专业人员的职责与分工，形成融合教育专业团队。就融合学校实践标准而言，我们亟须为融合学校的实践运行制定系统有效的规范或流程，涉及当前实践中迫切需要解决的特殊教育需要儿童的诊断评估、资源教室建设、个别化教育计划的制定与实施、融合教育课程调整以及巡回指导服务等问题。通过这样的一个融合学校标准体系构建，才能够为我国普通学校向融合学校的转型与发展提供一系列既具统整性，更能具体指导实践的标准与操作指南，使融合教育改革走向深入。

第三节 资源教室

在融合学校建设与发展过程中，兴建资源教室已成为近年来普通学校较为普遍的实践举措之一。所谓资源教室，是指为了满足特殊教育需要对象的教育需求，在普通学校里兴建的专门为特殊教育需要对象提供专业支持服务的场所。在政策支持与实践需求下，越来越多区域通过在普通学校内建设资源教室来为学校里的融合教育对象提供专业支持与服务。了解资源教室的一些基本理论与实践问题，构成了了解融合学校建设的重要部分。

一、资源教室的由来

资源教室（Resource Room）不是一个本土的概念，是一个舶来词。它来源于美国，作为一个专有名词的出现迄今已有逾百年的时间。1913年，美国人欧文（Irwin）

最早提出了资源教室的理念,他将这种教育方案用于帮助视觉障碍学生在普通学校中就学。这种教育方案也用来帮助重听学生学习,但由于当时学校教育条件不够完善,教学成效不很显著,所以没有继续被采用。[①] 这也主要与当时融合教育并未深入推行,残疾学生进入普通学校就读不多有关。

20世纪50至60年代后,美国回归主流运动逐渐兴起,越来越多残疾学生开始被安置进普通学校的普通班,最少受限制环境理念的传播以及瀑布式特殊教育服务体系的实施,资源教室的概念被重新提及,作为一种为进入普通学校里的残疾学生提供专业支持的方式,它的作用与功能也逐渐被强化。特别是在瀑布式特殊教育服务体系之中,资源教室已被作为残疾儿童融合教育不可缺少的一个环节。美国的瀑布式特殊教育服务体系,虽然在20世纪70年代有多种理解方式,譬如"倒三角形"或"金字塔形"等,但总体来看,它依据儿童的残疾程度来构建最少受限制的环境,基本形成了从对残疾学生限制程度最重的医院、家庭等养护机构到传统的特殊教育学校,到限制程度逐渐减轻的普通学校。在普通学校这种教育环境中,又大体可分为全日制特教班、普通班加资源教室以及普通班模式。资源教室被视为多种安置形式中的一种,它让残疾学生部分时间进入专门设置的场所,由特殊教育教师为其提供专业支持服务,更多的时间还是让残疾学生回到普通班。因而,资源教室与当时的全日制特教班还有明显的区别。在全日制特教班,残疾学生集中到统一的班级实施教育教学,几乎不会被安排到普通班。资源教室作为一种为残疾学生提供部分时间专业支持之后,让其回归普通班的方式,其对残疾学生学业发展和社会适应的积极作用越发引起教育者的关注。关于资源教室功能、意义及使用方式的探讨与研究在20世纪70年代也丰富了起来。

1972年,美国学者唐纳德·哈米尔(Donald Hammill)对资源教室的功能和意义进行了详细的阐释。在他看来,部分时间进入资源教室的教育方式,对于智力障碍、精神障碍、学习障碍等类型学生至少具有14个方面的重要作用:(1)这些学生可以从专门的资源教室培训中受益,同时又可以保持与同龄伙伴的一体化。(2)学生能够获取一个全面的由资源教师提供的补救计划,这个计划也可以与班主任合作实施。(3)就教育投入而言,资源教室要比专门为这类学生设置的特教班、补救阅读等方式花费更少。(4)与现有的特殊教育体制相比,资源教室可以服务于更多学生。(5)由于资源教师是被分派到普通学校工作,因而他和来自特殊教育学校的巡回指导教师、言语治疗师等相比,更容易被普通学校接受和认可。(6)有轻度问题的幼儿,身心处于发展中,由于可以得到专门的资源教室服务,可以预防严重障碍的产生。(7)从教育安置的角度来看,关于残疾的鉴定并非必需,因而可以避免为儿童贴上标

---

① 徐美贞,杨希洁.资源教室在随班就读中的作用[J].中国特殊教育,2003(4):13-18.

签。(8) 由于避免了标签化和隔离,围绕残疾的"污名化"现象得以减弱。(9) 由于大多数小学都有足够的空间容纳一个或多个资源教室,学生可以在附近的学校得到帮助。这样就消除或减少了用巴士接送残疾儿童穿过城镇或县城到有标志色彩的特教班或其他专门机构的必要性。(10) 资源教室可以为学生提供灵活的时间安排,在资源教师的支持下,学科教师可以在普通班或资源教室对学生进行学业实习。此外,时间表可以灵活调整,以满足不断变化的情况和孩子的个性需求。(11) 资源教室的运行由普通学校自身负责,涉及校长、教师和家长,在从教师转介到为儿童提供特殊服务之间,不需要太长的时间间隔。(12) 学校里的心理咨询师可以专注于他的专业开展工作,而不必专门去做心理测量或医学诊断。(13) 资源教室将吸收大多有障碍的学生进入,那么,特教班的定位也将更为明确,特教班将更专注于严重残疾学生的教育。(14) 资源教师通常接受过严格的培训,对各类行为问题的学生都富有教育经验,资源教师往往可以成长为学校的专业顾问。[1] 在这 14 个层面的论述中,可以看出,资源教室在美国早期的融合教育改革运动中,主要被作为将残疾学生安置于普通学校之后的几种独立安置形式之一,或者可以说是一种将残疾学生融入普通班级的过渡方式。

  总体来看,资源教室的理念在 20 世纪 70 年代随着美国融合教育的改革运动得以重新兴起,它在推进融合教育中的作用与功能也由于实践层面的效果被不断强化。美国围绕资源教室的不少研究都表明,资源教室的建立,对残疾学生的融合起到良好效用。比如,马萨诸塞州 1977 年开展的一项研究表明,在 157 名有特殊需要的学生中,有 41 名经过一学年在资源教室的学习之后回归到了普通班级学习,适应情况比以前有明显好转。1997 年,美国对纽约 45 所公立中小学的资源教室进行调查,结果发现资源教室的应用,节约了 2 600 万美元左右的特殊教育经费。同时,家长也普遍认为资源教室对他们的孩子帮助很大。[2] 当然,在美国资源教室以及融合教育研究中,研究者们也意识到,资源教室虽有特定的作用与功能,但也不能过分强调,资源教室的合理运行,还会与行政支持、教师能力、学校管理紧密相关。专门的特教班与特殊教育课程同样不可或缺。

  20 世纪 90 年代之后,随着融合教育的国际化,资源教室作为一种在普通学校环境中为特殊教育需要学生提供专业支持与服务的方式,越来越受到世界各国的引用与借鉴,资源教室的概念和理念也同样从美国蔓延到全球。很多国家和地区围绕资源教室开展了饶有兴致的研究和实践,也形成了很多区域发展模式。譬如,中国台湾

---

[1] Donald Hammill. The Resource-Room Model in Special Education[J]. The journal of special education,1972(6): 349 - 354.

[2] 徐美贞,杨希洁. 资源教室在随班就读中的作用[J]. 中国特殊教育,2003(4):13 - 18.

地区早在20世纪70年代受美国影响也开始亦步亦趋地开展了融合教育改革与资源教室的探索活动,台湾更多地将这种方式称之为资源教室方案(Resource Room Program)。所谓资源教室方案,在台湾师范大学王振德看来,它是一部分时间的支援性特殊教育设施,此种教育服务的提供,通常以普通教育一般的课程为基础,其服务的对象为就读于普通班,但在学业或行为上需要特殊协助的学生。其目的在为学生及教师提供教学的支援,以便此等学生继续留在普通班,并在学业或情意方面能获得充分的发展。① 台湾地区更加强调方案(Program)的意义,而不仅仅限于空间或场所(Room),因而,台湾地区的资源教室事实上是指资源教师充分利用资源教室的设备和资源,在全校范围内为学生提供的一系列专业支持方式。很大程度上这是一种对美国早期资源教室理念的拓展,也反映出资源教室全球化背景下不同国家和地区对其多样化的理解和应用。

二、我国资源教室的产生与发展

对于我国来说,资源教室的概念与模式也主要来自美国。资源教室在我国的兴起与发展,与我国推进的随班就读运动紧密相关,并逐渐被纳入融合教育支持保障体系建设之中,成为推进融合教育的组成部分。对我国资源教室产生与发展历程的理解与把握,需要与随班就读实践以及我国政府的随班就读政策联系在一起。总体来看,可将我国资源教室发展历程分为三个阶段。

1. 资源教室的早期探索阶段

这一时期,主要是指20世纪90年代。20世纪80年代中后期,我国政府开启了随班就读的探索之路,残疾学生开始有机会进入普通学校的普通班。然而,随班就读在20世纪80年代仅是关于残疾儿童教育安置形式的一种探索方式,在随班就读兴起的前几年,随班就读的专业支持问题还没有得到足够的重视。进入20世纪90年代,随着随班就读这种教育安置方式的主体地位逐渐凸显,尤其是大量残疾儿童涌入普通学校,为普通学校里的残疾儿童提供特殊教育服务,以及为普通学校随班就读的开展提供专业支持,逐渐成为随班就读发展必须要面对和解决的问题。

1990年前后,山东省的一些地方在开展随班就读的学校尝试建立资源教室。但当时的资源教室比较简陋,也无专业师资。② 20世纪90年代中后期,北京、上海等一些地区也开始自发建立资源教室,尝试在普通学校内为随班就读学生提供专业服务。譬如,1997年北京市在宣武区后孙公园小学建立了第一个资源教室。③ 同年,上海

---

① 王振德.资源教室的理念与实施[J].中国特殊教育,1997(3):22-27.
② 许家成.资源教室的建设与运作[M].北京:华夏出版社,2006:9.
③ 孙颖.北京市资源教室建设现状与发展对策[J].中国特殊教育,2013(1):20-24.

市教育局在国家教委《关于开展残疾儿童少年随班就读工作的试行办法》的基础上，发布了《关于在普通中小学开展随班就读的暂行规定》，明确提出学校应该设立专门的资源辅导教室，配备专职辅导老师。① 除了国内一些省市自发的探索之外，有资料表明，在20世纪90年代初期，联合国儿童基金会研究项目曾经为贵州的两个贫困县配置了共30个资源教室的简单设备，如韦氏智力量表、社会适应量表，以及一些基本的特殊儿童的辅助设施，如助听器、盲杖、盲板和盲笔等。这些设备由各县统筹分派到各乡中心校，供当地的特殊学校和随班就读学校使用；同时要求配备一名教师作为资源教师。但是，由于该项目缺乏后续资金，这些地区既没有建立专用的资源教室，也没有受过专业训练的资源教师，资源教室的建设工作不了了之。②

这些区域性案例基本可以反映出我国20世纪90年代资源教室发展的概况，即已有少数区域开始了探索资源教室的建设之路，但整体来看，资源教室在我国还是一个新兴的、相对陌生的概念与事物，实践层面多是自发性探索，既缺少系统的理论支撑，更缺乏成熟的实践模式与可资借鉴的经验。区域性的资源教室建设，本身还会面临着一些困难与问题，包括专业师资的匮缺、缺乏政策支持、资金短缺等。如果对这一个时期我国的资源教室发展进行一个总体概括的话，或可称之为萌芽期或初探期，有零星探索，却不规范、不系统。

2. 资源教室的规范发展与制度化阶段

这一时期，主要指进入21世纪之后的前十几年，从2001年到2014年左右。有两个方面的主要特点：一是进入21世纪之后，我国资源教室的数量开始增多，资源教室规模总体增大；二是从国家到地方，关于资源教室的相关政策规定多了起来，资源教室建设开始被写入政策之中，成为随班就读支持保障体系建设的组成部分。当然，这两者之间具有相辅相成的关系，数量上的增多使资源教室逐渐得到政策上的重视，而政策上的纳入又推进了资源教室的规范和制度化，使资源教室在数量与规模上持续扩张。

2001年教育部在《关于"十五"期间进一步推进特殊教育改革和发展的意见》中明确指出，支持随班就读学生较多的学校建立资源教室，配备指导教师，为残疾学生提供教学指导，帮助他们解决学习困难。这也是资源教室这一概念首次被正式写入教育政策之中，对于资源教室发展具有里程碑式的意义，标志着资源教室建设开始摆脱区域自发的实践状态，成为国家推进随班就读发展的必要环节。

2002年的全国随班就读工作经验交流会确立了建立随班就读支持保障体系的

---

① 李娜,张福娟. 上海市随班就读资源教室建设与运作现状的调查研究[J]. 中国特殊教育,2008(10):66-72.
② 徐美贞,杨希洁. 资源教室在随班就读中的作用[J]. 中国特殊教育,2003(4):13-18.

设想,"建设资源教室"被列为构建随班就读支持保障体系的七个层面内容之一,进一步彰显了资源教室在推进随班就读发展中的重要功能。2003年,为配合全国随班就读工作支持保障体系实验县(区)工作,教育部拨1 500万元专款,主要用于试验县的资源教室建设。另外,绝大部分实验县也增加了相应的配套经费,使不少学校建起了资源教室。各地在利用资源教室开展教育教学方面,也积累了宝贵的经验。[①]

国家政策的推进以及实践层面上的效果初显,使越来越多区域重视资源教室发展,在普通学校里兴建资源教室来推进随班就读实践,成为进入21世纪之后很多区域普遍的做法。一些在20世纪90年代就开始尝试探索资源教室的地区,如北京,资源教室建设与发展速度更是显著加快,不但开始强调资源教室的数量,对资源教室管理也渐趋规范化。2005年,北京市教委专门发布《北京市随班就读资源教室建设与管理的基本要求(试行)》,这是国内较早的专门关于资源教室建设的区域性政策文件。北京市从资源教室的功能与建设要求、资源教室的规划、资源教室的设备、资源教室的资源类别、资源教室的管理以及资源教室的评估等六个方面进行了明确详细的规定,使区域性资源教室建设开始成为一种制度化的实践。2012年,广东省教育厅印发了《广东省特殊儿童少年随班就读资源教室建设与管理实施办法(试行)》,围绕资源教室的建设目的、建设任务、功能、配置、分区与活动,以及资源教室的使用原则、方法、组织及管理进行了细致的要求。这些区域关于资源教室建设的政策规定,极大地推进了资源教室的实践发展,促进了资源教室建设的规范化和制度化,也丰富了我国资源教室的理论研究。

3. 资源教室的快速推进与模式探索阶段

这一时期,主要以2014年为时间节点,我国资源教室建设进入快速推进阶段,一些区域已开始形成卓有特色的资源教室发展模式。当然,这一时期资源教室的快速推进依然与我国融合教育的政策紧密相关,它构成了资源教室建设与发展的整体背景。

2014年,国务院办公厅转发了教育部等七部委联合颁布的《特殊教育提升计划(2014—2016年)》,2017年,教育部等七部委又继续发布了《第二期特殊教育提升计划(2017—2020年)》。这两期提升计划的实施,极大地推进了我国特殊教育改革的进程。现在来看,两期提升计划对我国特殊教育和融合教育改革和发展的影响是极其深远的,它从宏观政策层面为特殊教育改革和融合教育发展指明了方向和实践目标。在这两期提升计划中,资源教室作为推进融合教育支持体系建设的重要环节被不断提及和强调。《特殊教育提升计划(2014—2016年)》在主要措施中提道:"尽可能在普通学校安排残疾学生随班就读,加强特殊教育资源教室、无障碍设施等建设。"

---

① 李天顺. 深入持久地开展残疾儿童少年随班就读工作[J]. 现代特殊教育,2004(12):5-7.

"支持承担随班就读残疾学生较多的普通学校设立特殊教育资源教室(中心),配备基本的教育教学和康复设备,为残疾学生提供个别化教育和康复训练。"可以说,在2014年第一期提升计划之前,资源教室虽然已在一些区域出现,但远未形成规模性发展。第一期特殊教育提升计划发布之后,从全国范围来看,资源教室建设力度明显增强,除了北京、上海、江苏、浙江等资源教室发展较早的区域以外,全国很多地区都加大了对资源教室的重视力度,纷纷在普通学校内设立资源教室,资源教室如雨后春笋般在全国出现。《第二期特殊教育提升计划(2017—2020年)》则继续强调:"以区县为单位统筹规划,重点选择部分普通学校建立资源教室,配备专门从事残疾人教育的教师(简称资源教师),指定其招收残疾学生。其他招收残疾学生5人以上的普通学校也要逐步建立特殊教育资源教室。""为招收残疾学生的普通学校配备专兼职资源教师。"持续的关于资源教室的政策要求对资源教室的实践推进极为明显。第二期提升计划之后,各地围绕资源教师的培训日渐增多,关于资源教室发展模式的探索与实践也开始成为区域教育行政部门以及普通教育思考和研究的话题。

值得强调的是,为进一步推进资源教室发展,完善普通学校随班就读支持保障体系,提高残疾学生教育教学质量,2016年1月,教育部还专门印发《普通学校特殊教育资源教室建设指南》(以下简称《建设指南》)。这份指南事实上是在第一期特殊教育提升计划实施之后,全国各地资源教室建设热情和力度显著增加、资源教室数量快速扩张的背景下出台的。《建设指南》分总体要求、功能作用、基本布局、场地及环境、区域设置、配备目录、资源教师、管理规范等八个部分,对当前资源教室建设与发展中所面临的普遍性问题进行了具体的阐述和规定。同时,它还附有《普通学校特殊教育资源教室配备参考目录》。这份指南和参考目录发布的目的明确地指向了资源教室建设的规范化和标准化。这也是我国围绕资源教室发布的第一个专门性政策文件,彰显出国家对资源教室发展的重视,也凸显了资源教室在融合教育中的重要作用与功能。

资源教室政策的持续推进促进了区域资源教室建设的力度和规模,也为区域层面探索形成有效的资源教室发展模式奠定了基础。2014年以来,一些教育发达地区资源教室的建设,已逐渐由规模性扩张转向对强化资源教室功能、提升资源教室质量转向,并在实践探索中结合区域融合教育发展需求形成了一些有特色的区域性资源教室发展经验或模式。譬如,上海市教委2015年专门印发了《上海市普通学校特殊教育资源教室装备配备指南(试行)》的通知,对上海市普通学校资源教室的设施设备、教学具、康复设备的配备以及其他个性化支持性资源进行了细致具体的规定,引领着各区资源教室的规范化建设。上海的很多区也在实践中摸索形成了颇具特色的资源教室建设经验与模式。2018年,江苏省教育厅联合省残联、民政厅、卫健委共同发布了《关于加强普通学校融合教育资源中心建设的指导意见》,将江苏省域内的普通学校资源教室升级为"融合教育资源中心",以培养和提高普通学校实施融合教育的能力。所谓融合教育资源中心,是依托普通学校建设的、具有实施特殊教育的专业能力、为有特殊教育需要的儿童少年及其家长提供个别化教育与康复服务的机构,旨在将有特殊教育需要的儿童少年最大限度地融入普通教育,促进其身心更好发展与健康成长。江苏省同时提出了学前、小学、初中和职业学校融合教育资源中心全覆盖的发展目标。这一举措目前已极大地促进了江苏各地资源教室在数量和规模上的建设与发展,在功能上,普通学校的资源教室也开始向着更高专业要求的融合教育资源中心转型。

总体来看,进入21世纪的第三个十年,在我国大力推进融合教育的整体背景下,资源教室获得了快速发展,迄今,资源教室已在各区域推进融合教育实践过程中发挥着举足轻重的专业支持作用。以资源教室的建设与运行为依托,进而推动普通学校的转型和融合学校建设,也已成为区域融合教育发展的重要实践方式。

三、资源教室的性质

需要指出的是,资源教室在我国尚还是一个较为新兴的事物,无论是理论研究还是实践积累都不够系统和成熟。区域层面大量资源教室的快速扩张,也带来了很多实践问题。这些实践问题的出现,与对资源教室性质的不够准确理解有很大关系。教育部在《普通学校特殊教育资源教室建设指南》中指出,"资源教室是为随班就读的残疾学生及其他有特殊需要的学生、教师和家长,提供特殊教育专业服务的场所。"但这仅是一个宽泛的界定,由于缺乏系统深入的解读,在实施和执行中极容易出现对资源教室理解的偏离,从而走入误区,导致资源教室建设或运行效果不理想,甚至变成了资源浪费。尤其是对于大量新建的资源教室来说,建设思路模糊、运行效果不佳是较为普遍存在的问题。准确理解什么是资源教室,是有效建设资源教室和充分发挥其功能的基本前提。在国家大力推进融合教育、区域层面资源教室蓬勃涌现的背景下,厘清资源教室的性质有着极为重要的实践意义。

1. 资源教室首要为特殊教育需要学生服务,不是面向全体学生

资源教室为谁而建?这一问题即资源教室的服务对象问题,是资源教室性质的基本问题。这似乎是一个不言自明无须澄清的问题,资源教室是为随班就读而建,是为随班就读的残疾儿童少年提供专业支持服务。然而,在实践中却未必完全如此。资源教室大量兴建之后,谁可以进入资源教室接受专业服务,特殊教育需要学生?抑或所有学生?在目前的普通学校并不十分清晰。以至于在普通学校中存在着一种服务对象界定模糊,甚至将服务对象盲目扩大的趋势。实践中一种典型的论调是,"资源教室投入这么多钱,配置这么多资源,仅仅为学校里少数的几个残疾儿童,是否值得?"在这样一种观念影响下,不少学校在资源教室建立起来后,宣称将资源教室服务的对象直接

面向普通学校里的所有学生,甚至将资源教室向所有学生提供无区别的服务作为本校或本区域推进资源教室发展的重要成绩展现出来。将资源教室面向所有学生,这一貌似披上了"教育公平"外衣的口号是否合理呢？是否值得鼓励或提倡呢？

从我国资源教室产生的初衷来看,它固然受到了西方教育发达国家融合教育实践的影响,但更为重要的是它契合或呼应了当代中国随班就读发展对专业支持的要求。事实上,如何满足普通学校里特殊教育需要学生的教育需求,是我国资源教室产生和快速发展的直接原因。而目前看来,我国随班就读虽已推进30余年,迄今却并未很好地解决特殊教育需要学生的融入问题,随班就读整体质量不高仍是当下我国推进融合教育所面对的一个现实状况。资源教室作为支持残疾儿童随班就读的重要手段,其作用与功能也远未达到预期。在这样一种整体的现实状况下,资源教室目前还不宜向普通学校所有学生开放,成为一种公共的、面向全体的资源。《建设指南》中关于资源教室的界定也较为清晰地表达了这个观点,"资源教室是为随班就读的残疾学生及其他有特殊需要的学生、教师和家长,提供特殊教育专业服务的场所。"也就是说,资源教室建设首要考虑的服务对象依然是普通学校里少数的几个残疾儿童少年。当然,这并非意味着对资源教室服务对象的完全限定。理想状态下资源教室的服务对象可以涉及多种类型,它可以包括残疾学生、其他有特殊需要的学生甚至全体学生。但这些服务对象应是有明确的主次性和发展顺序的。从目前来看,包括视障、听障、轻度智障以及自闭症、多动症等在内的特殊教育需要学生是资源教室首当其冲的服务对象,现有条件下必须首先满足这些学生的特殊需要。要想充分发挥资源教室的功能,保障这些学生特殊需要的满足是一个基本的前提。没有实现这样的一个基本前提,就无从考虑资源教室服务对象扩大化的问题。因而,在资源教室还不能够很好地满足特殊教育需要的现状下,盲目扩大资源教室的服务对象,只会削弱甚至消解对差异的关注,从而偏离资源教室建立的初衷。

2. 资源教室是随班就读的辅助机构,不是单独的安置方式

资源教室在普通学校中以何种方式运行？这是关于资源教室性质定位的另一个关键问题。特殊教育需要学生需要多长时间或什么时间到资源教室接受支持服务,全部时间还是部分时间？资源教室的使用意味着对特殊教育需要学生普通班级学习时间的部分抽离,那么这种抽离的时间界限是多少？这些都是涉及如何定位与合理使用资源教室的现实问题。普通学校资源教室运行中很容易走入的一个误区就是资源教室的使用极端化,即过度使用资源教室,将学生大量时间安置于资源教室之中接受教育,或者是直接将资源教室作为一种相对独立的残疾儿童教育安置方式,希望通过资源教室这种专门设立的机构来解决普通学校里的特殊教育需要学生教育问题。

这种情况的出现,一方面是由于长期以来我国随班就读支持体系不完善,普通学校面对残疾学生时往往会束手无策,资源教室的建立似乎可以很大程度上缓解这一

困境，成为解决特殊教育需要学生教育问题的"钥匙"，以至于出现盲目将特殊教育需要学生"推"入资源教室来单独实施教育的行为或观念。另一方面则是因为资源教室原本是一个引入的概念，在推行资源教室时，不可避免会受到教育发达国家或地区近些年来资源教室使用模式的影响，从而导致对资源教室的定位模糊或模仿跟从。其中，我国台湾地区的融合教育会对我国大陆的资源教室理念和实践产生部分影响或冲击。台湾地区的融合教育更倾向于使用"资源班"这一概念来表达将身心障碍学生放入普通学校的支持举措之一。但在实践方式上，"资源班"有着相对浓厚的台湾特色。台湾的研究者在比较了台湾与美国的特殊教育制度后指出，美国的特殊学生的学习主要在原班级进行，只有部分时间至资源教室接受服务，而台湾特殊学校的学生被抽离到资源班学习。而这也是为什么目前美国是以服务时间长短作为分类，而台湾是以班级安置形态作为分类的原因。[①] 应该说，中国台湾的"资源班"更接近一种融合教育导向下的相对独立的教育安置方式，它在普通学校中的定位以及实践方式与大陆目前的资源教室也不等同。在台湾与大陆融合教育交流越来越频繁的背景下，忽视这些差异很容易导致大陆的资源教室在建设方向与实施模式上向台湾地区的资源班进行直接模仿，从而引发了实践中的模糊定位或造成过度使用资源教室现象的出现。

  从上文中所谈及的我国资源教室起源来看，资源教室始终是以随班就读的辅助者角色进入的。我国的残疾儿童教育安置方式相对简单，没有经过类似于美国20世纪60至70年代肇始的"瀑布式特殊教育服务体系"式的复杂演变。20世纪80年代之前，我国的残疾儿童教育方式单一地表现为盲聋哑学校，然后随着义务教育法的实施，残疾儿童教育方式才趋于多元化，随班就读与特教班开始出现并在国家政策体系中成为主导的残疾儿童接受义务教育的方式。近几年，送教上门也加入教育安置方式中。可以说，在我国如果没有实施随班就读，没有大量残疾儿童进入普通学校，在普通学校中就几乎不可能出现资源教室。资源教室的出现与随班就读的推进和残疾儿童的融合是紧密联系在一起的，它是明确地指向残疾儿童少年并为其提供专业支持服务的。换句话说，资源教室是随班就读的辅助机构，是为了让更多残疾儿童顺利融入普通学校而采取的设置于普通学校之中的支持方式，是随班就读支持保障体系建设中的一个环节，而不是一种单独的教育安置方式。建设资源教室本身不是目的，通过资源教室让残疾儿童更好地融入普通班级才是目的。如果在实践中将资源教室片面理解为教育安置方式，那么很容易就使残疾儿童在普通学校中重新陷入被隔离的境地，这与融合教育的理念也是背道而驰的。正如1994年联合国教科文组织在《特殊需要教育行动纲领》中所倡导的，"只要可能，所有儿童就应一起学习。"也就是

---

① 李皇明.国中特殊教育制度之研究——台湾与美国比较[D].暨南大学，2014.

说，除非有必要，才会将儿童从普通班级里抽离出来。而资源教室仅就是作为这种"必要"情况下的角色才出现的。

3. 资源教室是提供基本专业服务的场所，不是独立的封闭机构

资源教室究竟可以做什么？有了资源教室，是否意味着普通学校随班就读的问题就可以迎刃而解？这涉及对资源教室功能的理解问题。显然，资源教室必须有其功能，这是其得以存在和推广的前提。然而，资源教室的功能是否有边界？换句话说，哪些是资源教室可以去做的？哪些是超出资源教室功能范围的？这是与资源教室定位与运作紧密相关的问题，模糊这一问题，将导致实践中将资源教室功能的扩大化甚至绝对化。随班就读推进这些年，由于大多普通学校长期以来缺乏特殊教育专业资源，在兴建资源教室后，资源教室往往被赋予了越来越多的期待或要求，学校总是期望资源教室能够尽快有效解决当前残疾儿童的教育问题，从而缓解普通学校开展随班就读的压力。于是，在实践中资源教室的功能被一再扩大和拓展，资源教室承载着的压力与任务也愈加繁重，似乎资源教室变成了解决普通学校随班就读困境的最有效"钥匙"。

准确理解资源教室的功能是其有效运行的重要前提。当前资源教室功能扩大化或绝对化的一个重要原因是将资源教室片面地看作建立于普通学校之内、相对独立封闭的特殊教育服务机构，而割裂了资源教室与整个随班就读有效运行机制的关系。理解资源教室的功能，必须结合内外两个视角同时进行。从资源教室自身的内部功能来看，资源教室是在普通学校里为残疾学生及其他有特殊需要的学生、教师和家长，提供特殊教育专业服务的场所。它的功能在《建设指南》中已有描述。《建设指南》从我国随班就读这些年的实践出发，形成了一个资源教室功能的基本框架，包括开展特殊教育咨询、测查、评估、建档等活动；进行学科知识辅导；进行生活辅导和社会适应性训练；进行基本的康复训练；提供支持性教育环境和条件；开展普通教师、学生家长和有关社区工作人员的培训等。应该说，这总体概括了我国特殊教育资源教室目前应具备的功能或需要达到的要求。这里面需要把握的一个关键词语是"基本"，它是一个为残疾学生提供基本教育、康复与各种支持性服务的场所，而不是一个综合的服务与支持机构。概言之，它在面对特殊教育需要学生所发挥的特殊教育专业服务功能时，是基本性的、基础性的。譬如，对于残疾学生的康复训练来说，资源教室应承担的是基础性的康复训练，而如物理治疗、作业治疗等专业康复是需要依赖其他机构或人员来完成的。从外部的视角来看资源教室，它仅是整个随班就读支持保障体系中的一个组成环节。正如前文所分析的，资源教室是配合随班就读而出现的事物，因而它有特定的功能而非多功能甚至全能。资源教室所解决不了问题，需要依赖其他支持手段来合作、支撑。譬如，在特殊教育学校中建立资源中心、提供巡回指导服务，医学、康复等专业的介入，以政府为主导的包括教育、残联、卫生等多机构的

合作等,这也是随班就读支持保障体系的基本范围。同时需要指出的是,作为构成环节之一的资源教室,在随班就读支持保障体系中所发挥的作用还应是一个开放的合作平台,这是它在功能上开放性的一种体现。在各种专业支持手段进入普通学校、面对残疾学生发挥作用的过程中,资源教室应是一个平台与中介,它需要有效促进各类专业资源合理进入普通教育系统并充分发挥其功能。

从随班就读整体发展的视角来看资源教室,就不能仅将资源教室视作一个普通学校内的相对孤立的支持手段而强加于其超出其承载范围的功能。合理确立资源教室的功能边界,并尝试通过加强随班就读支持保障体系的整体建设,推进普通学校与普通教育的变革,才是为普通学校的特殊教育需要学生提供有质量教育的重要路径。①

四、资源教室的建设

基于对资源教室性质与功能的把握来构建符合融合教育发展需求的资源教室,是横亘在融合学校面前的一个重要时代命题。也就是说,当前普通学校转型与融合学校建设,要切实面对和回答资源教室究竟应该怎么建这一问题。关于资源教室建设一般意义上的理解,会将重点放在作为"教室"这个场所与空间的构建上,因而在实践层面我国资源教室的建设通常会注重资源教室的硬件设施配备与物理环境的构建。事实上,从目前来看,要想充分发挥资源教室的专业支持功能,使资源教室不至于流于形式,除了物理环境的建设之外,资源教室的专业团队建设与制度建设也是不可缺少的。这构成了我国资源教室建设要充分考虑的三个核心维度。

1. 物理环境建设

物理环境建设,即资源教室的环境构建与设施配备,它是资源教室的"物态"呈现。物理环境建设是资源教室的基础建设,它要考虑的问题包括资源教室的选址、资源教室的环境布置、资源教室的功能区划、资源教室的硬件设施等内容。

关于资源教室的选址与环境布置,在《建设指南》中,提出了这样几个要求:资源教室应有固定的专用场所,一般选择教学楼一层,位置相对安静、进出方便。其面积应不小于60平方米,若由多个房间组成,应安排在一起。有条件的普通学校,可以结合需要适当扩大。所附基础设施要符合《无障碍环境建设条例》《无障碍设计规范》《特殊教育学校建筑设计规范》中的有关规定。这是普通学校进行资源教室选址和进行环境布置时应遵循的基本要求和规范。其中需要注意的是,对于无障碍环境的理解和应用要相对灵活。普通学校资源教室建设未必需要像专门的特殊教育学校一样,对资源教室内外的环境进行大张旗鼓式的改造。充分利用普通学校现有的资源与条件,以灵活的、因地制宜的方式,尽可能降低或消解特殊教育需要学生使用资源

---

① 李拉.关于资源教室性质的几点认识[J].现代特殊教育,2017(15):9-11.

教室时因个体残疾或行动不便所产生的障碍或不利之处，就是一种无障碍的理念了。

关于资源教室的功能区划，通常情况下，按照《建设指南》的要求，资源教室应设置学习训练、资源评估和办公接待等基本区域。学习训练区主要用于以个别或小组形式对学生进行学科学习辅导，以及相关的认知、情绪、社交发展方面的训练。根据学生的需求，对学生进行动作及感觉统合训练、视功能训练、言语语言康复训练等。资源评估区主要用于存放学生教学训练计划、教师工作计划，以及教具、学具、图书音像资料，对学生进行学习需求测查，各种心理、生理功能基本测查和评估等。办公接待区主要用于教师处理日常工作事务及开展相关管理工作，接待校内学生、教师、家长等来访者。同时，在不影响资源教室基本功能的情况下，资源教室各功能区域可以根据实际需求相互兼容，有条件的学校还可以适当拓展。需要说明的是，普通学校在进行资源教室功能区划时，还应考虑到学段特点，对这些基本区域进行扩充或调整。譬如，在学前和小学阶段，感觉统合训练会是部分特殊教育需要学生的常规康复需求，那么感统训练区要相对规划的空间大一些。学前阶段的游戏区也要比小学阶段的资源教室在空间规划方面多考虑一些。到了初中阶段的资源教室，感统训练已几无必要，功能康复的需求也通常会降低或萎缩，学习训练的需求则大为增加。因而，初中的资源教室在功能布局上与学前和小学阶段相比也要有明显的区分，以顺应不同学段的教育需求。

关于资源教室的硬件设备配备，除了一些常规的资源教师的办公设置以外，主要是围绕特殊教育需要，配备相应的学习用具、图书资源、专业教具、评估设备、康复仪器等。在《建设指南》中，还附有《普通学校特殊教育资源教室配备参考目录》，里面涉及资源教室硬件设施的基本配备与可选配备。基本配备是指满足基本需要的教育教学和康复训练设施设备、图书资料等。可选配备是指根据残疾学生的残疾类型、程度及其他特殊需要，选择配备的教育教学和康复训练设施设备、图书资料等。这些基本配备与可选配备仅是国家关于资源教室建设的一般性建议，普通学校在资源教室建设时，要避免照单全收，从而造成不必要的资源浪费。同时，也要避免"人云亦云"，避免进入"同质化""模式化"的误区，也就是说，不要采取仿照或照搬的方式建设资源教室。资源教室要依据本校所服务的特殊教育需要学生的类型，结合本校实际，进行资源教室的布局，配备相应的硬件设备，以应对本校特定类型学生的需求。从这个角度来说，每一所资源教室都应是个性化的，都是建立在对本校融合教育发展以及对特殊教育需要进行充分分析的基础上，很难复制或照搬。

2. 专业团队建设

在资源教室建设中，硬件设施固然是重要的资源，但资源教室最核心的资源却应该是"人"，即以资源教师为核心的融合教育专业团队。普通学校需要以资源教师为中心，加强学校融合教育专业团队建设，这同样是当前普通学校资源教室建设的重要内容。资源教师是指在普通学校内承担资源教室管理与运行,为本校特殊教育需要学生提供特殊教育服务的专业人员。资源教师是资源教室合理运行的前提和关键,倘若没有合格的资源教师,没有一支强有力的融合教育专业团队作为支撑,即使资源教室的硬件设施配置足够完备,也很难保障普通学校资源教室运行的质量和水平。

从近年来国际融合教育改革实践来看,强化以资源教师为中心的普通学校融合教育专业团队建设,已成为教育发达国家普遍的做法。譬如,在澳大利亚新南威尔士州,已基于普通学校构建形成了一支稳定的融合教育专业支持团队,并建立了相对成熟的运行机制,为本州普通学校的融合教育的实践推进提供有力的专业支撑。它主要由学习支持教师、巡回支持教师、校长助理、学习支持辅导员以及学校专业顾问等组成。其中,学习支持教师事实上就是资源教师,他是普通学校融合教育专业团队的核心,定位于为普通班级里的特殊教育需要学生提供直接的专业支持,也包括为班级教师、学校管理人员以及家长提供专业帮助与服务。[①] 其他各类专业人员则各自有明确的职责分工,在学校融合教育团队中发挥着功能。

《建设指南》中指出,资源教室应配备适当资源教师,以保障资源教室能正常发挥作用。资源教师原则上须具备特殊教育、康复或其他相关专业背景,符合《教师法》规定的学历要求,具备相应的教师资格,符合《特殊教育教师专业标准》的规定,经过岗前培训,具备特殊教育和康复训练的基本理论、专业知识和操作技能。然而,目前来看,《建设指南》中关于资源教师的专业设定,更多的是应然的色彩,实践中由于受到教师编制、岗位设置等制度性限制,具有特殊教育专业背景的教师很难进入普通学校,资源教师的配置不得不主要由普通学校在校内选拔,大多资源教师并没有特殊教育专业背景。数量不足与专业化水平偏低是我国资源教师队伍建设整体上存在的普遍问题。[②] 对于资源教室数量与规模快速扩张的我国来说,资源教师短缺以及融合教育专业团队建设薄弱的问题是目前普通学校面临的一个紧迫又棘手的问题。

普通学校的资源教室建设,在专业师资层面需要从两个维度同时加强。一是注重对资源教师的选拔、培训和管理。普通学校需要从本校选拔有爱心、有意愿、业务能力强的教师承担专职资源教师任务,并给予更多专业培训与学习的机会,促进资源教师尽快适应新的教师角色并实现专业成长。同时,要在绩效考核、工资待遇、职称参评等方面给予一定的倾斜。二是构建校本融合教育专业团队。配置专职资源教师并不意味着由资源教师独自承担本校资源教室的运行以及学校融合教育的发展重任。以资源教师为核心,建设融合教育专业团队,以团队的力量推进资源教室发展才

---

① 李拉,大卫·埃文斯.澳大利亚融合教育专业支持团队的建设与运行——以新南威尔士州为例[J].比较教育研究,2019(7):107-112.
② 李拉.论随班就读教师队伍的专业化[J].教育理论与实践,2014(22):21-23.

是正确的路径。在这方面,江苏省关于普通学校融合教育资源中心团队建设的政策与做法值得肯定。江苏省《关于加强普通学校融合教育资源中心建设的指导意见》中要求普通学校要在配备资源教师的同时,加强康复医生、康复治疗师、康复训练人员及其他专业技术人员的配备。融合教育资源中心(资源教室)应建立由分管校长(园长)、教导主任(业务园长)、德育主任、总务主任(后勤园长)、年级组长、特教教师、康复治疗师、心理健康教师、班主任、任课教师、家长、残疾人工作者、社工、志愿者等组成的融合教育教学与管理团队。各地还可以积极有效利用家长和社会资源,增强融合教育师资团队的力量。当这样的一支融合教育专业团队构建起来之后,可以在资源教室建设与融合学校管理方面同时发挥作用。这是我国当前普通学校在思考融合学校发展和资源教室建设时要予以重视的问题。

3. 资源教室制度建设

资源教室建设的第三个重要维度是资源教室的制度建设。对于一所资源教室来说,不仅仅要考虑物理环境与专业团队建设,还要将制度建设纳入其中,这是资源教室合理运行的保障。所谓资源教室的制度建设,是指普通学校要以规范有序、制度化的方式来推进资源教室的运行,尽可能摒弃资源教室建设与运行中的随意性和随机性,为资源教室发展构建相应的管理制度,建立完备的运行机制。这恰恰是资源教室发展初期很容易忽略的问题,即过于注重资源教室建设之"形",而忽略了资源教室发展之"实"。资源教室发展之"实",指的就是资源教室的运行。建设资源教室,本身不是目的,资源教室建设的目的是发挥资源教室对特殊教育需要学生进行特殊教育专业支持服务的功能,因而,资源教室的合理有效运行才是资源教室建设的核心目的。物理环境的构建更多的是一种静态的呈现,资源教室的运行却是动态的、发展的。要使资源教室充分发挥其功能、保障其运行,加强资源教室制度建设则势在必行。

资源教室制度建设的一个方面是普通学校要建立起系统的资源教室管理办法,对本校资源教室的核心功能、资源教室的设备应用、资源教室的使用方法等进行系统明确的规定,使资源教室整体的建设与运行都有章可循。同时,要对资源教室的管理者、资源教师及其他专业人员的职能与工作任务进行清晰具体的规定,使融合教育专业团队的成员都可以各司其职,有明确的任务与专业要求,形成工作中的合力。这些共同构成了资源教室的管理制度,它回答了资源教室应是什么样的机构这一基本问题。通过管理制度建设,资源教室就有了特定的规范与章程,它应是以管理制度为基础,常态化的方式正常运行,从而避免资源教室使用中的随意性,避免将资源教室作为处理各种特殊教育需要问题的临时性机构或应急场所。

资源教室制度建设的另一个方面应是围绕资源教室的运行,建立相应的运行机制和流程,清晰地回答一所资源教室要怎样有效开展工作的问题。资源教室的运行机制,取决于资源教室的核心功能与性质定位。资源教室是为普通学校里的特殊教育需要学生提供专业支持服务的场所,这决定了资源教室的运行一般要包含着特殊教育需要学生的安置、评估、教育、康复等内容。对于特殊教育需要学生的安置与评估,资源教室要在制度层面上回答如何应对特殊教育需要学生安置需求、诊断鉴定流程与教育评估实施的问题,当然这些问题还要依赖于与特殊教育资源中心及其他校外机构和专业人员的合作才能有效解决。对于特殊教育需要学生的教育与康复,资源教室制度建设的重点在于资源教室的课程管理制度。无论是特殊教育需要学生参与普通班级的活动,还是资源教室内的活动,都需要尽可能以课程的方式固化下来,以有序的方式进行编排。因而,资源教室要为每个特殊教育需要学生编排课程表,通过课程表来回答这个学生在普通学校里所应参与的教育教学、康复训练等活动。对于每一个特殊教育需要学生来说,他在普通学校里的教育教学活动,大多是以课程的方式固定下来,其中既包含参与普通班的学科课程,又包括专门进入资源教室内接受的功能性课程、发展性课程或康复训练课程等。在学期开始之前,特殊教育需要学生的课程表都在基于教育评估的基础上编制完成,学生根据课程表参与教育教学。对于普通班的学科教师、资源教室里的资源教师以及巡回指导教师、康复训练师等来说,他们每个学期的工作任务也主要以课程的方式稳定下来,承担特定的课程以相对固定的时间为特殊教育需要学生提供教育教学服务。因而在资源教室的运行中,课程事实上是中心,几乎所有教育教学活动都以课程的设置、编排与实施为核心来展开。对于普通学校来说,在资源教室建设与发展过程中,需要切实重视课程管理制度建设,围绕课程管理构建运行机制和相应的管理制度,才能使资源教室真正发挥其对特殊教育需要学生的专业服务功能。

第六章 资源中心

融合教育发展背景下,特殊教育学校应何去何从?融合教育在改变普通教育,使普通学校向融合学校迈进的同时,也在对特殊教育发展方式提出了新的变革要求,要求特殊教育学校要重新思考功能定位和转型的问题。向特殊教育资源中心的过渡或转型越发成为政策与实践领域特殊教育学校发展新的方向与目标。什么是特殊教育资源中心?它要做什么?特殊教育学校怎样实现这一转型?理解这一系列问题,需要首先回到融合教育的整体发展背景下,来分析特殊教育学校在融合教育中的角色与地位问题,并进而思考特殊教育资源中心的建设问题。

第一节 融合教育背景下的特殊教育学校转型

融合教育背景下,当代特殊教育学校正在发生着急剧的变革。这种变革表现为多个层面:在学校规模上,由于大量轻中度障碍儿童进入普通学校以融合教育的方式接受教育,特殊教育学校的绝对生源数量在减少;在学生类型与程度上,无论盲、聋学校还是培智学校,重度残疾及多重残疾的学生越来越多,逐渐在取代传统的以轻中度类型为主的残疾学生;在学校发展目标及要求上,特殊教育学校承担的任务也越发增多,除了面向本校学生实施教育教学之外,特殊教育学校教师还要向普通学校、社区及家庭里的残疾学生提供各类专业服务。这些变革正在改变着人们对传统特殊教育学校存在方式的理解和认识,而这些变革很大程度上又是由于融合教育这个宏观教育改革背景所带来的。

一、功能转型是当代特殊教育学校面临的时代命题

当代特殊教育学校的功能转型问题,并不是一个全新的话题。在国际融合教育推动进程中,这种转型已先从西方教育发达国家发起。近年来,由于我国政策的推动,尤其是源于融合教育实践变革的需求,使得特殊教育学校转型问题成为当代中国特殊教育改革与特殊教育学校发展所面临的一个时代命题。

1. 从国际背景来看,特殊教育学校转型是世界范围内融合教育改革的必然趋势

发轫于欧美教育发达国家的融合教育,半个多世纪以来也在深刻地影响和改变

着这些国家特殊教育的发展轨迹,尤其是对特殊教育学校发展方式产生着深远而直接的作用。在隔离式特殊教育时期,特殊教育学校几乎占据主导地位。自1760年,法国人莱佩在巴黎建立世界上第一所聋校以来,为聋、盲、智力障碍等类型在内的残疾学生建立专门的特殊教育学校,几乎成为西方发展特殊教育的唯一方式。20世纪之后,特教班开始出现和增多,但特殊教育学校依然是隔离教育体制下主导的残疾学生教育安置方式,有着不可替代的作用与功能。随着北欧正常化思潮与去机构化运动的兴起,英美国家开启了回归主流和一体化运动,残疾学生的融合教育问题得到重视,越来越多学生从隔离制的特殊教育学校走出来,涌入普通学校。特殊教育学校这种传统的残疾学生教育安置方式,在数量与规模持续萎缩的趋势下,在特殊教育中的地位和功能也开始削弱与式微。特别是回归主流运动所提出的瀑布式特殊教育服务体系,对特殊教育学校的存在方式与地位产生了急剧和猛烈的冲击。瀑布式特殊教育服务体系按残疾学生的残疾程度构建出了一个从医院、养护机构到家庭、特殊教育学校再到普通学校普通班的多元安置方式。在瀑布式特殊教育服务体系中,特殊教育学校仅是多元安置方式的一种,已不是主导的安置方式。当人们从满足特殊教育需要的角度来审视和寻找更合理的残疾学生教育安置方式时,特殊教育学校已不是唯一的选择,甚至不是最核心的选择。让残疾及各类特殊教育需要学生进入普通学校普通班,"融合优先"成为各国在融合教育背景下努力追求的教育安置方式和政策选择。[1] 总体来看,随着人们对特殊教育学校这种隔离式教育方式弊端的质疑与批评,尤其是对"什么是更好的特殊教育方式"的追求,特殊教育学校的发展到了20世纪下半叶,事实上面临着极其严峻的挑战。

在"融合优先"的原则下,西方教育发达国家的特殊教育学校开始面临着生源减少的危机。学校以什么样的方式存在,甚至学校是否有必要存在,成为一个现实而严肃的问题。事实上,在融合教育改革的早期,通过激进的方式关闭大量特殊教育学校,是西方国家较为普遍的做法。早在回归主流与一体化运动时期,北欧的一些国家已大量关闭特殊教育学校。1975年,挪威为所有儿童制定了一项学校法。在20世纪70年代和80年代,越来越多有学习障碍的儿童被纳入普通学校系统。这一进程于1993年结束,当时几乎所有特殊教育学校都关闭了。[2] 在英国,1981年教育法令颁布后,地方教育当局开始按照《沃诺克报告》的原则重新组建特殊教育学校。有的特殊教育学校甚至全部解散,学生全部融入普通班。据统计,1980—1985年,英国中

---

[1] 李拉.加拿大融合学校标准建设:结构与内容——以阿尔伯塔省为例[J].中国特殊教育,2020(4):13-18.

[2] Rune Sarromaa Haustätter, Jahnukainen M. From Integration to Inclusion and the Role of Special Education. In Inclusive Education, Twenty Years after Salamanca[M]. New York: Peter Lang, 2014: 119-131.

度学生困难的学生在特殊教育学校的人数减少了 15%,肢残儿童在特殊教育学校的人数则减少了 40%。① 在美国,2004 年只有 4% 的特殊学生被安置在隔离制特殊教育机构(特殊教育学校和特殊班)。欧盟 2016 年的统计数据显示,意大利的特殊儿童融合教育入学率最高,为 99.97%,比利时最低,为 92.02%,欧盟 28 个成员国特殊儿童融合教育平均入学率为 98.19%。② 这些数据深刻反映了西方国家融合教育推进的力度,也映射出融合教育推进对特殊教育学校所产生的急剧冲击。

融合教育运动下,特殊教育学校何去何从,成为横亘在教育发达国家面前亟须面对的一个实践问题。无论是从生存的角度,还是从学校发展的角度,特殊教育学校都需要对此做出应对。目前来看,积极寻找功能转型,重新思考和厘定特殊教育学校在融合教育发展中的地位与功能,是必然的选择与趋势。很多国家的特殊教育学校开始转变角色,成为融合教育的支持或者资源中心。一些特殊教育学校甚至直接重组成为地区特殊教育支援中心,为地区融合教育发展提供支持与服务,不再具备学校的地位与功能。例如,法国、比利时、丹麦、瑞典等国的很多特殊教育学校都转变功能,成为融合教育资源中心。③ 无论是支持中心还是资源中心,事实上都意味着在融合教育背景下,西方特殊教育学校以一种新的角色与方式来思索自身的存在与发展问题。这也会是融合教育全球变革中各国特殊教育学校将普遍面临的问题与解决路径。

2. 从国家特殊教育发展战略来看,特殊教育学校转型是我国特殊教育改革的政策要求

在我国特殊教育发展历程中,特殊教育学校始终占据重要地位,在特殊教育发展中起着骨干和核心的作用。一直到 20 世纪 80 年代之前,我国特殊教育的发展主要依托盲、聋哑学校,它们构成了残疾儿童接受教育的主要方式甚至唯一方式。随着智障教育的出现,以及特教班和随班就读的推行,特殊教育安置方式开始多元化。我国特殊教育发展策略也相应地开始转向,从依托特殊教育学校向随班就读、特教班、特殊教育学校等多类型安置方式并存转向。特别是 2014 年第一期特殊教育提升计划颁布之后,送教上门、远程教育等方式也加入残疾学生教育安置体系中,使安置方式更加多元化。这些发展变化,映射出来的是国家关于特殊教育发展整体的战略思考。在这一发展过程中,特殊教育学校的功能也逐渐被重新审视和界定。尤其是随着融合教育的推行,国家关于特殊教育学校在新的教育改革背景中的地位及其要承担的

---

① 黄志成等. 全纳教育:关注所有学生的学习和参与[M]. 上海:上海教育出版社,2004:171-172.
② 邓猛,杜林. 西方特殊教育范式的变迁及我国特殊教育学校功能转型的思考[J]. 中国特殊教育,2019(3):3-10.
③ 邓猛,杜林. 西方特殊教育范式的变迁及我国特殊教育学校功能转型的思考[J]. 中国特殊教育,2019(3):3-10.

作用,在政策表达中越发明晰,推进特殊教育学校转型日渐成为政策要求。

1998年,在教育部发布的《特殊教育学校暂行规程》中,对特殊教育学校要承担的随班就读指导功能已开始提及。规程中提到,特殊教育学校要在当地教育行政部门领导下,指导普通学校特殊教育班和残疾儿童、少年随班就读工作,培训普通学校特殊教育师资,组织教育教学研究活动,提出本地特殊教育改革与发展的建议。这是我国随班就读推行以来,国家在关于特殊教育学校发展的政策文件中,对特殊教育学校功能的新的定位,它打破了将特殊教育学校功能囿于特殊教育学校之内的传统模式,强调特殊教育学校在功能上要向外扩展,应对随班就读发展对特殊教育的专业需求。这也在政策层面上开启了我国特殊教育学校功能转型的序曲。

2001年,在国务院办公厅转发的教育部等部门《关于"十五"期间进一步推进特殊教育改革和发展的意见》中,再次强调要进一步加强对普通学校特殊教育班和残疾学生随班就读工作的指导,努力提高教学质量。特殊教育学校要定期派出教师对普通学校特殊教育班和残疾学生随班就读的教学工作进行巡回指导。2009年,在国务院办公厅转发的教育部等部门《关于进一步加快特殊教育事业发展的意见》的通知中,继续提到要建立特殊教育学校定期委派教师到普通学校巡回指导随班就读工作的制度,确保随班就读的质量。

2014年1月,刘延东副总理在全国特殊教育工作电视电话会议上的讲话中,强调要积极推进融合教育。在特殊教育学校数量和覆盖面相对有限的情况下,要打破传统的封闭运行模式,促进特殊教育学校从单一教学机构转变为地区性特教资源中心。事实上,在实践领域,很多区域的特殊教育学校已开始向地区性特殊教育资源中心转型。刘延东副总理的讲话,将实践层面上仍只是区域探索性质的特教资源中心这一概念和模式提升到了国家政策层面,也进一步提升了对特殊教育学校功能转型的要求,使特殊教育学校转型有了一个明确的方向,即成为地区性特殊教育资源中心。2017年,《残疾人教育条例》更是明确将依托特殊教育学校建立特殊教育资源中心写入其中:县级以上地方人民政府教育行政部门应当统筹安排支持特殊教育学校建立特殊教育资源中心,在一定区域内提供特殊教育指导和支持服务。并在第二十六条对特殊教育资源中心的功能进行了清晰的定位——特殊教育资源中心可以受教育行政部门的委托承担以下工作:(1)指导、评价区域内的随班就读工作;(2)为区域内承担随班就读教育教学任务的教师提供培训;(3)派出教师和相关专业服务人员支持随班就读,为接受送教上门和远程教育的残疾儿童、少年提供辅导和支持;(4)为残疾学生父母或者其他监护人提供咨询;(5)其他特殊教育相关工作。

通过对政策的回顾梳理,我们能够清楚地感受到国家在特殊教育发展上的战略调整。推进融合教育无疑是当代特殊教育改革的主要方向,而在推进融合教育的过程中,特殊教育学校同样将发挥重要作用,只是其功能面临转型,要从单一的教学机构向为区域融合教育发展提供专业支持的特殊教育资源中心转型。概言之,当代中国特殊教育学校的转型,已深刻地体现于一系列政策表达之中,是国家特殊教育发展战略所带来的必然要求。

3. 从实践发展来看,特殊教育学校转型是当代特殊教育学校自身发展面临的现实选择

强调我国特殊教育学校的功能转型,不仅仅是由于受到国际融合教育改革趋势的影响,也不仅仅是国家政策上的要求。实际上国家政策层面的要求与融合教育实践紧密相关,政策归根结底是对实践需求与特殊教育发展现状的反映。因而,当代特殊教育学校的转型,更多地来自融合教育趋势下特殊教育学校自身发展的必然诉求和现实选择。

一方面,融合教育的推进势必带来特殊教育学校生源数量与结构上的变化。作为教育对象的残疾学生在绝对数量上是相对固定的,在融合优先的安置选择下,越来越多符合融合条件的各种类型残疾学生可以进入普通学校就读,原本以招收残疾学生为生源对象的特殊教育学校必然会受到影响。这点在上文中所罗列的教育发达国家的一些统计数字中已见端倪,对于我国特殊教育学校来说也同样如此。只是,由于我国残疾学生入学问题还没有完全解决,加之区域发展不均衡,我国特殊教育学校目前在招生生源上的影响还没有像西方国家那样急剧、尖锐和明显。但在融合教育推进力度较大的区域,生源数量与结构类型上的变化已非常明显,特别是对于盲校、聋校这两类我国最传统的特殊教育学校而言,早期筛查和医学手段的进步,使得视障、听障的发生率显著降低,而这两类残疾学生又都可以进入普通学校随班就读,因而在传统的盲校、聋校中,视障和听障的学生越来越少,很多盲校或聋校只能隔年招生,或者是不再招生。培智学校也同样面临着相似的困境,轻中度智力障碍的学生在特殊教育学校中的数量越发萎缩。在生源绝对数量减少的同时,在这三类特殊教育学校就读的残疾学生类型也在发生变化。多重残疾的学生以及重度脑瘫、重度自闭症、重度智力障碍的学生越来越多涌入特殊教育学校,成为特殊教育学校在教育教学方面面对的新类型。

另一方面,融合教育的快速推进使在区域层面具备特殊教育专业力量的特殊教育学校无法置身事外。由于普通学校缺乏融合教育相关的理念、师资、经验及专业设施设备等,融合教育的发展势必要求来自区域层面特殊教育学校的专业支持。融合教育要求以普通学校为中心,打造支持保障体系,形成一系列围绕普通学校特殊教育需要学生的专业支持服务,其中,特殊教育学校的作用与功能就尤为关键。如果没有来自特殊教育学校的专业支持,普通学校的融合教育变革必然步履维艰。融合教育越发展,对来自特殊教育学校专业支持的诉求就会越强烈,普通教育与特殊教育的融合就越有必要。从这个角度来看,来自实践层面的呼唤势必带来区域教育行政层面

对特殊教育学校发展功能上新的要求与期望。

总体来说,残疾学生生源数量与结构上的变化以及普通学校对特殊教育专业支持的诉求已经在对很多区域的特殊教育学校产生着影响和冲击,重新定位特殊教育学校自身的功能已成为紧迫的选择。这种功能的重新定位对于特殊教育学校来说,既来源于外在期望,也是自身发展的内在要求。即使对于很多还没有面临生源困惑或生源危机的特殊教育学校来说,融合教育所带来的生源变化与专业要求也迟早会深刻影响到学校的功能定位与发展模式。这是我国特殊教育学校在融合背景之下必然的发展方向,对于很多区域来说,仅是变革时间早晚的差别。在我国一些教育发达区域,融合教育实践变革对特殊教育学校功能转型的影响已然发生,一些特殊教育学校主动率先进行功能转型,重新定位特殊教育学校,尝试设立特殊教育资源中心,为区域融合教育发展服务。即便是对于一些新建特殊教育学校,在面向本区域招生残疾学生进行教学的同时,兼具资源中心的功能,为区域内的融合教育发展提供专业支持服务,也成为实践中的学校发展目标。

二、当代特殊教育学校功能转型的表现

特殊教育学校的功能转型是在融合教育推进背景下不可逆转的趋势,这种转型带来了特殊教育学校在功能定位与发展方式上的诸多变化。具体来说,表现为在功能上由封闭走向开放,由单一走向多元,由直接的教育走向间接的服务。

1. 由封闭走向开放

传统的特殊教育学校,长期以来几乎一直是个自给自足又相对封闭的系统。由于在教育任务上主要面对残疾儿童,特殊教育与普通教育长时间保持平行发展、互不交叉的态势,"双轨制"即是对这一形态的描述。同时,特殊教育学校又有独立的师范教育体系,特殊教育教师作为一种师资类型,由单独设立的特殊教育师范院校(如南京特殊教育师范学院)或师范大学、学院的特殊教育系或专业单独培养,毕业后进入特殊教育学校工作。特殊教育学校的校园建设和设施配备与普通教育相比,也有独特要求,需要根据学校类型(盲校、聋校、培智学校)进行相应的配置。教育对象、专业师资、设施配备的独特性,决定了在满足这些需要之后,特殊教育学校可以有自己相对独立的发展模式,这也使得特殊教育学校与普通学校以及其他外部系统之间无须进行过多的资源交流或信息交换。而且,在区县层面,往往只有一所特殊教育学校存在,它很难像普通教育体系一样在区县运行层面有更多的教育教学及培训交流活动,加之对残疾学生受教育权和隐私的保护,传统的特殊教育学校长期保持着一种既相对独立又相对封闭的办学形态。

近年来以融合教育为趋势的特殊教育改革,在改变着固有的特殊教育学校存在形态,传统的封闭式办学方式已越发不能顺应当代特殊教育改革对特殊教育学校的

新要求,特殊教育学校势必要在功能上打破封闭,走向开放。一方面,融合教育需要特殊教育学校真正参与其中,以专业支持者的角色出现。在融合教育的推进下,特殊教育学校的教师需要走出校门,深入普通学校提供教育评估、巡回指导等以满足特殊教育需要为核心任务的专业支持。另一方面,送教上门政策的实施,也需要特殊教育学校打开校门,面向不能到普通学校或特殊教育学校读书的极重度残疾儿童,从特殊教育的专业角度提供支持服务。当然,就送教上门本身而言,它的承担者还应包含残联、医院等医学、康复类专业部门以及普通学校,但无疑,特殊教育学校无法置身事外,在当下送教上门支持体系还不够成熟完善的背景下,很多区域的特殊教育学校承担起了繁重的送教上门重担。这也意味着特殊教育学校需要走出去,深入残疾学生的家庭或者社区。总体来看,传统的封闭式办学已逐渐被打破。走出校门,实现办学功能的多样化,成为特殊教育学校发展的新方式。

2. 由单一走向多元

教育部在1998年的《特殊教育学校暂行规程》中指出:特殊教育学校是指由政府、企业事业组织、社会团体、其他社会组织及公民个人依法举办的专门对残疾儿童、少年实施义务教育的机构。特殊教育学校的学制一般为九年一贯制。这指明了特殊教育学校的性质与核心功能,即面对特定类型的残疾儿童实施义务教育。实践层面,我国特殊教育学校的建设与发展也基本依据这个性质与功能定位进行架构,在学段上以义务教育为主,在学校类型上有盲校、聋校与培智学校三类,在招收对象上主要分别面向视障、听障与智力障碍学生。应该说,这种相对单一的性质定位使特殊教育学校功能与目标都较为明确具体,也使特殊教育学校可以长时间保持稳定的发展模式。

随着特殊教育改革的深入以及对特殊教育发展质量更高的追求,这种单一的特殊教育学校功能定位模式已逐渐不能适应当代教育发展的需求,特殊教育学校的功能亟待由单一走向多元,在性质定位与功能要求上已越发趋于多样化。事实上,这种功能上的拓展,已在特殊教育学校实践领域悄然发生,一些特殊教育学校已基于学校自身发展的内在需求,结合区域层面的政策与现实要求,自发地进行特殊教育学校的功能转型与变革。这种功能上的多元化主要集中于两个方面。其一,在学段类型上,由义务教育向两端延伸。很多特殊教育学校开始兴办学前特殊教育,使更多残疾幼儿能够有机会进入专门的特殊教育机构,接受特殊教育服务。同时,向职业教育延伸也成为很多区域特殊教育学校普遍的做法。向职业教育的延伸主要是要解决残疾学生义务教育之后的教育问题,缓解残疾学生的家庭压力与社会压力,为残疾学生提供一些生活与谋生的技能。除此,残疾人高中教育、残疾人高等教育也陆续兴起,一些特殊教育学校甚至形成了从学前、义务教育、职业教育一直到高等教育的发展模式。另有一些特殊教育学校开始寻求完全的功能转型,转变为专门的残疾人职业教育机构。这些变化既是对残疾人教育需求的自觉回应,也在拓展和改变着特殊教育学校原有的功能设定。其二,在教育对象类型上,由轻中度向中重度和多重残疾发展。正如前文所说,由于融合教育的推进,越来越多轻中度障碍学生进入普通学校随班就读,特殊教育学校的生源结构在发生变化,传统的以特定类型为招生对象的特殊教育学校,学生类型越发复杂化与多样化。特殊教育学校的教育理念、师资配置、专业设施等已逐渐不能满足残疾学生类型变化所带来的多样化需求,特殊教育学校必须要重新思考教育类型上的变化对学校功能发展所带来的新挑战,去探寻功能上的转换与新的发展模式。

3. 由直接的教育走向间接的服务

学校是有计划、有组织地对受教育者实施系统教育活动的场所,这是学校的基本性质,即承担着对教育对象进行教育教学的任务。这点无论对于普通学校,还是对于特殊教育学校,都概莫能外。对于特殊教育学校里的残疾学生来说,特殊教育学校是一个教育机构,学校承担着对他们实施教育教学及康复训练等任务。这也成为特殊教育学校惯常的存在方式,即由专门的特殊教育教师主要通过课堂教学的方式,面对特殊教育学生,组织教育教学,实施系统的教育与培养。在这个层面上,特殊教育学校教师与学生之间是直接的教育关系,特殊教育学校与残疾学生之间也是提供直接的教育教学服务。

当代特殊教育改革呼吁和要求特殊教育学校的功能由封闭走向开放,特殊教育学校开始走出校门,以提供特殊教育专业支持的方式进入普通学校、残疾学生家庭或者社区,开展融合教育或送教上门服务。围绕着融合教育、送教上门等,特殊教育学校还通常会接受来自家长的咨询,也包括来自区域教育行政部门关于特殊教育发展策略的咨询与要求。同时,由于普通学校教师普遍缺乏与融合教育相关的理念、知识与技能,以区域特殊教育学校为主体组织或承担的融合教育培训也日渐增多。这些变化都在悄然改变着特殊教育学校传统的角色定位与功能,除了继续面向本校内的重度及多重残疾学生实施教育教学之外,间接的教育服务越来越多。特殊教育学校逐渐被要求由直接的教育者转变为区域特殊教育与融合教育发展的专业支持者、服务者、政策咨询与建议者、区域特殊教育管理者、融合教育教师培训者等新的角色。这种变化显然在改变着人们对特殊教育学校传统角色与功能的认识,而这种转变归根结底又体现于对特殊教育教师新的专业要求。巡回指导教师的出现则集中体现了特殊教育学校的这种功能转型对传统特殊教育教师的影响和冲击。巡回指导教师是由特殊教育学校或特殊教育资源中心派出的,定期或不定期到普通学校为特殊教育需要学生提供专业支持与服务的专业人员。[1] 巡回指导教师是一种新兴的特殊教育

---

[1] 李拉. 随班就读巡回指导的现实困境与对策[J]. 现代特殊教育,2012(7-8):31-33.

教师类型，与传统的特殊教育学校教师不同的是，巡回指导教师虽然也属于特殊教育学校，但他们核心的工作场所已不在特殊教育学校，而在普通学校，为普通学校里需要得到特殊教育支持的学生提供一系列教育评估、安置、课程与教学、个别化教育计划指导等层面的专业服务。事实上，在融合教育背景下，一所特殊教育学校也不再仅仅是单独面对残疾学生实施教育教学的机构，特殊教育学校的整体资源都需要向区域开放，形成对区域推进特殊教育与融合教育的指导、支持与服务。从这个角度来说，特殊教育学校由直接的教育走向间接的专业支持与服务是当代特殊教育改革的必然要求，也是特殊教育学校功能拓展的一种体现。"由台前走向幕后"，向区域特殊教育资源中心转型将会是大多数特殊教育学校在功能转型趋势下提供间接专业支持与服务的必然方向与选择。

三、对功能转型的辩证思考

转型意味着对特殊教育学校的变革要求，它描述的是当代特殊教育学校发展的整体状态与趋势。对于当代特殊教育学校的功能转型，事实上还需要有一些辩证性认识。

其一，在当代特殊教育改革背景下，特殊教育学校的功能没有削弱，反而进一步加强了。生源结构与数量上的变化，并不意味着特殊教育学校功能的弱化甚至消失。特殊教育学校不会消失，转型只是需要特殊教育学校以一种新的方式重新思考自身的存在，它依然需要在教育改革中保持和发挥"骨干"作用。在功能的呈现方式上，虽然更多地体现于由直接的教育走向间接的服务，由"台前走向幕后"，但特殊教育学校存在的意义与价值却愈加增强了。在这个转型的时期，特殊教育学校的任务与职责也是更为繁重与复杂了。在特殊教育的改革中，如若没有特殊教育学校的专业支持，没有特殊教育学校教师作为专业力量的参与，有质量的融合教育、送教上门等教育改革，都很难有效实现。很大程度上，特殊教育学校的转型事关整个融合教育改革的成败，它是融合教育整体改革的组成部分。因而，对于当代特殊教育学校来说，理性认识特殊教育学校发展的新趋势，做好功能转型的准备是非常重要的。

其二，以融合为主导方向的转型与当代特殊教育学校数量上的扩展并不矛盾。一方面，融合教育的推进，希望更多特殊教育学校承担起资源中心的职能，为普通学校提供特殊教育专业支持与服务，很多特殊教育学校目前呈现出生源数量减少与加大特殊教育资源中心建设力度的趋势。但另一方面，从近年来的教育部统计数据我们也会看到，我国特殊教育学校的绝对数量每年都在增长。据教育部《2020年全国教育事业统计主要结果》显示，2020年，全国已有特殊教育学校达2 244所。融合教育要求将更多残疾学生安置于普通学校，那么，为什么特殊教育学校的数量还在增多，这是否是一种矛盾？对于这个问题，我们认为，特殊教育学校数量的增长与国家推进特殊教育发展的整体战略紧密相关,它与融合教育的发展趋势并不矛盾。事实上,我国目前阶段,特殊教育学校数量上的增多与融合教育的发展是相辅相成的。当前残疾学生入学率在全国层面上还未达到预期,一些区域还存在残疾学生没有机会接受教育的现实问题。因而,近年来国家始终在加大特殊教育学校建设的力度,要求人口超过30万以上的县尽可能建立特殊教育学校,尤其加大了对中西部地方特殊教育的扶持,为当地改建、修建或新建特殊教育学校。随着这些特殊教育学校的建立,一方面是有效解决了残疾学生入学问题,扩大了残疾学生义务教育入学率;另一方面,这些特殊教育学校也需要同时成为当地特殊教育资源中心,从区域层面为融合教育推进提供专业支持。如果一个区域没有特殊教育学校作为资源中心,那么融合教育的发展也必然会缺乏相应的专业支持。可以预见的是,特殊教育学校数量增长的态势在未来的一段时期仍会持续。只是,新建的特殊教育学校在加强学校教育教学的同时,构建资源中心为推进融合教育服务,也会成为其重要的功能定位。

第二节 资源中心的概念与性质

特殊教育学校向融合教育理念下的资源中心的转型,是当代特殊教育学校所面临的时代命题。然而,资源中心对于当前融合教育改革来说,也是一个较新的事物与实践方式。资源中心是什么,它要做什么?这是理解特殊教育学校转型和资源中心建设的两个基本问题,即资源中心的概念与性质定位。

一、资源中心的概念

虽然在实践领域,资源中心已经是一个很普及的概念,被越来越频繁地使用。但对于资源中心概念的界定却是非常有必要的。近年来,随着融合教育的推进,很多区域已自发设立资源中心,为融合教育提供专业服务。由于长期以来,宏观政策层面上对这一事物并无明确统一的概念,使得资源中心在区域实践与政策方面有诸多名称,譬如,特殊教育指导中心、随班就读资源中心、全纳教育资源中心、融合教育资源中心、特殊教育康复指导中心,等等。这些概念或字眼,内涵不尽相同,范畴也大小各异,在不同区域,甚至同一区域多呈现交互使用的情况,以至于很多情况下造成一种概念使用的混乱及功能定位上的含糊不清。2017年,新修订的《残疾人教育条例》首次明确了"特殊教育资源中心"这一概念,要求县级以上地方人民政府教育行政部门统筹安排支持特殊教育学校建立特殊教育资源中心,在一定区域内提供特殊教育指导和支持服务。"特殊教育资源中心"被写入《残疾人教育条例》,为资源中心的定位、建设与研究指明了方向,尤其有利于在区域实践与政策层面明确概念、厘清功能。

本研究中所指的资源中心,即《残疾人教育条例》中所规定的"特殊教育资源中心"的简称。它是为了推进区域融合教育与特殊教育发展,充分利用特殊教育学校的专业资源,通常由教育行政部门附设于当地特殊教育学校的专门机构。

有几个要点是把握资源中心概念的关键。其一,资源中心多是依托当地特殊教育学校,附设于特殊教育学校之中的。这点使资源中心与资源教室有着明显的区别。资源教室建设于普通学校,其功能主要聚焦于为本校特殊教育需要学生提供服务,而资源中心依托于特殊教育学校,以充分使用特殊教育学校的专业资源,面向整个区域内的特殊教育需要学生。当然,除了依托特殊教育学校设立的资源中心以外,在尚未建有特殊教育学校的区域,特殊教育资源中心也可能采取设立于区域教师发展中心或者是特殊学生较多的普通学校的模式。但从数量和规模上讲,资源中心多是指设立于特殊教育学校的专业机构。其二,资源中心通常由教育行政部门设立,有行政赋权。资源中心虽然设立于特殊教育学校,但主要由区域教育行政部门设立,属于区域教育行政部门的职能部门,而非归属于特殊教育学校管理。这是从资源中心有效运行的角度所进行的界定,其必要性会在后面的内容中着重讨论。其三,资源中心建设的目的是推进区域特殊教育发展,尤其是为区域融合教育发展提供特殊教育专业支持。资源中心这个词语在西方教育发达国家的兴起,是与融合教育改革运动紧密联系在一起的,它构成了融合教育变革的组成部分。我国在实践领域中近年来频繁使用资源中心和努力建设资源中心,其核心目的也是面对融合教育的发展问题,在寻求为普通学校里的特殊教育需要提供专业支持。因而,资源中心虽然设置于特殊教育学校,但其功能主要是对外,而非对内,它要面向区域融合教育和特殊教育发展。

由于资源中心作为一个相对固定的概念新近才在政策中得以明确,而长期以来,在区域层面的自发探索之中,正如前文所说,也出现了一些不同的概念表述方式。明确资源中心的概念,还需要辨清特殊教育资源中心与上文中所提到的其他几个常见概念之间的关系。这里面,尤为重要的是要理解特殊教育资源中心与特殊教育指导中心这两个概念。

"特殊教育指导中心"是目前在江苏、上海、浙江等省市较常使用的资源中心表述方式。2017年,江苏省教育厅、江苏省民政厅、江苏省卫生与计划生育委员会、江苏省残疾人联合会等四部门联合发布《关于建立特殊教育指导中心制度的通知》,设立省特殊教育指导中心与市县特殊教育指导中心两级。其中,省特殊教育指导中心负责贯彻省特殊教育联席会议精神,具体实施跨部门统筹事项,研究制订切实可行的协同创新政策,实现特殊教育的全过程、专业化管理,指导市、县做好特殊教育工作。这是省级层面的特殊教育指导中心,侧重于顶层设计与宏观管理。更为重要的是,《通知》中要求各设区市、县(区、市)均应依托特殊教育学校建立特殊教育指导中心,通过增配专职人员、共享资源、购买公共服务等方式，指导、服务当地特殊教育发展，并附有明确具体的《江苏省设区市、县（市、区）特殊教育指导中心工作职责》。市、县级特殊教育指导中心的建设是整个江苏省特殊教育指导中心制度的重心所在。而上海市在融合教育早期推进过程中，通常使用"特殊教育康复指导中心"这一表述方式。2006年，《上海市关于加强随班就读工作管理若干意见》中强调要加强特殊教育康复指导中心建设，在各区县建立一个特殊教育康复指导中心的基础上，分别在卢湾区、闸北区、闵行区、浦东新区和上海市盲童学校再建4个听障教育康复指导中心和1个视障教育康复指导中心，同时发布特教学校随班就读工作职责。从总体来看，江苏省的市、县级特殊教育指导中心以及上海市的特殊教育康复指导中心事实上也主要是特殊教育资源中心的概念，由区域教育行政部门依托当地特殊教育学校设立。

　　至于像全纳教育资源中心、随班就读资源中心等词语，多是出现于2017年《残疾人教育条例》之前，一些区域教育行政部门针对特殊教育学校转型所建立的资源中心的指称。譬如，2015年，南京市获批为37个"国家特殊教育改革实验区"之一，实验的主题即随班就读，南京市教育局随即依托市、区两级特殊教育学校，成立了多个随班就读资源中心，作为推进区域随班就读管理、提供特殊教育专业支持的机构，实际上也就是特殊教育指导中心。2017年，江苏省在全省范围内建立特殊教育指导中心制度之后，南京市各个随班就读资源中心也相继在名称上转为了特殊教育指导中心。

　　特殊教育资源中心这个概念，从实践与政策领域的比较来看，实践层面出现得较早，因而在不同区域会有一些不完全相同的概念表述。在政策上作为一个描述特殊教育学校转型后的专有名词，特殊教育资源中心这个概念正式出现的时间还不长，这决定了类似于特殊教育指导中心、随班就读资源中心等概念与词汇仍会在较长一段时期内同时使用。总体来看，这些概念只是词语表达方式有所不同，其设置模式、核心功能与运行机制是趋同的。为研究方便，本研究中统一将特殊教育资源中心简称为资源中心，且重点探讨基于市、区县层面特殊教育学校所设立的资源中心。

二、国家和省域层面关于资源中心的职能规定

　　准确定位资源中心的性质与功能，是发挥资源中心作用的基本前提。在融合教育改革和区域特殊教育推进过程中，资源中心究竟要发挥怎样的作用，才能真正成为"中心"？近年来，在国家和区域层面，围绕资源中心职能定位的政策逐渐明确。2017年新修订的《残疾人教育条例》，不仅确立了特殊教育资源中心的概念，还从宏观角度对特殊教育资源中心的职能进行了统整性规定，为区域进行资源中心功能定位和建设提供了一个基本前提和基础。近年来，江苏、上海等地也陆续形成了省级层面的资源中心政策文件，进一步明确资源中心的职能定位。了解国家及省域关于资源中心的相关政策，有助于我们准确把握资源中心的性质与功能。

1. 《残疾人教育条例》关于资源中心的职能定位

2017年新修订的《残疾人教育条例》,在第二十六条中对特殊教育资源中心的职能进行了较为规范性的界定。即特殊教育资源中心可以受教育行政部门的委托承担以下工作:

(1) 指导、评价区域内的随班就读工作;

(2) 为区域内承担随班就读教育教学任务的教师提供培训;

(3) 派出教师和相关专业服务人员支持随班就读,为接受送教上门和远程教育的残疾儿童、少年提供辅导和支持;

(4) 为残疾学生父母或者其他监护人提供咨询;

(5) 其他特殊教育相关工作。

从《残疾人教育条例》关于资源中心的五大职能定位来看,资源中心主要以承担随班就读相关指导、评价、培训、支持等工作为主,兼顾咨询和其他相关工作。这也反映出国家在大力推进融合教育过程中,对特殊教育学校转型及资源中心职能的基本理解和规定。

2. 江苏省关于资源中心的定位

近年来,江苏省在大力推进融合教育的进程中,将资源中心建设同样作为重要举措,并以通过出台省级政策的方式对资源中心做出明确要求。相较于《残疾人教育条例》关于资源中心的概括性规定,江苏省的资源中心功能定位则更为具体明确。在江苏省《关于建立特殊教育指导中心制度的通知》中,市、县特殊教育指导中心的职能定位于八个方面:[①]

(1) 落实当地特教联席会议部署。按照当地特殊教育联席会议要求,制订相关政策并具体实施。接受联席会议委托,完成特殊教育发展各类政策制订、专项建设、过程指导、质量评估、专业研究等任务。

(2) 协助制订区域特教资源规划。根据区域内特殊儿童的年龄、残障类别、居住地等分布情况,协助当地教育行政部门制订区域特殊教育发展规划。学前与义务教育阶段以乡镇(街道)为布局单位,高中阶段教育以县区为布局单位。30万以上常住人口地区至少建设一所独立设置的特殊教育学校;在普通幼儿园、小学、初中、中等职业学校等分别设置若干融合教育资源中心;在融合教育资源中心不能覆盖的地区,根据需要灵活设置融合教育资源教室。

(3) 指导建设融合教育资源中心。指导每个乡镇、街道依托普通学校建设学前融合教育资源中心、小学融合教育资源中心、初中融合教育资源中心至少各一个,依

---

① 江苏省教育厅. 关于建立特殊教育指导中心制度的通知[EB/OL]. http://jyt.jiangsu.gov.cn/art/2017/11/1/art_58359_7499063.html,2021-04-30.

托中等职业学校建设一个职业教育融合资源中心。指导普通学校通过配备专职特教教师、设置特教班、配建资源教室、改造无障碍环境、创设生活化教育环境等方式,建设适合特殊儿童学习发展需求的融合教育资源中心。

(4) 组织实施教育诊断与评估。在当地特殊教育联席会议和特殊教育专家委员会指导下,组建由教育、医疗、心理、康复、社会工作、家长、志愿者等方面专家组成的特殊教育专家资源库。结合残疾鉴定委员会相关工作,对区域内适龄特殊儿童少年的身体状况、接受教育的能力和适应学校学习生活的能力进行评估,提出教育安置、转衔建议。指导学校做好特殊学生多元化评价工作,将学生阶段性发展情况纳入各学校教育质量评价中。

(5) 普通学校个别化教育指导。依据国家普通学校课程标准和特殊教育课程标准,指导各融合教育资源中心制订特殊学生需求的个别化教育方案,提供过程性教育评估与课程调适建议,实施适宜的教育服务。协调卫生、残联等部门资源,为特殊需要学生提供康复服务,指导家长做好家庭康复训练。指导初高中学校制订实施特殊学生生涯发展规划,指导职业技能教育。协助残疾人之家、指导普通中小学校实施义务教育阶段送教(康)上门工作。依托巡回指导教师构建特殊教育教研员团队,通过集体审议提高个别化教育指导和服务能力。

(6) 区域特殊教育评估与管理。制定特殊教育工作管理办法,视导区域内各普通学校及特殊教育机构的融合教育、送教上门等工作,并将视导结果纳入教育行政部门对学校的年度综合考评。会同民政、卫生、残联等部门,全面掌握本行政区域内适龄残疾儿童、少年的数量和残疾情况,实现职能部门间数据对接共享。搜集管理本地区特殊教育信息、资源,为学校、家长、学生提供辅导、咨询、远程教育等专业支持。

(7) 特殊教育研究与师资培训。联合专业力量开展特殊教育教学研究,探索解决特殊教育实践中的重点难点问题,为普通学校提供专业支持,为教育行政部门提供决策建议。研究特殊教育教师专业发展,组织开展系统性全员培训、特教教师培训、管理人员培训,加强对特殊教育骨干教师队伍建设的指导与培养。

(8) 各设区市特殊教育指导中心负责指导辖区内各县(市、区)特殊教育指导中心的业务工作。

三、资源中心的性质定位

从国家及地区资源中心的政策规定来看,资源中心围绕为融合教育提供专业支持服务这一核心性质已基本明确。然而,政策更注重宏观引领,资源中心要真正发挥作为"中心"职能,还需要依据政策规定,结合区域推进融合教育的实践需求来进一步分解和细化。目前来看,作为推动区域特殊教育和融合教育发展的"中心",资源中心可定位为四个方面的中心。

1. 区域融合教育儿童发展中心

资源中心首先应成为区域推进融合教育的儿童发展中心,为区域范围内有特殊教育需要的学生提供专业支持,促进特殊教育需要学生更好地融入普通学校,为其在普通学校得到适合的发展奠定基础。这是资源中心最核心的功能,它直接与特殊教育需要对象紧密相关。1994年的《萨拉曼卡宣言》希望能够通过推行融合教育,形成一种真正"以儿童为中心"的教育学。以儿童为中心,是融合教育构建支持保障体系的根本出发点。资源中心在区域层面有着专业的特殊教育师资、设备与经验,它的功能并非仅仅对内来满足特殊教育学校里的儿童发展需要,而主要应对外,将其特殊教育专业资源和功能扩展到整个区域范围内,为各类融合学校里的特殊教育需要学生提供专业支持。资源中心要有效地作为一种建构"以儿童为中心"教育学的重要方式而存在。

资源中心对融合教育对象的关注,其方式一方面是在特殊教育资源方面面向区域所有特殊教育需要学生,为他们融入普通学校提供必备的辅助器具、专业教育教学设备,以及将特殊教育学校自身所具有的各种教育与康复设施及资源向区域特殊教育需要对象开放。从这个意义来说,一所特殊教育学校的资源就是一个区域的融合教育资源。另一方面更为重要的是,资源中心要通过巡回指导这种专业实践方式,派出专业教师为普通学校里的特殊教育需要对象提供教育评估、安置建议、课程调整、康复训练等直接的支持服务。所谓巡回指导,是为了推进融合教育,由资源中心派出专业人员,定期或不定期深入普通学校为特殊教育需要学生及普通学校教师提供专业指导、咨询与帮助的重要支持方式。巡回指导作为特殊教育机构参与融合教育的方式,主要有两个突出的特点。一是专业性,即巡回指导教师是由来自特殊教育学校的具有丰富特殊教育经验的教师担任,对于普通教育机构来言,他们是特殊教育不同领域内的专家;二是灵活性,巡回指导教师可以根据普通学校在融合教育推行中的需要或亟待解决的重要问题,进行有针对性的指导与帮助,可以根据不同的目的与需要灵活安排进行巡回的专业人员和内容。[1] 这种直接的支持服务构成了资源中心功能发挥的核心方式,对特殊教育需要对象的有效融合与身心发展有着重要的推动作用。

需要指出的是,资源中心作为区域融合教育儿童发展的中心,除了关注普通学校里的特殊教育需要之外,尚需考虑为不能到普通学校或特殊教育学校的极重度残疾学生提供送教上门服务。从教育普及的任务来看,资源中心在区域提高残疾学生入学率、为每一个残疾学生尽可能提供受教育机会方面,需要发挥关键的支持作用。这也是资源中心作为区域儿童发展中心不可或缺的重要功能之一。当然,从送教上门本身来看,它是一项复杂的特殊教育改革实践,除了资源中心,还需要其他专业机构、

---

[1] 李拉.巡回指导:学前融合教育的专业支持模式[J].现代中小学教育,2013(3):43-46.

人员以及政策的调整与支持,这是另外一个值得研究的话题。

2. 区域融合教育管理中心

区域融合教育发展的现状与需求,决定了资源中心还需部分兼具行政管理职能,帮助区域教育行政部门实施融合教育管理,协助教育行政部门推进区域融合教育的整体发展。我国基础教育管理实行以县为主的原则,区县级教育行政部门整体上负责区域教育改革的实施,包括特殊教育与融合教育。然而教育行政部门自身对融合教育发展并无专业管理经验,尤其是涉及对普通学校融合教育变革的实践管理层面,往往需要依托特殊教育专业力量的参与和支持。各地多依托特殊教育学校建立资源中心,其意义也在于此。

资源中心的融合教育管理职能,主要表现为:其一,政策咨询与建议。区域融合教育发展,首先需要顶层设计与整体规划。国家及省级层面的相关政策,多注重宏观和统领性,到了县区一级,需要进一步围绕国家政策和区域实践,形成发展规划,进行融合教育的整体设计。譬如,2014开始,国家连续通过发布第一期、第二期特殊教育提升计划的方式推进特殊教育改革和融合教育发展。到了区县一级,基于国家层面的特殊教育提升计划,构建区域特殊教育改革和融合教育发展的明确具体的实施方案就非常有必要。资源中心在区域融合教育政策制定过程中,需要发挥专业咨询作用,从特殊教育实践视角提供专业建议,协助教育行政部门围绕融合教育实践问题,出台一系列政策或制定相应的制度,以保障融合教育的有效推行。其二,融合教育实践指导。对普通学校的融合教育实践指导,是资源中心在融合教育管理层面重要的职能表现之一。普通学校在融合教育发展过程中,面临着很多亟待解决的实践问题,譬如特殊教育需要学生的诊断、鉴定与安置,特殊教育需要学生的教育评估,特殊教育需要学生的个别化教育,资源教室的建设与运行,融合教育的课程与教学调整等。这些问题既是实践问题,又与融合教育政策和管理紧密相关。资源中心要帮助普通学校在融合教育运行方面,建立规范有效的流程,从特殊教育专业的视角为普通学校融合教育的有序实施提供切实的建议和指导策略。其三,融合教育督导与评价管理。普通学校的融合教育发展,除了需要一系列政策支持与专业指导之外,还需要相应的督导与评价。督导与评价,加之特殊教育专业支持,共同构成了普通学校融合教育规范有序发展的重要前提。推进融合学校建设,专业支持与督导评价两个环节都不可或缺。资源中心需要协助教育行政部门建立区域融合教育发展或评价体系,参与融合教育督导,从特殊教育专业角度来审视和衡量普通学校面对特殊教育需要对象的实施情况,进行客观准确评价,以督导和评价的方式督促普通学校的融合教育改革。尤其是在当前我国融合教育实践模式还不够成熟完善的时期,资源中心协助教育行政部门发挥政策咨询、专业指导和督导评价的职能是非常重要的。

3. 区域融合教育教师发展中心

在面对普通学校里的特殊教育需要学生提供直接支持的同时,资源中心还要承担起引领区域融合教育教师专业发展、构建高水平融合教育师资队伍的任务。融合教育的推进,需要大量的具备融合教育素养的师资,没有专业化的师资队伍,融合教育很难提升质量。融合教育的师资队伍主要包括普通学校里的资源教师、资源中心自身的巡回指导教师以及大量的承担融合教育教学的普通学校学科教师。融合教育对于这些教师来说,意味着新的任务与挑战,加强对这些师资的培训与专业引领至关重要。从一般意义来说,专门设立的特殊教育师范院校(如南京特殊教育师范学院)以及其他各类师范大学、师范学院的特殊教育系,也包括区域教师发展中心应承担起融合教育教师培训的任务,推进融合教育教师养成的一体化。然而,囿于我国特殊师范教育资源远不能满足全国大范围融合教育师资培训的需求,加之区域教师发展中心同样缺乏特殊教育的专业培训资源,资源中心不可避免地需要成为区域性融合教育教师的培训中心与专业发展中心。

事实上,以特殊教育学校为背景进行特殊教育以及随班就读师资的培训在实践层面上已长期存在。我国特殊教育学校具有丰富的特殊教育实践经验,在 20 世纪 80 年代特殊师范教育机构、特殊教育师资培训中心没有建立起来或数量少而无法满足大量师资培训需要的情况下,很多省、市就已出台了相应的特殊教育教师培训政策,依托办学经验丰富的特殊教育学校开展教师进修培训,充分发挥特殊教育学校在教育实践方面的优势。这种师资培训,已经成为特殊师范教育院校之外的另一种重要培训形式,与特殊师范院校形成了良好的互补,共同推进了区域特殊教育师资力量的提升。[①]

融合教育的推进需要资源中心成为区域融合教育教师培训的组织者、培训者,并最终成为区域融合教育教师专业发展的引领者。这是目前大多数市、区县级资源中心在特殊师范教育资源不足的背景下,所要承担起的角色与职能。资源中心要将引领区域内各类融合教育教师专业发展为己任,提升融合教育教师的专业理念、专业知识、专业能力以及实践经验。资源中心可以通过与区域教师发展中心合作的方式,引入其他区域或高校特殊教育资源,围绕资源教师、巡回指导教师、学科教师以及融合教育管理者等组织各类培训,推进这些融合教育专业人员的继续教育。同时,资源中心自身也可以成为融合教育的培训者,结合特殊教育学校的专业实践,由资源中心的教师面向普通学校提供特殊儿童心理学、特殊教育诊断评估、特殊教育案例分析等与实践紧密结合的培训课程,为普通学校教师面向特殊教育需要提供实践案例和经验。

---

① 李拉.我国特殊师范教育制度研究[M].南京:南京大学出版社,2016:99.

4. 区域融合教育咨询服务中心

资源中心的开放属性决定了它除了面对普通学校和特殊教育需要学生以及融合教育教师之外，还要面向社会，成为区域融合教育咨询服务中心。这是当前融合教育发展的实践需求所决定的。融合教育在实践推进中会面临着一些阻力，这些阻力既来自包括教育管理者和教师在内的教育系统内部，还会来自教育系统外部，主要来自普通教育的家庭和社会。融合教育是一种新的教育变革，当越来越多残疾学生从传统的特殊教育学校进入普通学校普通班实施教育安置之后，来自普通儿童家长和社会的不理解、不支持会在很大程度上成为阻碍融合教育推进不可忽视的力量。当前经常见诸新闻媒体的融合教育安置事件、家长联名驱逐特殊儿童事件等，都与融合教育理念相关，其背后则是融合教育缺乏政策宣传与舆论引导。区域融合教育的推进，除了考虑专业支持问题，还必须要考虑如何改变社会舆论认知和理念，解决融合教育实施中的观念问题，甚至很大程度上这会是一个影响实践变革成效的问题。当代区域融合教育的改革过程，事实上也是一个将融合教育理念与政策向全社会宣导的过程，是一个塑造融合社会文化的过程。这是融合教育作为一种新兴的教育改革，必然要经历和面对的。

资源中心在区域融合教育发展中的咨询服务主要体现为融合教育的问题咨询、政策解读与舆论宣传。一方面，资源中心要能够面向教育系统自身和社会，有效解答一些来自普通学校教师、管理者以及学生家长所关心和困惑的实践问题，为其提供专业的咨询服务、建议或解决策略。这里面会涉及特殊儿童的安置方式、诊断鉴定的流程、课程与教学调整的策略、康复训练的实施等具体问题。资源中心还要为可能出现的家校纠纷提供一些有效的解决方法或策略指引。另一方面，融合教育理念层面问题的解决还需要依托大量的政策与舆论宣传来改变融合推进的整体环境。资源中心要面向教育行政部门、普通学校及社会，围绕融合教育的国家政策、体系架构与变革趋势进行解读和说明，通过举办各类活动，积极宣传国家及区域的融合教育政策，以帮助整个区域形成正确的舆论氛围，理解把握融合教育的改革趋势，树立从教育系统内部、教育系统外部到整个社会层面关心、理解和支持融合教育的环境。当然，资源中心的咨询服务功能很多情况下也无法完全通过自身来完成，还需依托其他政府职能部门的参与、新闻媒体的支持以及特殊教育专家委员会等专门机构的设立，形成推进融合教育的合力，但其中资源中心作为特殊教育专业咨询的主体地位是明确无疑的。

第三节 资源中心建设

资源中心主要依托当地特殊教育学校而设立,但并不意味着特殊教育学校可以自然地转型为资源中心。资源中心的性质定位决定了资源中心在融合教育发展中有着举足轻重的作用与功能,它的性质定位也同时决定了特殊教育学校转型的方向以及资源中心建设的基本策略。目前在区域层面,加强资源中心建设也几乎与普通学校的资源教室建设一样,成为区域融合教育推进的核心抓手与重要实践方式。但从整体来看,资源中心对于特殊教育学校以及区域教育行政部门来说,是一个新生的教育事物,建设与运行的成熟模式并不多,大多区域的资源中心尚处于初步构建阶段。那么,资源中心应如何构建才能符合资源中心的政策要求并切实发挥资源中心的功能呢?笔者看来,一所资源中心要在区域层面真正发挥中心的指导、支持、咨询、管理等功能,需要充分考虑到行政赋权、人员配备以及资源中心专业能力提升等几个核心问题,这是资源中心得以成为资源中心的必备条件,也是资源中心发挥其功能的基本前提和保障。其中,行政赋权、人员配备属于外部层面资源中心的设置,教育行政部门应围绕资源中心的功能定位,从人、财、物、制度等基本要素方面合理设置这个组织机构,为其创设资源中心之"形"。从内部层面来看,应加强资源中心自身的专业建设,提升资源中心的专业能力,使资源中心能够切实有效履行作为区域特殊教育中心的职责。也就是注重资源中心的"自我修炼",有专业能力之"实"。这两个层面在当下的资源中心建设过程中都不可忽略,它们共同构成了区域资源中心的建设策略。

一、资源中心的行政赋权

资源中心附设于特殊教育学校,但在行政管理上,资源中心非归属于特殊教育学校,它应隶属于当地教育行政部门,是教育行政部门的派出机构,有特定的行政赋权。换言之,资源中心是代表当地教育行政部门执行和实施融合教育管理、培训及其他专业职责的。资源中心需要有行政赋权,是由资源中心的工作性质和我国教育行政管理的特点所决定的。一方面,资源中心需要执行特定的融合教育指导、评价等任务,部分程度上具有行政管理的职能。这也是我国一些省域如上海、浙江、江苏等地将资源中心命名为"指导中心"的原因之一,因为这个中心核心职能的发挥很大程度上是以面向普通教育进行融合教育指导和管理的角度展开的。另一方面则由于在区域教育行政管理层面,特殊教育学校与普通学校是平行关系,而非隶属关系,因而以特殊教育学校为主要力量的资源中心教师队伍,在履行资源中心职责,尤其是专业指导时,往往会遇到体制阻碍。这点在我国随班就读推进初期一些特殊教育学校自发构建资源中心时,表现得尤为明显。普通学校对来自特殊教育学校的指导、参与或管理,往往会出现不理解、不支持、不接纳的现象。给予资源中心行政赋权,能够使资源中心在履行职责时有合理合法的身份,更容易被普通教育所接受。因而,很多区县一级的资源中心都由教育行政部门的官员担任资源中心的负责人,资源中心的身份也相应的是"教育行政"身份,而非特殊教育学校的身份。这是在我国教育行政管理背景下,资源中心建设过程中需要首先考虑的要素之一。

二、资源中心的专业队伍组建

专业队伍建设是资源中心构建的另外一个重要因素,资源中心需要有相对独立的专业团队。这个专业团队既包括专门的资源中心管理者,更指的是巡回指导教师队伍。资源中心的核心职能主要是通过巡回指导教师以深入普通学校实施巡回指导的方式来实现的,巡回指导教师队伍的数量和专业结构是资源中心专业队伍建设重点要考虑的两个维度,这也是目前我国资源中心在专业队伍建设方面普遍存在的两大问题,即专业队伍数量不足和专业结构不合理。就专业人员数量而言,巡回指导教师来自特殊教育学校,他们是从现有特殊教育学校教师队伍分离出来所形成的,因而在很多区域,由于特殊教育学校原本专业教师数量就不足,将专门的巡回指导教师从特殊教育学校的教育教学中抽离出来,又会使特殊教育学校的专业师资更加捉襟见肘。这种矛盾往往使得特殊教育学校左右为难,只好将少量教师抽离出来,让他们兼职从事巡回指导工作,无形中又使巡回指导教师面临着特殊教育学校工作与融合教育工作的双重任务,从而压力倍增又很难完全兼顾。就专业人员结构而言,在面向普通学校里的特殊教育需要学生时,来自特殊教育学校的教师又很难独立支撑起特殊儿童筛查鉴定、康复训练等任务,他们需要得到来自卫生、残联等多部门专业人员的参与和支持。应然状态下,巡回指导教师队伍的专业结构要充分考虑到特殊教育、医学及康复学等多学科背景人员的组成。现有的巡回指导教师队伍通常擅长于特殊教育,却在医学、康复学等学科结构上人员匮乏。应对专业人员数量不足和结构不合理这两大问题,是资源中心建设中教育行政部门应予以考虑和解决的。目前来看,在数量上应在区域层面统筹解决巡回指导教师专职岗位问题,通过增设专业巡回指导教师岗位或扩充特殊教育学校教师编制的方式来解决巡回指导教师数量不足的问题。同时,在专业人员结构上,要考虑到教育与多部门之间的合作,以购买服务的方式将来自医学、康复学背景的专业人员聘请为兼职巡回指导教师,以解决巡回指导教师专业团队结构单一的困境。

三、资源中心的专业能力提升

资源中心的功能发挥归根结底依赖于资源中心的专业能力,因而提升资源中心自身的专业能力成为资源中心建设策略中的核心环节。如果说由教育行政部门给予资源中心行政赋权和组建资源中心专业团队是建构资源中心发展必需的硬环境或外部条件的话,那么提升资源中心的专业能力和支持服务水平就是为资源中心建设打造软环境,它回答的是资源中心能否有效承担和履行职能的问题。

  对资源中心性质定位的分析能够让我们意识到,从特殊教育学校到资源中心的转型或过渡意味着一种新的变革。虽然二者都需要立足于特殊教育专业,但专业实施的对象、目标、路径、方式等都有了明显的不同。在特殊教育学校,面对残疾学生实施教育教学是其主要任务,而面对融合教育,资源中心的任务在趋于多元化和复杂化。一方面,将特殊教育的专业能力应用于普通教育的环境之中,对于当代特殊教育学校来说还是一项新的话题。资源中心需要在普通教育环境里为特殊教育需要学生提供有效的特殊教育专业支持,需要面对这个新的环境为普通学校教师提出一些有针对性的专业指导、建议和策略指引。这种基于普通教育环境的专业指导和服务,对于习惯了在特殊教育学校面对少数残疾儿童实施教育教学的特殊教育教师们来说,无疑是一种新的挑战。除了特殊教育专业层面的要求之外,围绕着融合教育相关的管理、支持、咨询、培训、评价等任务要求却是传统意义上的特殊教育学校之前较少甚至没有涉及的。从这个角度来看,资源中心的职能已经很大程度上超出了我们对传统特殊教育学校职能的理解。事实上,资源中心对于当前的特殊教育学校来说,的确是一个极富挑战性的工作。如果无法有效应对以上问题,在区域层面资源中心的特殊教育专业水平及专业地位会受到来自普通教育实践领域的质疑,也会间接影响到普通教育甚至整个社会层面对融合教育的认可、理解和支持。

  资源中心的建设必须要回到立足于提升自身专业能力这一根本建设路径上来。这需要资源中心的管理者和巡回指导教师首先转变观念,从整个区域融合教育推进的视角来理解资源中心建设的目的和功能,树立正确的资源中心发展意识。更需要以观念的转变为基础,从增强资源中心的管理水平和支持服务水平入手思考自身专业能力的提升问题。加强培训和立足实践的研究,是资源中心功能提升的两个基本路径。资源中心要创造条件,为巡回指导教师提供有针对性的专业培训,提升巡回指导教师面对融合教育环境的专业服务能力和水平。而巡回指导教师更需要深入普通学校实践,面对巡回指导这个新的课题,立足于融合教育课堂,实施基于实践的研究,从融合教育实践中去归结问题、反思实践、总结经验,提升自身专业水平,从而为融合教育实践提供更专业的指导和服务。

第七章　融合教育课程

任何教育过程都涉及知识、技能、能力、态度或情感等方面的因素,即都涉及"教什么"的问题。从这个意义上来说,课程的问题是教育上的一个永恒的课题。[①] 作为对普通教育实践领域正在产生着深远影响的教育改革思潮,融合教育对课程问题的关注也是方兴未艾。然而,就融合教育课程本身而言,它的概念、理念、实施模式都还有待明晰。虽然课程问题是非常具体的教育实践,但要深入了解融合教育课程,还需要首先从融合教育课程的基本理念入手,弄清与融合教育课程相关的一些基本理论问题,才能有效开展融合教育的课程实践。

第一节　融合教育课程的基本理念

从融合教育视角来审视课程,需要弄清融合教育课程的概念、融合教育课程的性质这些基本理论问题,才能有效把握融合教育课程发展的方向,并进而为融合教育背景下的课程改革实践奠定基础。

一、课程问题是融合教育质量的关键

世界融合教育发展已经走到了一个以提升质量为核心目标的阶段。提升融合教育质量,不仅仅是口号或目标,更表现为一系列融合教育相关的教育改革活动,既涉及宏观层面的教育体制变革与学校转型等问题,更涉及微观实践层面的课程与教学。其中,课程问题首当其冲成为融合教育质量维度下的一个关键问题。

在以英美为代表的西方教育发达国家,融合教育的推进已不再满足于支持体系的构建等外围要素,而是开始深入探索特殊教育需要学生的课程融合,并将其视为有质量的融合教育的核心体现。早在英国一体化运动时期,沃诺克报告就确认了三种水平的一体化:地点性的一体化——所有孩子在同一地点;社会性的一体化——残疾学生和健全学生在非学习时间中相互影响;功能性的一体化——包括教室中全面的

---

① 施良方.课程理论——课程的基础、原理与问题[M].北京:教育科学出版社,1996:1.

一体化。① 教室里全面的一体化意味着对残疾学生最高层面的融合，其中，提供适合残疾儿童的课程逐渐成为成功的一体化所需的必要条件。一体化理念认为，残疾程度越重，就越需要改变课程，在课程上就越需要有更大的灵活性，以平衡认知性需要和个人的社会性需要之间的关系。② 荷兰学者皮吉尔和梅杰（Pijl & Meijer）指出融合教育可以有六种不同的水平：物理空间的融合、名称的融合、管理的融合、社会性的融合、课程的融合、心理的融合。③ 而课程的融合显然处于这六种不同水平融合的高级阶段。英国融合教育专家托尼·布思和艾因斯科（Tony Booth&Ainscow）将这六种水平又简化为了三个层次：物理空间的融合、社会性的融合以及课程的融合。其中，课程的融合成为融合教育最高也是最难的目标。④ 澳大利亚则将特殊教育需要学生全方面参与普通教育课程写入政策法律之中，将其视为保障参与、促进公平的基本原则之一。⑤

我国融合教育发展，同样面临着对课程问题的思考。甚至很大程度上，特殊教育需要学生参与普通学校的课程问题，成为决定我国融合教育发展成效的一个关键维度。如果特殊教育需要学生不能全方位融入普通学校的课程与教学之中，那么，我们的融合教育就只有融合之形，而无融合之实。让特殊教育需要学生全面融入普通教育，课程是无法回避的问题，这一问题是我国融合教育实践改革的重点，也是亟须攻关的难点。它实则意味着从普通教育视角，重新来理解课程的性质与目标，从满足特殊教育需要的视角，重新来思考和架构课程的内容、实施、评价等问题。这也是近年来在国内外，"融合教育课程"这一概念逐渐兴起和引起越来越多讨论的重要原因。

二、融合教育课程的概念

什么是融合教育课程？明确融合教育课程的概念是对这一问题展开深入研究的基本前提。融合教育课程概念的提出，与融合教育在实践中的紧密推进深刻相连，它是从融合教育视角来审视课程问题所形成的一个相对较新的概念，它回答的是在融合教育背景或趋势下，课程是什么这一问题。而融合教育课程问题，与融合教育领域中的很多新的概念一样，是一个备受关注和讨论，又有待明晰、缺乏定论的问题。很多国家的学者在尝试着阐述他们对融合教育课程的理解，进而形成一些描述性或规

---

① [美]M·C·王. 教育大百科全书：特殊需要儿童教育[M]. 肖非，译. 重庆：西南师范大学出版社，2011：162.
② [美]M·C·王. 教育大百科全书：特殊需要儿童教育[M]. 肖非，译. 重庆：西南师范大学出版社，2011：163.
③ Sip J. Pijl & Cor J. W. Meijer. Does integration count for much? An analysis of the practices of integration in eight countries[J]. European Journal of Special Needs Education, 1991, 6(2): 102.
④ 邓猛. 融合教育理论反思与本土化探索[M]. 北京：北京大学出版社, 2014：116.
⑤ 李拉. 澳大利亚融合教育政策解析[J]. 中国特殊教育, 2018(11): 9-14.

定性的定义,这些定义也为建立融合教育课程观奠定了基础,进而深刻影响着融合教育的实践模式。

在教育发达国家,融合教育课程事实上并不是一个严格意义上的学术概念,他们的学者们倾向于将融合教育课程视为一种面向特殊教育需要学生,为其提供的学习经验、阅历以及各类教育资源的总和。这实际上是从关于课程一般性质的理解上来界定融合教育课程的。课程是教育经验的传递,而融合教育课程同样是教育经验的传递,只是发生于融合教育实践领域,所面对的群体或个体是特殊教育需要学生。譬如,詹妮弗·约克(Jennifer York)等人认为,融合教育课程是通过普通学校提供的必要的知识和技能,并能满足特殊教育需要学生独特的学习需要,使他们有效融入社区。① 艾伦·范尼克(Ellen Fennick)认为,融合教育课程是为包括特殊教育需要学生在内的所有学生提供的增强他们融入社会、向成年阶段过渡的机会。② 从关于课程的宽泛意义上来理解融合教育领域内的课程,很大程度上是将融合教育课程视为课程本身,是整个普通教育课程的组成部分。

我国学者在近年来随班就读实践基础上关于融合教育课程的讨论与研究也方兴未艾。融合教育课程在国内也经常被称之为"全纳课程"或"随班就读课程"。国内学者倾向于为其下一个较为明确的定义,以便于对其理念和实践模式进行阐释。譬如,邓猛认为,融合课程既是面向所有学生的共同课程,又是适应学生个别差异的具有弹性的课程。③ 他认为融合教育课程反对传统的牺牲大多数能力一般或较差学生的发展需求,只注重极少数优秀学生发展的精英主义教育模式,但它也并非"一刀切"的课程,需要多种资源、辅助设备、改编的教学材料、人员包括合作教师与其他专业服务人员的投入。昝飞则将融合教育课程定义为让所有学生都能够进行高质量学习的共同课程,它不是只照顾好部分优秀学生,或者只照顾到正常学生而将特殊教育学生排除在外。④

课程是教育改革的核心组成,对课程的定义总是与对其背后所蕴含的课程观念、实践模式的理解紧密契合在一起。在怎样的程度上定义融合教育课程,很大程度上意味着融合教育课程实践的表现方式,意味着融合教育的推进模式。纵观国内外关于融合教育课程的理解,结合我国当前的融合教育实践变革及发展目标,本研究认为,所谓融合教育课程,就是为满足特殊教育需要学生的特殊教育需求,以普通教育

---

① Jennifer York, Mary Beth Doyle, Robi Kronberg. A Curriculum Development Process for Inclusive Classrooms[J]. Focus on Exceptional Children, 1992, 25(4): 1-16.
② Fennick E. Coteaching: An Inclusive Curriculum for Transition[J]. Teaching Exceptional Children, 2001(33): 60-66.
③ 邓猛. 融合教育与随班就读:理想与现实之间[M]. 武汉:华中师范大学出版社,2009:269.
④ 昝飞. 融合教育:理想与实践[M]. 上海:华东师范大学出版社,2016:107.

课程体系为基础,通过适当调整与变革所形成的面向所有学生的课程。

三、融合教育课程的性质

融合教育课程这一概念的提出,使我们对传统课程体系的划分有了新的认识,同时也有了新的疑惑。融合教育课程究竟是怎样的课程,它与现有的普通教育课程或特殊教育课程之间有什么关系？它是一种随着融合教育的推进将在普通学校里实施的全新的课程系统吗？这些问题涉及对融合教育课程性质的把握,如果不能明晰这一问题,我们就很容易陷入概念及实践的困惑之中。

在我国传统课程体系中,是有普通教育课程(或基础教育课程)与特殊教育课程之分的。在谈到一般意义上的基础教育课程改革时,通常其默认的对象领域是普通教育,很少包含特殊教育。由于特殊教育学校在教育对象上的特殊性,它逐渐建立起相对独立的课程体系,我们称之为特殊教育课程。普通教育课程与特殊教育课程有交叉,譬如在听障和视障教育领域,特殊教育课程很多也是普通教育课程。但特殊教育课程体系有其自身的独特性,如听障教育与视障教育领域里的沟通与交往、综合康复、社会适应等课程。这种课程的独特性在智障教育领域体现得更为明显,生活语文、生活数学、生活适应以及唱游与律动、绘画与手工、康复训练等课程构成了培智教育课程的核心部分,这显然与普通学校的学科课程有显著差别。那么,当特殊教育需要学生进入普通学校之后,课程问题应如何解决？是否还有可能依托特殊教育学校课程来解决这些学生在普通学校的教育教学问题？我们需要认识到,固然融合教育在教育对象上面对的是包括残疾在内的各类特殊教育需要学生,但教育教学发生的主要场所是在普通学校普通班,特殊教育需要学生需要尽可能融入普通教育课程体系之中,而不是单独于普通教育课程体系之外以特殊教育学校课程的方式施以教育。因而,融合教育课程的首要特征或性质,应是以现有普通教育课程为核心的课程。具体来说,融合教育课程虽然是一个新的概念,但它并不是一种独立于普通教育课程与特殊教育课程之外的全新的课程系统,而是以普通教育课程为核心的课程,它本质上仍是普通教育课程。这是之所以教育发达国家将融合教育课程改革视为国家课程改革的重要原因。

在融合教育起步相对比较早的一些教育发达国家,融合教育课程已逐渐被等同于课程改革中的"国家课程",他们往往从国家课程整体改革的视角来理解融合教育领域内的课程问题。在美国,为保障特殊教育需要学生有机会进入普通教育环境并获得发展,美国不断修订他们的《所有障碍儿童教育法》(IDEA),并于2002年颁布《不让一个儿童掉队法》,要求各州提高学业标准,并强调让残疾儿童参与普通教育活动和课程之中。美国将特殊教育需要纳入整体的课程设计并以各州规定的统一课程框架为依据设置课程,以此保障残疾儿童参与普通课程学习的机会。① 在英国,融合课程首先是一种"共同课程",即供所有儿童学习的课程,如英国1988年教育法确立的"国家课程"。这种共同课程以儿童生理-心理一般发展阶段的特点为基础,确定某一年龄阶段儿童应该达到的基本技能和学业水平,从而确定学校课程目标和内容,为儿童将来顺利地过渡到成人生活奠定基础。② 澳大利亚自2008年发布《墨尔本宣言:澳大利亚青年教育目标》之后,为实现优质而公平的教育目标,澳大利亚政府开始加大国家课程建设力度,为各州构建相对统一的基础教育国家课程体系。包括残疾学生在内的所有特殊需要教育对象,也同时被纳入国家课程统筹考虑的范畴之中。③ 联合国教科文组织在其编写的全纳教育指南中,也明确指出,全纳课程包含学生在学校和社区所能用到的所有学习经验,其核心是在普通课堂上应用的计划性教学和学习机会,也就是所谓学校的"正式"课程。④

普通教育课程构成了融合教育课程的核心,但不是全部。对于很多特殊教育需要学生来说,仅仅通过参与普通教育课程,无法满足其特殊教育需要,他们还需要在普通教育课程之外,围绕其生活自理、社会适应、功能康复以及职业生涯规划等层面,增加一些特殊教育课程,它们共同构成了融合教育课程的框架。但需要强调的是,这种增加的特殊教育课程就性质而言是对普通教育课程的补充,融合教育课程始终应是以普通教育课程为主,才能真正回应融合教育理念所要求的参与和实质融入的目标。理解和把握了融合教育课程的这个性质,我们才能在融合教育实践和课程改革中不至于因困惑迷惘而失去方向。

四、融合教育课程发展的方向

融合教育课程带来了对普通教育课程新的理解与要求。它需要普通教育课程从满足多样化和差异的角度出发,革新现有课程观,通过相应的课程改革来回应越来越多的特殊教育需求。融合教育课程的改革,最关键的问题是需要打破现有普通教育课程在面对特殊教育需要对象时所存在的缺陷与不足,增强课程的适用性。从这个角度来看,融合教育课程发展有两个基本的方向,一是注重对普通教育课程的调整,二是强化普通教育课程的通用性。

从融合教育的概念和性质来看,所谓的融合教育课程就是对现有普通教育课程的调整,这是融合教育课程的本质特征。正如前文所分析的,融合教育课程需要以普通教育课程为基础来思考普通教育课程的适用性问题。对"调整"的强调,恰恰是由

---

① 盛永进.全纳走向下国际特殊教育课程的发展[J].外国教育研究,2013(9):88-95.
② 邓猛.融合教育理论反思与本土化探索[M].北京:北京大学出版社,2014:118.
③ 李拉.澳大利亚融合教育的课程调整及启示[J].中国特殊教育,2019(7):15-21.
④ 联合国教科文组织.全纳教育共享手册[M].陈云英,杨希洁,赫尔实,译.北京:华夏出版社,2004:101.

于普通教育课程的"不适用"。当前,我国基础教育课程或普通教育课程所涉及的课程问题,如课程目标、课程内容、课程实施、课程评价等,都是建立在普通学生身心发展特征基础之上,它考虑的是如何面对教育群体里的"大多数"——普通学生的问题。而很少或基本没有考虑到班级里可能会出现特殊教育需要学生,没有考虑到会有学生看不到、听不到、智力低下或有注意力缺陷等情况。换句话说,我们面临着现有普通教育课程与特殊教育需要之间的"不兼容"问题。普通教育课程必须要直面这一问题,围绕班级里存在的差异与多样性,通过对课程目标、课程内容、课程呈现方式、课程评价等维度的调整和变化,使普通教育课程同样适用于视障、听障、智力障碍、学习困难等教育对象。关于课程调整的策略与方法,将会在下节重点论述。

对课程调整的强调,源于目前普通教育课程体系与教育对象差异性及其引发的课程适用性需求之间的矛盾。通过对现有课程的调整,能够很大程度上缓解这一矛盾,增强现有课程的适用性。但从课程发展的长远来看,更需要改革现有普通教育课程,以融合教育的理念为指导重构现有普通教育课程体系,在课程适用对象上要充分考虑到教育对象的多样性,将面向包括特殊教育需要学生在内的所有学生作为课程设计的出发点和立足点,从而全面增强普通教育课程的通用性。近年来,在以美国为代表的西方教育发达国家,已越发重视普通教育课程改革的通用性问题,通用学习设计(Universal Design for Learning,UDL)的理念逐渐开始在全球引发广泛的关注与讨论。通用学习设计的概念来源于 20 世纪 70 年代建筑学领域的通用设计(Universal Design)理念。简单地说,通用设计强调各类建筑及环境设计能够使包括肢体残疾在内的更多的人无障碍进入,而不需要改造结构细节。这一理念已扩展到建筑之外的更多领域,在实践中通用设计理念已形成一些指导原则驱动着各类产品和环境的设计,使它们在最大可能的情况下被更多人使用,而不需要适应或专门设计。[①] 1998 年,美国特殊技术应用中心(Center for Applied Special Technology,CAST)根据通用设计理论,提出了通用学习设计的概念,并形成了通用学习设计的三个基本原则,以用于普通课程改革之中。CAST 认为,通用学习设计是一种满足学生多样化学习需求的课程设计框架,可以克服传统课程在面对特殊教育需要学生时候的无力和困难,使残疾学生能够和普通学生一样习得课程、获得发展。这三条基本原则分别是:提供课程的多样性呈现方式、提供给学生多样化表达的机会、提供参与方式的多种选择。[②] 作为一种理论,通用学习设计在美国还处于理论研讨和实践探索之中,成熟的经验或模式还未真正形成。但通用学习设计的理念打开了我们思考

---

① King-Sears M. Universal Design for Learning: Technology and Pedagogy[J]. Learning Disability Quarterly, 2009, 32(4): 199 - 201.

② Blamires M. Universal design for learning: re-establishing differentiation as part of the inclusion agenda? [J]. Support for Learning, 2010, 14(4): 158 - 163.

融合教育课程问题的通道,也使对融合教育课程的认识开始从课程调整转向课程设计,这应是解决融合教育发展背景下课程如何面对特殊教育需要问题的根本路径。当然,以通用性为导向的课程设计理念,真正应用于实践,对于我国当前的融合教育改革来说,还需要一个从理念到模式的探索过程。这一过程同时需要与当前的基础教育课程改革相结合并真正融入其中,才有可能使普通教育课程成为面向所有学生的适用性课程。

第二节　融合教育的课程调整

在我国随班就读推进的很长一段时期内,残疾学生参与普通教育课程的问题并未得到足够的重视与研究。这与我国随班就读发展在早期阶段过于追求残疾儿童随班就读的数量与规模,而相对忽略随班就读的质量紧密相关。由于缺乏相应的课程调整要求与系统成熟的课程调整经验,普通学校在面对残疾学生的课程问题时,往往会采取不加调整或随意调整两种处理方式。不加调整,就是不触动现有的课程,让学生自己去适应。随意调整则是在没有充分评估和论证的前提下,为残疾学生降低难度、降低要求或删减内容。显然,无论是不加调整还是随意调整,都很难应对特殊教育需要。课程与特殊教育需求之间的不匹配,让残疾学生很难融入普通教育体系,这也是我国随班就读整体质量不高的重要原因之一。近几年来,随着融合教育政策的大力推进,国家对融合教育课程调整的要求也逐渐提高。2017年的《残疾人教育条例》指出:在普通学校随班就读残疾学生的义务教育,可以适用普通义务教育的课程设置方案、课程标准和教材,但是对其学习要求可以有适度弹性。2020年《教育部关于加强残疾儿童少年义务教育阶段随班就读工作的指导意见》,专门有一条是"注重课程教学调适",要求普通学校要根据国家普通中小学课程方案、课程标准和统一教材要求,充分尊重和遵循残疾学生的身心特点和学习规律,结合每位残疾学生残疾类别和程度的实际情况,合理调整课程教学内容,科学转化教学方式,不断提高对随班就读残疾学生教育的适宜性和有效性。这些政策文件明确了我国融合教育发展在课程方面的方向,即注重课程调整问题,通过课程调整使普通教育课程能够满足特殊教育需要。对融合教育课程调整问题的分析与思考,也相应成为融合教育学的研究重点之一。

一、融合教育课程调整的原则

课程调整的原则是指课程调整所秉持的基本理念,是指引课程调整目标、方向与策略的基础性内容。课程是教育改革中的核心问题之一,对普通教育课程的调整不应是盲目或无序的,应是在基本理念和原则指引下有明确目的和计划,并始终遵循基本方向的。这意味着对融合教育课程调整的思考,首先需要摒弃"摸着石头过河"的尝试性态度,要从确立基本原则入手,以这些基本原则为指引来构建课程调整的一系列实践举措。结合我国融合教育课程调整的现状及发展方向,本书认为,整体性原则、个别化原则与必要性原则应是当前融合教育课程调整要遵循的基本原则。

1. 整体性原则

融合教育课程是以满足特殊教育需要为核心目标的课程,但这一目标的达成是建立在课程能够有效面向所有学生的基础和前提之上的。这是融合教育课程整体性原则的要义所在。正如前文所说,融合教育课程本质上是普通教育课程,是面向全体学生的。任何对普通教育课程的调整,都需要以不影响课程的整体性为原则。事实上,融合教育课程要处理的是在不影响普通学生习得现有普通教育课程的基础上,为适应特殊教育需要学生的差异性,依据国家普通中小学课程方案、课程标准和统一教材要求,对课程进行适度的调整或改变。也就是说,它不以牺牲普通学生的教育教学需求为代价来追求对差异的满足,而是尝试寻找一种平衡。近年来,以英国、澳大利亚为代表的西方国家,在融合教育课程发展上也面临着同样的问题,他们提出了一个"合理调整"的原则,在针对残疾学生进行一系列课程调整时,要同时考虑残疾学生的学习需要并平衡各参与方的利益关系,包括残疾学生、学校、教师以及其他学生。[1]这种合理调整的原则实则综合考虑到了多方面的因素,在尽可能寻找一种合理的"度"。关于教育发达国家的合理调整原则,将在下节中进一步阐述。但无论如何,坚持课程调整的整体性原则对于教育工作者来说是必须秉持的首要原则。脱离了课程调整的整体性原则,课程调整很容易陷入无序和随意的窠臼之中。

2. 个性化原则

个性化原则也可称为个别化原则,它强调的是课程调整中的因人而异。也就是说,在融合教育课程调整的过程中,要基于每一位特殊教育需要学生的身心发展特征,基于对其学业水平和功能水平的判断与评估,形成个别化的调整方案或策略。个性化原则的提出源于特殊教育需要学生与普通学生之间的群体差异以及特殊教育需要学生之间的个体差异。之所以要对现有普通教育课程进行调整,即是基于这种差异的现实存在。如果说整体性原则强调的是课程调整要始终坚持面向全体,不脱离普通教育课程的整体性,那么课程调整的个性化原则就是面向差异,在以全体为关照对象的基本前提下,考虑到普通班级里特殊教育需要学生与普通学生之间的差异,也考虑到特殊教育需要学生之间存在的个体差异。即使对于同一类型的特殊教育需要学生,如同样是轻度智力障碍,也可能存在明显的认知、感知觉、言语、情绪与行为、学

---

[1] 李拉. 澳大利亚融合教育的课程调整及启示[J]. 中国特殊教育,2019(7):15-21.

业水平等方面的差异。因而,关于特殊教育需要学生的课程调整方案有可能相互借鉴,却很难将一名学生的课程调整方案直接应用于另外一名学生。这就要求在课程调整中,要基于群体间差异与个体差异进行相应的调整与改变,才能满足特殊需要。换句话说,在融合教育的课程调整中,可以有关于调整的基本原则与规范,却很难形成一整套的直接用来应对某种类型特殊教育需要学生的课程调整模板。这的确构成了融合教育课程调整的难点,也是课程调整不得不面对的实际问题。

3. 必要性原则

融合教育课程是基于普通教育课程进行调整之后的课程,"调整"这一动词构成了从普通教育课程到融合教育课程转换的关键环节。但调整并非总是发生,也就是说,不是所有特殊教育需要学生的课程都是对普通教育课程进行调整之后的课程,不能以"一刀切"的思维来对待特殊教育需要学生的课程问题。有些特殊教育需要学生,能够适应普通教育课程,那么就没有必要对其进行课程调整。有些特殊教育需要学生,对课程的适应程度很低,可能需要较大程度的课程调整。无论哪一种程度的调整,都要尽可能遵循必要性原则。所谓必要性原则,即"非必要不调整"原则,或者可以称之为"最小调整"原则。调整要基于对特殊教育需求以及个体对现有普通教育课程的适应和接受程度来决定,能不调整则不必调整,如此才能使特殊教育需要学生更好地与普通儿童一样接受同样的课程,促进其最大程度的融入。即使对于存在发展性障碍的儿童,如智力障碍、发展迟缓等,也未必完全需要较大幅度的课程调整。这种调整一定要遵行让特殊教育需要儿童更大程度融入普通教育课程的目标。因而,必要性原则实际上是要求课程调整要有依据和灵活性,它不是从类型出发来设定调整的力度和程度,而是从评估和实际需求出发来决定是否有必要调整的问题,因而它又对调整过程中的评估和目标制定环节提出了严格的要求,这是下文将要讨论到的。

二、融合教育课程调整的思路

课程调整的整体性、个性化与必要性原则为融合教育课程调整的实践提供了根本指南。基于这三个原则,可以架构起融合教育课程调整的四个层次的基本策略与思路。这四个层次的调整策略紧密相连,以特殊教育需要学生对课程调整的需求程度高低为依据,由低到高构成一个层级式结构,帮助教育工作者理清课程调整的思路,并逐渐构建起课程调整的模型。

其一,不调整课程,能否满足特殊教育需要?这是思考融合教育课程调整问题的起点。传统的课程调整思路往往会以对课程内容的触动以起点,这实则是步入误区。对课程内容的调整应是在各项调整措施无效或效果不佳后再予以做出的,而不是将课程内容的调整作为起点。正如必要性原则所要求的那样:除非有必要,才进行课程的调整。对特殊教育需要学生课程调整决策的做出,首先要寻求不触动课程内容的可能性。譬如，对于一些肢体残疾、脑瘫等类型学生，由于不存在感官或智力障碍，他们可以和普通学生一样接受同样的课程，而无须对课程做出调整。对于这些学生来说，融合教育课程就是普通教育课程，普通教育课程就是实现他们最大程度融入的有效课程。

其二，转换课程的呈现方式，能否满足特殊教育需要？现有的普通教育课程以视觉信息呈现为主，主要表现为纸质的教材和其他学习素材。对于视障、听障等存在感官障碍的学生来说，由于存在视觉或听觉感官通道受阻，单一的视觉信息呈现不能完全满足其知识内容的获取。这时，就需要为此类学生转换课程的呈现方式，通过提供更多视觉、听觉、触觉等信息通道，绕开视障或听障学生的感官缺陷，使课程的呈现方式由单一的视觉呈现转向多渠道的信息呈现。譬如，为盲生提供盲文教材和练习册，就是以触觉信息代替视觉信息的一种方式。将课程内容以听觉信息的方式呈现，同样也是一种为盲和低视力学生提供变通课程的方式。对于听障学生来说，增加视觉信息、辅之以手语或手势语教学等方式也是绕开其听觉缺陷的路径之一。当然，由单一转向多渠道的课程呈现方式，对于其他类型特殊教育需要学生也同样会起到良好的效果。

其三，增加特殊需要课程，能否满足特殊教育需要？对于很多特殊教育需要学生来说，仅仅依靠普通班级里的课程，是无论满足其发展需要的。因为特殊教育需要学生在普通学校的发展，不仅涉及学业的发展，还同时涉及身心功能的增进、社会适应水平的提高，还包含必要的康复训练等。这意味着在普通教育课程之外，需要为特殊教育需要学生增加一些特定的课程，以弥补普通教育课程之不足。国内外关于这类课程，并无太统一的叫法，以至于概念繁多、不一而足，如功能性课程、发展性课程、康复课程、资源教室课程、特殊教育课程等。当然，很多名称是翻译过来，甚至有时是同一术语的不同翻译方式。事实上，这些课程都是独立于普通教育课程之外的、以满足差异为主要目的的课程，或许我们可以使用"特殊需要课程"这一词语来将这些表述不尽相同的术语概括，同时尽可能减少上述课程概念的交叉使用，以免使融合教育课程研究陷入不必要的概念纷争与迷惘之中。特殊需要课程也同样是因人而异的，一般来说，视障生可能会需要阅读和盲文书写、生活指导、定向行走等课程；听障生可能会需要语言训练、沟通与交往训练等课程；自闭症及智障学生可能会需要情绪或行为训练、常规养成教育、沟通训练等课程……一些课程名称会与特殊教育学校里的课程相重合，但并非将特殊教育学校课程照搬过来，囿于学生在普通学校整体的学习时长限制，这些特殊需要课程可以在借鉴特殊教育学校课程基础上，进行相应的精减或改编为校本课程。但正如前文所指出的，在融合教育课程中，如果包括普通教育课程与特殊需要课程，那么特殊需要课程在性质定位上，更多的只是对普通教育课程的补充，不能以特殊需要课程来取代普通教育课程，要尽可能使特殊教育需要学生参与普通教育课程,必要的情况下,才为其提供特殊需要课程。这又需要教师围绕学生设定好课程表,将这两类课程有序融入特殊教育需要学生在普通学校的日常学习中。

其四,调整普通教育课程,能否满足特殊教育需要?对于智力障碍、发育迟缓等发展性障碍学生以及普通学校里越来越多的学习障碍学生,仅仅通过调整课程呈现方式、增设特殊需要课程,可能还无法满足其有效参与普通班级课程的需求。这时候就需要对普通教育课程进行适当的调整,使课程内容、课程目标等能够最大程度上与特殊教育需要相契合。从这个意义来说,正如上文所强调的,对普通教育课程内容的触动不应是首先考虑的,只有各种调整或变通方式无法满足需求的情况下,最后再考虑课程内容的调整问题。而且,对普通教育课程的调整,不仅包含内容,还应包括课程目标及要求。目标调整方面,在评估学生已有学业水平的基础上,可适当降低对特殊教育需要学生的课程目标要求,使目标处于特殊教育需要学生的"最近发展区",即经过努力可以达到的程度。在内容调整方面,则应有更多策略可运用。譬如,删减——删除提高部分,保留基础部分;减少数量要求;补充——补充基本部分,注重知识结构的完整性;变动——变动教学顺序,调整教学进度,改写课程内容。对普通教育课程的调整,是融合教育课程调整思路与设计的终点环节,也是核心环节,它最终决定着课程调整的适合程度,影响着特殊教育需要学生的发展水平。它既需要教育者对特殊教育需要学生学业及身心发展有准确的了解和把握,更需要教学智慧,在实践中进一步摸索积累成功经验或模式。

三、融合教育课程调整的关键环节

融合教育的课程调整不仅是一个关涉如何对课程内容、课程目标要求等要素进行调整与改变的具体实践,还涉及一系列环节与程序。它需要以有效的教育评估为前提,形成适合其发展的目标体系,同时还要注重课程评价,以评价作为监控课程调整效果的有效机制。从这个角度来说,融合教育的课程调整是与普通学校融合教育改革中的教育评估、发展目标制定和评价机制变革紧密联系在一起的,不能从孤立的视角来看待课程调整问题,而是将其融入融合教育变革之中,成为融合教育发展的重要部分。

1. 以教育评估为起点

评估,是特殊教育有效实施的前提与基础。从特殊教育的视角来看,没有科学准确的评估,就很难有针对特殊学生的有效策略,就很难满足差异。评估,在融合教育的课程调整中同样重要,它构成了融合教育课程调整实施流程的起点。融合教育的教育评估,是指对特殊教育需要学生在医学诊断并安置于普通学校之后,从教育视角对学生功能发展及学业水平等进行的综合评估,其目的是全面了解教育对象的身心发展情况,进而提供有针对性的教育调整措施。普通学校的课程调整过程中,如果缺乏教育评估，就无法准确了解特殊教育需要学生的身心发展特征和学习能力，也就无法为其制定合理的发展目标，课程调整往往会陷入盲目，教学效果也会事倍功半。当前普通学校课程调整的效果不佳，在很大程度上与普通学校在课程调整中缺乏准确合理的教育评估紧密相关。从这个意义上来说，无论怎样强调融合教育中教育评估的基础性和重要性，都是不为过的。

教育评估对于普通学校来说，又是一种全新的理念和实践。在当前评估理论快速发展的背景下，尽可能为普通学校提供清晰简洁的评估概念与操作规范非常有必要。对于融合教育课程调整来说，在教育评估环节主要可分为两部分，即功能评估与学业评估。功能评估由具有经验的特殊教育教师、康复训练师或经过系统培训从而具备专业评估能力的资源教师承担。它主要借助各类成熟的评估量表，并结合日常的行为观察帮助普通学校形成对学生身心发展特征的描述。一般来说，它既包括对个体认知、行为、感官、交往、情绪、沟通等方面能力的评估，也包括对特殊教育需要学生在普通班级里相比于普通儿童而言，在以上诸多功能领域上优势与弱势的评估。

功能评估为融合教育的课程调整提供了关于特殊教育需要学生身心发展的评价与描述，构成了课程调整必备的基础，但对于融合教育的课程调整来说，更为重要的是学业评估。从普通学校当前的实践来看，功能评估固然需要加强，学业评估更是不可忽略。学业评估在国内也经常被称为"课程本位评估"，它是对特殊教育需要学生参与普通教育课程的能力及水平的评估。它回答的是特殊教育需要学生现有的学业水准如何、能在多大程度上参与普通班级课程这些核心问题。很显然，如果不能全面深入了解学生对普通教育课程的参与程度和现有学业水平，那么就很难为其进行有效的课程调整，课程调整的准确性就会大大降低。对学生学业水平及课程参与能力的学业评估要尽可能精准，它有别于普通的考试或测试。一般意义上的考试，能区分出特殊教育需要学生与普通学生之间的差距，但很难对其知识掌握具体情况进行准确的衡量与判断。精准的学业评估，要结合考试、平时测试、作业、观察等多种方式来全面了解学生现有学业水平。其中，基于现有普通教育课程，进行课程内容与目标的分解，使知识进一步细化为衡量标准或评估体系，是融合教育课程在学业评估方面需要加强的方向。另外，在实施环节上，学业评估主要以学科教师为主，由资源教师、巡回指导教师等专业人员进行协助和指导。

2. 确立合理的发展目标

教育是一项有着明确目的性的行为。融合教育的课程调整也必须有明确的目的性，它要清晰地回答特殊教育需要学生在普通学校里应达到怎样的发展目标这一问题。没有目标，融合教育的课程调整就会失去方向，对特殊教育需要学生发展的关注势必会流于形式。而从当前融合教育实践来看，普通学校里的特殊教育需要学生，要么是缺少为其专门制定的发展目标，要么是目标制定模糊、不合理。为特殊教育需要学生确立合理的发展目标,构成了融合教育课程调整策略中重要的一个环节。

从教育评估的角度来看特殊教育需要学生的发展目标,也应主要分为两部分:功能目标与学业目标。功能目标注重对学生身心发展及社会适应、沟通交往、优势潜能等的关注,学业目标则聚焦学科,关注特殊教育需要学生参与普通学校课程的学业成就预期。功能目标与学业目标统整为每个特殊教育需要学生的学期目标,它应在每学期开始之前在教育评估的基础上完成。学期目标反映出对一个特殊教育需要学生在即将开始的这个学期中身心发展及学业等方面的整体预期。这些目标应该是清晰、明确、可执行的,它不仅是对学生发展的阶段性预设,更为具体的教育教学实施提供了指南。对于发展目标中的功能目标来说,这些目标进而会成为资源教室课程的设置依据,资源教师、巡回指导教师等可以根据功能目标为特殊教育需要学生选择或设置相应的功能性课程,在学期开始之前根据发展目标,分阶段制定课程实施方案。

学业目标则为语文、数学等学科教师调整课程和实施差异教学指明了方向。学业目标要建立在精准学业评估的基础上,确立特殊教育需要学生的"最近发展区"。"最近发展区"理论来自维果斯基,他认为学生的发展有两种水平:一种是学生的现有水平,指独立活动时所能达到的解决问题的水平;另一种是学生可能的发展水平,也就是通过教学所获得的潜力。两者之间的差异就是最近发展区。教学应着眼于学生的最近发展区,为学生提供带有难度的内容,调动学生的积极性,发挥其潜能,超越其最近发展区而达到下一发展阶段的水平,然后在此基础上进行下一个发展区的发展。融合教育的学业评估与目标制定,同样需要注重特殊教育需要学生的最近发展区,为其设置合理的、经过努力可以达成的课程目标。这既是特殊教育需要学生融入普通学校课程的要义,也是为其提供适宜性发展的突出体现。有了学期的课程目标,学科教师就可以根据课程目标要求,进一步分解目标,以月或周为阶段细化目标,从而使每一阶段的教学都以最终实现学期课程目标为导向。

3. 重构评价机制

融合教育课程调整是否有效果,其目标能否达成,最终离不开评价机制的衡量。事实上对于特殊教育需要学生的发展以及整个融合教育事业的推进,评价机制都是至关重要的。2020年10月中共中央、国务院在印发的《深化新时代教育评价改革总体方案》中强调:"教育评价事关教育发展方向,有什么样的评价指挥棒,就有什么样的办学导向。"如果将教育评估作为融合教育课程调整的起点,那么,融合教育的教学评价,则构成了融合教育课程调整策略甚至整个融合教育实践推进的终结性环节。它要系统回答融合教育课程调整是否有效、特殊教育需要学生的发展是否达到预期这些关键问题。评价问题对于推动融合教育改革有着极其重要的意义,也是决定课程调整策略最终能否得以落实的关键。当前普通学校以学业评价为主导的评价机制,很难让特殊教育需要学生融入进来。这种单一的评价方式经常会给教师和学生以挫败感，无法全面系统地衡量特殊教育需要学生的发展情况，也无法准确科学地衡量融合教育课程调整与教学实施的效果，事实上这已经在很大程度上成为推进融合教育的障碍或瓶颈。而这就需要重构现有的评价机制，打破以学业作为单维评价方式的窠臼，寻求更科学合理的融合教育评价机制。

重构融合教育的评价机制，首先需要转变观念。特殊教育需要学生在融合环境里的发展，就其目标而言，不是一维的，而应是涵盖学业成就、功能发展与社会适应等内容的多维发展。对于特殊教育需要学生来说，融合的教育方式而非隔离式安置，最大的意义在于为其提供一个全面融入主流教育的机会，最终为其融入社会奠定基础。在这个过程中，身心的发展、社会性的提高以及学业的增进，都是不可缺少的衡量其发展的维度。而传统的普通教育评价机制与融合教育之间的抵牾就突出地表现为以单一的学业水平标准来替代特殊教育需要学生整体的发展。因而从融合教育的视角出发，为特殊教育需要学生重构评价机制已势在必行，而这种评价机制的重构首先需要重塑理念，树立特殊教育需要学生多维发展的观念和意识。其次，建立新的评价方式。普通学校需要尝试建立"从评估入手，确立合理目标，实施多维发展性评价"的融合教育评价模式。这也是本书中将教育评估与发展目标作为融合教育课程调整策略前提性环节的意义所在，以评估为起点，为特殊教育需要学生确立合理的发展目标，而目标就是评价机制，因为这一目标通常会包含学业目标、功能目标与社会适应等几个维度，更能够准确全面评价学生的发展性。每到学期结束，以学期初制定的目标作为评价依据，将多个设定维度综合其中，从而形成关于课程调整效果以及学生整体发展情况的判定。基于这种判定，再次进行新的学业评估，确立后续学期的发展目标和课程调整策略。如此就形成一个相对稳定、周而复始又随着年级循环上升的课程调整过程。当然，我们也需要意识到，重构评价机制，不能只依靠普通学校之力，以教育行政部门为主导在区域范围内实施融合教育整体评价机制改革才是方向所在。

第三节　融合教育课程调整的国际经验——以澳大利亚为例

21世纪以来，澳大利亚融合教育快速发展，澳大利亚联邦政府及各州持续通过政策调整与变革推进融合教育的实践。其中，融合教育的课程调整（Curriculum Adjustment）问题成为融合教育实践改革的重要环节。课程问题是关涉包含残疾儿童在内的特殊需要学生能否更有效融入普通教育和社会的关键要素，因而也是澳大利亚政府近年来教育改革与实践的主攻方向之一。

一、课程调整的政策演进

2005年，澳大利亚联邦政府出台了《残疾人教育标准2005》（Disability Standards for Education 2005），它是澳大利亚联邦政府1992年通过的《残疾人歧视法》（Disability Discrimination Act，1992）的附属法案，被视作澳大利亚残疾人教育事业推进的核心纲领性文件。《残疾人教育标准2005》力图通过为教育部门提供一个清晰明确的教育标准框架，来保障残疾学生能与普通学生一样获得公平的教育机会，并有效参与学校生活。促进融合是《残疾人教育标准2005》的核心目标与方向，为保障残疾学生融合的质量，文本从五个层面分别设立了标准，包括入学标准、参与标准、课程发展标准、支持服务标准以及消除歧视标准等。其中课程发展是五项核心标准之一，政府要求教育者必须要采取合理的步骤来确保残疾学生能够与普通学生一样参与课程和活动，满足残疾学生的教育需求，且不能有任何歧视。[①]《残疾人教育标准2005》里面关于残疾学生参与课程的规定，奠定了澳大利亚融合教育课程改革的发展方向，也成为各州具体开展融合教育实践、推进融合教育课程调整的重要依据。

就澳大利亚整体教育发展而言，进入新世纪之后，为进一步提高人才培养质量，实现"优质而公平"（Excellence and Equity）的教育目标，澳大利亚政府加大了国家课程建设力度，为各州构建相对统一的基础教育国家课程体系。包括残疾学生在内的所有特殊需要教育对象，也同时被纳入国家课程统筹考虑的范畴之中。2008年，澳大利亚教育部与各州教育部联合签署了《墨尔本宣言：澳大利亚青年教育目标》（Melbourne Declaration on Educational Goals for Young Australians），这是一部关于未来十几年澳大利亚学校教育发展方向的指导性文本。关于未来年轻人的教育，《墨尔本宣言》提出了两大目标，一是学校教育要支持所有年轻人成为优秀的学习者、自信与富有创造性的个体、积极且见多识广的公民；二是学校教育要促进优质和公平，学习者不因残疾、性别、文化、宗教、社会经济背景等因素而受到歧视。[②]《墨尔本宣言》为澳大利亚国家课程建设提供了一个总体的政策框架。2009年，澳大利亚联邦政府专门组建了"澳大利亚课程、评估与报告委员会"（Australian Curriculum, Assessment and Reporting Authority，ACARA）来加快国家课程发展。ACARA是一个独立的法定机构，在澳大利亚发挥着全国性的课程领导角色的重要作用，它的核

---

① Commonwealth of Australia. Disability Standards for Education 2005［EB/OL］. https://docs.education.gov.au/system/files/doc/other/disability_standards_for_education_2005_plus_guidance_notes.pdf, 2019-02-14.

② Australian Government Department of Education and training. Melbourne Declaration on Educational Goals for Young Australians［EB/OL］. https://catalogue.nla.gov.au/Record/4560588, 2019-02-10.

心目标之一是通过建立世界顶级的课程体系来提高所有澳大利亚年轻人的学习水平。① 自 2010 年,澳大利亚国家课程(Australian Curriculum V1.0)初步发布后,近十年间国家课程几经演变完善,截止到 2018 年 10 月,已连续更新到了国家课程 8.4 版(Australian Curriculum V8.4)。在澳大利亚国家课程体系建设中,学生的多样化(Student diversity)问题也同样引起了重视。一方面,对于残疾学生,ACARA 强调要依据《残疾人教育标准 2005》,通过严格、有意义和有尊严的学习项目确保他们可以与普通学生一样参与澳大利亚国家课程。另一方面,国家课程还对天才学生以及英语非母语的学生等其他类型特殊教育需要学生予以关注,希望教师能够通过澳大利亚国家课程迎合所有学生的教育期望。在 ACARA 这些持续更新的澳大利亚国家课程标准中,也在针对学生多样化不断提出相应的建议或策略,这些建议或策略主要考虑融合教育环境下的普通课程对多样性的回应,但也同样适用于澳大利亚的特殊教育学校以及特教班(Support classes)。

由此,从《残疾人教育标准 2005》到 ACARA,融合教育的课程问题逐步被融入澳大利亚国家课程体系之中进行整体规划与建设。《残疾人教育标准 2005》和 ACARA 的国家课程构成了澳大利亚融合教育课程发展的宏观背景与指南。经过多年实践探索,目前来看,澳大利亚已经形成了较为清晰的融合教育课程理念,以及相对成熟有效的融合教育课程调整与实施策略,规范和引领着澳大利亚各州的融合教育在实践中走向深入。

二、课程调整的目标

融合教育的课程调整应达到什么样的目标,是课程改革与融合教育实践要回答和探索的前提性问题。近十多年,澳大利亚在国家课程改革中,努力以融合教育理念为指导,形成了以有效参与国家课程和满足多样化需要为主要特征的课程调整目标。

1. 有效参与国家课程

如前文所言,2008 年的《墨尔本宣言》奠定了国家课程的基本目标框架,它要求澳大利亚所有的年轻人都能成为成功的学习者,实现优质而公平的教育。这其中也包含残疾以及其他特殊教育需要学生。这对澳大利亚国家课程改革的影响是,国家课程的设计要确保所有学生都能够获得和参与澳大利亚国家课程。从横向上来看,澳大利亚国家课程是一个三维的架构,它由八大学习领域(Learning areas)、七项通用能力(General capabilities)以及三个跨课程优先事项(Cross-curriculum priorities)组成。从纵向上来看,澳大利亚持续开发形成了一个从学前到 10 年级(F-10

---

① Australian Curriculum, Assessment and Reporting Authority (ACARA). About us[EB/OL]. http://www.acara.edu.au/about-us, 2019 - 02 - 10.

curriculum)的学科系统。① 这些交织在一起构成了目前的澳大利亚国家课程标准。在国家课程标准近十多年的设计与修订中,"面向所有学生"(For all students)始终是其课程的基本原则。

而这些设计的背后所隐含的是澳大利亚对学习观以及融合教育背景下课程发展趋向的理解。2012 年 ACARA 在其发布的《澳大利亚课程框架 4.0 版》(The Shape of the Australian Curriculum V4.0)中,提出的几个观点集中体现了国家课程关于教育对象的理解以及课程设计的基本原则。它们包括:每个学生都能够学习,每个学生的需求都是重要的;每个学生都有权获得知识、理解和技能,为澳大利亚社会的成功和终身学习以及参与打下基础;对每个学生都应该有很高的期望,因为教师要考虑到每个学生目前的学习水平和学生发展的不同速度;学生的需求和兴趣会有所不同,学校和教师要根据课程的需要和兴趣制定相应的计划。② 这几条观点实则是对 1994 年《萨拉曼卡宣言》所提倡的融合教育核心理念的积极回应,深刻反映了澳大利亚推进融合教育的意愿和决心,也体现出澳大利亚将国家课程改革与融合教育发展趋势进行有机整合的努力。

由此可以看出,澳大利亚融合教育课程与国家课程是紧密关联的。国家课程"面向所有学生"的核心目标与融合教育的价值追求有机契合在了一起。虽然这些年,澳大利亚融合教育课程已逐渐成为一个相对固定的概念,但融合教育课程并非游离于国家课程体系之外,它实质上是国家课程内在的组成部分,在课程理念、课程目标等方面与国家课程保持一致。因而,澳大利亚"让所有学生有效参与国家课程"的课程改革目标同样构成了融合教育课程发展的目标与方向,成为融合教育课程调整的主要依据,融合教育必须要努力达到或符合国家课程对所有教育对象的基本预期与要求。

2. 满足多样化需要

国家课程为所有学生的学习设定了一个基准。但 ACARA 同时也意识到,在促进所有学生参与国家课程的过程中,如何更好地满足特殊需要是一项非常重要的挑战。③ ACARA 使用"学生多样性"这一术语来专门表达对特殊需要学生这一群体的理解。

在澳大利亚课程中,学生多样性主要包含三大类别:残疾学生(Students with

---

① Australian Curriculum. About the Australian Curriculum[EB/OL]. https://www.australiancurriculum.edu.au/about-the-australian-curriculum/, 2019-02-15.
② Australian Curriculum, Assessment and Reporting Authority (ACARA). The Shape of the Australian Curriculum: Version 4.0[EB/OL]. http://www.acara.edu.au, 2019-02-17.
③ Price, D. Pedagogies for inclusion of students with disabilities in a national curriculum: a central human capacity approach[J]. Journal of Educational Inquiry, 2015(14): 18-32.

disability)、天才学生(Gifted and talented)以及英语作为第二语言或方言的学生(Students with English as an additional language or dialect，EAL/D)，基于这三种类别，又分别提出了每种类别学生的课程目标以及课程调整的注意事项。对于残疾学生，ACARA要求教育者要依据《残疾人歧视法》和《残疾人教育标准2005》，支持残疾学生能够与普通学生一样平等地获取和参与国家课程。在促进残疾学生参与的过程中，调整是必不可少的。关于什么是残疾学生的课程调整，ACARA沿用了《残疾人教育标准2005》里关于调整的解释，即调整是教育者通过一系列的方法或行为来帮助残疾学生能够与普通学生一样参与澳大利亚课程。对于天才学生，ACARA认为天才学生可以从澳大利亚的课程中获得严谨、相关和吸引人的学习机会，并符合他们个人的学习需求、优势、兴趣和目标。它建议教师要关注如何利用澳大利亚课程，做出必要的调整，灵活设计以满足天才学生的个人学习需求。对于EAL/D，ACARA指出澳大利亚是一个语言和文化多元化的国家，然而英语仍然是课堂教学的主导语言，课程的每个领域都有特定于其学习领域的语言结构和词汇，这些最好在使用它们的环境中进行教学。所有教师都有责任教授他们学习领域的语言和读写能力需求。

从国家课程总体设计上来看，ACARA希望教师能够通过使用国家课程来设计教学，在充分认识到每种类别学生的认知、情感、身体、社会以及审美需要等多样化的基础上，个性化地构建学生的兴趣、优势目标以及学习需求。为了让教师更好地理解课程和使用课程调整策略，ACARA近年来还着力通过其国家课程网站为教师提供一些图示或指导信息，以确保教育者能够达成国家课程预设的目标并满足所有多样化学生的教育需求。当然，ACARA也承认，在课程调整中，残疾学生的课程调整尤为困难和重要，因而它们陆续更新的一些调整策略主要关注残疾学生，天才学生及EAL/D更多的是参照基于残疾学生的调整策略。本书关于融合教育课程调整策略及实践的研究也主要聚焦残疾学生这一特殊教育需要群体。

三、课程调整的基本原则

在推进国家课程以及面向融合的背景下，课程的调整是必然的选择。那么，怎么样的课程调整才是一种好的调整？进入新世纪之后，教育发达国家的融合教育改革也在思索和尝试解决这一问题。以英国为代表的欧洲国家在21世纪前后形成了一种"合理调整"(Reasonable Adjustment)的理念，它要求在实施融合教育的过程中，学校要为残疾学生提供必要又合理的调整，以消除对残疾人的歧视，满足特殊需要。

英国的这一理念渗透到推进融合教育的一系列国家政策与实践程序之中。[①] 澳大利亚的融合教育改革也深刻赞同这一理念,2005 年,澳大利亚政府将"合理调整"作为推进融合教育改革的重要指导原则写入《残疾人教育标准 2005》中,并具体就"合理调整"的含义及实施要求进行了更为明确的规定。

所谓"合理调整",是指在针对残疾学生进行一系列调整时,要同时考虑残疾学生的学习需要并平衡各参与方的利益关系,包括残疾学生、学校、教师以及其他学生。[②] 调整是必需的,而调整的基本原则又要遵循"合理"原则。在澳大利亚看来,"合理"是既考虑到残疾学生的学习需要,又要考虑他人,使各方利益有效得以平衡的调整才是合理的调整。澳大利亚将合理调整作为推进融合教育的一项基本原则,它又具体在五个方面设立了残疾学生教育标准,包括入学、参与、课程发展、支持服务以及消除歧视等,在这五个领域中,均要遵循合理调整的基本原则。

从这个意义上来说,合理调整不仅是澳大利亚融合教育课程调整的基本原则,也是澳大利亚整体推进融合教育发展的基本原则。而课程无疑是其中最重要的一个层面,因为课程问题涉及残疾学生在教育中的实质参与,是《残疾人教育标准 2005》中"合理调整"原则的核心体现,也是实现国家课程既促进参与又满足多样化需要之目标的重要方式。融合教育课程的合理调整,又包含了几个层面的基本标准或要求。其一,课程参与的合理调整。《残疾人教育标准 2005》规定,教育者必须采取合理的步骤确保残疾学生能够与普通学生一样有效参与学校提供的一系列课程与活动,获得学习经验,且不能有任何歧视。这些课程与活动,既包括学校所提供的一系列规定课程及活动以及课外活动,也包括广泛的校外活动,譬如实地考察、参观访问等,都需要把残疾学生吸收进来。其二,课程设计的合理调整。课程的设计与编排要考虑到残疾学生的学习能力、学习需要以及预期的学习结果。其三,课程呈现的合理调整。课程或教学材料所呈现的方式要适合残疾学生,必要的情况下要转换课程呈现的方式。其四,教学策略的合理调整。调整课程及活动的教学方式,以满足学生的需要。充分考虑学生因残疾造成的学习不利因素,提供一些额外专业支持。其五,课程评估的合理调整。对残疾学生进行相应的课程及学业水平评估时,要进行合理的评估方式调整,以使得残疾学生能够恰当准确地展示他们的知识与能力。此外,为促使教育者做好课程的合理调整,《残疾人教育标准 2005》还要求做好调整前的咨询工作,并

---

① Porter, J., Georgeson, J., Daniels, H., Martin, S., & Feiler, A. C.. Reasonable adjustments for disabled people: what support do parents want for their children? [J]. European Journal of Special Needs Education, 2013, 28(1), 1-18.

② Commonwealth of Australia. Disability Standards for Education 2005 [EB/OL]. https://docs.education.gov.au/system/files/doc/other/disability_standards_for_education_2005_plus_guidance_notes.pdf, 2018-03-14.

把调整的时效性等因素考虑进来。

合理调整被认为是《残疾人教育标准 2005》里最核心的特征。昆士兰大学的伊丽莎白·迪克逊(Elizabeth Dickson)指出,《残疾人教育标准 2005》扩展了 1992 年《残疾人歧视法》的范围,其中可能最重要的一个方面就是要求教育者有责任为残疾学生做合理的调整。而如果教育部门缺乏合理的调整,那么消除歧视的任务就很难被充分地完成。[①] 澳大利亚政府自 2005 年后,每隔五年就进行一次关于《残疾人教育标准 2005》实施情况的总结。证据显示,如果教育者能够准确地理解他们的教育责任,并对他们的政策与实践做出合理调整,以支持残疾学生在教育上的参与和融入,那么,《残疾人教育标准 2005》将会成为推动残疾人教育发展的有力武器。[②]

合理调整的原则同样被融入澳大利亚国家课程政策中来。ACARA 基于《残疾人教育标准 2005》中的合理调整原则,就国家课程面对残疾学生的调整,也补充了几条注意事项。譬如,不是所有残疾学生都需要进行课程调整;需要调整学习某一方面的残疾学生可能并不需要其他方面的调整;同等类型残疾的学生在课程调整的需要上可能也有所不同;不是每个残疾学生都需要持续的课程调整;等等。[③] 可以说,合理调整已成为澳大利亚融合教育课程调整的根本指导原则,并进一步内化到具体的融合教育改革实践之中。

四、课程调整的方法

就具体的课程调整方式而言,澳大利亚首先在宏观层面上规定了课程调整的四个层次,各州在实践中也摸索形成了一些较具操作性的方法或路径。其中既包含对普通课程的调整,也包括一些普通课程之外的、满足特殊需要的专门课程设置。普通课程的调整又涉及调整课程的内容、调整课程的呈现方式等。

1. 选择课程调整的层次

合理调整的基本原则意味着针对学生多样性所进行的调整不会是统一模式,必然是有所区分或差异。《残疾人教育标准 2005》实施之后,为全面监控调整的实施,澳大利亚政府近十多年着手通过全国性的数据收集来了解各类学校对残疾学生实施合理调整的情况,并将所收集的数据作为为每所学校提供经费资助的重要依据。2014 年,在"澳大利亚学校残疾学生数据收集项目"(Nationally Consistent

---

① Elizabeth Dickson. Disability Standards for Education and the obligation of reasonable adjustment[J]. Australia and New Zealand Journal of Law and Education,2006,11(2):23-42.

② Elizabeth Dickson. Disability Standards For Education 2005: sword or shield for Australian students with disability? [J]. International Journal of Law and Education,2014,19(1):5-19.

③ Australian Curriculum, Assessment and Reporting Authority (ACARA). Students with disability [EB/OL]. https://www. australiancurriculum. edu. au/resources/student-diversity/students-with-disability/, 2019-02-10.

Collection of Data on School Students with Disability, NCCD)中初步设定了四个层次的调整标准,作为对包括课程调整在内的一系列调整的基本要求。这四个层次分别是支持性调整(Support provided within quality differentiated teaching practise)、补充性调整(Supplementary adjustments)、实质性调整(Substantial adjustments)与延展性调整(Extensive adjustments)①。

支持性调整,旨在要求普通学校在高质量差异化教学实践中提供支持,使残疾学生能够参与学校的课程和项目,与其他普通学生一样使用学校的设施和服务。这种调整对于课程而言,是一种小幅度的调整,是尽可能在不过多触动课程内容的前提下,保障残疾学生对普通课程的参与。在普通学校内自主实施,不需要太多额外的资源或帮助。补充性调整,是指在特定的时间对特定的活动或课程进行调整。这些调整主要考虑到残疾学生学习的特点以及残疾对接受普通课程的影响。调整以周为时间单位,在部分活动或课程中为残疾学生提供资源补充,或者是明确的个别化指导。实质性调整主要面向有更多支持需要的残疾学生。调整可能发生在学校教育里的更多时间,为这类残疾学生提供高度结构化的指导,包括调整大量课程内容、课程领域及活动,并提供个性化的明确指导。延展性调整则针对那些由于残疾带来严重学习和参与障碍的学生,对他们的一系列调整应是高度个性化、综合化以及持续性的。

NCCD关于调整四个层次的规定,是"合理调整"原则的延伸。对融合教育课程调整而言,它不是明确具体的操作流程,却为融合教育课程调整的具体化实施提供了清晰的方向和指引。NCCD同时也强调,四个层次的调整要依学生的年龄、教育环境、学科内容等因素而有所变化。其中,残疾学生的特点以及残疾所引发的学习普通课程的障碍,是在这四个层次中做出某些调整选择的主要依据。

2. 调整课程的内容

课程内容的调整是融合教育课程调整的核心。调整课程内容的目的主要在于增强学生对课程内容的准确理解。ACARA希望教师可以灵活地将国家课程的八大学习领域(英语、数学、科学、人文与社会学科、艺术、科技、卫生与体育、语言)与学生的年龄及认知特点结合起来,作为规划课程内容的起点。同时,通用能力与跨课程优先事项也尽可能与学习领域融入在一起,从而保障国家课程三维目标的实现。

就学习领域的具体内容而言,为适应特殊需要学生的多样化,每一类学习领域或每一个专题的知识,在课程内容上至少可分为三层:必须知道的(Must know)、应该知道的(Should know)、可以知道的(Could know)。必须知道的,是指与专题相关的

---

① Nationally Consistent Collection of Data on School Students with Disability (NCCD). Selecting the level of adjustment [EB/OL]. https://www.nccd.edu.au/sites/default/files/2018-10/Level%20of%20adjustment%20provided%20to%20the%20student.pdf, 2019-03-15.

基本信息。如果缺乏这类信息,学生则无法掌握这一专题的核心知识(Key Knowledge)。应该知道的和可以知道的材料或内容也很重要,但它们主要提供核心知识之外的补充知识。对于天才学生来说,还可以包括"可能知道的"(Perhaps know)。在研究者看来,普通班级教师所关心的是所有学生在同一时间从事同一教学大纲主题的学习,这种内容层次上的划分确保可以提供一种满足课堂上学生多样化的方法。澳大利亚弗林德斯大学的比塞克(Bissaker)也提出一个类似的课程分层。把知识分为所有学生都要学习的、部分学生需要学习的、少数学生需要学习的三个层次,构成了一个课程内容分层的金字塔。①

就学习领域的整体内容而言,澳大利亚课程还强调对学年教学大纲以及单元教学任务的调整。在小学阶段,某专题中的单一领域或具体课程内容的调整比较常见。而到了中学阶段,这种调整的重心不再放在对某单一活动的调整上,对某一单元或某一学年教学大纲的整体调整更为重要,因为这样可以保证学生能够获得较为完整的单元性知识或专题知识。

3. 调整课程的呈现方式

课程内容的呈现,是影响多样化学生课程学习的另外一个重要方面。澳大利亚为教师提供了一些常规性的建议,包括增强所呈现课程内容的关键特征、提供结构清晰的教学任务、注重直观的教学、放大的教材或有声读物等。其中很重要的一个层面是要求教师对课程内容的改写(Rewriting),使课程内容的呈现方式有所变化,以增加课程内容的可读性,促进学生的理解。改写课程内容的方式主要包括两点:一是调整句子的结构,二是调整课程内容中的部分词汇。在澳大利亚看来,这样可以增加残疾学生参与课程学习的机会,对 EAL/D 背景的学生也同样是有利的。

调整句子的结构,是指将复杂的句子改写为简短的句型,使课程内容里的句子数量增多,但阅读的难度降低。调整课程内容中的部分词汇,是指将学生较难理解的词汇转换成相对容易接受,且已有相关知识经验的词汇。譬如,"世纪(Century)"对于班级里的特殊需要学生来说,可能是一个较为抽象的词汇,教师可以将 Century 改写为"100 years",这就与学生已有的知识储备衔接了起来,增加了内容的可读性。但需要注意的是,一些基本词汇,包括设备名称在内的专门术语,仍然需要保留下来,否则会影响学生后续知识的学习。对于这些基本词汇及专门术语,澳大利亚国家课程的建议是尽可能使用学生语言(Student Language),即学生更熟悉或更常用的语言方式来解释或呈现,而不必刻意替换它。因而,在课堂呈现的过程中,使用更多样化的提示线索(Cues),是教师有力的工具。

---

① Phil Foreman, Michael Arthur-Kelly. Inclusion in action. Sydney: Cengage Learning Australia Pty Limited, 2017. 164.

在澳大利亚国家课程体系中，学生的读写能力与计算能力（Literacy and Numeracy）是两大核心能力要求。课程呈现方式的调整策略，增强了内容的可读性，对于两大核心能力的培养是重要的前提与基础。

4. 课程的补充或拓展

基于普通课程的调整过程，事实上经常会面临着两难的困境。为所有学生所设计的宽泛的课程，与有着显著个体差异的特殊需要之间总会存在着冲突或矛盾。仅通过普通课程的调整不足以满足多样化需要，教育者就需要去寻找一种平衡，以确保他们既可以保障残疾学生参与国家课程的权利，又可以让学生进入其他有帮助性的课程中来。① 澳大利亚国家课程近些年来的改革中，在注重加强国家课程统一性的同时，也赋予各州较大的自主权来补充或拓展课程，从而满足多样化课程需要。

功能性课程（Functional Curriculum）是各州融合教育实践中较为普遍接受和采用的一种课程理念，抑或课程模式。这个术语通常是指面对特殊需要学生所设计的课程，强调课程的主题与学生特殊需要之间的紧密相关。譬如，新南威尔士州学习委员会要求为本州部分智力障碍的学生补充生活技能类课程。他们看来，生活技能类课程是面向很小比例的智力障碍学生，对于这些学生来说，普通课程并不完全适合他们。但学习委员会同时也强调，在决定为他们增设生活技能类课程之前，要充分运用多种方式帮助学生尽可能获得普通课程所规定的学习结果。这些帮助方式可以是学校层面的课程调整，也可以是一些特别的评价模式调整。首都特区则提出了满足"每一个学习机会"（Every chance to learn）的课程框架，在从学前到10年级的学段中尽可能拓展普通课程，将功能性课程融入其中，但预设出与普通学生有所差别的学习结果和评估过程，从而使残疾学生、学习困难学生、天才学生与EAL/D背景的学生等都可以从中获益与进步。② 虽然各州之间融合教育课程调整的模式有所不同，但总体来看，将普通课程与满足特殊需要的课程有机融合来探索课程面向多样化的总体思路是基本趋同的，这也反映出澳大利亚融合教育课程灵活性的特征。

五、课程调整与实施的过程

课程调整的目标、基本原则与方法，最终要体现于实践之中，因而它又需要专业团队和一系列规范的流程来保障课程调整的有效展开。澳大利亚各州基于普通学校构建了一支由学习支持教师（Learning and Support Teacher）、校长助理（Assistant Principal）、学习支持辅导员（School Learning Support Officer）、学校顾问（School

---

① Norwich, B. How compatible is the recognition of dyslexia with inclusive education? In Reid, G. The Routledge dyslexia handbook. London: Rouledge, 2008. 177-194.

② ACT Department of Education. Learn, Anywhere: ICT for Students [EB/OL]. https://www.education.act.gov.au/public-school-life/learn-anywhere-ict-for-students, 2019-03-17.

Counselor)以及来自特殊学校的巡回支持教师(Itinerant Support Teacher)等组成的融合教育专业支持团队,课程调整与实施也是专业支持团队的核心功能之一。① 目前,专业支持团队在运行层面已基本形成了以调整前的咨询与评估、制定课程调整方案、实施课程监控与报告等为特征的融合教育课程调整与实施规范。

1. 课程调整前的咨询与评估

在对残疾学生进行相应的课程调整之前,咨询与评估是重要的前提环节。《残疾人教育标准 2005》中明确要求教育者在实施任何调整时,都必须要先与学生本人或其家长(监护人)进行咨询商讨,充分了解其特殊需要。教育者要采取合理的步骤以确保各类学生都能有效参与课程,这也是澳大利亚国家课程的目标之一。在为学生选择课程调整的层次,确立课程调整的内容与方法之前,专业支持团队要与学生或其家长充分沟通,围绕残疾是否影响学生参与课程、可能的调整措施以及关于调整结果的期望等进行讨论,而后基于这种讨论结果进行评估,从而决定是否进行课程的调整。在这一过程之中,还有一系列基本规范。譬如,不能有任何因残疾而引发的歧视,在咨询沟通时提供给残疾学生的材料要在其可以理解的范围,要确保学生可以在咨询评估时充分展示其被评估的知识、技能或能力。

2. 课程调整方案的制定

咨询与评估环节之后,进入课程调整方案的制定。澳大利亚学校开始尝试为普通班级里有较低支持需要的残疾学生制定专门的"课程调整方案"(Curriculum Adjustment Plan),这些学生是属于多样化群体里人数较多的部分。而对于普通班级里少量高支持需要的残疾学生才为其提供个别化教育计划(IEP)。课程调整方案同样是一整套的实施计划,包括课程调整的任务、时间安排、教师和学生需要的调整、学习环境、提供的材料或资源、相关支持、对课程目标的预期等环节。② 相比于个别化教育计划,它的目标更聚焦于课程环节,澳大利亚学校希望专业支持团队的教师们通过课程调整方案进行合作,促使大多数残疾学生能够有效参与学校课程并获得较高水平的发展。

3. 课程实施中的监控、评价与报告

课程调整方案或个别化教育计划为残疾学生参与普通学校课程提供了一份明确具体的实施依据。在课程实施环节,澳大利亚还要求进行持续的监控、评价以及形成调整效果的报告。课程监控(Monitoring)被视为融合教育课程实施中的一个重要环

---

① NSW Department of Education. Roles and Responsibilities. https://education.nsw.gov.au/teaching-and-learning/disability-learning-and-support/personalised-support-for-learning/roles-and-responsibilities,2019 - 06 - 26.

② Phil Foreman, Michael Arthur-Kelly. Inclusion in action. Sydney:Cengage Learning Australia Pty Limited,2017. 159 - 160.

节。澳大利亚认为,所有的课程都需要有持续的监控程序,尤其是为特殊需要学生提供的融合教育课程,监控可保障这些调整的内容与策略落到实处,真正促进学生的参与。课程监控在时间上可以在课程实施中,也可以在课程结束之后。在方式上,既可以是正式的,也可以是非正式的。譬如,在课程实施中要求残疾学生概括教学内容的要点;检查学生对关键问题的理解;鼓励学生主动提问;教学活动结束后使用一些表格来了解学生对知识的掌握程度等。

  与课程监控并行的还有评价方式的调整。评价方式的调整是课程中"合理调整"的组成部分,也被视为消除对残疾学生的歧视、减少参与障碍的关键之处。国家课程改革下,澳大利亚对学生评价多采用"A—E"的五级等级评分方式。这种评价方式在融合教育看来,其负面影响较多,它不利于残疾学生自信心的树立,也容易使残疾学生家长畏难而产生逃避心理,从而选择让残疾学生返回到特殊学校。合理的方式是采用发展性评价(Progressive Evaluation),反映学生从起点到预期目标的进步情况。发展性评价也要与课程实施方案紧密结合,以实施方案中的目标预设作为衡量学生发展情况的核心指标。

  另外,对课程调整在内的调整举措实施定期报告,已成为澳大利亚教育改革的制度之一。ACARA 就负责在全澳大利亚范围内收集、管理、分析、评估和报告有关教育成果的统计和相关信息。课程调整的报告是每年度《澳大利亚全国教育报告》(National Reports on Schooling in Australia)的构成环节。[①] 上文中所提及的 NCCD 则更进一步搜集包括普通学校、特殊学校在内的每所学校的残疾学生数据,并把学校课程调整与实施的情况与每年的经费资助联结起来,作为监控和督促课程调整的手段之一。

六、借鉴与启示

  澳大利亚融合教育课程调整的策略与实践对于目前正在着力推进融合教育的我国来说同样极具借鉴意义。近几年国家对融合教育的重视程度日渐提升,《残疾人教育条例》《第二期特殊教育提升计划(2017—2020 年)》等政策不断出台,普通学校里涌现出越来越多有特殊教育需要的儿童。然而,由于我国普通学校的课程设置一直以来并没有充分考虑到残疾等特殊教育需要儿童的进入,它在课程内容、课程编排以及课程实施方式上仍主要面向普通儿童为主,残疾儿童的课程融入问题已经成为影响和制约我国融合教育推进的主要困难与瓶颈之一。有效解决这一问题,是提高融合教育质量的关键所在。基于澳大利亚课程调整的经验,我国融合教育背景下的课

---

① Australian Curriculum, Assessment and Reporting Authority (ACARA). National data collection and reporting[EB/OL]. https://www.acara.edu.au/reporting, 2017-03-25.

程可从课程设计理念与课程调整实践两个层面进行思考和设计。

其一,从课程设计理念层面,国家需要将融合教育的课程调整与以普通教育为基础的课程改革衔接起来,进行整体的课程设计。澳大利亚的课程调整及其背后所隐含的理念对于我们反思和重新理解融合教育课程有着深刻启示。在澳大利亚的课程改革中,它始终强调国家课程改革与融合教育理念的紧密结合,从而构成了较为系统的融合教育课程调整策略。因而,它的融合教育课程调整并非孤立进行,与国家课程也没有脱节,而是充分融入国家课程设计中来。这也反映出澳大利亚对当代教育改革与融合教育关系的理解。我国目前仍主要是普通教育课程与特殊教育课程的二元分立模式,特殊教育需要问题尚未进入国家近年来持续进行的基础教育课程改革之中。融合教育课程调整的前提应是课程理念的变革与课程的整体设计,需要让普通教育课程具有更广泛的适用性,使特殊教育需要儿童能够使用或融入普通课程,并为普通课程面向多样化需要所进行的调整提供可能。

其二,从课程调整实践层面,需要围绕普通学校,建立融合教育课程调整的制度与规范。澳大利亚的融合教育课程调整策略涉及课程调整的目标、原则、基本方法与运行流程等要素,实则是建立起了课程调整的基本规则,保证了调整的科学性与针对性。我国目前对于融合教育的课程调整,还处于"摸着石头过河"的自发探索阶段,缺乏有效运行规范。当务之急是区域在推进融合教育的实践过程中,形成课程调整的相应制度化流程。以普通教育课程为基础进行调整,同时基于特殊教育需要儿童的个性化需求适当进行课程拓展。将课程调整与特殊教育需要儿童的教育评估、目标制定、发展评价等结合起来,并将这一系列举措融入普通学校正在推行的个别化教育计划之中,从而摒弃课程调整过程中的随意性。建立课程调整规范的同时,在课程调整的实践中还需不断提炼总结经验,形成成熟模式,最终构建形成具有本土特色的融合教育课程改革策略。

第八章 融合教育教学

教学是学校教育的基本形式,是学生在教师的指导下,掌握文化知识和技能,进而发展能力、增强体质、形成思想品德的过程。① 教学构成了系统反映学校教育质量的核心维度,是学校的中心工作。教学同样构成了衡量融合教育发展质量的关键维度,可以说,在当代以提升融合教育质量为核心目标的发展背景下,融合教育的教学问题势必会成为融合教育实践发展的中心问题。很难想象,脱离了融合教育教学的融合教育实践还是不是真正意义上的融合教育。对融合教育教学的思考,也构成了世界范围内融合教育改革所关注的重心。国际领域近年来在逐渐形成一些与融合教育教学相关的理论,如差异教学、融合教学法、个别化教育计划等。我国目前关于融合教育教学的研究还尚未走向深入,以至于实践层面融合教育质量不高、特殊教育需要学生融入效果不佳的现象普遍存在。回答融合教育教学的相关理论问题,是融合教育学的构建必然要面对的重要任务之一。

第一节 融合教育教学概述

对融合教育教学的探讨,依然需要首先从概念入手。与融合教育课程、融合教育管理、融合教育教师等概念相似的是,它同样是两类概念交叉所形成的新的词汇,但同时又蕴含了特定的新的含义。除了概念,还需要进一步了解融合教育教学的特点以及融合教育教学的基本原则,这些共同构成了了解融合教育教学的核心内容。

一、融合教育教学的概念

对融合教育教学概念的界定,我们可以从一般意义上的教学定义来引申,正如上文所言,它是教学与融合教育这两个实践领域的词汇交叉所形成的概念。所谓融合教育教学,就是指特殊教育需要学生与普通学生一起在普通班级的学科教师指导下,参与集体教学,掌握文化知识和技能,进而发展能力、增强体质、形成思想品德,获得

---

① 裴娣娜.教学论[M].北京:教育科学出版社,2007:3-4.

适性发展的过程。

从定义上来说，融合教育教学首先是教学，具备教学定义的一般要素，但它同时也有与一般意义上的教学概念存在区别之处，这是理解和把握融合教育教学这一概念的关键。首先，融合教育教学关注的教育对象主要是特殊教育需要学生，它要求教学要从特殊教育需要学生独特的教育需求出发来思考教学的展开，它的立足点和出发点都是基于特殊教育需要，这是融合教育教学与一般意义上的普通班级教学不同之处。其次，融合教育教学强调特殊教育需要学生要与普通学生一起在普通班级里接受学科教师的教学和指导。普通班级里的教学，以班级授课制为主要教学组织形式，强调集体教学。因而，融合教育教学所发生的场域也是在普通班级，参与集体教学和以班级授课制为主要教学组织形式的教学。这点使得融合教育教学与资源教室教学区分开来。资源教室的教学，是将特殊教育需要学生以抽离的方式，少量时间专门安置于资源教室，由专门的学科教师、资源教师、巡回指导教师甚至康复师等专业人员组织的教学。资源教室内的教学，可视为普通班级教学的补充，从广义上来说，也可被视为融合教育教学的范畴。但本书中所指的融合教育教学，主要强调在普通班级里以融合的方式参与的教学活动，这应是特殊教育需要学生在普通学校里最主要的参与方式。再次，融合教育教学的目的与一般意义上的教学目的既有重叠，也有不同。融合教育教学同样要达到让班级里的特殊教育需要学生通过参与教学活动，掌握文化知识和技能，进而发展能力、增强体质、形成思想品德之一般性目标，同时也强调基于特殊儿童身心发展的特征，形成一些有别于普通儿童的差异性目标。譬如，提高生活能力和社会适应水平、增进功能和康复、增加一些职业技能训练等目标。对于不同特殊教育需要学生来说，这些目标也会不尽相同。概言之，如何实现特殊教育需要学生在普通学校里"适性"的发展，是融合教育教学在教学目标层面需要深入考虑的问题。这种适性的发展，是以教育公平为基本价值导向，以满足学生差异、促使其获得可能的发展为特征的发展。这本身也是融合教育的目的。当然，这些差异性目标的达成，既需要通过融合教育教学，也同时需要通过其他辅助支持方式，如资源教室、巡回指导服务等共同来实现。但对于学科教师来说，他们不能仅仅从教学的一般目标出发来理解融合教育的教学，还应努力将差异性目标渗透于学科教学之中。

融合教育教学在本质上是让特殊教育需要学生最大程度地参与普通班级的课堂，融入普通班级的集体教学之中，通过与普通学生一起参与学习而获得发展。融合教育教学的提出来源于这样一个基本的理论假设，即所有的学生都可以学习，都有可能通过参与普通班级的学习而获得成功或获得适合的发展。这实质上是"以儿童为中心"的学生观在融合教育领域内的体现。以儿童为中心的教育哲学观来源于西方，美国教育家杜威对其进行过清晰的阐述。杜威指出，以儿童为中心，意味着"我们教育中将引起的改变是重心的转移，这是一种变革，这是一种革命，这是和哥白尼把天文学的中心从地球转到太阳一样的那种革命。这里,儿童变成了太阳,而教育的一切措施则围绕着他们转动;儿童是中心,教育措施便围绕着他们而组织起来。"①杜威的儿童中心论是提醒成人尊重儿童的发展规律,尊重儿童的存在。是一种教育行动中心的转移,以更好地实现教育的使命。② 对于特殊教育需要学生而言,他们也同样是教育的中心,教育教学的实施要尊重其身心发展规律,给他们公平的、通过参与普通班级的学习而获得成功与发展的机会。鉴于此,1994年的《萨拉曼卡宣言》明确提出有特殊教育需要的儿童必须有机会进入普通学校,而这些学校应以一种能满足其特殊教育需求的儿童中心教育学思想接纳他们。《宣言》还认为,每个儿童都有受教育的基本权利,必须获得可达到的并保持可接受的学习水平之机会;每个儿童都有其独特的特性、兴趣、能力和学习需要;教育制度的设计和教育计划的实施应该考虑到这些特性和需要的广泛差异。③ 事实上,融合教育的改革与普通教育所提倡的以儿童为中心的教育观在价值层面上是不谋而合的,它们都同样重视和强调对所有儿童身心发展规律的尊重,并通过有效的教学来促进其发展。融合教育教学正是在这样的一种教育哲学观引领下来思考如何基于普通班课堂来面对特殊教育需要问题的。

二、融合教育教学的特点

对融合教育教学概念的强调,本身就意味着这种教学的独特性。融合教育教学虽然发生于普通班级的课堂,但它又呈现出自身的特点,它给传统教学带来了挑战和冲击,也提出了新的要求。总体来说,融合教育教学使课堂教学的复杂性显著增加,它更需要精细的教学准备与专业支持,它最终会引发普通学校课堂教学的深刻变革。

1. 融合教育教学使课堂教学的复杂性显著增加

与传统的普通班级课堂教学相比,融合教育的课堂所发生的变化不仅仅在于特殊教育需要学生的进入所带来的学生数量改变,更重要的是,它明显增加了课堂教学的复杂性,它对传统课堂教学的冲击与影响是极为突出的。传统的课堂教学,教师面对的是在年龄阶段、身心发展、智力水平等层面较为相近的群体,因而,更便于组织统一教学。这也是西方国家自近代以来班级授课制大范围盛行的原因,它可以将相同或相近程度的学生组织成为班级,由教师统一实施大面积的教学活动,从而极大地提高教育效率和普及程度。而特殊教育需要学生的加入,在改变着整个班级学生的类型结构,这种改变已带来了"质"的变化。虽然仅是一名或少数几名特殊教育需要学生,但整个班级的多样化与差异性显著增加。

---

① 赵祥麟,王承绪.杜威教育论著选[M].上海:华东师范大学出版社,1981:32.
② 刘晓东.为杜威"儿童中心论"辩护[J].学前教育研究,2002(2):25—29.
③ 赵中建.教育的使命——面向二十一世纪的教育宣言和行动纲领[M].北京:教育科学出版社,1996:131.

对于普通学生来说，虽然也存在差异性与特殊性，但普通学生之间的差异性在一个适度的范围。而对残疾儿童的界定，恰恰是由于他们的身体、智力、情绪行为等方面与普通儿童相比超过了一定的度，才被划分为特殊教育需要的范畴。这本身就说明了特殊教育需要学生与普通儿童之间存在的较大差异性。当然，从关于特殊儿童心理学的研究来看，我们要意识到，特殊儿童与普通儿童之间有很多共性，无论在生理上还是心理上，都和普通儿童存在很大的相似性。特殊儿童与普通儿童一样，也是正在生长、发育着的儿童，随着年龄的增长，其身高、体重、身体的形态、结构、功能等都在自然地生长和变化着。在心理方面，特殊儿童同样遵循儿童心理发展的基本规律。① 对两类儿童之间共性的承认，构成了融合教育教学得以实施的基本前提。但在课堂教学中，我们更不能忽略两类儿童之间的差异性，特殊儿童的个体间差异与个体内差异都明显大于普通儿童，由于生理或心理等方面的缺陷，他们很难以和普通学生一样正常的方式和速度来学习，有时也很难适应普通班级的常规教学内容、教学手段或教学组织形式。这种差异性的存在，从数量上来看，可能是一对多，但从质的层面来看，差异在显著地改变和影响着现有的课堂教学。如果继续保持固有的课堂教学模式，特殊教育需要学生很难融入。这势必要求课堂教学全方面地改革，这无疑显著提升了课堂教学的难度，增加了课堂教学的复杂性。当然，对于这种复杂性的增加，需要从辩证的角度来看，融合教育教学在增加课堂教学复杂性的同时，也使包括特殊教育需要学生在内的所有学生都受益。教育发达国家关于融合教育教学的研究表明，为特定学生所设计的教学策略，往往也可以被其他学生所用。例如，用视觉信息资源来支持听力障碍等学生，结果对同样依靠视觉信息学习的普通学生也同时受益。② 换句话说，融合教育教学会使课堂教学变得更好。

2. 融合教育教学需要精细的教学准备与专业支持

从特殊教育需要的角度来审视融合教育教学的展开，能够发现在融合教育教学中，精细的教学准备与专业的教学支持是不可或缺的，这也构成了当代融合教育教学的一个显著特征。教学准备是教师在开始课堂教学之前，为有效提高教学效果，围绕学生、教学内容、教学方法等要素所进行的一系列计划与准备方案。融合教育教学对学科教师的教学准备提出了一些有别于传统普通班教学的要求，它呼吁教师要基于特殊教育需要学生的身心发展特征和现有学业水平，为其充分参与和融入课堂教学做出调适。譬如学习习惯的养成、学习动机的激发、专门的教学具准备等。一些自闭症、多动症类型的学生可能需要较长时间的、持续的课堂教学之前的提醒，才能慢慢

---

① 韦小满，蔡雅娟. 特殊儿童心理评估[M]. 北京：华夏出版社，2016：3.
② Alberta Education. Making a difference：meeting diverse learning needs with differentiated instruction [EB/OL]. https://education.alberta.ca/media/384968/makingadifference_2010.pdf，2021-6-12.

养成及时回到座位、做好上课准备、遵守上课时间的学习习惯。而很多轻度智力障碍的学生，还会经常存在学习动机不足的问题，因而教师在上课之前一些语言、动作等方式的鼓励和激发，有助于提升他们的学习动机水平。同时，专门的教学具也是课前准备必不可少的，包括必要的可触摸的学具、音视频资料以及针对视障和听障学生的助视助听器具检查等。这些细节上的要素，很多时候又会极大地影响到课堂教学效果，是教师在教学之前必须予以充分考虑的。

融合教育教学对专业支持，尤其是对教学中的专业人员支持有着较高的要求。融合教育教学实施的主阵地是普通班级的课堂，主要是由学科教师基于所教科目展开教学活动。但这并非意味着融合教育教学的职责全部交由学科教师来承担，而应是以学科教师为主，辅之以必备的专业人员支持，从而围绕特殊教育需要构成一个专业团队。譬如，英国的融合学校其专业师资由学科教师、特殊教育需要协调员、教学辅助人员、特殊教育专家等几个层次的专业人员组成。[①] 澳大利亚新南威尔士州普通学校里的学习支持团队，则由学习支持教师、巡回支持教师、校长助理、学习支持辅导员以及学校专业顾问等组成。[②] 通过专业团队的构建来帮助特殊教育需要学生融入普通班级、帮助学科教师有效组织教学几乎成为教育发达国家实践变革的普遍方向。我们的融合教育教学，也要充分以学科教师为中心，为其教学准备及教学实施提供专业指导和支持，包括来自资源教师、巡回指导教师等的专业支持。他们也可以通过班级里的合作教学、协作教学等多种方式参与融合教育课堂，这点会在后面的内容里重点讨论。总体来看，如果没有来自融合教育团队的专业帮助和支持，仅依靠学科教师来实施课堂教学，是很难达到满足特殊教育需要之目标的。

3. 融合教育教学引发课堂教学的深刻变革

融合教育对于教育的影响力在于它是一场全方位的教育改革，涉及作为顶层设计层面的教育政策与制度、教育理念层面的教育目的与价值、教育实践层面的学校转型与课程教学等。其中，实践层面的课堂教学改革是融合教育改革运动的重心。因为融合教育的推进，最终一定需要落实到课堂教学之中，回到对教学内容、教学组织形式、教学方法、教学评价这些微观具体实践问题的思考与探寻中来。这是融合教育改革的实践使命，也是彰显融合教育价值与目标的最关键之处。这也预示着融合教育所带来的课堂教学，不夸张地说，会是一场对传统课堂教学的革命。

目前来看，这种改革基本包含着内外两个维度的深刻变革。在课堂教学之内，需要基于差异性的存在，重新思考课堂教学的设计、内容的组织、教学组织形式的变化、

[①] 沈卫华. 全纳教育理念下的英国教师专业发展探析[J]. 外国教育研究, 2009(3): 43-47.
[②] 李拉, David Evans. 澳大利亚融合教育专业支持团队的建设与运行——以新南威尔士州为例[J]. 比较教育研究, 2019(7): 107-112.

教学方法的探新、课堂评价方式的变动以及教学过程之中的信息呈现方式、师生沟通交流方式等的多样化问题。这对于当代学科教师来说，是一项新的挑战。它要求学科教师首先要从教育教学观念的变革入手，重新审视由于差异所带来的课堂教学新形态，进而通过实践去探寻如何面对这种差异与多样化，并寻找更合理、更优化的课堂教学策略。同时，对融合教育教学的理解，尚须超出课堂教学之内，指向课堂教学之外。因为对于特殊教育需要学生来说，它在融合教育课堂上所取得的成功，不仅取决于课堂教学，还取决于与课堂教学紧密相连的一系列教育教学环节，包括在上一章中所提及的教育评估、目标制定、课程调整、教育评价，还包括资源教室建设、个别化教育计划的制定与实施等。因而，不能从孤立的角度来理解融合教育的课堂教学，它与上述环节是紧密联结在一起的，这些要素相互支撑，共同构成了融合教育的教学实践。换句话说，如果融合教育教学中，缺少了这些课堂教学之外的环节作为支撑或配合，融合教育教学就会举步维艰。这也再次说明了融合教育的改革应是整体的变革，而非局部的、片段式的改革。如若只重视或强调某一部分、某一环节，融合教育改革就很难获得成功。

三、融合教育教学的基本原则

教学原则是有效进行教学必须遵循的基本要求。它既指导教师的教，也指导学生的学，应贯彻于教学过程的各个方面和始终。① 在漫长的教育发展历程中，古今中外的教育学家们根据教育目标、教学过程的规律性，结合对教育对象身心发展特征及认知规律的了解，总结和形成了一些具有普遍性的教学原则，如直观性原则、启发性原则、循序渐进原则等。这些原则反映出人们对教学一般性规律的认识和理解，对教学过程发挥着重要的引领作用。这些教学原则也同样适用和指引着融合教育的教学，但对于融合教育教学来说，由于特殊教育需要的存在，还有一些基本原则在教学过程中需要被强调，或需要被重新阐释，以便于师生有效遵循和把握，从而更好地反映出融合教育的教学规律和特点，推进有质量的融合教育教学。

1. 发展性原则

一般来说，教学中的发展性原则是指教学的内容、方法和进度，既要适合学生已有的发展水平，又要有一定的难度，激励他们通过努力才能掌握，以便有效地促进学生的身心发展。② 发展性原则以现代心理学理论为基础，强调以儿童为中心，重视儿童发展的现实性与可能性，它已经成为当代教学不可忽略的重要指导原则。特殊教育学的出发点也认为，所有的儿童都能够学习，不存在不能教育的儿童。即使是对称

---

① 王道俊，郭文安.教育学(第七版)[M].北京：人民教育出版社，2016：196.
② 王道俊，郭文安.教育学(第七版)[M].北京：人民教育出版社，2016：210.

为"不能教育"的,在发展上有严重缺陷和多重缺陷的儿童,在这方面进行现代教育的成功也已得到了证实。[①] 发展性原则对于融合教育教学来说尤为重要,它的意义在于一方面承认班级里特殊教育需要学生发展的可能性,承认教学对于特殊教育需要学生发展的积极推动作用,另一方面则在于促使教师从发展性出发,理清特殊教育需要学生的缺陷补偿、潜能开发与适性发展等发展目标之间的关系。

缺陷补偿与潜能开发的关系是特殊教育领域中的一个经典话题,也是特殊教育活动的两大重要任务。在已有特殊教育理论中,围绕这两大任务之间的主次关系,曾经展开过很多的讨论。从某种意义上说,特殊教育就是不断帮助残疾学生补偿缺陷、克服障碍的过程。而残疾人的发展同样有未完成性和潜能,因此,特殊教育的任务也是要帮助残疾学生以一切可能的形式去实现他自己,使他成为发展与变化的主体,成为实现他自己潜能的主人。故此,特殊教育领域特别强调它们之间相辅相成、相互促进的关系。[②] 在融合教育教学中,缺陷补偿与潜能开发也同样是特殊教育需要学生发展的重要任务和目标指引。此时,发展性原则的提出,更加强调我们在融合教育教学中,要以潜能开发为目标,以缺陷补偿为基础,重视发展的可能性,使每个特殊教育需要学生获得适性发展。首先要避免陷入过于注重缺陷的窠臼之中。过于关注缺陷,会使教学的出发点和着眼点只聚焦于学生的"不能",而忽略其"能"。这是当前融合教育教学较为普遍存在的弊病与问题,由于特殊教育需要学生与普通学生存在的差异,学科教师往往会不由得在教学设计中从缺陷和不足出发来开展教学活动。这并非说教学中不需要缺陷补偿,但缺陷补偿的指导意义在于,学科教师的教学活动设计要有针对性,在教学目标、内容、方法、过程、策略中尽可能绕开或填补缺陷带来的不足。但这仅是教学的起点,融合教育教学还需要从特殊教育需要学生的潜能出发,善于发现学生在学习上的优势与长处,基于其优势与长处来有效设计教学,使其优势和长处成为促进其进一步学业发展的契机。融合教育教学的发展性原则关涉到特殊教育需要学生发展的可能性与高度,是教学中不可忽略的根本原则。

2. 兼顾性原则

兼顾性原则是指在融合教育教学中,要兼顾普通学生与特殊教育需要学生这两类儿童身心发展的特征和不同的教育需求,并能够做到有所侧重,使两类儿童都有可能从教学中受益。兼顾性原则是融合教育教学独有的一个教学原则,它源于普通班级内差异与多样性的存在。由于普通儿童与特殊教育需要学生的差异性,教学的设计与组织要同时考虑到这两类儿童的教育需求。但在考虑这两类儿童教育需求的满足时,还应有所侧重,概括来说,就是"面向全体,兼顾差异"。

---

① [俄]娜·米·纳扎洛娃.特殊教育学[M].朴永馨,银春铭等,译.北京:北京师范大学出版社,2011:91.
② 盛永进.特殊教育学基础[M].北京:教育科学出版社,2011:134-147.

对于组织实施融合教育教学的学科教师来说，在教学中实质上存在着全体与差异之间的矛盾冲突。由于两类学生身心发展尤其是学业水平之间的差异性，教师很容易陷入顾此失彼的困境之中。而既要有效实现教学，又要满足特殊教育需要的目标要求经常会使学科教师们无所适从。融合教育教学必须要面对和清晰回答这一问题。事实上，这一问题涉及学科教师在融合教育教学中所承担的职责与任务，也涉及满足特殊教育需要的方式与专业人员的职责划分问题。正如前文所强调的，融合教育教学是一项牵涉融合教育整体发展的体系性存在，学科教师是教学的核心，但不是唯一。高质量的融合教育教学，要完成满足特殊教育需要之任务，尚需包括资源教师、巡回指导教师、教学助手等多专业人员的参与和支持。希望完全通过课堂教学来应对特殊教育需要学生的学业发展目标，对于学科教师来说，是无法承受之重，也绝难独立完成。学科教师的核心职责应是首先面向全体，有效组织教学，完成学校和学科本身所要求的教学目标，使教学能够满足大多数普通学生的学业需求。对于特殊教育需要学生，学科教师的职责是尽可能在教学中通过教学准备、教学方法与策略的调整等使其参与课程，并努力融入。对于这种方式还无法完全参与或融入的学生，学科教师或资源教师、巡回指导教师等还可以通过补救教学、个别辅导、资源教室课程或者是课堂教学中的教学辅助等方式进行补充，以弥补集体教学时关注特殊教育需要不足的问题。这应是融合教育教学在面对特殊教育需要时的解决路径，也是专业支持的重要意义所在。概括来说，兼顾性原则所指的"面向全体，兼顾差异"，是指教师在处理面向全体实施教学与面向差异的时候，应是有所侧重，以全体为主，以差异为辅，努力兼顾。这才能使学科教师从双重目标并重的困境中解脱出来，更侧重于集体教学。

3. 适度性原则

适度性原则面对的是在融合教育课堂教学中，教师容易步入的另外一个误区，即关于对特殊教育需要学生关注程度的。"面向全体，兼顾差异"某种程度上也是关于教师如何处理班级里的群体与个体之间关系的一种理解和实施方式。面向全体并非意味着对个体差异性的忽略，而是适当兼顾，然而如何做到适当兼顾，则是一个需要继续深入讨论的话题。在我国早期推进随班就读的阶段，由于教师对特殊教育需要学生的不了解，加之对随班就读政策的执行不深入，很多盲、聋、智力障碍学生在进入普通班级课堂后，受限于身心发展障碍，很难依靠自身来参与课堂教学，经常会处于被忽略、被漠视甚至被排斥的状态。这也是一些如"随班混读""随班就座"等字眼频繁用来形容随班就读质量不高的原因之一。

在国家和区域对融合教育越发重视，更多特殊教育需要学生开始进入普通班级之后，教师也面临着越来越多的关于重视特殊教育需要学生发展的任务要求。融合教育教学对于学科教师来说，既带来一种教学观念的转变，又迎来一场教学实践的改革。如何在课堂教学中有效关注特殊教育需要学生，成为学科教师普遍要面对的现实问题。显然，在班级里忽略或漠视特殊教育需要学生，将其边缘化的做法，已日渐减少，但学科教师在课堂教学中又会经常陷入另外一种困扰，即无法准确把握对特殊教育需要学生的关注程度，经常会出现对特殊教育需要学生关注程度过多，从而影响了整个班级教学的有效组织，或者是带来了教学效果的下降。典型的表现为在班级教学中，对特殊教育需要学生提问过多、互动过多。有些关注是很有必要的，但也会存在很多无效的关注、为了关注而关注的教学现象。这在一些区域性融合教育的示范课、观摩课上会表现得更为明显。事实上，刻意而无效的教学关注，对于特殊教育需要学生的融入来说未必是好事，有时候反倒以另外一种方式将其在班级里边缘化了。

解决这一问题的关键在于掌握融合教育教学的适度性原则。所谓适度性原则，简单来说，就是在必要的时候给予特殊教育需要学生有针对性的教学关注。必要性、针对性和有效性，是适度性原则的重要体现。它不要求过度关注，更不是忽略、不关注，而是要求教师把握合理的度，这个度概括来说，应是"不忽略、不刻意"。因为无论是忽略还是刻意，都意味着对特殊教育需要学生关注的极端性，都应该是教学中力求避免的。当然，要把握这个度，需要的是教师对班级里的特殊教育需要学生有充分的了解和把握。教师还要把握关注的方式，尽可能不影响班级集体教学，注重关注的"润物无声"，保障所有学生在教学中的共同参与。无论如何，这应是学科教师在融合教育教学实践过程中需要着手修炼和提升的，也是教师教学智慧的反映。

第二节　融合教育教学的实施

教学实施即教学活动的展开，它是个系统化的过程。融合教育教学的实施是学科教师基于两类儿童发展目标和融合教育教学的特点及规律，依托普通班级课堂有效开展教学的活动过程。一般来说，融合教育教学的实施包括融合教育的教学准备、教学策略以及教学评价等基本环节。这些环节事实上都是嵌入于普通班级的课堂教学之中的，与普通班的课堂教学融为一体，仅是为了分析之便，将其剥离出来具体阐述。

一、融合教育的教学准备

融合教育教学需要教师进行精心的教学准备，这是教学过程得以有效实施的重要前提。教学准备的重要性在上文中已有讨论。就其内容而言，融合教育的教学准备包含接纳的环境营造、学习特点分析、教学材料准备以及有针对性的教学设计这几个层面。

1. 接纳的环境营造

教学的实施,首先需要为特殊教育需要学生营造一个接纳的环境,这是使其参与课程与教学的前提与基础。我国多年的融合教育实践已经证明,特殊教育需要学生的教学参与,首先要解决的是"留得住"的问题,只有特殊教育需要学生充分融入班级之中,成为班集体平等的一员,才有可能去寻求教育教学质量的提升。融合教育一直致力于形成一种平等、接纳的环境与氛围。现在来看,这种接纳的环境与氛围应是两方面的。一是物理环境的营造。无论是课堂还是校园,无障碍的物理环境都是必不可少的。从校园来看,方便通行的坡道、电梯等构成了基础性无障碍设施;从课堂来看,重要的是座位安排,要基于特殊教育需要学生的教育需求,充分考虑到他们对光线、讲台位置、活动等方面的要求以及与教师交流互动的方便,灵活地安排座位。这些要素构成了接纳性的物理环境。但对于特殊教育需要学生来说,相较于物理环境,接纳的心理环境的营造则更为重要。要使特殊教育需要学生成为班集体平等的一员,而非特殊的对象是非常重要的。要避免对特殊教育需要学生的过度保护,不过于强调其特殊性,尊重其身心发展的独特性,为这类儿童在心理层面营造一种"我是班级平等一员"的归属感。以上内容事实上是从宽泛的角度来谈及接纳环境的营造问题,这是开展教学的基础。在具体教学活动开展之前,教师还要有意识地激发学生的求知欲和参与学习的热情,注重引导其将注意力转移到课堂之中,逐渐养成良好的学习习惯。这提醒我们要重视特殊教育需要学生的非智力因素对学习的影响。非智力因素是指除智力因素以外的一切个性心理因素,包括动机、兴趣、情感、意志和性格等,对学习活动能产生巨大的动力、定向、引导、维持、调节、控制和强化作用。[①] 往往非智力因素的引导和激发对于特殊教育需要学生的教学融入会产生不可忽略的影响,这些都应构成学科教师开展课堂教学之前的常规准备内容。

2. 学习特点分析

充分了解特殊教育需要学生的学习特点,才能为其设计有针对性的教学策略。因此,教师的教学准备还包括对每一位特殊教育需要学生学习的优势、需求、偏好、兴趣等方面的分析和把握。这同样是"因材施教"原则的深刻体现。前文数次提到,特殊教育需要学生与普通学生之间存在着差异性,把握这些差异性,才能真正为其设计教学,才有可能使其特殊教育需要得到满足。正如《萨拉曼卡宣言》所强调的,每个儿童都有其独特的特性、兴趣、能力和学习需要。教学方法、教学策略、教学组织形式的选择,都要考虑到他们的这些独特性。因此,在教学活动开展之前,教师不但要了解其学业的起点水平,把握其学习风格与特点更为重要。对学习论进行研究的学者认为,至少有三种感官学习风格的学习者:听觉型学习者、视觉型学习者、动感型学习

---

① 袁振国. 当代教育学[M]. 北京:教育科学出版社,2010:96.

者。听觉型学习者的学习风格是偏好听觉信息,喜欢听到大声的指示,讨论他们正在学习的内容,玩文字游戏、猜谜、歌曲、合唱、朗读等;视觉型学习者倾向于用绘画来表达想法,使用视觉线索来记忆,喜欢实地考察,喜欢看到可视化图片,喜欢使用图形和流程图,喜欢书籍等。动感型学习者喜欢有机会在周围移动、描摹,喜欢表演概念和故事,制作模型或做实验,边听边写或画,边说边走,想象自己置身于情景中,喜欢检查和操作材料等。[①] 关于学习风格的研究,对于融合教育的教学有着重要的启示意义,它告诉我们在融合教育的教学准备过程中,只有把握特殊教育需要学生不同的学习风格和学习特点,才能为其选择更适合的知识传递方式。

3. 教学材料准备

对于很多类型特殊教育需要学生来说,在参与学习的过程中对专门的教学材料有着独特的要求。一方面这主要是因为他们由于缺陷所带来的认知、语言、沟通等方面的障碍;另一方面,恰当的教学材料对于引领学生学业发展、促进其知识的吸收具有事半功倍之效。教师在开展教学活动之前,为特殊教育需要学生所提供的教学材料,主要包括两种类型。一种类型是专门的教学具,譬如视频、音频、图片、计算机教学软件、学习辅助技术等。视频、音频、图片、计算机教学软件,从目前来看,都已成为传统的教学素材,它们的作用在于通过多信息通道传递知识,使知识呈现的方式立体化,从而绕开学生的感官障碍带来的影响。值得注意的是学习辅助技术(Assistive Technology for Learning,ATL)的快速发展,类似于语音识别文字软件、语音合成软件、能说出数据和计算结果的计算器等技术手段的应用越发广泛,相较于传统的教学素材,学习辅助技术彰显出现代科技进步给教学提供的智能、便利和高效,对教师设计教学的帮助很大,这会是教育教学整体发展的一个重要方向,在融合教育教学领域更是意义重大,值得进一步探讨应用。

第二种类型的教学材料准备是为特殊教育需要学生提供简洁有效的复习及引导性材料,为新知识的学习做好铺垫,也就是美国教育心理学家奥苏贝尔(David Paul Ausubel)所提出的"先行组织者"策略。所谓先行组织者,是指安排在学习任务之前呈示给学习者的引导性材料,它比学习任务具有更高一层的抽象性和包摄性。奥苏贝尔区分四种不同类型的学习:机械学习与有意义学习、接受学习和发现学习,而有意义的接受学习是他所主张的主要学习形式。他特别强调个体的认知结构对学习的重要影响,而先行组织者是改进认知结构和促进新知识保持的主要手段。奥苏贝尔认为,先行组织者的功能包括:提供观念支架(或固着点),以便将学习任务中的那些更具体、更分化的材料稳固地纳入认知结构中,并且长久保持;增强学习任务与认知

---

① Alberta Education. Making a difference: meeting diverse learning needs with differentiated instruction [EB/OL]. https://education.alberta.ca/media/384968/makingadifference_2010.pdf,2021-6-12.

结构中相关的、起固着作用的观念之间的可辨别性。① 融合教育的教学准备中,使用先行组织者策略为特殊教育需要学生提供学习素材,对于帮助他们建立与已有经验之间必要的联结和新知识的学习是大有裨益的。

4. 有针对性的教学设计

教学设计是根据课程标准的要求和教学对象的特点,将教学诸要素有序安排,确定合适的教学方案的设想和计划。一般包括教学目标、教学重难点、教学方法、教学步骤与时间分配等环节。融合教育的教学设计,很大程度上决定着特殊教育需要学生的教学参与程度,影响着课堂教学的有效性。在教学设计上,需要综合考虑班级里存在的学业水平差异与多样性,在面向全体的教学设计之中渗透对差异的关注,这也是兼顾性原则的重要体现。其中,最为关键的是教师的备课环节。在备课中要将特殊教育需要学生的差异考虑其入,在教学目标、重难点、教学方法及组织形式上有所变化。对其差异的考虑,总体来看是建立在学期之初的功能评估和学业评估基础上,但在每个具体的教学活动设计之前,都需要对特殊教育需要学生已有知识经验进行充分的了解和把握,可以通过预测试、口头测验等方式了解学生的现有学业水平,再进行相应的调整。教师在备课环节,可采用并列式的教案撰写方式,即以班级整体教学活动为基础,在特定活动流程中有针对性地增加一些专门关于特殊教育需要学生参与的内容或方式,这些内容或方式大多情况下应该融入整体活动之中,教师在某些教学重难点方面等特定的情况下关注特殊教育需要学生。并列式的教案能够减免教师为特殊教育需要学生单独撰写教案的繁重工作,又可以简洁地将特殊教育需要学生所参与的活动预设于整体活动之中,使教学的展开尽可能做到面向全体、兼顾差异。

二、融合教育的教学策略

教学策略是教师在教学过程中,为达到一定的教学目标而采取的相对系统的行为。② 它是对有效教学方式的概括和推理,是教师为提高教学效率而有意识地选择筹划的教学方式方法与灵活处理的过程。在教学实践中教学策略往往表现为具体教学方法和技能的实施过程,但又不同于具体的方法和技能,具有很大的创造性特征,是教师智慧与教学艺术的充分体现。③ 由于差异的存在,融合教育的教学更是充满了挑战性和不确定性,对教学过程与方法等提出了更高的要求。对于学科教师而言,融合教育的教学策略是一种需要不断在实践中探新的事物,迄今它并没有太多成熟

---

① [美]戴维·保罗·奥苏贝尔.意义学习新论——获得与保持知识的认知观[M].毛伟,译.杭州:浙江教育出版社,2018:62.
② 邵瑞珍.教育心理学[M].上海:上海教育出版社,1997:80.
③ 李晓文,王莹.教学策略(第2版)[M].北京:高等教育出版社,2011:6-7.

的模式与系统的经验可借鉴。目前来看,多样化的教学组织形式、灵活的沟通技巧、适合的助学伙伴构成了融合教育教学策略的一些重要实践维度。

1. 多样化的教学组织形式

融合教育教学对传统的以集体教学为主要方式的班级授课制提出了新的命题和要求,但它对班级授课制不是试图打破,而是要求渗透,将对差异性存在的理解与把握有效渗透于班级授课制之中。因而,它也不是去否定集体教学,以个别教学取而代之,而是仍然要以集体教学为主,通过集体活动和参与去促进融入,推进特殊教育需要学生的学业发展。个别教学仅在必要时才发生,譬如,将特殊教育需要学生抽离到资源教室中实施补救教学。但需要再次强调的是,个别教学在融合教育教学中是补充,不是主体。这些都构成了融合教育的教学要求与特征。

在集体教学中关注差异,仍可以对教学组织形式进行相应的变革,以满足特殊教育需要。近年来,围绕融合教育教学组织形式的研讨与实践逐渐增多,主要包括分组教学、分层教学、合作教学、走班制等。分组教学与分层教学,已是普通学校里较为普遍使用的教学组织形式变革模式,它强调根据学生现有的知识、能力水平和潜力倾向把学生科学地分组或分层。既可以将能力相近的分为同组,也可以将能力差异较大的分为同组,通过同组学生之间的合作、协作完成学习任务。在融合的课堂教学中,教师可以经常根据教学内容的深浅,采用同质分组或异质分组的方式,让特殊教育需要学生在同伴的帮助下参与到教学活动中来。在分组或分层中,教师既要适当关注特殊教育需要学生的参与,更要鼓励小组成员以合作的方式共同完成学业目标。合作教学是两个人或者更多的人一起在一间教室中承担部分或所有学生的授课任务。它包括共同分担制订计划、教学以及评估学生的任务。换言之,合作教学是学生从两个或更多的、有不同思考问题或教学方式的人那儿学习的一种有趣方式。[①] 在融合教育教学中,合作教学有着广阔的探索空间,它首先是一种教学理念的革新,合作教学打破了一个教师掌控一个课堂的固有模式,通过两名甚至两名以上专业教师之间的协作来完成课堂教学,可极大地提高教学效率,并可有针对性地兼顾差异。合作教学需要依然以学科教师为主,资源教师、巡回指导教师或手语翻译等专业人员可为学科教师的教学助手,共同进入课堂,由学科教师组织集体教学,由教学助手为特殊教育需要学生提供专门支持,并可同时为学科教师组织教学提供帮助。另一种教学组织形式的变革是走班制。所谓走班制,是根据特殊教育需要学生不同科目的学业水平存在的差异性,制定的将特殊教育需要学生灵活安置于不同年级及不同班级的教学制度。譬如,对于一名五年级的轻度智力障碍学生来说,语文学科可跟上班级进度,但数学能力经学业评估后发现仅处于三年级水准,那么,可考虑采用走班制,将数

[①] 托比·卡腾等.融合教学实践[M].杨希洁,译.上海:华东师范大学出版社,2016:137.

学学科的学习专门安置于三年级之中。走班制更多的是一种关注差异、适应差异的教学理念,它思考的是如何将学生的教学安置与其学业水平恰当匹配,以促使其学业适度发展的问题。当然,以何种方式实现合理走班,还需要更多的实践探索和经验积累,才有可能形成模式。

2. 灵活的沟通技巧

沟通障碍,是特殊教育需要学生在课堂教学以及普通学校环境中经常会遇到的困境。特殊教育需要学生有着自己独特的交流方式,如果找到与他们适合的沟通方式,学与教就有了交流途径。学生学不好,很多情况下是因为不理解教师教学的内容,没听清楚或者没看明白教师教学的指令,是师生沟通有障碍。[①] 因而,学科教师首先需要熟悉特殊教育需要学生常规的沟通交往方式,了解他们沟通交往中经常会遇到的困难,这是在课堂教学中避免沟通障碍、有效传递信息的基本前提。同时,学科教师需要掌握一些必要的沟通手段及技巧。这些沟通手段及技巧可以包括常规的言语沟通、表情和动作沟通、书面沟通等方式,也可以包括专门的沟通工具(如沟通板)、多媒体等。需要强调的是,学科教师不必将沟通技巧视为极其复杂的专业手段而望而生畏,也未必需要专门习得盲文、手语等专业技能,融合课堂中的沟通,其目的在于有效减少沟通障碍,任何能够促进特殊教育需要学生了解信息、把握知识内容的方式都可以视为有效的沟通手段。譬如,一些简单的手势语、手指语、表情、神态等都可以表达特定的含义,在师生之间相互熟悉和了解这些沟通方式之后,这些方式都可以成为简洁有效的课堂交流手段。对于自闭症学生,还可以考虑使用专门的沟通板或教师自制的一些简单的图片、词卡等表达特定含义的沟通工具,这些沟通工具都有助于传递一种符号语言,使自闭症学生理解其特定的含义,达到沟通的目的。另外,为智力障碍、自闭症、多动症、发育迟缓等类型学生提供专门制作的学习单,也是一种良好的沟通方式和有效的教学策略。学习单清晰地呈现出这节课要学习的内容、要求以及作业安排,它以更加结构化的方式帮助这些学生了解目标和内容,减少课堂中的沟通问题。总体来说,融合课堂中的沟通技巧并无定势,它主要依托教师在充分把握学生特殊教育需要的基础上,因人而异建构简洁灵活的沟通方式。

3. 适合的助学伙伴

在融合教育教学中,除了来自学科教师、资源教师等专业团队的教育教学及专业支持之外,来自班级里的普通学生为特殊教育需要学生提供的学习支持和帮助,也是不可或缺。在我国随班就读开展的早期阶段,普通学校就已经开始有意识地为特殊教育需要学生配备普通学生为同伴,为特殊教育需要学生的学业和生活提供帮助,这

[①] 华国栋,华京生. 融合教育中的差异教学:为了班级里的每一个孩子[M]. 北京:教育科学出版社,2019:188.

些同伴我们通常称之为"助学伙伴"。当前,为特殊教育需要学生提供助学伙伴,已越发成为普通学校较为普遍采取的做法。助学伙伴对于融合教育教学的意义在于其三个层面的功能:教学支持、生活帮助与行为提醒。教学支持是指助学伙伴可以成为特殊教育需要学生学习的支持者和合作者,在课堂教学以及课堂之外为特殊教育需要学生进行学业帮扶及必要情况下的学习指导。这是助学伙伴最核心的功能。生活帮助则是指助学伙伴为其顺利适应学校环境及融入班级所提供的一些譬如行走、如厕等方面的关心和支持。行为提醒是指对于一些还未建立起学习常规习惯的特殊教育需要学生,助学伙伴及时提醒他们转移注意力、聚焦学习内容、注重课堂学习常规等方面。从生活帮助与行为提醒的角度来看,事实上助学伙伴的功能已经超出了学业的范畴,指向了对特殊教育需要学生全方面的支持,因而很多情况下,助学伙伴的配备也被视为融合教育支持保障体系构建的内容之一。

融合教育教学中对助学伙伴的恰当使用,既可以有效帮助特殊教育需要学生的学习适应和融入,又可以减轻教师面对差异进行教学时的压力,同时,对于促进学生之间的合作,建立平等互助的人际关系都有重要价值。但值得提醒的是,在助学伙伴的使用过程中,要注意避免特殊教育需要学生对助学伙伴的依赖,也就是要注重对特殊教育需要学生独立能力的培养。助学伙伴只是在必要时提供帮助,但不能越俎代庖,过多或过度的不必要帮助又会削弱特殊教育需要学生的独立性养成,这点是教师在助学伙伴配备和使用中需要注意的。

三、融合教育的教学评价

教学评价是对教学质量及效果所进行的分析和评定,它是实现教育目的的重要手段。融合教育教学目的是否达成、特殊教育需要学生的学业发展是否符合预期,都需要依赖教学评价这种手段来衡量和判定。如若没有教学评价,就很难保证融合教育教学的质量和效果,也就无法对教师的教学以及学生的发展做出准确客观的判断。事实上,融合教育的教学评价又是融合教育课程一章中所涉及的融合教育发展评价的组成部分,只是教学评价重点关注的是特殊教育需要学生的学业发展问题。而融合教育的学业发展评价又是当前融合教育评价体系中一个比较棘手的问题,缺乏成熟的经验与模式。融合教育教学实践中经常出现的不评价或随意评价现象,多与这种学业评价机制没有建构起来紧密相关。

根据评价在教学中的作用不同,一般来说教学评价可分为诊断性评价、形成性评价、总结性评价。[①] 融合教育的教学评价也同样涉及这三种基本类型。在学期开始之前,对特殊教育需要学生进行专门的学业评估,了解儿童学业的现状、水平和起点,

---

① 袁振国.当代教育学[M].北京:教育科学出版社,2010:246-247.

就是诊断性评价的基本体现。对特殊教育需要学生的诊断性评价，应是精准的，全面了解其学业现状以及知识掌握的具体情况。目前在上海、南京等地，已开始基于普通学校课程标准来为特殊教育需要学生编制详细的评估手册，以精准衡量儿童学业水平，这应成为融合教育教学评价的发展方向之一，构成了教学评价的起点。在诊断性评价环节，还可以使用成长档案袋作为评价儿童学业发展的重要手段。成长档案袋，也被译为成长记录袋。主要指收集、记录学生自己、教师或同伴做出评价的有关材料，学生的作品、反思，还有其他相关的证据与材料等，以此来评价学生学习和进步的状况。成长档案袋是记录了学生在某一时期一系列的成长"故事"，是评价学生进步过程、努力程度、反省能力及其最终发展水平的理想方式。成长档案袋的形成包括以下几个步骤：明确目的；确定评价的内容和技能；确定评价的对象在什么年级水平；确定要收集的内容和收集的次数、频率；调动学生参与；确定评分程序；向每一个人介绍成长档案袋；制定交流计划和保存、使用计划。成长档案袋的形成过程由学生和教师共同完成，内容则涵盖了一项任务从起始阶段到完成阶段的完整过程。[①] 成长档案袋的相关理论和模式，对于特殊教育需要学生的发展更具重要意义，可以将成长档案袋模式应用于融合教育发展评价，与专门为特殊教育需要学生制定的个别化教育计划（IEP）结合起来，作为衡量融合教育教学及儿童发展的有效方式。

形成性评价又称为过程性评价，它更能体现教学过程中教师的教学智慧以及对融合教育课堂的把握情况。在方式上可以包括课堂教学时的提问、及时的教学反馈、课后专门的作业及任务、书面或口头测验等。融合教育教学中的过程性评价，其目的不在于成绩评定，而在于通过持续的、多样化的评价方式及时了解特殊教育需要学生知识接受情况，并据此做出相应的教学调整及应对。教师还要注意鼓励、表扬这些正向支持手段的应用，及时发现并充分肯定学生在学习过程的点滴进步，激发他们参与学业的热情与动机。

总结性评价也称为终结性评价，它是在经历一个大的阶段（如学期）之后对学生学习效果及成果进行的正式的、制度性的评价。在普通学校，通常表现为期终考试和成绩评定。对于融合教育教学来说，考试这种传统又固定的普通教育评价方式事实上是无法回避的，特殊教育需要学生的学业融入很大程度上也要体现于对考试这种传统评价方式的参与中来。只是，这种参与的方式亟待变革，而非囿于固定模式。一方面，需要根据特殊教育需要学生的现实情况，对参与考试的方式进行适当的调整，譬如，延长考试时间、减少题目要求、口述作答等。对于少量难以适应考试内容的学生，可以施以替代性考试，给予他们专门编制的符合其学业发展水平的试卷。另一方面，更重要的，无论是考试方式的调整还是替代性考试模式，都需要建立在对特殊教

---

① 朱慕菊.走进新课程——与课程实施者对话[M].北京：北京大学出版社，2002：156-157.

育需要学生学业水平进行客观准确评估基础之上,依据学业目标来确定考试方式。这又需要与教育评估、课程调整以及个别化教育计划(IEP)等环节结合起来。

第三节　个别化教育计划

在融合教育教学实施中,个别化教育计划发挥着关键性统领作用。个别化教育计划的理念来自以美国为代表的西方国家,它被视为特殊教育发展的基石,目前已成为在全球特殊教育与融合教育范围内发挥重要影响力的实践举措。在我国融合教育领域,个别化教育计划也开始逐渐普及,越来越多普通学校通过为特殊教育需要学生制定个别化教育计划的方式来推进融合教育教学。但从整体来看,我国实践领域对个别化教育计划的理解还停留在简单的文本或表格执行阶段,对个别化教育计划的理念、功能及实施路径等还缺乏深刻的了解,以至于经常会出现个别化教育计划流于形式的现象。把握个别化教育计划的基本理念,才能为实践的真正执行奠定基础。

一、个别化教育计划的提出与发展

最早提出个别化教育计划并将其写入法律的是美国。1975 年,美国国会通过了《所有障碍儿童教育法》(Education of All Handicapped Children Act,94-142 公法),首次提出要为每位接受特殊教育的残疾儿童制订个别化教育计划(Individualized Education Program, IEP)。该法案是第一个明确规定特殊儿童享有恰当公立教育的法律,堪称美国特殊教育发展的里程碑。法案规定,不管儿童的障碍程度如何严重,政府都要为 3—21 岁(除了那些州法律还没有规定为 3—5 岁或者 18—21 岁儿童提供恰当公立教育的州)的特殊儿童在最少受限制的环境中提供免费、恰当的公立教育。为保证教育的恰当性,需要为每位接受特殊教育的儿童制订具有法律效力的书面 IEP。在该法案的实施细则中,详细规定了 IEP 的内容、参与设计的人员与设计的程序。在随后的 30 多年间,根据特殊教育发展的需要以及 IEP 制订与实施过程中存在的问题,《所有障碍儿童教育法》的几个修正法案(即 1986 年、1990 年、1997 年、2004 年修正案)对 IEP 的相关规定进行了几次大的修改。[①] 基于实践演进的这几次法案修正,基本奠定了 IEP 的核心思想与实施框架。

IEP 的产生,来源于对特殊儿童差异性的关注,由于差异的存在,无论是在特殊教育学校的环境中还是在融合教育的环境中,每个特殊儿童都需要被个别对待,形成符合其身心发展特征、满足其特殊教育需要的教育方案或计划。IEP 体现了美国个

---

① 于素红.美国个别化教育计划的立法演进与发展[J].中国特殊教育,2011(2):3-8.

人本位论的教育目的,追求以"儿童为中心"的民主教育,承认儿童是独立自主的个体,强调个体权利的至高无上,故应根据个人自身完善和发展的精神性需要来制定教育目的和建构教育活动。① IEP 理念被美国写入法律之后,对世界各国特殊教育及融合教育改革产生了深远的影响,英国、加拿大、澳大利亚等国家也纷纷基于 IEP 理念,在融合教育环境中倡导和推进个别化教育。当然,IEP 发展到今天,也并非一个完善的事物,它还处于不断发展与实验中。这是美国之所以通过不断修订法律来调整 IEP 的重要原因之一。

　　IEP 理念在 21 世纪初期前后被引介入我国,在我国部分特殊教育学校及随班就读领域进行尝试,也引发了国内学者关于 IEP 的分析与讨论。学者们的研究既有聚焦于对西方 IEP 演变历程及相关法律政策文本的介绍,也有在实践中探索形成本土个别化教育计划模式的实验研究。无论如何,IEP 已经开始引起我国特殊教育与融合教育领域的广泛关注,成为一个无法回避的理论与实践问题,并陆续被写入国家和区域的教育政策之中。2014 年,在国务院转发的教育部等七部委《特殊教育提升计划(2014—2016 年)》中,要求支持承担随班就读残疾学生较多的普通学校设立特殊教育资源教室(中心),配备基本的教育教学和康复设备,为残疾学生提供个别化教育和康复训练。2017 年,《残疾人教育条例》第二十四条明确指出,残疾儿童、少年特殊教育学校(班)应当坚持思想教育、文化教育、劳动技能教育与身心补偿相结合,并根据学生残疾状况和补偿程度,实施分类教学;必要时,应当听取残疾学生父母或者其他监护人的意见,制定符合残疾学生身心特性和需要的个别化教育计划,实施个别教学。2018 年,江苏省教育厅在《关于加强普通学校融合教育资源中心建设的指导意见》中,针对融合教育发展的需要,更具体地提出针对不同学生的特殊情况,制订实施特殊教育需要学生的分类教育或个别化教育方案。制订分类或个别化教育方案既要考虑充分融入普通教育,也要考虑目标内容、方法策略、质量评价的适应调整。在政策要求及实践需求背景下,很多区域已将 IEP 的理论、制订与实施等内容放入针对融合教育教师的职后培训课程体系中,特殊教育学校及普通学校围绕 IEP 的实践探索与应用也越发增多。

二、融合教育的个别化教育计划:含义、特征与功能

　　关于 IEP 的定义,国内学者已有诸多描述。在朴永馨主编的《特殊教育辞典》中,个别化教育计划是指由地方教育部门的代表、医生、心理学和教育学方面的学者、教师、学校负责人、社会工作者、学生家长或监护人共同组成小组,为每个被鉴定有残

---

① 邓猛,郭玲.西方个别化教育计划的理论反思及其我国特殊教育发展的启示[J].中国特殊教育,2010(6):3-7.

疾的学生制订的一份书面教育计划,作为帮、教该学生的工作依据。① 刘春玲、江琴娣等认为,所谓个别化教育计划,是指一份由学校与家长共同制定的针对学生个别需要的书面教育协定,它应记载学生的评定结果、该年度需要提供的教育安置、相关服务及教学目标等。② 张文京、严小琴认为,个别化教育计划是为了落实个别化教学编拟的、为某位学生提供的、最为适合其发展、给予最恰当教育服务的文件,是该学生在一定期限内的学习内容。③ 肖非认为,个别化教育计划是特殊教育的基石,它规划和指导一个特殊学生在学校接受的特殊教育的方方面面,描述了学生的教育需要,确定了学生要表达的教育目标,规划了学生的教育安置形式,明确了学生的教学进程和进步的评价标准。实质上,个别化教育计划既是特殊儿童教育和身心全面发展的一个总体构想,又是针对他们进行教育教学工作的指南性文件。④ 虽然定义表述不完全相同,但通过这些学者的描述,我们基本可以概括出个别化教育计划的一般含义。个别化教育计划又称个别化教育方案,是为某个特殊学生制订的旨在适应其个体的身心差异、满足其独特教育需要的总体教育方案。它清晰而详细地阐明了一个特殊学生所应接受教育支持的具体措施和相关服务。

融合教育的个别化教育计划,是 IEP 在融合教育领域内的具体化,它是指为特殊教育需要学生制订的旨在适应其个体的身心差异、满足其独特教育需要、促进其融合的总体教育方案。它清晰而详细地阐明了一个特殊教育需要学生在普通学校内所应接受教育支持的具体措施和相关服务。

基于融合教育 IEP 的定义,融合教育 IEP 有这样几个核心特征。其一,整体性。融合教育 IEP 是围绕特殊教育需要学生制订的一整套教育方案。它既包括教学,又包括康复、转衔与教育管理等内容,在内容和功能上具有极高的涵盖性、整体性。事实上,它将特殊教育需要学生在整个普通学校里接受的各项教育支持与服务举措都尽可能统整了起来,因而很大程度上它可以反映出特殊教育需要学生在普通教育的发展总体情况。其二,预设性。融合教育 IEP 对于特殊教育需要学生的发展具有极强的预设和计划性。在其英文概念中,Individualized Education Program 的最后一个词是 program,在英国、加拿大、澳大利亚等国家,很多时候也用 plan 这个词语来替代 program,尤其是 plan,它更鲜明地表达出 IEP 是一项计划性方案,也就是说,它的功能发挥是建立在对特殊教育需要学生进行目标预设的基础之上的。其三,个性化。个别化教育计划的逻辑起点是基于个别化,即基于差异,它恰是因为考虑到了特殊儿童与普通儿童相比,身心发展在个体间及个体内的差异,才明确要求要为每一个

---

① 朴永馨. 特殊教育辞典[M]. 北京:华夏出版社,2006:57-58.
② 刘春玲,江琴娣. 特殊教育概论[M]. 上海:华东师范大学出版社,2008:59.
③ 张文京,严小琴. 特殊儿童个别化教育:理论、计划、实施[M]. 重庆:重庆大学出版社,2015:10.
④ 肖非. 关于个别化教育计划几个问题的思考[J]. 中国特殊教育,2005(2):8-12.

特殊儿童量身定制能够反映和满足其特殊教育需求的教育方案。因而，融合教育IEP，对于每个特殊教育需要学生来说，都是个性化的，都是基于对于身心发展及学业水平等诸多特征进行考量、评估之后建立的方案。在框架上，每个特殊教育需要学生的IEP或许是趋同的，但在内容上又极富个性特征，可能存在着较大的差别。

IEP被视为特殊教育的基石，事实上对于融合教育来说，IEP也是融合教育发展的基石，是推进融合教育实践最有力的手段。这是因为，融合教育IEP具有三个方面的突出功能。其一，支持功能。IEP的核心目标是为学校里的特殊教育需要学生提供专业支持与服务，它以促进特殊教育需要学生发展为宗旨，将包括普通教育与特殊教育在内的教育系统内部资源，以及康复、医学等专业力量在内的教育系统外部资源统整起来，建构一个系统的支持框架，满足特殊教育需要学生的多样化需求，为其顺利融入普通学校和获得发展奠定基础。其二，管理功能。融合教育IEP可以成为教育行政部门对普通学校融合教育发展进行有效管理的重要工具。在内容上，融合教育IEP包括教育评估、目标制定、课程调整、教学实施、教学评价等一系列环节。它基本囊括了普通学校为其提供的各类教育教学及康复服务等措施。很大程度上，一所学校IEP的规范化程度能够反映出这所学校融合教育发展的整体质量水平。IEP的管理功能还表现为它将普通学校、特殊教育学校、家庭以及残联、卫生等多部门、多机构的参与人员联合起来，形成支持合力，且便于学校、专业教师以及家长之间保持良好的沟通。其三，评价功能。融合教育IEP是衡量一所融合学校发展水平、融合教育教师教学质量以及特殊教育需要学生发展程度的最有力的工具，它可以在融合教育评价机制改革中发挥重要作用。这是因为融合教育IEP里有基于对特殊教育需要学生进行评估之后形成的发展目标，这个发展目标既是评价教师教学质量与效果的依据，也是评价学生在功能、社会适应及学业等层面是否达到预期的指标。围绕IEP构建融合教育质量指标体系，会是融合教育评价机制改革的重要方向。

三、融合教育个别化教育计划的制订与实施

虽然我国普通学校已有多年开展融合教育IEP的经验，但总体来看，融合教育IEP对于普通教育来说，还是一个较为新颖、陌生的教育事物。IEP对制订和实施环节有着特定的要求，某种程度上表现出一种烦琐性，它的确会带来普通教育在面对融合的教育教学时，任务的增多与压力的增加。因而在实践领域中，普通教育经常会陷入不重视融合教育IEP、有IEP但不规范、IEP流于形式等困境，这既与普通学校对融合教育IEP功能及目标等理念层面的不了解有关，也与对融合教育IEP制订与实施等具体实践层面的不熟悉相关。融合教育IEP是一种在普通教育环境里深刻关注特殊教育需要的理念，更是一种具体指导、规范和引领融合教育发展的实践。其中，融合教育IEP的制订和实施环节是把握和应用融合教育IEP的关键。

1. 融合教育 IEP 的制订

融合教育 IEP 的制订，回答的是一份有效的 IEP 是怎样形成的问题。IEP 在形式上表现为具体的文本或表格，但它又不仅仅是一个如何填写文本的问题，这份文本由谁来负责？这份文本如何形成？有哪些具体内容？这些问题构成了融合教育 IEP 制订环节中的重要方面。

首先，从文本的参与者和制订者来看，融合教育 IEP 文本的形成非一人之力，是集体的产物。美国在 1975 年的《所有障碍儿童教育法》里首次要求制订 IEP 时，就已指出 IEP 文本参与者的多样性，普通学校教师、特殊教育学校教师、普通学校管理者、其他专业人员以及家长甚至学生自身都要纳入其中，形成小组，共同来制订 IEP。IEP 文本自身的复杂性，也决定了仅靠普通学校教师是不可能完成的。对于我们现有的普通学校来说，组建融合教育 IEP 团队是推进 IEP 的首要步骤。IEP 团队的构成，其主要参与者一方面来自普通学校，包括承担 IEP 团队组建和管理职能的校长、资源教师、学科教师及班主任；另一方面来自普通学校之外，主要是资源中心的巡回指导教师及必要情况下的康复师与医生。另外，家长的参与是必不可少的。在这个团队中，由普通学校校长负责 IEP 团队的组建与管理，以资源教师为主承担 IEP 团队的常规运行，以巡回指导教师为主担任专业指导和支持。

其次，从文本的制订过程来看，融合教育 IEP 是基于 IEP 会议，以专业分工和集体讨论的方式来形成的。IEP 会议是形成 IEP 文本的主要方式。所谓 IEP 会议，通常是由校长或资源教师作为召集人，依托 IEP 团队成员，围绕特殊教育支持服务，建立的制订、修正及检验 IEP 的运行机制。它也是普通学校融合教育的一项管理制度。IEP 会议的召开，基本上有两个重要的时间节点。一是学期开始之前，IEP 文本的制订会议。由 IEP 团队成员围绕特殊教育需要学生，在进行教育评估的基础上，围绕特殊教育需要目标、课程、支持服务等方面进行研讨，从而敲定形成 IEP 文本，并共同签署生效。二是学期结束之时，IEP 实施情况的反馈会议。基于学期之前制订的 IEP 文本目标，检视目标达成的情况，反思 IEP 实施中出现的问题，同时开始讨论下一学期特殊教育需要学生的新的 IEP 制订情况。除此之外，如若在学期之中，IEP 实施遇到障碍或问题，IEP 团队也可以召开会议，研讨 IEP 文本的修改或调整问题。

再次，从文本的内容来看，融合教育 IEP 是一整套支持服务方案和系统化的融合教育实践举措。一份完备的 IEP 文本，至少应包括如下内容：特殊教育需要学生的基本信息、教育评估、学期目标、特殊教育需要分析、支持服务、课程设置、评价。特殊教育需要学生的基本信息，是对学生个人情况的综合概括与描述，包含个人及家庭状况、生长史、医疗史、教育史等基本内容。教育评估是 IEP 里的核心环节之一，它构成 IEP 存在合理性的前提和基础。如若没有科学准确的教育评估，很难对特殊教育需要学生有充分的了解，也就很难形成真正意义上的 IEP 文本。学期目标是对特殊教育需要学生一个学期整体发展的目标预设,它建立在充分的教育评估基础上,通常涵盖功能目标、社会适应目标、学业目标等内容。特殊教育需要分析是描述特殊教育需要学生在普通学校环境中由于障碍所引发的对其接受教育的影响,它又与支持服务紧密相连。基于特殊教育需要分析,IEP团队可为其拟定具体的支持服务措施,譬如学业补救、康复训练、巡回服务、辅具使用、环境调整、经费申请等一系列要素。课程设置与安排是在学业评估和功能评估的前提下,对特殊教育需要学生融入普通教育课程与教学所进行的预设,基本包含普通教育课程调整和资源教室课程两大领域。评价是IEP中不可或缺的环节,它与学期目标紧密关联,以学期目标作为评价标准和依据,建构评价维度、参与人员及评价方式。

2. 融合教育IEP的实施

融合教育IEP功能的发挥在于其有效的实施,完备的IEP文本构成了推进IEP的前提,但融合教育更需要清晰地回答IEP的实施问题。只有有效的实施,IEP文本的制订才有价值。而实施也是整个融合教育IEP的难点环节。事实上,IEP的实施,不仅是一个将文本内容具体化的问题,更是一个逐渐形成和建立融合教育IEP制度,使其规范化、制度化的过程。

一方面,当融合教育IEP文本形成和敲定之后,便可开始IEP的实施。IEP文本的意义在于为融合教育的推进提供了一整套具体的、可以执行的方案,以及明确的发展目标。它清晰地厘定了相关专业人员在每个特殊教育需要学生的教育教学过程中,所应承担的职责与任务。对于学科教师来说,IEP文本里的学业目标成为其课程调整和建立个别化教学方案的核心依据,学科教师的工作职责就是基于IEP的学业目标,进行课程与教学的设计与调整,使特殊教育需要学生经过一个学期的学习,能够达到学期之初的目标要求。对于资源教师、巡回指导教师以及康复师等专业人员来说,IEP文本也为资源教室建设、巡回指导和康复训练提供了目标指引和任务要求。围绕IEP里的功能与发展目标,资源教室内的课程、巡回指导服务的内容以及康复训练的项目都可以相应的构建起来,并付诸实施。对于校长等教育管理者来说,IEP文本一旦确定,如无特殊情况,学期之中不再更改,它可以成为学校管理者对融合教育发展进行过程性监控与管理的重要工具。一个学期IEP的结束,又是下一个学期新的IEP的开始,这是一个循环渐进、不断上升的过程,也是特殊教育需要学生按照预期目标在普通学校里逐渐成长的过程。

另一方面,更为重要的是,要为IEP的实施构建相应的制度,保障IEP实施的规范、有序和实效。我国目前普通学校IEP推行遇到的诸多现实问题,与没有构建起IEP制度有着紧密的关系。IEP的有效实施,必须通过将IEP以制度化的方式固定下来,将IEP作为融合教育的管理制度与实践方案,唯其如此才能避免实践领域内IEP制订与实施的随意、混乱与不规范。当然,这里面还需要加强对IEP文本及框架体系的理论研究和实践探索，目前虽然国内一些区域在使用相对固定的 IEP 文本或表格，但由于更多是对教育发达国家及地区的借鉴引入，总体上过于复杂和烦琐，不适合我们目前融合教育实际的情况。亟须加强这方面的理论和实践探索，在比较借鉴的基础上将其简洁化，形成更适合区域融合教育发展的 IEP 文本格式，既便于统一管理又可以尽可能减轻教师在 IEP 文本撰写上的繁重压力与负担。IEP 的推行，实则是将目前普通教育相对碎片化的各种融合教育实践举措统合了起来，应是推进融合教育发展、提升融合教育质量最有力的推手。无论是教育行政部门还是普通学校，都需要切实理解和重视 IEP，并将推进 IEP 改革作为实践领域融合教育改革的重要手段。

第九章 融合教育教师

融合教育的实现依赖于一系列的调整与变革：理念、政策、学校、资源、课程、评价，等等。其中，教师是最不可忽视的因素，因为教师是任何教育政策与活动的最终执行者。世界教育改革的经验与教训已经证明：任何没有教师参与的教育改革，都很难获得成功。融合教育改革早就意识到了这一点，并十分强调教师的重要作用和地位。第 48 届国际教育大会明确指出："高素质的教师是推进融合教育的关键。"[1]近年来国内外融合教育改革，关于融合教育教师及其专业化队伍建设的研究也日渐成为要点。那么，什么是融合教育教师？融合教育教师队伍如何构建？怎样实现融合教育教师的专业化？这些问题构成了关于融合教育教师研究的核心内容。

第一节 融合教育教师概述

在实践与政策领域，"融合教育教师"已越发成为一个广泛讨论和使用的概念。与此同时，还存在着"随班就读教师""全纳教育教师""资源教师""巡回指导教师"等诸多种概念或表达。这一方面说明了融合教育领域的教师问题日渐引起关注和重视，另一方面也凸显出国内关于融合教育教师这一新兴类型师资在概念理解和范围界定上的困惑与争议。对融合教育教师的概念以及这些概念之间的关系进行辨析澄清，是加强融合教育教师研究的基本前提。

一、融合教育教师的概念及组成

融合教育教师是基于融合教育发展需要专业师资这一共识，将关于教师角色的认识定位于融合教育领域内所形成的概念。它与随班就读教师、全纳教育教师这两个概念之间并无本质区别，只是在不同时期内表述方式或表达习惯不同而已。可以预见的是，当融合教育这一表述越发约定俗成之后，随班就读教师、全纳教育教师这类名称也会日渐式微，最终统一于融合教育教师这个概念之中。

---

[1] 高靓.世界目光聚焦全纳教育——访联合国教科文组织第 48 届国际教育大会代表周满生[J].生活教育,2009(2):15-17.

严格意义上来说,融合教育教师又不是一个具有明确外延的词语。国内的学者更多的是从教师类型的角度来理解融合教育教师这个概念的。目前国内关于融合教育教师的理解,简单地说有单类型或多类型两种划分。有研究者认为,融合教育教师通常被认为是在融合班级里任教的教师,主要与特殊学校教师和班内没有特殊学生的普通学校教师相区分。[①] 在这种认识模式下,融合教育教师的外延相对单一,就是指目前普通学校里的学科教师,由于班级里有特殊教育需要学生,他们也相应地成为融合教育教师。多类型观点的持有者则认为,融合教育教师是几类教师的总称,包括在普通中小学里担任融合教育领导工作的教师,例如校长、教导主任等;在普通中小学担任融合教育教学工作的教师,主要是班主任和任课教师;在普通中小学里担任特殊学生个别辅导、康复训练的资源教师、巡回辅导教师等。[②] 在这种认识模式下,融合教育教师的外延则相对宽泛,涉及多类型、多层次、多专业背景,而不仅仅只是学科教师。

这两种划分方式都各有充分理由,但我们对融合教育教师的认识与讨论需要一个框架,以便于在一个相对统一的范畴之内来对话。究竟什么是融合教育教师?谁是融合教育教师?我们不妨先从《中华人民共和国教师法》中关于教师的一般定义来界定融合教育教师的概念。在《中华人民共和国教师法》中,教师被定义为"履行教育教学工作的专业人员"。相应地,融合教育教师就是履行融合教育教育教学工作的专业人员。这种定义方式简洁却不够准确,但它可以为我们界定融合教育教师的类型和属性奠定基础。透过融合教育实践,可以发现从事融合教育教育教学工作的专业人员,事实上并非单独的某一类型教师。在融合背景下,有特殊教育需要的学生类型复杂多样,差异性显著,例如各类残疾儿童、超常儿童、情绪与行为障碍儿童、发育迟缓儿童,等等。承担起为普通儿童和有特殊教育需要儿童提供高质量教育的任务,对于任何一个单独的教师个体来说,都显然是无法完成的。融合教育的合作属性,决定了融合教育教师更应该是一个群体的概念,而非单独的某一类型。从这个角度来说,我们可以将融合教育教师界定为一种在专业理念、知识结构、能力素养等方面能够适应融合教育发展需要,由多种类型教师组成的,能够有效履行融合教育相关教育教学工作的新型专业教师。

首先,要从教师发展新形态的角度来理解融合教育教师。正如融合教育在打破我们对传统特殊教育与普通教育之间关系的认识一样,融合教育教师的出现也在改变我们对传统的特殊教育学校教师与普通学校教师这种二分方式的固有认识。它不是一般意义上的普通学校教师,也不是现有的特殊教育学校教师。应当承认,和普通

---

① 谢正立,邓猛. 论融合教育教师角色及形成路径[J]. 教师教育研究,2018(6):25-30.
② 邓猛,孙颖,李芳. 融合教育理论指南[M]. 北京:北京大学出版社,2017:152.

学校教师、特殊教育学校教师这两类传统的、有着明确职能定位的教师类型相比,融合教育教师的概念与外延都较为模糊。这也是造成目前对融合教育教师有着多种理解与界定的重要原因。但毫无疑问,这种新兴的教师类型正以一种复合的、多样化的姿态出现在教育面前,重新定义着我们对教师职业与类型的理解,让当前的教师类型与结构更趋于多样化,因而对这个问题的研究本身也构成了当前融合教育理论的组成部分。其次,要从多层次、多类型的角度来理解融合教育教师的结构与组成。传统的普通学校教师及特殊教育学校教师通常都是从学科视角(如语文、数学等)来进行类型划分的,具有明确的单一指向性。融合教育教师既包含着原有普通学校教师,又涵盖着特殊教育学校教师,它对教师的理解在打破传统的学科属性,从融合教育有效实施的角度来重新划分和囊括原有师资类型,甚至生成新的类型,譬如普通学校里的资源教师、来自资源中心或特殊教育学校的巡回指导教师等。它是一个团队的概念。从这个意义上来说,与其说是我们在讨论融合教育教师,不如说是融合教育教师队伍更为准确。当然,在融合教育的执行方面,对这些类型教师也分别有着不同层次的专业要求,这点在后文会着重讨论。再次,要从"教师"的基本性质来定位其组成。融合教育虽然涉及多层次、多类型的特殊教育服务,但并不意味着将所有与此相关的人员都纳入融合教育教师的行列之中。这是上文所提到的关于融合教育教师多类型划分方式存在的问题。融合教育教师的根本属性是教师,也就是说所有相关人员都首先应是教师,而非其他。因而,进入普通学校工作的康复师、医生等人员,虽然也在从事融合教育相关服务,但不能将其纳入融合教育教师队伍之中,它们事实上是宽泛意义上的融合教育支持服务人员的范畴。而在教育系统之内的普通学校班主任与校长等人员,同样涉及融合教育工作,但其本质是从班级管理或学校管理的角度介入的,也不必纳入融合教育教师行列,它们更多属于融合教育管理者的范畴。这样来看,融合教育教师队伍的组成则较为清晰了,它主要由融合教育学科教师、资源教师、巡回指导教师这三种类型教师构成。

二、融合教育教师的专业定位及素质要求

融合教育教师是因应融合教育发展而形成的新的教师类型,从整体上来看,融合教育教师定位于为普通班级里的特殊教育需要儿童提供教育教学和专业支持服务。由于融合教育教师构成的多样性,也决定了对融合教育学科教师、资源教师以及巡回指导教师这些不同类型的融合教育教师应具有不同的专业要求。在面对特殊教育需要儿童提供教育教学时,这三类融合教育教师有着不同的专业定位和分工,他们又以合作的方式推动融合教育发展。

融合教育学科教师,是指普通学校里承担融合教育教学的语文教师、数学教师等,但与传统的学科教师不同的是,他们的课堂中开始出现特殊教育需要儿童这个与

普通儿童相比具有"异质性"的个体，在教育教学中兼顾两类儿童的教育教学需求成为学科教师在融合教育工作中的常规任务与内容。从数量上来看，融合教育学科教师构成了融合教育教师队伍的主体，是融合教育教师中数量最多、规模最大的群体。这个群体是融合教育工作得以展开的决定力量，因为普通班级是融合教育实施的主阵地，有质量的融合教育体现于特殊教育需要学生对普通教育课程与课堂教学的参与上，这有赖于学科教师的积极主动参与和相应的教育教学调整。学科教师是融合教育课堂的掌控者，没有学科教师在融合教育中的参与，融合教育几无可能实质性推动。可以说，学科教师构成了融合教育发展的基础，是整个融合教育教师队伍的基石。但这并非说特殊教育需要学生的教育教学将完全交给学科教师。事实上，就专业定位来看，融合教育学科教师在特殊教育需要学生发展中所起到的作用是基础性的。学科教师定位于在融合教育教学中面向全体、兼顾差异，能够有效组织课堂教学，同时面向特殊教育需要学生提供有针对性教学调整服务的专业教师。也就是说，学科教师的任务与专业职责首先还是定位于学科，他要保证面向全体学生，完成教学任务。在面向全体学生实施教育教学的同时，在融合教育方面的要求则是能够兼顾差异，充分考虑到班级里的特殊教育需要，能够根据特殊教育需要，进行必要的课程与教学调整，以使课程与教学能够满足差异。故此，在整个融合教育教师队伍中，对学科教师这种类型师资的融合教育专业素质要求是最基本的和最低层次的。他的专业素质结构应是"学科核心＋初步的融合素养"。需要补充的是，在我国融合教育推进的早期阶段，出现过培养既精通学科教学又充分掌握特殊教育知识技能人才的讨论，也就是培养"普通教育＋特殊教育"全能型人才。现在看来，这仅是一个充满理想色彩的悖论式的设想。在学科分工越发精细的今天，对教师的培养与使用很难让其"全能"，而应是通过各式各类专业人员的分工合作来完成相应的任务。融合教育也同样如此，对于学科教师来说，他们需要承担的是完成学科教学为主、兼顾差异的教学任务，特殊教育需要学生更深层次的特殊教育需要是通过资源教师、巡回指导教师这些类型师资的共同介入来实现的。

　　资源教师是在普通学校里承担资源教室与融合教育管理与运行，面向特殊教育需要儿童实施相关特殊教育支持服务的专任教师，是融合教育教师队伍的组成部分。这类教师是随着融合教育的推行在我国实践领域中出现的一个新生事物。从专业定位来看，资源教师定位于在普通学校里承担特殊教育工作的专业教师，是普通学校里的特殊教育教师。新修订的《残疾人教育条例》明确要求县级以上人民政府教育行政部门要在指定招收残疾学生的普通学校设置特殊教育教师等专职岗位。《特殊提升计划2017—2020年》更进一步指出，普通学校里专门从事残疾人教育的教师，就是资源教师。近年来，普通学校里的资源教师在数量上不断增长，整体规模持续扩大，资源教师已经成为推动融合教育发展的一支不可忽视的重要师资力量。甚至在很多区域,资源教师已被视为在普通学校推进融合教育的核心举措或关键依托。作为普通学校里的特殊教育教师这种专业定位,资源教师的专业职责又可以具体划分为四个方面:一是作为为普通学校里的特殊教育需要学生提供特殊教育专业服务的支持者;二是作为特殊教育需要学生和融合学校运行的管理者;三是与资源中心的巡回指导教师及其他专业人员开展专业合作的合作者;四是作为普通学校内融合教育理念宣传与政策推动的咨询服务者。资源教师的这四个方面专业定位事实上与资源教室整体的专业职能是基本对应的。另一个值得注意的问题是,资源教师作为普通学校里的特殊教育教师,他与特殊教育学校的教师在专业素质要求上有何不同?除了工作场所上的差别之外,对资源教师这类在普通学校内提供特殊教育专业服务的人员,其专业素养也是与特殊教育学校教师有所区分的。2016年教育部《普通学校特殊教育资源教室建设指南》中指出,资源教师原则上须具备特殊教育、康复或其他相关专业背景,符合教师法规定的学历要求,具备相应的教师资格,符合《特殊教育教师专业标准》的规定,经过岗前培训,具备特殊教育和康复训练的基本理论、专业知识和操作技能。从实践层面来看,资源教师承担着相对繁杂的融合教育任务,他的工作既涉及特殊教育与普通教育,还可能包含康复训练以及教育管理等方面的任务要求。他首先需要具备较为宽广的特殊教育知识与技能,以应对普通学校里越发多样化的特殊教育需要。这是资源教师核心职能的体现,也是其专业素养的重心。其次,资源教师还要掌握一些基本的康复知识与技能,能够配合巡回指导教师或专业康复师有效组织特殊教育需要学生的康复训练。总体来看,资源教师的专业素质结构应是以特殊教育为主,兼顾康复等其他方面的,其专业素质结构可简要概括为"宽广的特殊教育+基本的康复"。当然,关于资源教师专业定位及专业素养的描述更多是从政策要求及实践需求背景下所进行的应然规定或期望。事实上,资源教师队伍建设问题,是目前我国融合教育教师专业发展中的一个难点。来自政策和实践层面对高素质资源教师的需求与我国目前大量资源教师专业化水平整体较低的现状,构成了较为突出的矛盾,这是融合教育发展迫切需要深入分析和解决的问题,将会在下文中重点探讨。

巡回指导教师,是来自特殊教育学校或特殊教育资源中心,深入普通学校为特殊教育需要学生提供特殊教育支持服务的专业人员。融合教育改革在要求普通学校变革的同时,也在要求特殊教育学校转型,成为区域特殊教育资源中心,通过派出专业师资的方式为普通学校提供专业支持、管理、咨询及培训服务等。承担巡回指导任务的教师,就是巡回指导教师。与资源教师概念一样,巡回指导教师(Itinerant Teacher)同样是一个翻译过来的概念,一些国家如澳大利亚也称其为巡回支持教师(Itinerant Support Teacher)。这类教师定位于来自普通学校之外,为特殊教育需要学生及普通学校融合教育发展提供特殊教育专业支持服务的特殊教育教师。与定位于普通学校内的特殊教育教师——资源教师有所不同的是,巡回指导教师是资源教师背后的专业支持力量,他出自特殊教育学校,对其所提供的特殊教育支持服务也定位更高、要求更高。巡回指导教师要为特殊教育需要学生提供更高水平与层次的专业帮助与康复训练,同时承担对上两类教师进行指导与咨询服务的任务。[①] 在专业素质要求方面,巡回指导教师应是精通某类特殊儿童教育与康复的专业教师,譬如,智障儿童教育、听障儿童教育、自闭症教育等。他们到普通学校,要能够帮助普通学校面对某类型特殊教育需要学生,协助和指导资源教师及学科教师等,解决特殊教育评估、功能性课程与教学、特殊儿童康复、个别化教育计划的制定等实践问题。与对资源教师相对宽泛的特殊教育能力要求有所不同的是,巡回指导教师是分类型的,他更需要精通某类特殊儿童教育,并可适当有所扩展。巡回指导教师还应对普通学校的课程与教学有所掌握,熟悉普通学校学科的基本内容结构与教学大纲,能够为普通学校学科教师基于特殊教育需要的课程与教学调整提供实质性建议与指导。因而,巡回指导教师的专业素质结构可概括为"专业的特殊教育＋基本的普通教育"。目前来看,虽然对巡回指导教师的普通教育素养要求较低,但从全国范围内的实践来看,这是大多数出身特殊教育学校的巡回指导教师普遍存在的问题与不足,也是巡回指导教师在专业素养上亟须加强的。

第二节　融合教育教师专业化

向专业化迈进是融合教育教师队伍建设必然的方向与趋势。目前来看,融合教育教师队伍专业发展的现状与融合教育推进对大量合格专业师资的需求之间,整体上还有差距。如何构建一支结构合理、素质优良的融合教育专业队伍,进而促进和引领融合教育教师的专业发展,成为当前融合教育实践与研究亟待解决的重要问题。而其中,资源教师的专业化又是融合教育教师队伍建设中的重点与难点,有效分析资源教师面临的困境,才能提出有针对性的对策建议。

一、融合教育教师队伍专业化的策略

融合教育教师队伍的专业化是一个包括普通学校担任融合教育教育教学的学科教师、资源教师和巡回指导教师在内的整体的教师专业化。因而,一方面我们需要从教师专业化的基本理论视角考虑融合教育教师的资格认证、融合教育教师的任用与管理、融合教育教师教育一体化等因素;另一方面还要根据融合教育教师组成的多样性和复杂性来思考融合教育教师队伍的合理构建问题。

---

① 李拉.论随班就读教师队伍的专业化[J].教育理论与实践,2014(17):21-23.

1. 构建分类型、分层次的双资格教师认证制度

教师资格制度是促进教师专业化发展的重要手段。[①] 实施教师资格认证既是教师职业准入的必备条件,又是教师专业身份和地位的重要体现。我国自 1995 年颁布实施《教师资格条例》开始对教师进行资格认证,但特殊教育教师与融合教育教师却未被纳入其中。长期以来,包括特殊教育教师和融合教育教师在内的教师人员一直在通过申请一般意义上的教师资格证书来获取教师身份,而领域的专业性并未凸显。从国际范围内来看,实施特殊教育教师资格认证已几乎成为普遍的趋势,近年来我国关于建立专门的特殊教育教师资格制度的呼声与动议日盛。鉴于此,教育部等部门 2012 年出台了《关于加强特殊教育教师队伍建设的意见》中开始提出,要"探索建立特殊教育教师专业证书制度。研究设定随班就读教师、康复类专业人员的岗位条件。"显然,对特殊教育教师和融合教育教师在内的专业人员建立专门的认证制度是必然的发展过程。但《意见》中并未具体提及融合教育教师资格认证的更为明确的办法。不过,《意见》的出台无疑将为我们进一步探讨合理有效的融合教育教师资格认证制度提供了方向和可能。

根据我国融合教育教师队伍的构成,我们可以考虑结合我国现有的教师资格制度和今后可能建立的特殊教育教师资格制度,为融合教育教师构建分类型、分层次的双资格教师认证制度。分类型是指要根据融合教育教师队伍中所包含的三种教师类型分别制订资格认证办法;分层次是指融合教育教师的资格认证可以纳入特殊教育教师资格认证体系中来,但与专门的特殊教育教师资格认证应有所区别,在特殊教育方面的要求要有所降低。具体来说,普通学校融合教育的学科教师可采用"普通教师资格证书(即学科教师资格认证)+特殊教育教师资格证书(融合教育层次)"的双资格认证办法。其中特殊教育教师资格证书(融合教育层次)应仅要求学科教师掌握特殊儿童教育教学相关的基本理念、知识与技能即可,满足获取特殊教育教师资格证书的最低标准。资源教师和巡回指导教师可采用"普通教师资格证书+特殊教育教师资格证书(专业层次)"双资格认证办法。即这两类教师一方面要获取一般意义上的普通教师资格证书,另一方面还要根据自己的专业领域(视障、听障、智障教育等)获取相应的特殊教育教师资格证书。

2. 改革与完善融合教育教师任用制度

融合教育教师管理已成为现代学校管理中的一个新话题,融合教育教师的出现给已有的教师任用制度带来了新的挑战。融合教育教师队伍建设的专业化必然要求建立与完善融合教育教师任用制度,从教师选拔、教师聘用、教师流动等层面构建成熟的融合教育教师管理体系。

---

① 李子江,张斌贤.我国教师资格制度建设:问题与对策[J].教育研究,2008(10):43-46.

其一，巩固与完善融合教育学科教师选拔制度。由于普通学校的融合教育学科教师普遍缺乏特殊儿童教育的经验，通常的做法是从本校选择或指定部分教师承担融合教育工作。当然，我们需要承认，正是这种权宜之计解决了我国在较长时间之内推行融合教育缺乏师资的困境，保证了融合教育的顺利推进。而且，从目前来看，由于以融合教育为导向的教师教育体制并未建立，普通学校缺乏专业性的融合教育学科教师的困境还将在未来较长的一段时期内持续存在。因而，普通学校需要继续巩固和完善现有的融合教育学科教师选拔制度，探索成熟有效的选拔机制，将更多有爱心、专业能力强、有意愿的优秀教师选拔进来，以进一步形成成熟的融合教育学科教师队伍。

其二，建立资源教师与巡回指导教师聘用制度。针对当前普通学校专业资源教师缺乏的现状，可以考虑建立资源教师聘用制度。由地方政府为普通学校核定资源教师编制，由当地教育行政部门根据普通学校的专业需求通过考核聘任的方式吸纳具有特殊教育专业背景并取得相应资格认证的人员进入普通学校资源教室工作，成为资源教室中的专任资源教师。另外，从教育管理体制上来看，资源教师与巡回指导教师分属于普通学校和特殊教育学校管理。巡回指导教师也可采用聘用制度，但这种聘用不需要解决巡回指导教师的编制问题，因为他们本身就属于特殊教育学校中的教师。仅需要教育行政部门统筹普通学校与特殊教育学校，促进普通学校与特殊教育学校合作，对特殊教育学校的巡回指导教师实施聘用，从而确认巡回指导教师身份，为巡回指导教师进入普通学校工作打通管理体制上的障碍。

其三，建立资源教师区域内流动制度。具备特殊教育专业背景与资格的资源教师无疑会对普通学校内的特殊教育需要儿童教育起到重要的支持作用。当前情况下，由于资源教师的稀缺，以及不同的普通学校可能在不同时期内出现不同类型的特殊儿童融合教育，可以考虑建立资源教师区域内流动制度。即由区域教育行政部门统筹负责本区域内资源教师的聘用和管理，根据各所普通学校对不同专业背景资源教师的需求情况，促进资源教师在区域内不同普通学校之间的合理流动，既能使资源教师充分发挥其专业功能，又可以实现稀缺资源的灵活分配，满足更多学校对资源教师的需求。

3. 建立分类型培养师资的职前培养模式

要改变我国融合教育教师队伍资源匮乏与专业化水平偏低的问题，从长远来看，我们更需要改革我国的教师职前培养体制，通过职前培养目标与教师教育课程体系的调整来为融合教育和未来融合教育发展提供持续不断的人才资源。融合教育教师队伍构成的多样性决定了这种职前培养体制的改革是一个涉及普通师范教育与特殊师范教育在内的整个教师职前培养体制变革。我国长期以来的教师职前培养模式实施双轨制，即普通学校教师由普通师范大学（学院）培养，特殊教育教师由专门设置的特殊教育学院或特殊教育系来培养。而三种类型的融合教育教师并没有被明确纳入现存的两种职前培养体制中来，普通师范院校较少在培养目标与课程设置上关注到融合教育教师,特殊教育教师的职前培养在目标上主要针对特殊教育学校的需求,也并没有将培养融合教育发展需要的师资列为其必须的培养目标之中。

双轨制的教师培养体制在我国还将长期存在,而融合教育教师的培养必须要被纳入现有的教师教育体制中。革新现有的师范教育体制,建立分类型培养融合教育师资的职前培养模式是教师教育体制在我国融合教育蓬勃发展背景下的必然追求。具体来说,普通师范院校依然要承担面对普通学校教师培养的任务,但在培养目标上要开始从融合教育的视角入手,考虑到普通学校中越来越多的融合教育儿童,考虑到实践中普通学校课堂中差异与多样性的存在与逐渐增加,在课程体系中增设与特殊儿童教育相关的必修课程,从而为教师在未来成为合格的融合教育学科教师奠定扎实的基础和做好充分的专业准备。《关于加强特殊教育教师队伍建设的意见》中也明确指出了这一方向:支持师范院校和其他高等学校在师范类专业中普遍开设特殊教育课程,培养师范生具有指导残疾学生融合教育的教育教学能力。另外,特殊教育师范院校或普通师范院校内的特殊教育系同样需要变革传统的教师职前培养体制,充分利用在特殊教育领域内人才培养的优势,培养融合教育发展中亟须的资源教师与巡回指导教师。可以采用两种方式来实现这两类人才的培养:一是通过设立融合教育专业,对这两类师资进行专门培养,培养他们未来能够承担资源教师与巡回指导任务必备的理念、知识与技能。2021年2月,教育部在《关于公布2020年度普通高等学校本科专业备案和审批结果的通知》中正式设立融合教育本科专业①,这意味着融合教育专业教师培养问题开始逐渐进入普通高等学校人才培养序列之中,对于融合教育推进无疑是大有裨益的。二是通过培养复合型专业人才来解决这类师资问题。《关于加强特殊教育教师队伍建设的意见》指出:"特殊教育要改革培养模式,培养具有复合型知识技能的特殊教育教师、康复类专业技术人才。"可依托现有的专业设置,在课程体系中增设相关课程,使特殊教育师范生了解和掌握未来在资源教室工作或承担巡回指导任务时必需的知识技能。

4. 探索合理高效的继续教育机制

教师专业化意味着教师教育是一个涉及职前培养、入职教育与继续教育在内的一体化过程。② 对于融合教育教师来说,由于存在的专业"先天不足"问题,继续教育培训这种"后天式"的补偿教育对他们来说更为重要。我们需要进一步探索与建立有效的融合教育教师继续教育机制,加大对融合教育教师的继续教育,促进融合教育尽快实现专业成长。

---

① 教育部. 教育部关于公布2020年度普通高等学校本科专业备案和审批结果的通知[EB/OL]. http://www.moe.gov.cn/srcsite/A08/moe_1034/s4930/202103/t20210301_516076.html, 2021-07-09.

② 荀渊. 教师教育一体化改革的回顾与反思[J]. 教师教育研究, 2004(4): 8-12.

首先，建立融合教育教师培训机制，将融合教育教师的继续教育纳入整个教师继续教育体制中来。很长一段时期以来，我国的融合教育教师职后培训存在着管理机构不清晰、培训随意性强等问题。"这种培训往往是短期培训，教学时数一般为60课时左右；组织培训的机构出现多样化的倾向，有特殊教育学校，也有教育行政部门、高等院校和残疾人联合会。"①而对于资源教师和巡回指导教师来说，甚至还很少存在相关的专业培训。近年来，全国范围内的教师培训力度显著增强。2012年《国务院关于加强教师队伍建设的意见》中提出"要建立教师学习培训制度。实行五年一周期不少于360学时的教师全员培训制度，推行教师培训学分制度。"《关于加强特殊教育教师队伍建设的意见》中也同样指出，"对特殊教育教师实行5年一周期不少于360学时的全员培训……各地要同步开展特殊教育学校教师和承担融合教育任务教师的全员培训。"因而，将融合教育教师纳入规范的培训体系和教师全员培训制度中来已具备了良好的条件与基础。教育行政部门还需要进一步明确各类型融合教育教师的培训目标与要求，根据各类型融合教育教师的实践需求，设置相应的培训课程与培训标准，提高教师培训的针对性和有效性。

其次，要探索形成多样化的融合教育教师继续教育模式。除了将融合教育教师纳入全员培训制度中，还要考虑形成分类型、多样化的培训模式，提升融合教育教师的专业理论素养和实践技能。在培训机构上可依托高师院校或特殊教育学校。通常情况下与高校合作对教师进行专业培训是提升教师专业理论水平的重要方式，资源教师以及巡回指导教师可依托特殊教育师范院校进行相应的专业培训。普通学校的融合教育学科教师的培训可由本区域内的特殊教育学校或教师发展中心来进行培训。在培训方式上可注重校本培训与交流培训。校本培训是指源于学校发展的需要，由学校发起和规划的，旨在满足学校每个教师的工作需要的校内培训活动。校本培训意味着普通学校要将融合教育培训纳入校本管理之中，促进本校融合教育学科教师在实践中实现专业成长。交流培训是指有效沟通普通学校与特殊学校，在融合教育教师继续教育方面加强交流与互通，取长补短，共同提升融合教育教师队伍实践技能。譬如，普通学校除了邀请特殊教育学校教师对本校教师进行特殊儿童教育相关的培训之外，还可以走出去，选派学科教师以及资源教师深入特殊教育学校进行实习，增强教师面对特殊儿童的教育教学能力。特殊教育学校教师同样可以进入普通学校的课堂，通过与普通学校学科教师的合作交流，获取关于普通班级内融合教育儿童教育教学的实践经验，并进一步应用到巡回指导中来，从而提升巡回指导的效果。

二、资源教师专业化的困境及应对

2020年6月，教育部在出台的《关于加强残疾儿童少年义务教育阶段随班就读

---

① 李泽慧.近二十年我国随班就读教师培养研究回顾与反思[J].中国特殊教育，2010(6):8-11.

工作的指导意见》中,将提升资源教师在内的教师特殊教育专业能力作为一个重要的实践维度。但资源教师在我国还只是一支新兴的师资类型,它出现的时间并不长,整体专业化水平也不高。在资源教师专业化的研究中,甚至一些基本理论问题仍有待明晰。譬如,资源教师的专业身份认同问题与资源教师的专业角色定位问题,这是资源教师专业化过程中最具基础性和前提性的问题。然而这些基础性问题在当前资源教师理论研究与实践领域仍含混不清,这使资源教师在很大程度上已经陷入专业发展的双重困境:专业身份认同的困境与专业角色定位的困境。从教师专业化视角对资源教师面临的这些现实困境进行辨析和澄清,是构建专业化资源教师队伍、促进资源教师专业成长的必要前提。

1. 资源教师专业身份认同的困境

专业身份认同的困境,是资源教师当下首当其冲面临的一个现实问题。所谓教师的专业身份认同,是指教师对自己专业身份的辨识与确认,是一个追问"我是否是一位专业教师"的历程。从教师专业化的角度来看,教师专业身份认同与教师职业的整体专业发展相关,它分析的是教师职业是否具有专业地位以及教师这个职业被社会和自身的认可程度。从教师个体角度来看,教师专业身份认同与教师对自身在教育发展中的定位息息相关。随着教师专业化理论的不断发展,事实上,作为一般意义上的教师,其专业地位已被社会所不断确认,专业身份已获得认同。但作为一个新兴教师职业门类的"资源教师"来说,专业身份认同依然还是一个突出问题,资源教师经常会不由得陷入"我是不是专业教师"的自我怀疑之中。

这是因为,其一,资源教师的政策身份并未转化为事实身份。最近几年,资源教师作为推进融合教育发展中的一个特定师资类型已经被写入国家政策之中。2016年,教育部在颁布的《普通学校特殊教育资源教室建设指南》中要求资源教室应配备适当资源教师,以保障资源教室能正常发挥作用。这从国家教育政策层面确立了资源教师的专业身份。随后,2017年,教育部在《第二期特殊教育提升计划(2017—2020年)》中,再次强调要为普通学校融合教育配备专门从事残疾人教育的教师,即资源教师。然而,整体来看,虽然在国家政策层面上资源教师已被确立为一种新兴师资类型,获取了合法的政策身份,但在区域实践层面,资源教师却很难获得事实上的专业身份。因为在普通学校,资源教师并非一个传统的专职岗位,在普通学校里获取专门的资源教师"编制"成为难题。教师编制,是我国对教师队伍进行宏观管理的一项政策举措,事实上也是一种关于教师的身份确认。即使目前区域教育行政部门以及普通学校关于资源教师岗位的诉求越发强烈,但由于区域层面教师编制管理较为严格,且对于编制管理部门来说,资源教师还是一个新兴的、有待明确的教师职位,故此资源教师很难进入编制体系中来。除了少数地区在政策上能够有所突破之外,在全国更多区域,教育行政部门或普通学校只能通过变通的方式,在本校中选拔或以区域内部调剂的方式来使少数教师兼任资源教师。专职岗位的不明确,加之缺乏"名正言顺"的编制身份,资源教师在普通学校里就时常成为一种尴尬的存在。

其二,"兼职"或"转岗"所带来的身份缺失感。由于很难获取专业岗位及编制,普通学校安置本校教师转岗或兼任资源教师的行为在当下尤为普遍。虽然也有少数出身特殊教育、康复等专业的人员能够成为专职资源教师,或者出现特殊教育资源中心协调专业人员担任资源教师的区域实例,但从本校学科教师转岗或兼职担任资源教师的现象依然是普通学校当下有些无可奈何的权宜之计,甚至已经成为一种常态。而对于普通学校现有的资源教师来说,无论是少量特殊教育背景出身,还是普通学校教师的转岗及兼职,专业身份认同都将会成为他们面临的一个新的令人焦虑的问题。很大程度上这是由于普通学校关于专业身份的固有思维对资源教师专业身份认同的影响。香港中文大学的卢乃桂认为,学科知识以及围绕学科知识的教学工作是教师专业身份建构的重要基础,很多教师首先是从其所教的学科中发展起专业身份,并且将学科身份视为其首要的身份。[①] 而对于资源教师来说,由于兼职或转型,传统学科如语文、数学等所赋予的专业身份认同感在削弱甚至消失,而特殊教育的"学科性"与专业性又很难在短时间之内在普通学校中得到建构或认可。如此,失去"学科感"的资源教师也难免会对自身作为资源教师的专业身份产生怀疑。

教师专业身份认同是实现教师专业发展的重要前提。唯有确认自己作为一名专业教师的身份认同,教师才能真正清楚自己的专业成长方向,不会因变动频繁的改革方案而无所适从,也不致追逐华丽的流行说词而随波逐流。所以教师的专业发展,实应立基于教师对专业身份认同的建构。[②] 对于资源教师来说,也只有摆脱专业身份认同的困境,获得真正意义上对资源教师本体的身份认同,才能为其专业发展奠定基础。

2. 资源教师专业角色定位的困境

专业角色是社会及专业自身对特定人员的期待与规范,因而专业角色往往具有较强的外部赋予色彩,它体现出外部力量对专业人员应成为何种类型的理解和界定。对于资源教师来说,如果说专业身份认同是关于资源教师"是不是专业人员"的认识的话,那么,资源教师的专业角色定位,则是关于资源教师"是什么类型专业人员"的界定,它主要反映出以融合教育为核心的外部力量对这一类型师资的期待与专业要求。这是一个决定资源教师在融合教育体系中的位置,以及影响资源教师未来专业发展方向的关键问题。虽然国内近年来对资源教师专业角色与专业职责要求的研究与讨论日渐增多,但这一问题依然还是有待深入澄清的问题,甚至在很大程度上,我

---

① 卢乃桂.教育变革中的教师专业身份及其建构[J].比较教育研究,2009(12):20-23.
② 周淑卿.课程发展与教师专业[M].北京:九州出版社,2006:77.

们对资源教师专业角色的理解出现了偏差，导致实践领域中资源教师的工作展开与专业成长陷入无所适从的困顿之中。

这种困境首先表现为资源教师的"全能型"困境。所谓"全能型"困境，是指对资源教师专业角色及职责的规定与描述过于庞杂，且专业跨度过大。由于当前对资源教师专业角色定位不清晰，在实践中有种令人担忧的倾向，即资源教师被赋予的职责和要求越发增多，与特殊儿童教育相关的所有任务似乎都成了资源教师的工作职责范畴。由于当前普通学校普遍缺乏具有特殊教育专业背景的师资，这种描述实则寄托了普通学校对能够有效帮助其解决特殊儿童教育问题的专业师资的迫切需求与期望。然而，在专业越来越趋向于分化的背景下，这种期望与要求却是一种悖论式的存在。将普通学校推进融合教育的各类现实需求寄希望于通过资源教师这种专业类型师资的设置而实现，与融合教育的发展理念是背道而驰的。融合教育中的实践问题，不是通过某一类师资力量所能独力解决的。以分工与合作的方式，形成多层次、多类型、多学科的专业支持团队，才是有效的推进路径。而资源教师仅是这个融合教育专业团队的一个主要环节，它需要承担的是特定职责，而非追求全面化。

使资源教师陷入专业角色定位的第二个困境，是"理想化"困境。所谓"理想化"困境，是指由于对资源教师专业角色定位过高，导致这些标准或要求与资源教师薄弱的专业基础之间产生尖锐的矛盾，对资源教师的理想期待与资源教师的现实状况之间有着较大的鸿沟。对于多数资源教师来说，由于多系本校学科教师转岗或兼职，特殊教育的学科背景薄弱，甚至一些教师是从零开始学习特殊教育相关的知识与技能。对这些群体来说，相关培训仅是一些"补偿式""快餐式"教育，短时期之内要实现使他们与资源教师的专业期望相匹配，几乎是很难完成的任务。这一点，我们与教育发达国家或地区普通学校里的特殊教育工作者相比，差异会比较大。欧美教育发达国家也会在普通学校（融合学校）里设立特殊教育岗位，但承担这一岗位的人员通常是特殊教育专业背景出身，获取相应资格证书，具备了在普通学校承担相关特殊教育工作的专业准备。因而很多时候，关于资源教师专业定位及专业职责要求的国际经验很难直接移植或适用于我们目前的融合教育实践。对资源教师的专业角色定位势必要打破"理想化"，与目前我国的融合教育实情相结合，否则资源教师只能在这种过于高标准的"理想化"困境中望而却步。

由于对资源教师专业角色定位不清，也导致当前很多区域的资源教师培训体系较为混乱，缺乏明确的方向与目标。于是，凡是与普通学校特殊儿童教育相关的内容，譬如特殊教育、康复训练、医学诊断、心理干预等多学科、多领域的课程，在缺乏充足论证的基础上以叠加的方式呈现于资源教师培训之中。某种程度上，资源教师已几乎被视为融普通教育、特殊教育专业为一体，集教育、康复乃至医学、心理、管理学等学科为一身的专业人员。这种密集的课程培训，对于原本专业基础就薄弱的资源教师来说,看似在给予他们一些新理念、新思想、新技能,但庞杂无序的多学科知识只会加重资源教师对自身专业定位的困惑以及能否符合这一专业期望的怀疑。

3. 破解资源教师专业化困境的对策与建议

对资源教师专业化困境的分析与探讨,其目的不在于质疑资源教师,而是试图通过对其专业化困境的分析,尝试寻找原因及破解这一问题的策略与方法。教育改革能否成功,很大程度上取决于教师专业身份与改革要求的匹配程度。[①] 这点对当代融合教育改革来说也同样如此。融合教育改革能否成功,也在很大程度上取决于作为融合教育教师队伍重要构成部分的资源教师,其专业身份与改革要求的匹配程度。提高融合教育质量,提升资源教师专业化水平,需要我们对这类问题进行清晰的辨析与思考。

当前来看,资源教师陷入专业身份认同与专业角色定位的困境,一方面,与我们对资源教师这一师资类型缺乏足够深刻的理解与研究有关。资源教师的概念,来自以美国为代表的教育发达国家 20 世纪就开始的融合教育改革实践与政策。我国政府自 20 世纪 80 年代中后期开始推行残疾儿童随班就读,资源教师作为在普通学校里为残疾儿童提供专业支持的相关人员,也逐渐进入支持体系中来。但它毕竟还是一个新兴的师资类型,资源教师的专业化问题,尤其是结合中国本土随班就读实践背景下的资源教师专业化问题,依然是一个较新的、有待深入研究的问题。由于对资源教师概念、理念及其本土化实践缺少系统深入的研究,实践层面就很容易走入误区,非但使资源教师不能发挥其应有的功能,还会让资源教师在普通学校中陷入专业发展的困境。加强基于本土实践的资源教师专业化研究,势在必行。

另一方面,资源教师专业化困境的出现更与我们在政策层面缺少相关教师专业标准有关。我国近些年已陆续为幼儿园教师、小学教师、中学教师以及特殊教育教师建立了专业标准。专业标准是国家对合格教师专业素质的基本要求,是教师开展教育教学活动的基本规范,也是引领教师专业发展的基本准则。目前,我国的教师教育标准体系正在形成,然而,无论是中小学教师专业标准,还是现在的《特殊教育教师专业标准(试行)》,都没有对融合教育背景下的师资类型做出具体规定。对融合教育或随班就读教师专业化的研究表明,随班就读教师至少包括三种类型的师资力量:普通学校里承担随班就读教育教学的学科教师;普通学校资源教室的资源教师;特殊教育学校或特殊教育资源中心的巡回指导教师。[②] 由于缺乏专业标准,包括资源教师在内的融合教育教师队伍,都没有明确的素质要求、基本规范及基本准则。这是当前资源教师陷入专业身份认同与专业角色定位困境的根本原因。破解这一困境,最终需

---

① 卢乃桂,王夫艳. 当代中国教师教育改革与教师专业身份之重建[J]. 教育研究,2009(4):55-60.
② 李拉. 论随班就读教师队伍的专业化[J]. 教育理论与实践,2014(17):21-23.

要回到对包括资源教师在内的融合教育教师专业标准的构建上来。需要建立融合教育教师专业标准,清晰地厘定资源教师、巡回指导教师及其他与融合教育相关的专业人员的专业职责和要求,确立作为融合教育专业师资的专业理念、专业知识与专业能力。只有通过融合教育教师专业标准的构建,资源教师才能确立合理合法的专业身份,明确职责要求,摆脱专业角色定位不清的窘况,为其专业发展指明方向。专业标准的出台也会使区域行政部门对资源教师的岗位设置与管理更加有的放矢,为普通学校里资源教师配备的专职化提供政策依据。同时,依托专业标准的引领和导向作用,我们围绕资源教师所设定的培训课程以及职前培养方案才能更有针对性,从而为打造高素质的资源教师专业队伍奠定基础。

第三节 澳大利亚新南威尔士州的融合教育教师队伍建设

强有力的专业支持是融合教育顺利推进的重要保障。近年来澳大利亚在不断加大融合教育推进力度的同时,构建专业化的融合教育支持团队已经成为其融合教育的重要政策与实践举措之一。早在2005年,澳大利亚联邦政府就通过了《残疾人教育标准》(Disability Standards for Education 2005),为各州融合教育推进奠定了基本的框架。在《残疾人教育标准》中,联邦政府明确要求各州教育部门要采取合理的步骤确保融合教育环境中的残疾学生能够得到专业化与个性化的支持服务。[1] 受此标准指引,澳大利亚各州在融合教育实践中纷纷通过构建专业支持团队的方式为普通教育环境中的残疾学生提供有效专业服务。其中,新南威尔士州(以下简称"新州")的融合教育"学习支持团队"较具代表性。新州是澳大利亚人口最多的州,约占全澳大利亚人口三分之一,也是澳大利亚人口增速最快的州,其残疾人数与比例也居澳大利亚首位。经过多年的融合教育实践探索与政策推进,新州近年来已基于普通学校构建形成了相对成熟的融合教育学习支持团队,并建立了相对稳定有效的运行机制,为州融合教育的实践推进提供了有力的专业支持。

一、新州融合教育学习支持团队的性质与功能

新州融合教育学习支持团队的建设可追溯到20世纪末期。1998年,新州教育部(Department of Education and Training,NSW)在给全州的特殊教育工作手册中

---

[1] Commonwealth of Australia. Disability Standards for Education 2005 [EB/OL]. https://docs.education.gov.au/system/files/doc/other/disability_standards_for_education_2005_plus_guidance_notes.pdf, 2018-09-21.

就开始要求包括普通学校在内的各类残疾人教育安置环境都要为残疾和有学习困难的学生提供特殊教育服务。学习支持团队（The Learning Support Team）的概念由此被正式写入州的特殊教育政策文本之中，成为新州推进融合教育、建设专业支持团队的举措。在新州教育部看来，学习支持团队是将普通学校的支持服务与各类资源发挥最大功能的有效方式。学习支持团队要聚焦残疾和学习困难学生的学习需求，使用高效的实施策略，最大化地利用各类学习资源，同时有责任监控、评估及向学校报告为学生提供的各类支持服务。① 支持教师（Support Teachers）同时也作为融合教育学校中实施学习支持服务的重要角色被明确了下来。

2005年联邦政府《残疾人教育标准》出台后，新州积极响应，力图寻找一种更好的途径或方法来满足每一位残疾学生独特的学习和支持需求。随之新州教育部提出要在所有学校建立一个促进学习与支持的更强有力框架，这个框架包含教与学、课程、合作、责任与教师素养五部分基本内容（见图4）。② 这五部分内容奠定了新州学校学习支持的基本原则与目标。新州教育部希望通过这个基本框架引领学校加大对残疾及特殊需要的支持服务，给所有儿童提供有质量的教育，并着眼于学校未来发展。

图4 新州学校学习支持框架

---

① NSW Department of Education and Training. Special Education Handbook for Schools[S]. Sydney: library of Sydney University. 1998. 5.

② NSW Department of Education. Every Student，Every School [EB/OL]. https://schoolsequella.det.nsw.edu.au/file/d98404c4-4d09-49d1-bd87-ffea7e3fd1d8/1/ESES%20-%20Learning%20%26%20Support.pdf，2018-09-07.

在越来越多来自多样化的语言、文化与社会背景的残疾及特殊需要学生在普通学校就读的背景下,基于新州教育部关于学校支持框架的设计理念,新州普通学校在实践中不断调整原有学习支持团队,其性质定位与核心功能也更加清晰。按新州教育部要求,每一所学校都要建立学习支持团队。学习支持团队被视为贯彻新州学习支持框架,在普通学校中实施融合教育、满足残疾及特殊需要学生的个性化需求的关键角色(Key Role)。它不是一个临时性机构,而是立足于普通学校,为残疾学生、教师、家庭与学校提供持久支持服务的职位。① 根据这个性质定位,新州教育部对于普通学校学习支持团队的核心功能也进行了明确的界定:帮助班级教师鉴别和回应残疾及特殊需要学生的需求;帮助学校促进和协调资源及方法,确保每一位学生都能得到好的教育结果;为残疾及特殊需要学生提供系统的教育计划和资源;促进普通学校教师专业能力的提升,从而使所有学生都能得到高质量的教育;促进学校与家庭、各类专业人员及社区建立合作伙伴关系等(见图5)。② 总体而言,在新州政策推进与实践探索下,通过多种资源或方式为学校、学校教师提供专业支持并最终实现为残疾及特殊需要学生提供直接或间接的专业服务,已成为新州构建融合教育学习支持团队的主要目的与核心职能。

图5 新州学习支持团队核心功能

---

① Phil Foreman. Inclusion in Action[M]. Melbourne:Nelson Australian Pty Limited,2005:431.
② NSW Department of Education. Roles and Responsibilities[EB/OL]. https://education.nsw.gov.au/teaching-and-learning/disability-learning-and-support/personalised-support-for-learning/roles-and-responsibilities,2018-09-02.

二、新州融合教育学习支持团队的结构与分工

学习支持团队是一个"团队",这意味着这支专业支持团队的专业人员组成是极为重要的,它将决定着学校专业支持团队的功能能否有效实现。从新州近年来的政策与实践来看,这支学习支持团队的队伍结构已基本趋于稳定。它主要由学习支持教师、巡回支持教师、校长助理、学习支持辅导员以及学校专业顾问等组成。

学习支持教师(Learning and Support Teacher)这一概念实则是自1998年新州推行的"支持教师"概念的延伸,它是整个学校学习支持团队最为核心的专业力量。学习支持教师的主要职责包括:和普通班级教师合作评估残疾学生的学习需求;与班级教师一起完成一系列教学项目的设计、实施与监控;与班级教师和家长合作完成教学的个性化调整;为班级教师实施残疾学生的课堂教学提供有效的教学实例;在残疾学生社会交往、语言与沟通、读写能力、行为发展等方面为学生提供一系列的直接支持或直接教学服务;为学校专业支持团队提供专业化建议;协助班级教师和学习支持管理员进行专业学习等。[①] 因而,学习支持教师的定位是既为普通班级里的残疾与特殊需要学生提供直接的、及时的专业帮助,也为班级教师、学校管理人员以及家长提供专业支持与服务。

巡回支持教师(Itinerant Support Teacher)则主要是来自当地特殊教育学校的特殊教育专业人员。在普通学校申请并经区域安置委员会许可的情况下,巡回支持教师进入普通学校为经过确切鉴定为残疾的学生提供直接的专业服务。目前新州的巡回支持教师在类型上主要面对听力障碍和视力障碍,即听障巡回支持教师与视障巡回支持教师。这两类巡回支持教师在支持对象上有差异,但巡回支持的基本职能是趋同的。主要是在与学习支持团队合作的基础上,对残疾学生开展评估;调整和解决残疾学生在课堂及学校环境中的教学需求;为残疾学生教学的合理调整提供专业化建议;促进学习支持团队人员的专业成长等。除此,巡回支持教师还包括特定类型的早期干预巡回支持教师,他们对符合巡回支持条件的儿童在其入学前一年就提供专业支持,并一直持续到儿童入学的第一年。目前来看,新州的听障和视障巡回支持已经可以从早期干预阶段一直延伸到第12学年。

校长助理(Assistant Principal)是新州普通学校里的一个融合教育管理者,与上述学习支持教师、巡回支持教师有所不同的是,校长助理在学习支持团队中主要担负对整个学习支持团队的建设、管理、协调与服务。它优先从本校或本学区需求出发,

---

① NSW Department of Education. Role of the Learning and Support Teacher[EB/OL]. https://education.nsw.gov.au/teaching-and-learning/disability-learning-and-support/media/documents/last-role.pdf, 2018-09-02.

在学校内部促进整个学习支持团队的构建,提出团队发展的策略或建议,在学校外部协调处理本校学习支持团队与学区特殊教育管理员、学区项目等的关系,并适时为学校学习支持团队教师的专业发展争取机会和提供支持。[①]

学习支持辅导员(School Learning Support Officer)是新州学校中的一个辅助支持角色,也是一个相对较新的职位,目前在新州的特殊教育学校、有残疾学生的普通学校以及特教班等安置方式下均有配置。在普通学校中,它主要是班级教师的教学助手,在帮助残疾学生熟悉和适应学校常规、促使残疾学生参与班级活动以及残疾学生护理等方面为班级教师及学校支持团队提供尽可能的服务。

另外,学校学习支持团队还可以包括学校顾问(School Counselor)及教育心理学家(Senior Psychologist,Education)。他们主要帮助本校残疾和特殊需要学生申请各种类型的社会福利,或提供一些必需的心理咨询与评估等。

总体来看,新州的融合教育学习支持团队迄今已基本构建形成了一个以学习支持教师为核心,以巡回支持教师、校长助理、学校支持辅导员以及各类专业顾问为辅助的团队结构。

三、新州融合教育学习支持团队的管理与运行

新州教育部通过对普通学校学习支持团队的功能及其人员组成、职能分工等进行明确的规定,构建起了一支相对专业化的融合教育专业支持团队。而如何加强对专业支持团队的管理、保障这支专业支持队伍的合理运行,则是一个关涉融合教育支持实效的更为重要的话题。新州教育部近年来通过相对灵活的人员配置策略、提供经费资助、实施残疾学生个性化支持以及促进学习支持团队教师的专业发展等方式逐渐形成了成熟的管理制度和运行机制。

1. 相对灵活的团队人员配置

新州教育部极为重视普通学校学习支持团队建设,要求每所公办普通学校都要设立学习支持团队。但并不意味着团队组成人员是固定不变的,它有一定的灵活性。学校有极大的自主权来决定学习支持团队的结构及其人员组成。因而,每所学校的学习支持团队人员结构可能不尽相同。一般意义上来说,学习支持教师、校长助理是新州教育部要求普通学校均要设置的,因而这两个职位在学习支持团队里相对固定。目前,新州教育部已允许每一所学校都可设立一个学习支持教师职位,由学校聘任有

---

① NSW Department of Education. Role of the Assistant Principal Learning and Support[EB/OL]. https://education.nsw.gov.au/teaching-and-learning/disability-learning-and-support/media/documents/aplas-role.pdf,2018-09-03.

特殊教育专业背景的教师来担任。① 而巡回支持教师、学习支持辅导员及其他专业人员的配置,则可以根据情况灵活把握。它通常取决于两个方面。一是依据学校所接纳的残疾和特殊需要学生的教育需求,在人员组成上发生一定的变化。譬如巡回支持教师的专业类型、特定情况下的专业顾问等。二是与学校经费密切相关。普通学校会基于接纳的残疾学生类型来申请多种形式的经费支撑,并通过学校整体的经费预算来决定对学习支持团队中各类专业人员的聘请与任用。

2. 以经费资助为基础的运行保障

正如上文所提到的,学习支持团队的组建与学校经费预算有着紧密的联系。事实上,整个新州普通学校学习支持团队的管理与运行,也是以经费资助为基础,它是学习支持团队在实践中得到合理组建与有效运行的重要前提。这点与澳大利亚推进残疾人融合在经费资助上的整体战略相关。2013年,澳大利亚教育法(The Australian Education Act 2013)为联邦和州政府确立了一个"需求为本"的经费资助原则和模式(A needs-based funding model),引导教育将经费投入到最需要的地方。② 这一法律与原则也促使了一系列的联邦和州的资助政策出台,为普通学校融合教育的推进提供合理的经费支持。

在国家层面,联邦政府目前在全国范围内大力实施"澳大利亚残疾人保险项目"(National Disability Insurance Scheme,NDIS)。这是一个面向澳大利亚65周岁以下残疾人的支持项目,提供合理又必要的资助,来保障残疾人融入社会生活。③ 学校及学校支持团队可以通过政策宣传来引导帮助家长为残疾儿童获取资助经费,这些经费可为学校里的残疾儿童提供专业辅助设施,如助听器、轮椅等,或提供相关康复训练。截止到2018年8月,新州已有4万名残疾儿童少年加入了NDIS。④ 在州层面,新州近年来开始通过"一体化经费支持项目"(The Integration Funding Support Program)来专门帮助进入普通班级同时又具有中高度支持需求的残疾学生。具体来说,当学校学习支持团队的专业力量无法满足残疾学生额外的教育需求时,学习支持团队即可申请这一项目,使用资助经费为学习支持团队配备必需的专业人员或学习支持辅导员等。譬如,可以基于听障儿童支持需求,申请听障教育巡回支持教师,

---

① Margot Rawsthorne & David Evans. Learning support in NSW public schools[R]. The University of Sydney. 2015: 10.
② Australian Government. Australian Education Act 2013[EB/OL]. https://www.legislation.gov.au/Details/C2013A00067, 2018-09-06.
③ Australian Government. About the NDIS[EB/OL]. https://ndis.gov.au/about-us/what-ndis.html. 2018-09-06.
④ NSW Department of Education. National Disability Insurance Scheme (NDIS)[EB/OL]. https://education.nsw.gov.au/teaching-and-learning/disability-learning-and-support/resources/national-disability-insurance-scheme, 2018-09-06.

由来自特殊教育学校的听障巡回支持教师为听障儿童提供专业支持,并通过资助经费承担巡回支持教师的相关费用。或者是为在附加工作时间给残疾儿童提供支持服务的学习支持团队成员提供经费补贴。① 新州的这个直接面对普通学校融合教育的资助项目,加之联邦资助项目以及学校财政预算经费等,使普通学校的学习支持团队能够在面对残疾学生的支持需求时,灵活有效地获得专业支持力量,合理配置团队人员。

3. 以提供个性化支持为核心的运行模式

合理的人员配置和经费资助为新州学习支持团队运行提供了基本前提。经过多年实践探索,新州学校迄今已形成了以"家长申请—咨询评估—个性化支持"为基本流程的学习支持团队运行模式。

家长申请。残疾儿童要获得学校学习支持团队服务,首先需要家长或监护人提出申请。新州教育部建议残疾儿童家长应在儿童入学之前就熟悉学区内的学校,并与学校校长或学习支持团队取得联系。新州规定,对于有残疾及特殊支持需要的儿童,家长应在儿童入学前一年与学校学习支持团队取得联系。如果这个儿童使用轮椅或者是需要校园环境做改造以适应其行动需求,那么家长应在儿童入学前两年与学校学习支持团队联系并提出相应申请。②

咨询评估。在学校或学习支持团队获得家长申请后,会由校长召集并咨询学习支持团队,同时吸收家长参与合作会议。由学习支持团队就残疾儿童的特殊支持需要以及本学区可能提供的专业支持服务等进行论证,并提出残疾儿童教育安置意见。如果残疾儿童不进行融合,而是进入特教班或特殊教育学校,则需要再到学区申请并接受专门的安置委员会评估。而申请进入普通学校,则由学校学习支持团队评估即可。

个性化支持。在确定残疾儿童进入普通学校之后,学校学习支持团队即开始为残疾儿童制定"个性化学习支持计划"(Personalised learning and support),它是新州教育部基于联邦《残疾人教育标准》所形成的一套残疾及特殊需要支持服务反应机制。构成这套反应机制的是四个核心部分:特殊需要支持服务评估、个性化课程调整、对调整与支持服务效果的监控、专业人员之间的咨询与合作。为了让新州学习支持团队教师更好地实施个性化学习支持计划,新州教育部还专门设计了基于网络的

---

① NSW Department of Education. Integration funding support[EB/OL]. https://education.nsw.gov.au/teaching-and-learning/disability-learning-and-support/programs-and-services/integration-funding-support, 2018 – 09 – 06.

② NSW Department of Education and Communities. A guide for parents of a child with disability[EB/OL]. https://schoolsequella.det.nsw.edu.au/file/f6ef66ba-f17f-4557-9a4a-20265eb02f3c/1/grfs-childwithdisability.pdf, 2018 – 09 – 07.

"个性化学习支持服务指导工具"(Personalised Learning and Support Signposting Tool)来帮助学习支持团队教师鉴别特殊需要儿童的教育需求,以使得儿童能从个性化支持服务中真正获益。

4. 有效的教师专业发展策略

要给残疾及特殊需要学生在融合教育的环境下提供高质量的支持,就需要更为专业化的师资。新州教育部意识到,教师是为学生提供高质量支持的首要资源。推进融合教育需要先为教师提供专业支持,促进他们的专业成长。2012年,新州教育部在联邦政府"为残疾学生提供更多支持"(More Support for Students with Disabilities Program)项目基础上,提出了新州的学习支持团队专业发展策略——"每所学校,每名学生"项目(Every Student, Every School, ESES)。

ESES的目标是通过建造和支持普通学校里学习支持团队的专业发展,来寻找更好的方式迎合每一所学校每一名有特殊需要学生的支持需求。它希望通过为学校里的教师和学习支持团队成员提供尽可能多的机会,促进他们的专业成长。使其了解《残疾人教育标准》的相关规定,能够满足学生的教育期望,学会为残疾学生制定合理的调整策略,并能够与家长及其他专业人员高效合作。新州教育部先提出了一个跨度为18个月、惠及220所以上普通学校的教师支持计划来探索ESES实施机制。近几年,新州将这一范围扩展到所有公办学校。

ESES就其实施机制而言,有两个突出特点。一是以经费激励机制,提升教师专业成长的积极性。新州教育部从ESES中设立教师奖学金。这项奖学金支持学习支持团队的教师及管理人员进入大学进修,获得特殊教育、融合教育或感官障碍研究等硕士学位。受资助教师每年可获得5 000澳元研究津贴,完成学业后还可获得3 000澳元奖励。[①] 从经费意义上来说,这项政策也可归入上文中所提及的新州推进融合教育的整体经费资助体系之中。二是注重专业引领方式的多样化,尽可能扩大受惠对象。在培训方式上,除了面对面教学,还尤其注重网络研修。新州教育部专门研发了在线网络学习课程,为学习支持团队教师分门别类地设立各类选择课程,教师可以灵活把握学习时间,这些课程提供在线结业证书。据新州统计,自2013年迄今,仅就《残疾人教育标准》相关的网络培训课程,就有超过59300名校长及学习支持团队成员参与学习。[②] 得益于ESES,新州大量学习支持团队教师及普通学校管理者近几年有更多机会获得特殊教育专门课程,明显提升了学习支持团队的专业化水平。

---

① NSW Department of Education. Every Student, Every School[EB/OL]. https://schoolsequella.det.nsw.edu.au/file/d98404c4-4d09-49d1-bd87-ffea7e3fd1d8/1/ESES%20-%20Learning%20%26%20Support.pdf,2018-09-07.

② New South Wales Parliament & Legislative Council & Portfolio Committee. Education of students with a disability or special needs in New South Wales[R]. 2017:144.

四、对我国融合教育教师队伍建设的借鉴与启示

新州基于普通学校构建形成了一支结构合理、运行有序的融合教育学习支持团队,对新州融合教育的发展起到了至关重要的专业支持作用。新州的学习支持团队也是澳大利亚推进融合教育、构建融合教育专业支持团队的典型范例。通过对新州学习支持团队构建与运行的了解,基本可以反映出澳大利亚近十几年来在《残疾人教育标准》规范下,以加强专业支持力量来大力推进融合教育的策略与路径。这一策略与路径对于目前正在努力推行融合教育、寻求有效专业支持的中国来说,同样极具借鉴意义和价值。

近些年来,我国融合教育实践快速发展,国家对于融合教育的重视程度也日渐提高。加大对融合教育的专业支持已被明确写入国家政策文本中。2017年,国务院在修订通过的《残疾人教育条例》中,明确要求"积极推进融合教育",加大特殊教育学校的专业支持,并在普通学校里设立特殊教育专职岗位。随之,在教育部等七部门印发的《第二期特殊教育提升计划(2017—2020年)》通知中,又提出了在特殊教育学校设立资源中心、普通学校建立资源教室并配备资源教师等一系列要求。这些政策法规确立了我国融合教育专业支持团队构建的基本框架和宏观依据。需要指出的是,在实践层面,我国本土的随班就读运动已发展多年,特殊教育学校与普通学校合作提供专业指导和支持服务也成为很多区域普遍的做法。然而,就整体而言,我国目前还没有建立起有效的融合教育专业支持团队,已有的融合教育专业支持多处于区域性自发状态,资源中心的支持功能不甚明确,普通学校里的资源教师专业化程度较低。尤为突出的是,从资源中心到普通学校的一系列明确的合作与运行机制并未构建形成,因而为普通学校里的残疾儿童所提供的整体专业支持有限。这也是造成我国目前融合教育实践步履维艰的一个重要因素。

重视融合教育专业支持、构建形成有效的融合教育专业支持团队是目前我国推进融合教育亟待解决的一个重要问题。以新州为代表的澳大利亚融合教育专业支持团队建设或可为我们重构融合教育专业支持提供一个思考框架。目前来看,一方面,我们需要重视普通学校内的专业团队建设,在普通学校内部构建形成一支基础的专业支持力量。不能仅仅通过依靠设立资源教室来解决校内的残疾儿童教育需求问题,而应以资源教师为中心,建立学校自身的融合教育团队。这里面应包括学校校长(或其他管理者)、班主任及班级教师、家长及其他可聘任的专业人员,要有明确的职责分工与岗位要求。另一方面,更为重要的是,要为普通学校的这支基础支持团队提供更专业的支持服务。以特殊教育学校设立的资源中心为平台,围绕普通学校的支持团队形成外围的专业支持力量。将特殊教育资源中心捏合成一个集教育指导、诊断评估、康复训练、咨询服务、教师专业培训为一体的融合教育支持机构,为普通学校支持团队提供专业支持,进而为普通学校的残疾学生提供各类专业服务。通过这两个层面的架构,基本可以形成以普通学校融合团队为运行中心、以资源中心为支持中心的融合教育专业支持团队框架。当然,这里面仍有两个重要问题需要制度改革及政策支持,即专职岗位的设立问题与经费的有效投入问题。就专职岗位而言,普通学校里的资源教师应尽快实现专门化,以专职岗位的形式履行专业职能。资源中心的巡回指导教师,其岗位设置、职责要求也要有明确规定。就经费投入而言,建立系统的融合教育经费投入制度,为融合教育专业支持团队的建设与运行提供保障,也是目前我们需要着重解决的。关于这两个问题,新州教育部的普通学校学习支持教师专职配置、巡回支持教师聘任模式以及配套的经费投入制度可以给我们很好的启发。还需补充说明的是,融合教育专业支持团队的构建固然重要,团队成员的专业发展才是这支专业支持团队有效运行和为融合提供高质量支持的重要保障。加大融合教育教师培训,分层次、分类型制定融合教育教师的培训方案与专业发展规划,才能真正有效促进专业支持团队整体力量的提升。[①]

第四节 加拿大阿尔伯塔省的融合教育指导教练模式

在融合教育向普通学校深入推进、普通班级涌现越来越多特殊教育需要学生的背景之下,为普通学校教师提供专业成长支持,提升普通学校教师应对多样化与差异的能力,已成为当代国际范围内融合教育改革的整体动向之一。除了向教师提供职后培训这种常规专业发展路径之外,推行教练模式(Coaching Model),为普通学校教师提供专业指导教练(Coaches),也逐渐成为以美国、英国、加拿大为代表的教育发达国家融合教育改革实践新尝试。事实上,教练模式起源于体育领域,近年来已广泛地应用于商业、医学、教育等领域,越来越多地作为一种引领专业人员成长的实践方式。在欧美教育发达国家,普通教育领域内的教练模式已有较长时间的探索历程,基于学校的教练模式已成为一种日益流行的专业发展方法,用于支持教师的入职及在职学习。[②] 在以学校为基础的环境中,教练模式被描述为一种专业发展实践,在这种实践中,具有专业知识的人(教练)与教师一起工作,以改变当前的教学,使学生取得更好

[①] 李拉,David Evans. 澳大利亚融合教育专业支持团队的建设与运行——以新南威尔士州为例[J]. 比较教育研究,2019(7):107-112.

[②] Knight David. Assessing the Cost of Instructional Coaching[J]. Journal of Education Finance,2012,38(1):52-80.

的成绩。①

受普通教育领域教师专业发展及教练模式的影响，一些教育发达国家和地区在探索融合教育的教练模式过程中，逐渐形成和积累出一些成熟的经验与做法。其中，尤其具有代表性的是加拿大的阿尔伯塔省（Alberta）。阿尔伯塔省是加拿大的十个省之一，近年来，阿尔伯塔省融合教育快速推进，通过一系列融合教育政策的出台，确立了"融合优先"的发展原则。所谓融合优先，是指在阿尔伯塔省，在融合的环境中对特殊教育需要学生实施教育安置，是学校与家长协商并在适当时间与学生协商之后的第一选择。② 借此阿尔伯塔省形成了以"融合学校"（Inclusive Schools）建设为核心的变革机制，普通学校向融合学校转型。2009 年，为进一步推进普通教育与特殊教育系统的融合，阿尔伯塔省出台了《设定方向框架》（Setting the Direction Framework）的政策文本，提出了"设定一个教育系统"的战略方向，整个教育系统的目标是满足包括残疾学生在内的所有学生的教育需求。提升普通学校教师面向差异的能力，支持教师满足残疾学生的教育需求，成为政策的核心内容之一。为使普通学校教师具备面向特殊教育需要学生的能力，阿尔伯塔省在这一框架中明确提出要设立融合教育指导教练（Learning Coaches）。又具体指出，所谓融合教育指导教练，是指在普通学校里具有特殊教育专长的人员，通过指导与合作，增强普通班级教师面向特殊教育需要学生的能力。③ 同时，这个框架还要求进一步探索指导教练的专业角色，并为其构建专业标准。《设定方向框架》为普通学校的融合教育改革提供了一个清晰的方向，确立了指导教练在普通学校中的位置，也开启了阿尔伯塔省融合学校指导教练模式的探索。迄今，经过一系列实践及政策推进，阿尔伯塔省指导教练的角色定位与专业素质要求已越发明确清晰，在实施的基础与条件、实施的基本过程、实施效果的监督与管理等方面也逐渐形成了较为成熟系统的融合教育指导教练模式。深入分析阿尔伯塔省的指导教练模式，对于推动我国的融合教育改革，尤其是促进融合教育教师的专业成长，具有一定的借鉴意义。

一、阿尔伯塔省融合教育指导教练的角色定位

清晰的角色定位，是理解指导教练在普通学校中的职责和有效发挥其功能的必要前提。在 2009 年的《设定方向框架》中，指导教练的角色其实已经进行了基本界

---

① Lee Jon, Frey Andy, Herman Keith, et al. Motivational interviewing as a framework to guide school-based coaching[J]. Advances in School Mental Health Promotion, 2014, 7(4): 225 - 239.
② Alberta Learning. Standards for Special Education, Amended June 2004[EB/OL]. https://education.alberta.ca/media/3115424/information-bulletin-on-standards-for-special-education-amended-june-2004.pdf, 2020 - 01 - 11.
③ Alberta Government. Setting the Direction Framework[EB/OL]. https://www.alberta.ca, 2020 - 3 - 15.

定。在阿尔伯塔省看来,不同学校之间,指导教练的职责会因教练自身的特长、特殊教育需要学生的多样性以及不同学校的发展需求而有所差异,但其基本的角色定位是相对统一的。总体来说,指导教练是普通学校里精通融合教育的教师,是学校里学习支持团队(Learning Support Team)的成员。它在普通学校以合作的方式,帮助学校创设和维持融合的校园文化,提升普通班级教师以及学校整体的融合教育能力,以满足所有学生的多样化学习需求。① 事实上,这是一个多重身份的角色,通常来说,融合教育指导教练在阿尔伯塔省主要被定位于引领普通学校学科教师融合能力提升的导师(Mentor)、融合教学的引导者(Leader)与学校融合环境的建造者(Builder)。

1. 引领学科教师融合能力提升的导师

对于普通学校内大量缺乏特殊教育及融合教育专业背景的学科教师来说,指导教练是引领他们全面了解融合教育、提升融合教育所需教育教学能力的导师,是驱动普通学校教师融合教育专业成长的重要力量。这是阿尔伯塔省关于融合教育指导教练最基本也是最核心的角色要求,这也是指导教练作为"教练"这一职责的本义。在诸多关于指导教练的研究中,指导教练始终被首当其冲地定义为一种引领教师专业成长的策略。在普通学校,指导教练要把提升学科教师的融合教育能力作为其首要任务与目标,促进学科教师在融合教育实践中学习并为其提供建设性的反馈,以支持性、合作性的方式帮助他们面对普通班级里的特殊教育需要学生,从而积累经验,提升教育教学水平。同时,也要从学科教师的实际需求出发,为他们提供一些最新的融合教育信息与资源,并为学科教师创设一些高质量的融合教育交流与学习机会。概言之,指导教练的核心职责是成为普通学校学科教师在实践中获取融合教育能力、促进专业对话、实现融合教育专业成长的"引路人"。

2. 融合教学的引导者

指导教练对学科教师融合教育能力的引领,突出体现于融合教育的教学领域。在普通学校,面对特殊教育需要学生组织教育教学,是学科教师面临的一个重要难题。因而,指导教练还是融合教学的引导者,他要与学科教师以协同教学、合作教学等多种方式,培养学科教师探索使用研究性教学策略(例如,差异教学、积极行为支持、通用学习设计、干预反应)和创新实践的能力,以确保班级里的所有特殊教育需要学生都能获得有意义和有效的学习机会。② 他同时要帮助学科教师学会分析、理解和使用关于特殊教育需要学生的评估数据,以调整课程并改进教学效果。

基于普通班级里特殊教育需要学生的差异性,阿尔伯塔省将学生分为一般性教

---

① Alberta Education. Instructional supports[EB/OL]. https://www.alberta.ca/instructional-supports.aspx, 2020-3-30.

② Alberta Education. The Learning Coach in Alberta Schools[EB/OL]. https://education.alberta.ca/media/385006/learning-coaches-english_final-2011.pdf, 2020-3-20.

学支持(Universal Supports)、有针对性教学支持(Targeted Supports)与专业性教学支持(Specialized Supports)三个层面。指导教练需要促进学科教师具备面向所有学生提供一般性教学支持的能力,进而帮助学科教师提升面向特殊教育需要学生实施有针对性教学支持与专业性教学支持的水平。

需要指出的是,虽然指导教练是融合教学的引导者,但在阿尔伯塔省关于指导教练的角色规定中,他在普通学校并不需要发挥对学科教师的教学监督与教学评价的作用,融合教学的监督与评估借由校长等学校管理者来承担。

3. 融合环境的建造者

新世纪之后,阿尔伯塔省确立了以普通学校变革为核心的融合教育发展策略,普通学校逐渐向融合学校转型。阿尔伯塔省希望通过融合教育指导教练的设置,在为普通学校教师提供融合教育专业引领的同时,帮助普通学校营造融合的环境与氛围,建构融合教育的校园文化,成为普通学校融合环境的创设者与融合教育发展的建议者。在这一定位中,指导教练通常被要求要与校长密切合作,协助校长评估学校环境与资源,分析学校发展融合教育的前景与挑战;与校长及其他员工一起研究制定学校的融合教育发展规划以及教师的专业发展规划,使学校在融合教育发展方向上能够与学区及阿尔伯塔省的学校发展目标相契合。从这个意义上说,指导教练还扮演着普通学校中的校长助手角色,要为学校整体的融合教育发展提供咨询服务的功能。不过,虽然作为普通学校融合教育环境的建造者,指导教练会发挥咨询、建议等方面的功能,但指导教练从其根本职责上来说,并不是一个管理者,他与校长的管理职能有着明显的区别。

总之,从阿尔伯塔省关于融合教育指导教练的角色定位来看,指导教练不像普通学校里的学科教师那样直接作用于特殊教育需要学生,他的核心职能是通过支持普通学校里的学科教师,借以提升学科教师的融合教育能力,来间接实现服务于特殊教育需要学生这一目标。换言之,阿尔伯塔省是将指导教练放在整个融合教育推进的角度,作为满足普通学校里越来越多特殊教育需要学生多样化教育需求的支持方式之一。

二、阿尔伯塔省融合教育指导教练的专业素养

融合教育指导教练是阿尔伯塔省普通学校里新兴的教师职位,又是普通学校里相对特殊的一个专业角色。他在普通学校融合教育推进与引领学科教师专业成长方面,发挥着举足轻重的作用。指导教练的角色定位也意味着对指导教练高度专业化的素质要求,他必须要具备相对独特的专业素养,才能达到阿尔伯塔省关于设置指导教练这一角色的预期。

2011年,阿尔伯塔省教育部出台了《阿尔伯塔学校融合教育指导教练》(The

Learning Coach in Alberta Schools),文本基于建立融合教育指导教练制度的视角,从准入资格、专业知识与能力、终身学习等维度对指导教练提出了一系列专业要求。具体来说,就准入资格而言,指导教练必须获得研究生学位,或修习完成特殊需要教育的相关课程,如差异教学、学习辅助技术等。就专业知识而言,指导教练首先要具备一系列与教学相关的知识,能够跨学科、跨年级地使用多样化的教学方法与资源;其次是要具备关于教师专业发展的知识,能够为学科教师提供高质量的专业学习机会;再次是要具备关于阿尔伯塔省教育改革的相关知识。就专业能力而言,指导教练要能够创设融合的学校文化,构建合作团队,增强教师的合作意愿,鼓励团队成员相互沟通和创造性解决问题;能够引领教师创新教学实践,以支持、协作的方式指导教师,让他们观察和模仿,并为其教学行为提供建设性的反馈;能够使用一系列教学评估方法,具备收集、分析和使用数据来指导教学的能力;具有良好的人际关系和沟通能力,能与教师建立开放和信任的关系;具有跨文化的理解能力和基于实践需要获取资源的能力,以满足学生、教师和家庭的不同需求。就终身学习而言,指导教练要能够致力于终身学习,基于实证不断创新教学实践。[①] 总体来看,这一系列专业要求初步奠定了阿尔伯塔省融合教育指导教练专业素养的基本框架。

围绕融合教育指导教练的专业素养,阿尔伯塔省教育部还组织了广泛的研讨,并委托学术组织进行相关研究。2011年,阿尔伯塔省教师协会(The Alberta Teachers' Association)对融合教育指导教练的专业性进行了详细的研究与描述。他们认为,任何教练计划的成功都高度依赖于教练的技能(Skills)。要成为一名融合教育指导教练,必须具备广泛的专业知识、专业能力与专业特质(Characteristics)。就专业知识而言,指导教练要具有对特殊教育需要学生进行学习评估的知识、个别化教育计划的知识、融合教育的专业知识、通用学习设计与差异教学的知识、辅助技术的知识、积极行为支持与数据分析的知识、课堂观察与数据收集的知识、对特殊教育需要学生实施教育的知识与经验,并要熟悉普通学校的课程与教学,了解省及地区的教育政策。就专业能力而言,指导教练要有合作的能力、建立信任的能力、高效的口头与书面交流能力、为普通学校教师的专业发展提供持续支持的能力、创建专业团队并培育积极合作关系的能力、解决融合教育实践问题的能力。基于对指导教练专业知识与能力的描述,阿尔伯塔省教师协会进而认为融合教育指导教练至少要具备四类专业特质:一是融合教育方面的经验与专长。指导教练需要对融合教育理论与实践有深刻的把握。二是教学法和有效教学策略方面的专长。指导教练需要非常熟悉普通教育的教学实践,有多样化的教学方法与教学策略。三是有效实施教师指导和引领教师专业

---

① Alberta Education. The Learning Coach in Alberta Schools[EB/OL]. https://education.alberta.ca/media/385006/learning-coaches-english_final-2011.pdf,2020-3-20.

发展的专长。指导教练需要清晰地知道如何帮助教师实现专业成长。四是专业能力，譬如与同事交往、沟通和积极互动的能力。① 从这些必备的专业特质中可以看出，在普通学校里的指导教练既要是一个具有丰富的融合教育知识与技能，又是能够将这些知识与技能以合作或沟通的方式有效应用于专业指导的人员。而后者在阿尔伯塔省教师协会看来更是尤为重要，因为他们需要具备与教师建立合作关系并保持积极互动的个人特质，这是指导教练发挥"教练"职能的关键所在。除此之外，阿尔伯塔省教师协会还希望指导教练要恪守较高的职业道德标准，并通过持续的学习和实践，提升自身的专业水平和指导能力。

2015年，阿尔伯塔省教师协会在研制的《融合支持中的指导教练：校长指南》(Coaching to Support Inclusion：A Principal's Guide)中，继续将融合教育指导教练的专业特质进行更深入的拓展。在他们看来，一个高效的融合教育指导教练，需要具备七个方面的专业特质。它们分别是：知识(Knowledge)——具备将指导策略与方法应用于多样化的特殊教育需要的专业知识；支持(Support)——指导教练必须鼓励教师的努力，并给出建设性的表扬，教师需要获得时间和支持来实施新的策略；引导(Facilitation)——指导教练要擅长促进教师之间的合作，引领教师解决问题和分享实践；信任(Trust)——指导教练与教师的专业对话应是保密的；可靠性(Credibility)——指导教练必须在课堂上展示成功，不是作为一个观察者，而是作为一个教学实践者，当指导教练和教师并肩工作时，教师会意识到指导教练有用的想法，并能在课堂上执行；融入性(Availability)——在与教师一起制定计划、组织团队学习和召开会议时，指导教练是很容易对话和交流的；个人品质(Personal qualities)——指导教练应该敞开心扉，平易近人，还应有反思和质疑的精神。②

阿尔伯塔省教师协会关于融合教育指导教练专业性的持续研究与描述，拓展了阿尔伯塔省教育部关于指导教练的专业资格要求，使其更加明确和具体化，基本奠定了融合教育指导教练专业素养的核心结构，也构建出了阿尔伯塔省融合教育指导教练专业标准的雏形。

三、阿尔伯塔省融合教育指导教练模式的实施机制

准确的角色定位与明确的专业要求，为阿尔伯塔省融合教育指导教练模式的有

---

① The Alberta Teachers' Association. Discussion Paper on Learning Coaches—Support for the Inclusive Classroom[EB/OL]. https://www.teachers.ab.ca_SiteCollectionDocuments_ATA_News-Room_2011_PD-142%20Discussion%20Paper.pdf，2020-3-20.

② Alberta Teachers' Association. Coaching to Support Inclusion：A Principal's Guide[EB/OL]. https://www.teachers.ab.ca/_layouts/15/WopiFrame.aspx? sourcedoc={cb634a7a-dbff-44d4-9157-6cd98c29b0c7}&action=default，2020-1-12.

效建立奠定了基础与前提。指导教练最终需要在实践中发挥作用与功能，因而构建实施机制成为近年来阿尔伯塔省融合教育指导教练模式探索的重要内容。目前来看，阿尔伯塔省已围绕融合教育指导教练，在实施的基础与条件、实施的基本过程、实施效果的监督与管理等方面逐渐建立起较为系统的实施机制，推动着指导教练模式走向深入。

1. 实施的基础与必要条件

使融合教育指导教练真正成为一种引领教师专业成长和帮助学校融合发展的方式，需要一些必备的实施基础和条件。阿尔伯塔省基于实践经验，逐渐总结出融合教育指导教练在普通学校有效实施的几项基本条件与要素，这些条件与要素也成为对每所融合学校开展教练模式的相对常规要求。

其一，充足的时间。时间被认为是融合教育指导教练模式能够取得成效的先决条件，学校必须要有充足的时间提供给教师与指导教练。包括教练和教师面对面沟通与协商的时间、制定系统的教练计划的时间、对实践进行反思的时间、团队合作会议的时间，以及为教师和教练的专业水平提升提供必要培训的时间等。其中尤为重要的是，要使指导教练与教师有更多时间共同出现在课堂上。其二，行政管理与支持。作为学校管理层面，尤其是学校校长对教练模式的领导至关重要，他要对融合教育指导教练的角色与职能有清楚的了解，为教练模式提供直接的支持，并将教练模式纳入学校持续的专业发展规划和管理之中。其三，教师的自愿参与。一个成功的教练项目的必要条件是教师自愿参与项目并挖掘自己的需求。如果一个教师能够发现他的工作与融合教育之间紧密的联系与需求，那么他对融合教育的教练模式就会感兴趣。教师需要意识到，来自教练的帮助与专业支持能够提升他们面对特殊教育需要的能力和水平。其四，专项的资金投入。要为教练模式提供专项资金，在学校全面实施教练模式之前，用于培训教练的资金投入对于提升教练的专业素养非常重要，而持续、大量的资金投入也被阿尔伯塔省视为使教练模式能够深入推行的必要条件。

2. 实施的基本过程

在阿尔伯塔省，融合教育教练模式基本是一种校本模式（School-Based），指导教练的配置与实施与普通学校的整体发展规划要紧密联系在一起。动员、实施和制度化构成了普通学校常规实施过程的三个阶段。

动员（Mobilization）是融合教育教练模式的第一阶段。这一阶段的主要活动是做好准备、形成意愿、建立规划方案。具体来说，普通学校要成立融合教育委员会，制定学校融合教育发展的目标和愿景，分析本校已有资源，确立本校特殊教育需要学生的教育需求，对教师专业发展现状进行分析，明确所需的融合教育教练类型，并进而为教师选择指导教练和形成专业发展规划方案。

实施（Implementation）是融合教育教练模式的核心阶段。这是一个长期的过程,可能需要一年或几年才能完成。从学校层面来看,实施阶段的主要工作包括:为指导教练提供专业培训;为教练模式的开展提供学校资源与支持;为教师与教练的合作提供充足的时间;举行评审和改进会议;监督包括课堂教学在内的实施活动等。从指导教练的层面来看,实施是指导教练深入开展专业引领的过程。指导教练要承担的常规任务包括:帮助班级教师面对多样化学习需求;为个别化教育计划提供支持;展示融合的教学实践策略;组织评估;依托评估结果做好教育安排;观察课堂教学并提供反馈;以合作的方式参与课程编排和教学;使用差异教学策略;支持通用学习设计的使用;分析学生的进步情况;拓展和发现融合教育资源;分享研究成果及信息;组织和参与学习支持团队的会议;为班级教师提供指导。在这些活动中,课堂上的协作与指导是核心。在课堂上,教练可以观察——为讨论学生的行为和学习收集和提供信息;合作——与教师共同制定教学计划或共同授课;咨询——在某个具体问题上帮助教师改进实施策略;指导——对教师感兴趣或困惑的领域进行专业指导。

制度化(Institutionalization)是融合教育教练模式的第三阶段。这一阶段并非意味着教练模式的终结或完成,而是指指导教练要逐渐成为学校融合教育发展与融合文化建设的一部分。在制度化阶段,指导教练需要引领教师对专业活动进行反思,成为融合教学的研究者。学校需要提供持续的管理和资源支持,监控和评估教练模式的效果,并实施奖励。到了这一阶段,普通学校已可以将教练模式作为引领学校融合教育发展的常规模式,建立稳定的融合教育教练制度,进入规范化发展时期。

3. 实施效果的监督与管理

在教练模式的实施过程中,有效的监督、评价与管理是必不可少的。对指导教练的监督与评价,取决于学校与指导教练之间的任用关系。如果指导教练是由学校自行聘任,根据阿尔伯塔省的规定,由校长对指导教练进行正式监督和评价。如果指导教练不属于学校而隶属于学区,则监督与评价由学区行政人员进行。监督与评价主要注重于教练模式的实施效果与预期目标之间的达成度,并基于评价对实施计划进行调整。

值得注意的是,在整个教练模式的实施过程中,校长的角色举足轻重,发挥着关键性的组织与管理功能。正如上文所提,校长是教练模式的组织者、监督者与评价者,校长同时也是教练模式的激励者与领导者。为使普通学校校长能够更清晰地理解校长在教练模式中的角色与作用,充分发挥校长对教练模式的管理职能,阿尔伯塔省教师协会在专门研制的《融合支持中的指导教练:校长指南》中,以一系列具体的步骤和建议对合理使用校本教练模式进行了详细的阐释说明,从而为校长开展融合教育、实施教练模式提供了一份极具操作性的文本。除了校长指南之外,阿尔伯塔省教育部还编制了《学习团队:特殊需要儿童家长手册》(The learning team: a handbook for parents of children with special needs),为家长了解和参与融合教育提供咨询建议。① 其中,融合教育指导教练也成为家长了解学校融合教育项目的重要内容之一。

四、对我国融合教育教师队伍建设的借鉴与启示

融合教育指导教练的设置与实施,对于阿尔伯塔省来说,是一种全新的引领普通学校教师专业发展的方式,也是一种新的融合教育实践模式。通过界定指导教练的角色与专业要求、构建运行机制,阿尔伯塔省的融合教育教练模式在趋向于规范和系统化,并在融合教育实践中逐渐体现效果。这个过程也是对实践不断反思与总结提炼经验的过程。实践研究表明,指导教练模式可以减少普通学校教师在面向融合教育时的孤独感,促进各类专业人员的合作,鼓励教师的专业反思,并最终提升面对特殊教育需要学生的教育效果,虽然这种效果的呈现是一个缓慢的过程。阿尔伯塔省教育部越来越意识到,教练模式的专业引领作用不仅限于普通学校教师个体,它同样可以提升普通学校校长、指导教练以及其他参与人员的专业水平和能力,它应被视为学校融合教育发展规划的重要组成部分和学校的整体专业发展措施之一。② 在阿尔伯塔省,教练模式的有效实施已经与融合教育的有序推进形成了良性的互动,这也进一步坚定了阿尔伯塔省推进融合教育指导教练模式的意愿与决心。

阿尔伯塔省通过探索指导教练模式来为普通学校教师提供专业引领的经验与做法,对于思考我国融合教育教师专业发展的方式以及普通学校的融合教育实践变革都具有一定的借鉴与启示意义。当前我国正处于融合教育快速发展的时期,大量特殊教育需要儿童进入普通学校就读,普通学校里有越来越多教师需要面对特殊教育需要儿童开展教育教学。而普通学校教师大多缺乏融合教育经验,很难满足特殊教育需要儿童的多样化教育需求,亟待得到专业引领与提升。虽然普通学校里已逐渐通过建立资源教室、配备资源教师的方式来为特殊教育需要儿童提供支持,然而囿于资源教师整体上的非专业出身,目前尚无法真正承担起为普通学校学科教师提供专业指导的任务。事实上,这已经成为制约我国融合教育质量提升的一个重要问题。使普通学校教师具备一定的融合教育素养,提升普通学校教师面向特殊教育需要儿童实施教育教学的能力已刻不容缓。

除了为普通学校教师提供一般意义上的融合教育通识培训,我们也可以借鉴加拿大阿尔伯塔省设置融合教育指导教练的方式,为普通学校教师的专业发展提供融合教育指导人员。这点对于极为缺乏特殊教育专业基础的普通学校学科教师来说,

---

① Alberta Education. The learning team: A handbook for parents of children with special needs[EB/OL]. https://education.alberta.ca/media/3531893/learning-team-handbook-for-parents.pdf, 2020-1-14.

② Alberta Education. The Learning Coach in Alberta Schools[EB/OL]. https://education.alberta.ca/media/385006/learning-coaches-english_final-2011.pdf, 2020-3-20.

尤为迫切。通过专业人员基于实践角度持续的专业引领、指导和支持，能够很大程度上缓解学科教师面对特殊教育需要儿童时的窘迫状态，应对实践困惑与难题，从而快速积累课堂教学的实践经验，提升面对差异的能力与意识。同时，这也是提升普通学校资源教师专业化水平的有效方式，富有融合教育经验的指导教师同样能够帮助和引领资源教师的专业发展。

目前来看，就可行性而言，一方面，这类专业人员可以是高等特殊教育师范院校里的专业研究人员及教师，他们通过职前职后一体化的方式，进行大学与中小学在教师培养培训方面的合作，有效利用高校专业资源，结合专业研究，引领普通学校教师融合教育专业能力提升。另一方面，融合教育指导教练更多的可以来自当地的特殊教育学校。当前我国特殊教育学校在整体上处于向特殊教育资源中心转型过程中，来自资源中心的巡回指导教师可以在很大程度上承担起类似于阿尔伯塔省融合教育指导教练的职能，为普通学校里的学科教师提供融合教育的专业引领和帮助，成为普通学校里的融合教育指导教练。当指导教练在普通学校里普遍设置之后，无论对于普通学校里的学科教师专业成长，还是资源教师、班主任抑或普通学校校长的融合教育专业引领，都会是大有裨益的。从这个意义上来说，指导教练可以成为我国融合教育支持保障体系建设中的一个重要环节。[①] 当然，要切实推行融合教育指导教练模式，还需解决一系列体制机制问题，包括经费的投入、岗位的设置、编制的解决、指导教练的培训与任用、实施机制的建立、监督与管理等方面，这无疑会是我国融合教育领域一个值得关注与研究的新话题。

---

① 李拉. 加拿大阿尔伯塔省的融合教育指导教练：角色定位、专业素养及实施机制[J]. 中国特殊教育，2020(8)：9-14.

参考文献

著作：

1. 沃尔夫冈·布列钦卡. 教育知识的哲学[M]. 杨明全,宋时春,译. 上海：华东师范大学出版社,2006.
2. [美]约翰·杜威. 民主主义与教育[M]. 王承绪,译. 北京：人民教育出版社,2011.
3. 涂尔干. 教育思想的演进[M]. 李康,译. 北京：商务印书馆,2016.
4. 华勒斯坦等. 学科·知识·权力[M]. 刘健芝等,编译. 北京：生活·读书·新知三联书店,1999.
5. 金生鈜. 教育研究的逻辑[M]. 北京：教育科学出版社,2015.
6. 赵中建. 教育的使命——面向二十一世纪的教育宣言和行动纲领[M]. 北京：教育科学出版社,1996.
7. 张乐天. 教育学[M]. 北京：高等教育出版社,2007.
8. 张乐天等. 基础教育政策的中国经验[M]. 上海：华东师范大学出版社,2018.
9. 吴康宁. 教育社会学[M]. 北京：人民教育出版社,1998.
10. 吴康宁. 教育改革的"中国问题"[M]. 南京：南京师范大学出版社,2015.
11. 赵祥麟,王承绪. 杜威教育论著选[M]. 上海：华东师范大学出版社,1981.
12. 吴志宏,冯大鸣,魏志春. 新编教育管理学[M]. 上海：华东师范大学出版社,2008.
13. 陈孝彬,高洪源. 教育管理学[M]. 北京：北京师范大学出版社,2008.
14. 王道俊,郭文安. 教育学(第七版)[M]. 北京：人民教育出版社,2016.
15. [美]戴维·保罗·奥苏贝尔. 意义学习新论——获得与保持知识的认知观[M]. 毛伟,译. 杭州：浙江教育出版社,2018.
16. 范国睿等. 从规制到赋能——教育制度变迁创新之路[M]. 上海：华东师范大学出版社,2018.
17. 施良方. 课程理论——课程的基础、原理与问题[M]. 北京：教育科学出版社,1996.
18. 裴娣娜. 教学论[M]. 北京：教育科学出版社,2007.
19. 李晓文,王莹. 教学策略(第2版)[M]. 北京：高等教育出版社,2011.

20. 周淑卿.课程发展与教师专业[M].北京:九州出版社,2006.

21. 联合国教科文组织国际教育局.全纳教育与教师教育的国际发展动态:问题与挑战(中文版)[M].上海:华东师范大学出版社,2013.

22. 联合国教科文组织国际教育局.全纳教育:争议和辩论(中文版)[M].上海:华东师范大学出版社,2012.

23. 联合国教科文组织国际教育局.教育展望:全纳教育[M].上海:上海教育出版社,2008.

24. 联合国教科文组织.全纳教育共享手册[M].陈云英,杨希洁,赫尔实,译.北京:华夏出版社,2004.

25. [美]M·C·王主.教育大百科全书:特殊需要儿童教育[M].肖非译.重庆:西南师范大学出版社,2011.

26. [美]丹尼尔·P·哈拉汉,詹姆士·M·考夫曼,佩吉·C·普伦.特殊教育导论(第十一版)[M].肖非等,译.北京:中国人民大学出版社,2010.

27. [俄]娜·米·纳扎洛娃.特殊教育学[M].朴永馨,银春铭等,译.北京:北京师范大学出版社,2011.

28. 柯克,加拉赫.特殊儿童心理与教育[M].汤盛钦,银春铭等,编译.天津:天津教育出版社,1989.

29. 托比·卡腾等.融合教学实践[M].杨希洁,译.上海:华东师范大学出版社,2016.

30. 黄志成等.全纳教育——关注所有学生的学习和参与[M].上海:上海教育出版社,2004.

31. 黄志成.国际教育新思想新理念[M].上海:上海教育出版社,2009.

32. 邓猛.融合教育理论反思与本土化探索[M].北京:北京大学出版社,2014.

33. 邓猛.融合教育与随班就读[M].武汉:华中师范大学出版社,2009.

34. 邓猛,孙颖,李芳.融合教育理论指南[M].北京:北京大学出版社,2017.

35. 昝飞.融合教育:理想与实践[M].上海:华东师范大学出版社,2016.

36. 肖非,傅王倩.特殊教育导论[M].北京:北京师范大学出版社,2021.

37. 朴永馨.特殊教育辞典[M].北京:华夏出版社,2006.

38. 任颂羔.特殊教育发展模式[M].北京:北京大学出版社,2012.

39.《中国残疾人教育事业大事编年》编写组.中国残疾人事业大事编年(1949—2008)[M].北京:华夏出版社,2008.

40. 国家教育委员会初等教育司.特殊教育文件、经验选编[M].北京:人民教育出版社,1989.

41. 彭霞光等.中国特殊教育发展报告2012[M].北京:教育科学出版社,2013.

42. 顾明珠,孙荣宝.江苏省普通学校融合教育资源中心建设参考手册[M].南京:南京师范大学出版社,2019.

43. 王辉.特殊儿童教育诊断与评估(第三版)[M].南京:南京大学出版社,2018.

44. 韦小满,蔡雅娟.特殊儿童心理评估[M].北京:华夏出版社,2016.

45. 国家教育体制改革试点"推进医教结合,提高特殊教育水平"项目组.医教结合为生命添彩——上海特殊教育的新追求[M].上海:上海教育出版社,2014.

46. 许家成.资源教室的建设与运作[M].北京:华夏出版社,2006.

47. 华国栋,华京生.融合教育中的差异教学:为了班级里的每一个孩子[M].北京:教育科学出版社,2019.

48. [美]盖尔·格雷戈里,[美]卡罗琳·查普曼.差异教学策略:不一样的孩子,不一样的方法[M].北京:教育科学出版社,2019.

49. 盛永进.特殊教育学基础[M].北京:教育科学出版社,2011.

50. 张文京,严小琴.特殊儿童个别化教育:理论、计划、实施[M].重庆:重庆大学出版社,2015.

51. 李拉.我国特殊师范教育制度研究[M].南京:南京大学出版社,2016.

52. Hallahan, D. P, Kauffman, J. M. Exceptional Children: Introduction to Special Education[M]. Boston: Allyn & Bacon, 1994.

53. Gary Thomas, David Walker, Julie Webb. The Making of the Inclusive School[M]. London: Routledge, 1998.

54. Rune Sarromaa Haustätter, Jahnukainen M. From Integration to Inclusion and the Role of Special Education. In Inclusive Education, Twenty Years after Salamanca[M]. New York:Peter Lang, 2014.

55. Phil Foreman, Michael Arthur-Kelly. Inclusion in action[M]. Sydney: Cengage Learning Australia Pty Limited,2017.

论文:

1. 朴永馨.融合与随班就读[J].教育研究与实验,2004(4):38-41.

2. 朴永馨.努力发展有中国特色的特殊教育学科[J].特殊教育研究,1998(1):1-3.

3. 黄志成.试论全纳教育的价值取向[J].外国教育研究,2001(6):17-22.

4. 黄志成.全纳教育展望——对全纳教育发展近10年的若干思考[J].全球教育展望,2003(5):29-33.

5. 黄志成,胡毅超.全纳教育:未来之路——对UNESCO第48届(2008年)国际教育大会主题的思考[J].全球教育展望,2008(7):46-49.

6. 黄志成.全纳教育、全纳学校、全纳社会[J].全球教育展望,2004(12):67-70.

7. 陈云英.在中国发展全纳性教育[J].中国特殊教育,1997(2):2-5.

8. 陈云英.全纳教育的元型[J].中国特殊教育,2003(2):1-9.

9. 李天顺.深入持久地开展残疾儿童少年随班就读工作[J].现代特殊教育,2014(12):5-7.

10. 方俊明.融合教育与教师教育[J].华东师范大学学报(教育科学版),2006(3):37-42+49.

11. 丁勇.积极探索具有中国特色的融合教育发展模式[J].现代特殊教育,2019(9):1.

12. 丁勇.全纳教育——当代教育发展的方向、内涵和启示[J].外国教育研究,2007(8):22-26.

13. 丁勇.走向全纳:21世纪世界教育及特殊教育发展的主题和趋势——重读《萨拉曼卡宣言》[J].南京特教学院学报,2006(1):1-5.

14. 邓猛,朱志勇.随班就读与融合教育——中西方特殊教育模式的比较[J].华中师范大学学报(人文社会科学版),2007(4):125-129.

15. 邓猛,潘剑芳.关于全纳教育思想的几点理论回顾及其对我们的启示[J].中国特殊教育,2003(4):2-8.

16. 邓猛.双流向多层次教育安置模式、全纳教育以及我国特殊教育发展格局的探讨[J].中国特殊教育,2004(6):1-6.

17. 邓猛,杜林.西方特殊教育范式的变迁及我国特殊教育学校功能转型的思考[J].中国特殊教育,2019(3):3-10.

18. 邓猛,郭玲.西方个别化教育计划的理论反思及其我国特殊教育发展的启示[J].中国特殊教育,2010(6):3-7.

19. 彭霞光.美国全纳性教育[J].特殊儿童与师资研究,1994(3):33-38.

20. 华国栋.残疾儿童随班就读现状及发展趋势[J].教育研究,2003(2):65-69.

21. 肖非.中国的随班就读:历史·现状·展望[J].中国特殊教育,2005(3):3-7.

22. 肖非.关于个别化教育计划几个问题的思考[J].中国特殊教育,2005(2):8-12.

23. 刘延东.推进全纳教育,促进和谐世界建设——在第48届国际教育大会上的发言[J].世界教育信息,2008(12):12-13.

24. 盛永进.全纳走向下国际特殊教育课程的发展[J].外国教育研究,2013(9):88-95.

25. 于素红.美国个别化教育计划的立法演进与发展[J].中国特殊教育,2011(2):3-8.

26. 李泽慧.近二十年我国随班就读教师培养研究回顾与反思[J].中国特殊教育,2010(6):8-11.

27. 杜晓萍.解读全纳教育,建构全纳学校[J].中国特殊教育,2008(10):16-21.

28. 徐美贞,杨希洁.资源教室在随班就读中的作用[J].中国特殊教育,2003(4):13-18.

29. 王振德.资源教室的理念与实施[J].中国特殊教育,1997(3):22-27.

30. 孙颖.北京市资源教室建设现状与发展对策[J].中国特殊教育,2013(1):20-24.

31. 李娜,张福娟.上海市随班就读资源教室建设与运作现状的调查研究[J].中国特殊教育,2008(10):66-72.

32. 谢正立,邓猛.论融合教育教师角色及形成路径[J].教师教育研究,25-30.

33. 沈卫华.全纳教育理念下的英国教师专业发展探析[J].外国教育研究,2009(3):43-47.

34. 高靓.世界目光聚焦全纳教育——访联合国教科文组织第48届国际教育大会代表周满生[J].生活教育,2009(2):15-17.

35. 顾明远.论学校文化建设[J].西南师范大学学报(人文社会科学版),2006(5):67-70.

36. 孙喜亭.教育价值观问题再论[J].教育研究与实验,1988(1):2-6.

37. 杨东平.从权利平等到机会均等——新中国教育公平的轨迹[J].北京大学教育评论,2006(2):2-11.

38. 张志勇.教师是教育的第一资源——准确把握新时代教师队伍建设的战略布局和重点任务[J].中国教育学刊,2018(4):5-8.

39. 李小波,黄志成.英国的全纳教育指南——促进学校中所有学生的学习和参与[J].外国中小学教育,2002(1):5-8.

40. 崔允漷,郑东辉.论指向专业发展的教师合作[J].教育研究,2008(6):78-83.

41. 卢乃桂.教育变革中的教师专业身份及其建构[J].比较教育研究,2009(12):20-23.

42. 卢乃桂,王夫艳.当代中国教师教育改革与教师专业身份之重建[J].教育研究,2009(4):55-60.

43. 李子江,张斌贤.我国教师资格制度建设:问题与对策[J].教育研究,2008(10):43-46.

44. 齐平. 坚持和运用矛盾分析方法[J]. 毛泽东邓小平理论研究,1987(5):36-39.

45. 荀渊. 教师教育一体化改革的回顾与反思[J]. 教师教育研究,2004(4):8-12.

46. 华兴夏,李拉. 融合教育视域下资源教师专业化面临的双重困境及其应对[J]. 现代特殊教育,2020(16):3-6.

47. 李拉. 当前随班就读研究需要澄清的几个问题[J]. 中国特殊教育,2009(11):3-7.

48. 李拉. 全纳背景下的教师教育改革[J]. 继续教育,2011(1):23-25.

49. 李拉."全纳教育"与"融合教育"关系辨析[J]. 上海教育科研,2011(5):14-17.

50. 李拉. 专业化视野下的随班就读教师:困境与出路[J]. 教育理论与实践,2012(23):34-36.

51. 李拉. 随班就读巡回指导的现实困境与对策[J]. 现代特殊教育,2012(7-8):31-33.

52. 李拉. 巡回指导:学前融合教育的专业支持模式[J]. 现代中小学教育,2013(3):43-46.

53. 李拉. 世界范围内残疾儿童教育安置形式的变迁与趋向[J]. 现代教育管理,2013(9):121-124.

54. 李拉. 论随班就读教师队伍的专业化[J]. 教育理论与实践,2014(22):21-23.

55. 李拉. 从规模到质量:随班就读发展的目标调整与策略调整[J]. 现代中小学教育,2015(1):16-18.

56. 李拉. 我国随班就读政策演进30年:历程、困境与对策[J]. 中国特殊教育,2015(10):16-20.

57. 李拉. 我国残疾儿童随班就读的发展策略反思——基于矛盾分析的方法[J]. 基础教育,2016(5):28-33.

58. 李拉. 融合教育的推进路径[J]. 现代特殊教育,2017(11):22-24.

59. 李拉. 关于资源教室性质的几点认识[J]. 现代特殊教育,2017(15):9-11.

60. 李拉. 澳大利亚融合教育政策解析[J]. 中国特殊教育,2018(11):9-14.

61. 李拉,大卫·埃文斯. 澳大利亚融合教育专业支持团队的建设与运行——以新南威尔士州为例[J]. 比较教育研究,2019(7):107-112.

62. 李拉. 澳大利亚融合教育的课程调整及启示[J]. 中国特殊教育,2019(7):15-21.

63. 李拉. 当代融合教育改革的性质:观念、制度与实践的变革[J]. 现代特殊教育,2019(15):1.

64. 李拉. 论当代融合教育制度的构建[J]. 现代特殊教育,2019(16):3-7.

65. 李拉. 加拿大融合学校标准建设:结构与内容——以阿尔伯塔省为例[J]. 中国特殊教育,2020(4):13-18.

66. 李拉. 加拿大阿尔伯塔省的融合教育指导教练:角色定位、专业素养及实施机制. 中国特殊教育,2020(8):9-14.

67. 李拉. 国际融合教育的发展脉络及阶段特征[J]. 现代特殊教育,2021(7):25-29.

68. 李拉. 当代融合教育改革的目的[J]. 现代特殊教育,2021(15):7-10.

69. Brahm Norwich. From the Warnock Report (1978) to an Education Framework Commission: A Novel Contemporary Approach to Educational Policy Making for Pupils With Special Educational Needs/Disabilities[J]. Frontiers in Education,2019(7):1-10.

70. Mary Warnock. Children with special needs: the Warnock Report[J]. British Medical Journal,1979(3):667-668.

71. S. Anthony Thompson, Wanda Lyons, Vianne Timmons. Inclusive education policy: what the leadership of Canadian teacher associations has to say about it[J]. International Journal of Inclusive Education,2015(2):121-140.

72. Donald Hammill. The Resource-Room Model in Special Education[J]. The Journal of Special Education,1972(6):349-354.

73. Sip J. Pijl & Cor J. W. Meijer. Does integration count for much? An analysis of the practices of integration in eight countries[J]. European Journal of Special Needs Education,1991,6(2):102.

74. Jennifer York, Mary Beth Doyle, Robi Kronberg. A Curriculum Development Process for Inclusive Classrooms[J]. Focus on Exceptional Children,1992,25(4):1-16.

75. Fennick E. Coteaching: An Inclusive Curriculum for Transition[J]. Teaching Exceptional Children,2001(33):60-66.

76. King-Sears M. Universal Design for Learning: Technology and Pedagogy[J]. Learning Disability Quarterly,2009,32(4):199-201.

77. Blamires M. Universal design for learning: re-establishing differentiation as part of the inclusion agenda?[J]. Support for Learning,2010,14(4):158-163.

78. Price,D. Pedagogies for inclusion of students with disabilities in a national curriculum: a central human capacity approach[J]. Journal of Educational Inquiry,

2015(14): 18-32.

79. Porter, J., Georgeson, J., Daniels, H., Martin, S., & Feiler, A. C.. Reasonable adjustments for disabled people: what support do parents want for their children? [J]. European Journal of Special Needs Education, 2013, 28(1), 1-18.

80. Elizabeth Dickson. Disability Standards for Education and the obligation of reasonable adjustment [J]. Australia and New Zealand Journal of Law and Education, 2006, 11(2): 23-42.

81. Knight David. Assessing the Cost of Instructional Coaching[J]. Journal of Education Finance, 2012, 38(1): 52-80.

82. Lee Jon, Frey Andy, Herman Keith, et al. Motivational interviewing as a framework to guide school-based coaching[J]. Advances in School Mental Health Promotion, 2014, 7(4): 225-239.

后　记

　　夏末秋初，南京依然暑意未消，心情却清爽了许多。为一本书写后记时的轻松感，与写作过程中的负重感大相迥异。从今年元旦正式动笔，到8月中旬完稿，持续的思考与写作，是对身体和精神的双重考验，累并快乐着。30余万字的书稿，算是给自己10多年融合教育的研究和思考一个阶段性的回顾与总结了。或许，用"十年磨一剑"来形容也是不为过的。

　　对融合教育的关注，始于2008年我进入南京特殊教育师范学院工作。之前的多年普通中小学工作背景，使我对特殊儿童进入普通学校就读的教育形式产生了浓厚的兴趣，也使我在思考融合教育相关问题的时候，总是力图跳出特殊教育的框架，从普通教师、普通学校、普通教育的视角来审视和反思它，逐渐形成关于这个领域里一系列问题的浅见，并陆续发表多篇与随班就读、融合教育相关的小论文，散见于《比较教育研究》《中国特殊教育》《现代特殊教育》等刊物上。而这本《融合教育学》可看作我对这些年来融合教育持续思考与认识的浓缩。

　　将其称之为"融合教育学"，并非因为国内没有一本《融合教育学》而去追求标新立异。而是因为我们的融合教育实践，确实需要从一门专门学问，即基于学科的视角来审视和建构融合教育的知识体系。融合教育在不断发展中，关于融合教育学的研讨也刚起步。囿于学术水平限制，我始终认为我的这个研究与其说是建构了一门学科，不如说是提出了一个问题，一个关于融合教育学存在与发展的问题。当这个问题得到更多的关注与回应，继而引发更深入的批评、思考和讨论的时候，这本书的写作目的也就达到了。

李　拉
2021年8月于南京

图书在版编目(CIP)数据

融合教育学 / 李拉著. —— 南京：南京大学出版社，
2022.5(2024.1重印)
　ISBN 978-7-305-25159-7

　Ⅰ. ①融… Ⅱ. ①李… Ⅲ. ①特殊教育—教材 Ⅳ.
①G76

中国版本图书馆CIP数据核字(2021)第246185号

出版发行	南京大学出版社		
社　　址	南京市汉口路22号	邮　编	210093

书　　名　**融合教育学**
　　　　　RONGHEJIAOYUXUE
著　　者　李　拉
责任编辑　丁　群　　　　　　　　编辑热线　025-83597482

照　　排　南京南琳图文制作有限公司
印　　刷　南京鸿图印务有限公司
开　　本　787×1092　1/16　印张 16.25　字数 345千
版　　次　2022年5月第1版　2024年1月第3次印刷
ISBN 978-7-305-25159-7
定　　价　65.00元

网址：http://www.njupco.com
官方微博：http://weibo.com/njupco
微信服务号：NJUyuexue
销售咨询热线：(025) 83594756

＊版权所有，侵权必究
＊凡购买南大版图书，如有印装质量问题，请与所购
　图书销售部门联系调换